企业法务教程

湖勇 等◎著

图书在版编目(CIP)数据

企业法务教程/周湖勇等著. —北京:北京大学出版社,2024.4
ISBN 978-7-301-34474-3

Ⅰ. ①企… Ⅱ. ①周… Ⅲ. ①企业法—中国—教材 Ⅳ. ①D922.291.91

中国国家版本馆 CIP 数据核字(2023)第 177782 号

书　　名	企业法务教程 QIYE FAWU JIAOCHENG
著作责任者	周湖勇　等著
责任编辑	周　菲　向秋枫
标准书号	ISBN 978-7-301-34474-3
出版发行	北京大学出版社
地　　址	北京市海淀区成府路 205 号　100871
网　　址	http://www.pup.cn
新浪微博	@北京大学出版社　@北大出版社法律图书
电子邮箱	编辑部 law@pup.cn　总编室 zpup@pup.cn
电　　话	邮购部 010-62752015　发行部 010-62750672　编辑部 010-62752027
印 刷 者	北京圣夫亚美印刷有限公司
经 销 者	新华书店
	730 毫米×980 毫米　16 开本　19.25 印张　377 千字
	2024 年 4 月第 1 版　2024 年 4 月第 1 次印刷
定　　价	49.00 元

本书法律法规简称

一、法律规范

《安全生产法》=《中华人民共和国安全生产法》(2021 修正)
《产品质量法》=《中华人民共和国产品质量法》(2018 修正)
《城市房地产管理法》=《中华人民共和国城市房地产管理法》(2019 修正)
《出境入境管理法》=《中华人民共和国出境入境管理法》
《反不正当竞争法》=《中华人民共和国反不正当竞争法》(2019 修正)
《公司法》=《中华人民共和国公司法》(2023 修订)
《海商法》=《中华人民共和国海商法》
《合同法》=《中华人民共和国合同法》
《会计法》=《中华人民共和国会计法》(2017 修正)
《婚姻法》=《中华人民共和国婚姻法》(2001 修正)
《价格法》=《中华人民共和国价格法》
《就业促进法》=《中华人民共和国就业促进法》(2015 修正)
《劳动法》=《中华人民共和国劳动法》(2018 修正)
《劳动合同法》=《中华人民共和国劳动合同法》(2012 修正)
《劳动争议调解仲裁法》=《中华人民共和国劳动争议调解仲裁法》
《民法典》=《中华人民共和国民法典》
《民事诉讼法》=《中华人民共和国民事诉讼法》(2023 修正)
《企业国有资产法》=《中华人民共和国企业国有资产法》
《企业破产法》=《中华人民共和国企业破产法》
《人民调解法》=《中华人民共和国人民调解法》
《商标法》=《中华人民共和国商标法》(2019 修正)
《物权法》=《中华人民共和国物权法》
《刑法》=《中华人民共和国刑法》(2023 修正)
《证券法》=《中华人民共和国证券法》(2019 修订)
《职业病防治法》=《中华人民共和国职业病防治法》(2018 修正)
《中外合资经营企业法》=《中华人民共和国中外合资经营企业法》(2016 修正)
《中外合作经营企业法》=《中华人民共和国中外合作经营企业法》(2017 修正)
《仲裁法》=《中华人民共和国仲裁法》(2017 修正)
《专利法》=《中华人民共和国专利法》(2020 修正)

二、司法解释及其他规范

《担保制度司法解释》=《最高人民法院关于适用〈中华人民共和国民法典〉有关担保制度的解释》

《公司法解释(二)》=《最高人民法院关于适用〈中华人民共和国公司法〉若干问题的规定(二)》(2020 修正)

《公司法解释(三)》=《最高人民法院关于适用〈中华人民共和国公司法〉若干问题的规定(三)》(2020 修正)

《公司法解释(四)》=《最高人民法院关于适用〈中华人民共和国公司法〉若干问题的规定(四)》(2020 修正)

《合同编通则司法解释》=《最高人民法院关于适用〈中华人民共和国民法典〉合同编通则若干问题的解释》

《劳动合同法实施条例》=《中华人民共和国劳动合同法实施条例》

《劳动争议司法解释(一)》=《最高人民法院关于审理劳动争议案件适用法律问题的解释(一)》

《民诉法解释》=《最高人民法院关于适用〈中华人民共和国民事诉讼法〉的解释》(2022 修正)

《破产法解释(一)》=《最高人民法院关于适用〈中华人民共和国企业破产法〉若干问题的规定(一)》

《破产法解释(二)》=《最高人民法院关于适用〈中华人民共和国企业破产法〉若干问题的规定(二)》(2020 修正)

《破产法解释(三)》=《最高人民法院关于适用〈中华人民共和国企业破产法〉若干问题的规定(三)》(2020 修正)

《商标法实施条例》=《中华人民共和国商标法实施条例》(2014 修订)

《专利法实施细则》=《中华人民共和国专利法实施细则》(2010 修订)

注:灰色标注的法律规范为已失效规范。

目　　录

绪　论

党的二十大以推动高质量发展为主题,提出要完善中国特色现代企业制度,弘扬企业家精神,加快建设世界一流企业。这对我国企业提出了新要求、新责任、新使命,企业应当立足新发展阶段,完整、准确、全面贯彻新发展理念,全面融入构建新发展格局,为实现中国式现代化贡献自己的力量。同时,当今世界正在经历百年未有之大变局,对中国企业而言,这个世界既充满机遇,也存在挑战。全球化的商业大环境意味着更新、更复杂的局势和更高的风险,需要企业具备更高的商业敏感度。对企业和企业法务而言,工作应该转向哪里、怎么转,无疑都是巨大的挑战。强化企业法务是企业应对各种风险挑战的根本保障,也是建设世界一流企业、实现高质量发展的根本保障。而高素质法治人才的培养是建设中国特色社会主义法治体系和社会主义法治国家的基础性、战略性支撑,也是我国建设世界一流企业、实现高质量发展的基础性、战略性支撑,故应当高度重视法治人才,尤其是企业法务人才的培养。2023 年 2 月,中共中央办公厅、国务院办公厅印发了《关于加强新时代法学教育和法学理论研究的意见》,提出要推进法学和经济学、社会学、政治学、心理学、统计学、管理学、人类学、网络工程以及自然科学等学科交叉融合发展,培养高质量复合型法治人才。企业法务是新文科的典型,能够实现法学与管理学的有机融合。通过该课程,学生在全面系统深入地掌握法学知识和法学技能的基础上,熟悉管理学的基本原理,掌握法律原理和法律规则在企业领域的具体运用,成为"精法律、懂企业"的复合型应用型高素质企业法务人才。

一、企业法务是什么?

(一)企业法务的概念和特征

企业法务是什么?对此,可以从不同的角度予以了解。从职业而言,企业法务一般是指企业内部设置的管理法律事务、对各种经营行为进行法律审查,预防法律风险、处理法律纠纷的职位,以及从事该职位工作的人员和这些人员构成的职业群体。[①]所谓法务,是指在企业、事业单位、政府部门等法人和非法人组织内部,专门负责处理法律事务的工作岗位或工作人员。在企

企业法务的基本内涵与定位

① 马秋:《企业法务人才培养模式探讨》,载《当代教育实践与教学研究》2016 年第 4 期。

业内部处理企业法律事务的岗位或人员就是企业法务。从企业法务管理的视角而言,企业法务管理是指法务部门人员以总法律顾问为主导,围绕企业法律风险进行管理,并参与及支持企业决策的制定。从技能角度而言,企业法务还可以理解为一种执业技能,也就是处理企业法律事务的专门技能。由此,企业法务不仅存在于企业内部,而且存在于法院、检察院、政府等国家机关,这些部门都需要具备企业法律事务专业知识和专门技能的人才,最典型的是法院的商事审判,很大一部分是企业法律事务纠纷。国外学者主要从企业总法律顾问及法务部门人员的角色和职能的角度来阐述企业法务的概念。例如,美国学者 Sarah Helene Duggin 认为,企业法务的角色是企业经营业务的法律顾问、政策制定者和审查者、公司制度监督者、法律纠纷解决者、新法规信息提供者和公司形象维护者。加拿大学者 John H. Jackson 将总法律顾问的角色分为风险防范者以及决策参与者。①

企业法务具有专业性、服务性、管理性和规范性。② 专业性是企业法务的基本要求。企业法务必须具备较强的专业素养,熟悉现行法律法规和法律实务,能够以专业化的姿态对待企业法务工作,维护企业的合法权益。企业法务还具有服务性,这不难理解,法律职业属于服务业,当然具有服务性。同时,企业法务还具有管理性,现代企业法务的工作范围已从提供法律服务扩展到参与企业管理。我国企业的不断发展和法务制度的深入对企业法务这一角色提出了新的要求,他们不只需要精通法律,同时也应具备企业管理者的相关知识和技能,规范企业决策的制定和执行,落实企业后续权益的保障,更好更全面地为企业服务。企业法务的管理性特征不言而喻。企业法务还具有规范性。随着企业法务成为一个重要的职业或岗位,甚至未来可能成为一种和法官、检察官、律师、公证员等一样的专门化职业,国家和社会肯定会加强对企业法务的规范和要求,尤其是当其作为法律职业共同体的重要组成部分时更应当如此。对企业法务的规范和要求与对其他法律职业的要求一样,这既是企业法务健康持续发展的客观要求,也是提升其公信力的一个重要手段。因此,规范性也是企业法务的一个重要特征。

(二)企业法务的功能演变与职责范围

企业法务的历史发展

随着企业的发展,企业法务的功能在不断演变。现代企业法务应当履行好控制法律风险、参与企业经营决策和保障企业经营成果三种职能。③ 企业法务逐渐向企业管理全面渗透、融入,已经成为企业运行和管理不可或缺的重要组成部分。企业法务从事后救济到事先防范,从风险防范到创造价值,从专业事

① 参见黄胜忠、余凤:《企业法务管理的内涵、发展历程及趋势展望》,载《商业时代》2014 年第 2 期。

② 谈萧主编:《企业法律实务》,华中科技大学出版社 2012 年版,第 16 页。

③ 郑春贤:《法务管理在企业管理中的职能定位及体系构建》,载《北京劳动保障职业学院学报》2021 年第 2 期。

务到管理融合,是企业法务发展的主线,体现了企业法务的作用不断提升、地位日益突出,极大改变了人们对企业法务的传统认识。

第一,从事后救济到事先防范。企业法务工作在以前往往并不重要,企业法务人员仅在纠纷和风险发生后"救火",只有企业出现问题才需要法务,只有大公司才需要法务。甚至,很多业务部门认为设置法务只是形式和流程的需要。这种观点极大影响了企业法务的推广和发展,不利于企业管理的转型升级,不少企业为此付出了巨大的代价。随着企业不断壮大以及法治的不断推进,注重企业法律风险事前防范,加强对企业管理层以及工作人员的法治教育和宣传,尤其是提高企业管理层的法治思维和法律素养,已经成为共识;企业法务与企业经营管理深度融合,与业务同计划、同部署、同实施,形成长效防控机制,已经成为企业发展的"规范动作";将法务嵌入日常经营管理具体环节,确保日常业务规范运行,在达成业务目标的同时严控法律风险,已经成为企业的常规做法。为此,企业法务部门的地位与运作模式发生变化,企业法务将法务管理融入企业的经营管理,在增加业务深度的同时拓展业务宽度,从业务实现的阻碍者变为支持者与合作者。法务部门向业务部门提供的法律服务是一种"主动支持",而不是"消防员"式的事后救济和处理。① 各地探索为企业定期开展"法律体检"活动,提供链条式法律服务,为企业"把脉""会诊",出具风险评估报告、提出风险处置建议、提供风险管理工具,并协调相关部门积极参与化解企业风险,通过提供专业的法律风险点评估排查服务,帮助企业防患于未然。

其实,法律风险的预防体现在企业法务审核的每一份合同里,出具的每一份法律意见书里,提供的每一个法律咨询里,企业法务是企业风险的综合管理者。而这些往往是其他部门所看不到或者不看重的。企业法务花费大量的精力去设置流程、修改合同、建章立制、防范风险,却经常得不到其他部门甚至企业领导的理解。其实,风险预防远比事后救济重要。下面一段话能很好地体现预防工作不被重视的原因,也体现了预防风险的重要性。

(魏文侯问扁鹊)曰:子昆弟三人,其孰最善为医?扁鹊曰:长兄最善,中兄次之,扁鹊最为下。魏文侯曰:可得闻邪?扁鹊曰:长兄于病视神,未有形而除之,故名不出于家。中兄治病,其在毫毛,故名不出于闾。若扁鹊者,镵血脉,投毒药,副肌肤间,而名出闻于诸侯。②

第二,从防范风险到创造价值。让企业认识到风险防范的重要性是企业法务的基本职责,风险防范与管理是法务部门传统的职能。预防风险、谨慎处事当然是企业法务工作的基本基调,争取无争无诉当然也是法务工作的一个重要目

① 黄胜忠、健君主编:《公司法务管理概论》,知识产权出版社 2016 年版,第 11 页。
② 黄怀信:《鹖冠子校注》,中华书局 2014 年版,第 323 页。

标。但仅仅停留在此是远远不够的,企业法务的功能还应实现转型,即从防范风险到创造价值,这也是法务部门或法务岗位日益受到重视的根本原因。诚然,企业法务是一份“保守”的工作,倾向于低风险操作,但这样是远远不够的,企业法务不仅要保障公司利益,防范、化解企业风险,更要追求效率、创造价值。目前很多国外的企业不仅赋予法务部门建章立制和强化企业内控流程的权力,而且更要让其创造价值。实际上企业法务也能创造价值,合同管理帮助企业高效安全地完成交易,不仅节省成本,而且提高效率,这就是创造价值;知识产权管理让企业保持竞争优势,这当然也是创造价值。

第三,从专业事务到管理融合。企业法务工作无疑是一项专业服务工作,但是却不能仅仅局限在法律专业领域,而要着眼于服务整个企业,全面融合企业的风险防范工作、管理工作以及企业业务的拓展工作,由此才能有效防范企业风险,为企业创造价值。因此,企业法务部门应当被定位为提供法律专业服务的综合管理部门:既是服务部门,也是管理部门;使用的是专业方法,提供的是综合服务。2014 年,全球企业法律顾问协会在中国首次发布了《21 世纪总法律顾问技能报告》,报告指出,公司法律顾问尤其是总法律顾问或者首席法务官,需要承担起三个不同的角色:法律部门领头人、首席咨询师、商业策略师。法律部门领头人是总法律顾问的传统角色;首席咨询师要求总法律顾问为管理层以及董事会成员提供可信的法律和商务建议;商业策略师要求总法律顾问不是告诉企业管理者这件事能做还是不能做,而是告诉他这件事通过什么方法可以做,需要具备一定的商业头脑和战略思维能力。法务工作从专业走向综合,从服务走向管理,将会有更大的施展空间,并为企业创造更多的价值。[①] 总而言之,应深入到企业管理实践当中来,跳出法律从业者业已固化的法律思维结构,以动态管理的视角而非静态服从的视角,以战略性全局思维而非战术性部门思维,以优化竞争策略选择的合作模式而非惯常担当背锅侠的对抗模式,来构建企业法务部门的价值体系。[②]

依照法律法规和内部规章制度规范企业经营管理行为是一项系统工程,涉及企业与政府、与社会、与消费者、与出资人、与员工等多方面主体之间的关系,调整这些法律关系的具体依据有政策、法律、法规、规范性文件、合同等多种形式,企业法务更多处理非诉业务。早期企业法务的主要职责如下:合同文本的制定、修改,对客户、员工、供应商合同之拟定、修改、审核;收集整理资料,自行或配合律师处理公司有关法律事务;收集、分析与本公司业务相关之法律信息并结合公司情况提出专业意见,针对工作中发现的问题及时提出风险预防措施;为公司

① 徐永建、周征:《论企业法律工作的逻辑起点与功能定位》,载叶小忠主编:《中国企业法务观察》(第一辑),法律出版社 2014 年版,第 37 页。

② 刘坤:《构建企业法务部门的价值体系》,载《法人》2020 年第 9 期。

提供咨询和法务意见书，为客户及员工提供法律问题咨询，负责制定公司的各类法律文件；参与企业诉讼等等。《中央企业法律风险管理报告》认为，企业法务部门是在企业内部设置的管理企业法律事务、审查规范企业各种经营行为、预防企业法律风险、处理企业法律纠纷，并由受雇于企业的人员构成的职业群体组成的职能部门，这在很大程度上规定了企业法务的职责范围。随着企业法务功能的演变，其地位日益凸显，职责范围不断拓展、延伸。在一定程度上，企业法务从一个企业内部的法律组织成为一个企业的战略性伙伴之后，它的价值和功能将会从成本控制转向资本升值。为了实现这一目标，法律组织需要：在最高层领导人中建立一种“企业合作者”文化；有合理的组织架构和人员安排；就其战略方向的实行确立一个明确的计划。[①] 因此，有学者将企业法务管理分为若干模块：(1) 风控属性，包括战略管理、公司治理、合同管理、风险管理、合规管理、内控管理、安全管理、政府关系与政策研究、危机管理等；(2) 竞争属性，具体包括案件管理、政府调查等；(3) 经营属性，包括知识产权管理、投资管理、公司律所等；(4) 其他，包括律师管理、公司秘书等。[②]

(三) 企业法务的模式

很多企业通过“法务+外聘律师”的模式进行多层次管理。数字化赋能报备让法务管理由繁入简，规范的制度流程让法务管理提升效率，系统化法律培训让法务管理扩大影响，这些措施可以共同营造企业法治氛围。[③] 企业法务管理模式有多种形态，目前比较普遍的有集中管理模式、分散管理模式和矩阵管理模式。集中管理即法务部对企业的所有法律事务进行垂直管理，采取此模式的有日本的新日铁、中国的中兴通讯等等；分散管理即总部法务部只对子公司法务部进行业务上的指导，采取此模式的有德国的西门子、中国的 TCL 等等；矩阵管理即按照业务类别和隶属关系两条主线设计法务管理的模式，采取此模式的有美国的柯达、IBM 等等。[④]

企业法务的
组织架构

二、为何要重视企业法务？

(一) 立足新发展阶段，全面推进依法治国的必然要求

强化企业法治建设是深入贯彻落实全面依法治国战略的必然要求。依法治企是全面依法治国战略在企业管理层面的必然要求，也是企业实现高质量发展的重要保障。近年来，党中央、国务院高度重视企业法治建设。2014 年，党的十

① 〔美〕Mark Roellig：《让法务部成为企业的战略资产》，载《法人》2011 年第 3 期。
② 郭建军：《现代企业法务管理体系的模块构成》，载《现代企业》2014 年第 5 期。
③ 刘娜：《新形势下加强国有企业法务管理体系建设》，载《上海商业》2022 年第 4 期。
④ 郭建军：《现代企业法务管理体系的模块构成》，载《现代企业》2014 年第 5 期。

八届四中全会审议通过的纲领性文件《中共中央关于全面推进依法治国若干重大问题的决定》强调，坚持法治国家、法治政府、法治社会一体建设。2018年，为进一步深入推进全面依法治国，加强全面依法治国工作的顶层设计和统筹协调，中央全面依法治国委员会成立，习近平总书记在中央全面依法治国委员会第二次会议上指出“要强化企业合规意识，走出去的企业在合规方面不授人以柄才能行稳致远”。2021年，十三届全国人大四次会议表决通过的《关于国民经济和社会发展第十四个五年规划和2035年远景目标纲要》在“形成强大国内市场构建新发展格局”中明确指出“引导企业加强合规管理”。此外，《法治中国建设规划（2020—2025年）》《法治社会建设实施纲要（2020—2025年）》等文件均明确要求企业树立合规意识，守法诚信、合法经营。

（二）建立和完善现代企业制度，促进企业健康持续发展的需要

依法治企是建立现代企业管理制度的客观要求，同时也是新时期下企业管理的要求，只有全面实施依法治企才能推进企业持续健康发展。世界上第一个设立法务部的企业是美国的美孚石油公司。目前，设立企业法务已成为发达国家企业成功运行的重要模式之一。随着我国社会主义市场经济体制的不断完善和经济全球化的不断深入，市场经济与市场法律风险这一矛盾共同体与企业相伴相生。行政管理、行政处罚、刑事司法、商事仲裁、民事审判、司法救济等成为企业法务存在的原因。有市场就有企业法务，市场存在是企业法务存在的前提和条件。要充分发挥法律对企业经营发展的保障和促进作用，为企业创造良好的营商环境，推动企业合规经营，高质量、可持续协调发展。

随着世界经济一体化进程的加快，企业面临的市场竞争压力越来越大，企业发展所面临的外部环境越来越复杂，所面临的风险也越来越大。稍有不慎，企业就可能会遭受各种法律风险。如果企业不具备一定的法治意识，不懂得如何有效应对法律风险，轻者会遭受财产损失，导致企业信誉受损，重者会面临诉讼，甚至破产清算。因此，企业一定要树立法治思维，提高法律风险防范意识和能力。2022年，国资委正式发布《中央企业合规管理办法》，2022年是中央企业“合规管理强化年”。依法治企是合规经营的基本前提。企业的管理进一步规范化、标准化，顺应国际大环境，建立和完善先进的现代企业管理制度，才是依法治企的长久规划和合规经营的长期目标。企业法务是增强企业“内部软实力”，防范和化解各种法律风险的重要手段，也是我国企业整体提升管理水平，建立现代企业制度，实现转型升级，走向国际化的必然要求。

（三）深化法治教育，培养中国特色社会主义法治人才的必然要求

作为法律职业人才培养的主渠道，一个国家的法学专业教育主要围绕该国的法律体系展开，我国尤为如此。在我国这样一个单一制国家，统一的法律体系与制度要求高校培养的学生掌握大致相同的法律知识，这就专业人才掌握的知

识标准而言是正确的。但是,法律职业人才培养在某种程度上被湮没在“同质化”的法学教育中。一方面,现有的法学教育在培养目标、培养机制、课程设置、培养途径等方面,“同质化”倾向极为严重,既缺乏差异性人才培养的整体设计,也缺乏差异性人才培养的个性化考量,这个问题应当予以关注。另一方面,法律没有区域性也并不意味着法学教育不能有区域特色,尤其是为区域经济社会服务的地方性院校,可以尝试探索具有区域特色的法学教育实践。

党的十八大以来,习近平总书记深刻论述了法治人才培养在全面依法治国、全面建设社会主义现代化国家、实现中华民族伟大复兴中国梦中的基础性地位。习近平总书记在中国政法大学考察时指出,全面推进依法治国是一项长期而重大的历史任务,要坚持中国特色社会主义法治道路,坚持以马克思主义法学思想和中国特色社会主义法治理论为指导,立德树人,德法兼修,培养大批高素质法治人才。2018 年,教育部发布《普通高等学校本科专业类教学质量国家标准》,通过“国标”的推行,以标促改、以标促建、以标促强。高校应根据“国标”修订人才培养方案,培养多样化、高质量人才。在此背景下,立足国家重大发展战略和社会发展需求已经成为高校法治人才培养的基本导向,新文科人才培养已经成为高校法治人才培养的基本方向,新的人才培养模式已经成为高校的共识:以“新文科”建设引领复合型、创新型、应用型法治人才培养,积极推动知识重构和学科专业深度交叉融合,促进思维革命、跨界融通与范式转化。优化法学课程教学体系,组建跨专业、跨学科、跨学院教学团队,整合教学资源,开设跨学科、跨专业新兴交叉课程,积极探索新型教学模式,编写出版一批具有创新性、交叉性的教材,实现跨专业的师资交叉、资源共享、协同创新。① 结合国家以及区域发展的要求,以法学为基础结合管理学的知识,培养“专法律、懂管理”的复合型、应用型企业法务人才,既是高校法治人才培养模式改革的探索,也是新文科人才培养的探索。

在我国,企业法务出现已有十多年。但高校至今尚无制度化的、成熟的为培养企业法务人才而设的企业法务课程群,也缺乏培养企业法务人才所需要的高素质“双师型”教师队伍,且尚未形成高校与企业实务部门校企合作联合办学、借力企业参与人才培养的机制。因此,大部分法科学生缺乏关于股权投资、企业并购、合同履约管理、协议签订评审等基本的企业运作和管理的基础理论知识和实训实战经验。服务企业、培养卓越企业法务人才应是法律人才培养的重要选择。作为企业法务工作的基础,企业法务人才培养已成为国家经济社会发展的重要战略举措。高校应对接区域发展战略,强化企业法务人才培养特色。结合

① 刘艳红:《深入学习贯彻党的二十大精神　推进法治人才培养体系建设》,载《民主与法制》周刊 2022 年第 41 期。

国家和社会对企业法务的强烈需求，高校尤其是地方高校可结合本地的实际，将培养具有企业法务知识和技能的人才作为主要目标，突出专业特色和比较优势。2023年2月，中共中央办公厅、国务院办公厅印发《关于加强新时代法学教育和法学理论研究的意见》，提出鼓励法学院校突出特色，形成差异化发展格局。

三、怎样加强企业法务建设，培养企业法务特色法治人才？

加强企业法务建设是一项系统工作，需要国家、社会、企业等方面共同努力，企业法务应当成为我国社会主义法治人才培养的一个重要方向，属于新文科的典型，甚至可以成为法学下的一个本科专业。高校可以探索以新文科背景下的卓越法治人才培养为推手，以“古今打通、文理打通、人文与社科打通、中与西打通、知与行打通”的“五通文科”为标准，在企业法务人才培养中全面贯彻“五通”新举措，实现专业建设新突破。在培养目标上，企业法务课程探索解决法治人才培养的同质化问题。当前法学本科教育多侧重于诉讼人才的培养，难以满足法律职业多元化的需要。企业法务课程的目标是培养擅长处理企业法律事务的复合型法务人才，实现高校人才培养的差异化发展，特色发展。在培养规格上，企业法务课程探索解决法治人才培养的封闭性问题。当前法治人才培养多侧重于法学专门知识的讲授，法科生欠缺财务会计、股权投资等方面的理论与实践，无法满足既懂法律又懂管理的综合能力要求。企业法务课程强调打通学科壁垒，实现法管融合，有助于实现复合型企业法务人才的培养目标。在培养机制上，企业法务课程探索解决法治人才培养的单一化问题。当前法学院校与企业法务部门的合作还未有效展开，尚未形成有针对性的校企协同培养机制。企业法务课程强调多元参与、校地协同，建立“需求牵引、方案对接、校地联动”的协同育人机制。《关于加强新时代法学教育和法学理论研究的意见》要求强化法学实践教学，深化协同育人，推动法学院校与法治工作部门在人才培养方案制定、课程建设、教材建设、学生实习实训等环节深度衔接。并要求法治工作部门要加大对法学院校支持力度，积极提供优质实践教学资源，做好法律职业和法学教育之间的有机衔接。这些为建立企业法务人才培养的协同育人机制提供了保障和机遇。

（一）坚持立德树人，开展“一化四全”课程思政改革

企业法务具有天然的思政元素，可以以企业社会责任为纲，形成“一化四全”特色企业法务课程思政模式（见图0-1），强化商业伦理与合规经营理念，培养德才兼备的高素质、高质量、高品位企业法务人才。企业法务课程群全方位、全流程、全要素、全覆盖强化课程思政建设，实现课程思政的生态化。扎实推进习近平新时代中国特色社会主义思想和习近平法治思想“进教材、进课堂、进头脑”。

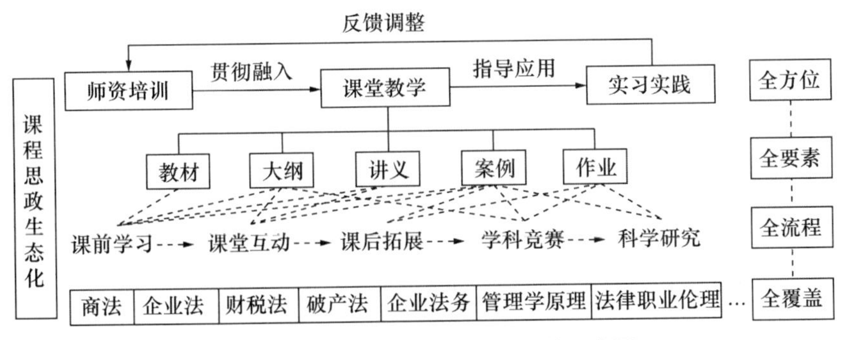

图 0-1　"一化四全"课程思政改革示意图

（二）突出企业法务特色，强化企业法务课程体系建设

可以以"企业法务课程"建设为主线，建构一套理论与实践相结合、案例教学与实验教学相结合、实习与实训相结合的具有企业法务特色的课程体系。进一步加强教材的选用和编撰工作，专业基础课和主干课尽量选用国家规划教材，企业法务课程则可以自主编写和完善系列专业教材，使教学内容充分反映社会经济的新发展、新要求。同时要加强协同开发，促进开放共享，形成与人才培养目标、人才培养方案和创新人才培养模式相适应的优质教学资源（见图 0-2）。

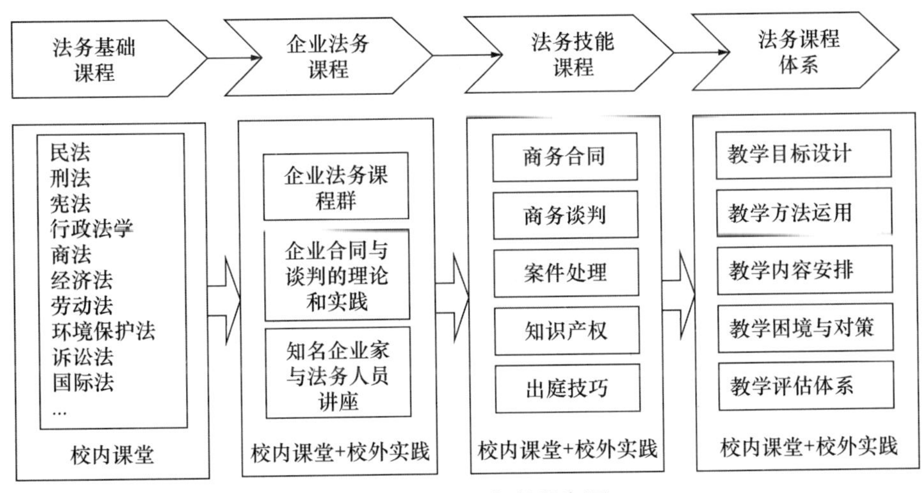

图 0-2　企业法务教学资源

根据培养目标定位，将管理学等企业管理有关课程全面融入法学人才培养课程体系，使学生在系统掌握法学知识的基础上，了解企业运行和管理的基本方式，熟悉法律规则在企业的具体运用。在公共课程方面，应依托学校公共课程教学师资，主要进行人文社会科学、自然科学等通识课程的教学，包括公共必修课与公共选修课，特别是实行推荐选修课，建议学生选修经济概论、民营经济概论、

企业概论等学校公选课。在专业课程方面,依托学校专业师资与校外师资,主要进行法学专业课程的教学,分为专业必修课与专业选修课。整合公司法、企业法务、金融法、财税法、劳动和社会保障法、非诉讼程序法等专业课程建立企业法务课程群。在企业岗位课程上,依托学校其他专业师资与校外师资,主要进行企业岗位所需的专业知识教学,引导学生研修管理学原理、人力资源管理、财务管理、会计学原理等企业岗位课程(见图0-3)。

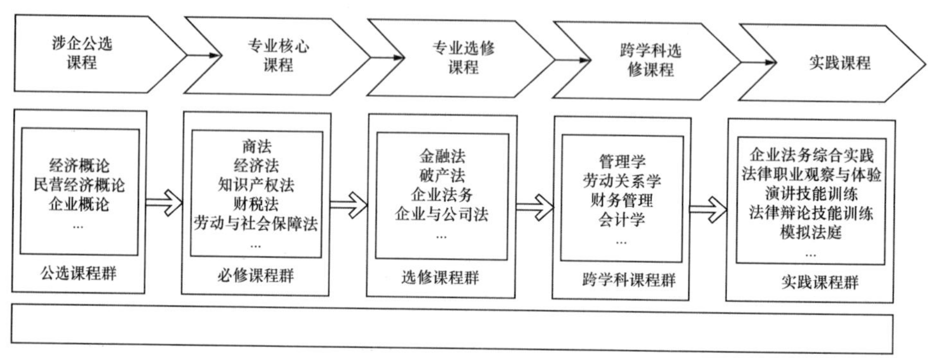

图0-3 企业法务课程群

此外,有条件的高校可以设置涉外法律课程板块,推进专业国际化建设,设置涉外法律课程模块,提高全英文课程比例,提高学生外语水平,提升学生处理涉外法律事务的能力,服务区域企业的外向型发展。

(三)推行线上线下相结合的判例研讨式教学,深化企业法务实践教学改革

因应信息化转型发展需求,高校可以采用线上线下课程相结合的教学方法。建设线上企业法务课程群,充分利用MOOC、SPOC等线上教学资源平台。以线上教学拓展广度,以线下教学拓展深度,全面推进传统课堂教学改革,切实提升教学质量。在"判例研讨式"教学基础上,建构全真式集成化实践教学体系,依托校地共建的人才培养实践基地,由校内外单位共同委派指导教师,实行双导师制,推进分站轮动式专业实习和企业法务岗位实习等校外专业实践活动。

思考题》

1. 现代企业都非常强调建立法律风险防范体系,请谈谈企业法律风险防范体系构建的基本理念和原则。

2. 结合企业法务的发展趋势,谈谈企业法务的定位、职责范围以及工作原则。

3. 企业家应如何以法律思维为导向进行决策?

4. 如何处理法律思维的规范性与实际工作的灵活性之间可能存在的矛盾？
5. 试述公司法务和律师之间的区别。
6. 试述企业如何建立健全企业法律风险管理与内部控制体系。
7. 试论如何构建公司法律风险预警机制与救济机制。

课后练习》

绪论—习题

绪论—答案

第一章　公司治理法务

公司治理是伴随着企业制度的发展而逐步产生、发展和完善的，从公司治理产生的那天起，它一直处在不断变化、发展的过程中。公司治理法律设计的基本思路是分权制衡，公司法所设计的基本治理模式是由四个不同的法定机构执掌不同的法定权力，通过不同机构的合理分工、相互配合和互相制约实现公司事务的科学管理和股东权益的充分保障。本章通过公司机构设置与公司治理、公司章程与公司治理、公司僵局的防范与公司治理、公司诉讼与公司治理、公司社会责任与公司治理等五方面来推进公司治理，理解公司治理法务。

第一节　公司机构设置与公司治理

公司作为拟制的人，由内设的各个机构组成。《公司法》作为组织法，对公司“三会一层”等内部机构的权利、义务、责任及运行程序进行严格规范，对公司经营活动可能带来的风险进行预先防范。股东会制度、董事会制度、监事会制度以及董事、监事、高级管理人员行为规范对公司运行至关重要，需要科学设置这些机构，规范董事、监事、高级管理人员行为，确保公司有序健康运行。

一、股东会制度

（一）有限责任公司股东会制度

1. 核心法条

《中华人民共和国公司法》

第五十八条　有限责任公司股东会由全体股东组成。股东会是公司的权力机构，依照本法行使职权。

第五十九条　股东会行使下列职权：

（一）选举和更换董事、监事，决定有关董事、监事的报酬事项；

（二）审议批准董事会的报告；

（三）审议批准监事会的报告；

（四）审议批准公司的利润分配方案和弥补亏损方案；

（五）对公司增加或者减少注册资本作出决议；

（六）对发行公司债券作出决议；

（七）对公司合并、分立、解散、清算或者变更公司形式作出决议；

（八）修改公司章程；

（九）公司章程规定的其他职权。

股东会可以授权董事会对发行公司债券作出决议。

对本条第一款所列事项股东以书面形式一致表示同意的，可以不召开股东会会议，直接作出决定，并由全体股东在决定文件上签名或者盖章。

第六十条 只有一个股东的有限责任公司不设股东会。股东作出前条第一款所列事项的决定时，应当采用书面形式，并由股东签名或者盖章后置备于公司。

第六十一条 首次股东会会议由出资最多的股东召集和主持，依照本法规定行使职权。

第六十二条 股东会会议分为定期会议和临时会议。

定期会议应当按照公司章程的规定按时召开。代表十分之一以上表决权的股东、三分之一以上的董事或者监事会提议召开临时会议的，应当召开临时会议。

第六十三条 股东会会议由董事会召集，董事长主持；董事长不能履行职务或者不履行职务的，由副董事长主持；副董事长不能履行职务或者不履行职务的，由过半数的董事共同推举一名董事主持。

董事会不能履行或者不履行召集股东会会议职责的，由监事会召集和主持；监事会不召集和主持的，代表十分之一以上表决权的股东可以自行召集和主持。

第六十四条 召开股东会会议，应当于会议召开十五日前通知全体股东；但是，公司章程另有规定或者全体股东另有约定的除外。

股东会应当对所议事项的决定作成会议记录，出席会议的股东应当在会议记录上签名或者盖章。

第六十五条 股东会会议由股东按照出资比例行使表决权；但是，公司章程另有规定的除外。

第六十六条 股东会的议事方式和表决程序，除本法有规定的外，由公司章程规定。

股东会作出决议，应当经代表过半数表决权的股东通过。

股东会作出修改公司章程、增加或者减少注册资本的决议，以及公司合并、分立、解散或者变更公司形式的决议，应当经代表三分之二以上表决权的股东通过。

2. 法条解读与实务操作

(1) 股东会的职权。股东会职权分为法定职权和章程规定职权。法定职权主要规定于《公司法》第59条,具体包括选举和激励董事、监事,听取董事会、监事会报告,决定利润分配,对注册资本增减、发行债券、公司分立合并、修改公司章程等事项作出决议,以及公司章程规定的其他职权。法定职权是《公司法》的强制性规定,不得通过章程对法定职权范围进行缩小。《公司法》第15条还特别规定,公司向其他企业投资或者为他人提供担保,按照公司章程的规定,由董事会或者股东会决议;公司章程对投资或者担保的总额及单项投资或者担保的数额有限额规定的,不得超过规定的限额。公司为公司股东或者实际控制人提供担保的,应当经股东会决议。2023年修改的《公司法》将原股东会职责中"决定公司的经营方针和投资计划"及"审议批准公司的年度财务预算方案、决算方案"删除并进一步明确"股东会可以授权董事会对发行公司债券作出决议",将公司经营层面的决策权力更多设置在董事会层面。章程规定职权则属于公司自治范畴,股东会可以通过修改章程,扩大股东会职权范围以符合公司实际经营需要。不同类型的公司,自治情况也各有不同,但一般是从公司整体经营方向或审批大宗交易的角度,来设计公司章程所规定的股东会职权。

(2) 股东会会议类型。股东会会议有首次会议、定期会议和临时会议之分。根据我国《公司法》,首次股东会会议由出资最多的股东召集和主持;定期会议应当依照公司章程的规定按时召开;有权提议召开临时会议的人包括代表1/10以上表决权的股东、1/3以上董事、监事会或不设监事会的公司的监事。

(3) 会议通知。关于股东会会议通知,应当注意以下问题:召开股东会会议,应由会议召集人发出会议通知。股东会由全体股东组成,因此召开股东会会议应通知公司全体股东,无论该股东持股比例多少、持股时间长短、是否违反了出资义务。口头通知也未尝不可,但为了留存证据,避免就是否通知了某股东发生争议,最好还是采取书面方式通知股东参会。为稳妥起见,建议召集人除了将会议通知通过特快专递寄送给全体股东,还应通过电子邮件、微信、短信等电子方式将会议通知发送给各股东。就有限责任公司而言,《公司法》并未规定股东会会议通知应包括哪些内容,一般认为应具备三要素,也即时间、地点、审议的事项。对于通知的时间,除公司章程另有规定或全体股东另有约定以外,应当于会议召开15日前通知全体股东。除公司章程另有规定外,股东会召开会议可以采用电子通信方式。

(4) 参加人员和列席人员:任何股东均有权出席股东会会议。股东既可以亲自出席,也可以委托代理人出席会议并行使表决权。代理人出席股东会会议的,应当持代理人本人身份证件以及股东出具的授权委托书。股东会要求董事、监事、高级管理人员列席会议的,董事、监事、高级管理人员应当列席并接受股东的质询。

(5) 召集人和主持人的确定：召集人是有顺位的，首先应当是由董事会召集；董事会不能履行或者不履行召集股东会会议职责的，由监事会召集；监事会不召集的，代表1/10以上表决权的股东可以自行召集。股东会会议的召集人不同，其主持人也各有不同，具体而言：若股东会会议是董事会召集，则董事长是主持人；董事长不能履行职务或者不履行职务的，由副董事长主持；副董事长不能履行职务或者不履行职务的，由半数以上董事共同推举一名董事主持。若股东会会议是监事会召集，则监事会是主持人。若股东会会议是股东召集，则由该股东自行主持。

(6) 议案的表决：所有出席会议的股东均享有表决权，但公司为公司股东或者实际控制人提供担保的，必须经股东会决议，上述股东或者受实际控制人支配的股东，不得参加该事项的表决。关于表决权的比例，通说认为应为"认缴的出资比例"，而不是实缴比例。出席会议的股东，应当对提交表决的议案发表以下意见之一：同意、反对或弃权。至于以何种方式发表表决意见，《公司法》并未明确规定，实践中有些公司采取记名方式投票表决，有些公司采取的是举手表决。股东会的决议有普通决议和特别决议之分。一般而言，股东会作出普通决议，应当经代表1/2以上表决权的股东通过；股东会作出特别决议，应当经代表2/3以上表决权的股东通过。

股东会是股东意志的体现，通过召开股东会，由股东在会议上进行表决，从而形成股东会决议这个最终表现形态。但有限责任公司有一种特殊的合意产生办法，即股东直接以书面形式一致表示同意即可。这种简易程序的产生需满足三个生效条件：一是该公司形式必须是有限责任公司；二是必须全体股东均以书面形式表示同意；三是必须全体股东在决定文件上签名、盖章。同时，股东会可以采用电子通信方式进行表决。

(7) 制作会议记录。会议记录一般记载以下内容：会议时间、地点、议程、召集人；会议主持人以及列席会议的董事、监事、经理和其他高级管理人员；出席会议的股东和代理人；对每一提案的审议经过、发言要点和表决结果；股东的质询意见或建议以及相应的答复或说明；计票人、监票人姓名等。

3. 风险防范

股东应充分重视股东会的运作程序和决议的合法合规性，以下几个方面应予以高度注意。

(1) 首次股东会会议由出资最多的股东召集和主持，依照《公司法》规定行使职权。可见，首次股东会会议不由实际控制人召集和主持，而应该由市场监督管理局登记的认缴出资份额最多的显名股东召集和主持，才是合法合规的程序。

(2) 股东会的召集和主持程序必须符合法律的规定，否则有可能导致会议决议的无效或被撤销。

（3）应在建立公司的伊始就根据实际业务形态，集体商议好定期会议的召开频率并写入章程，临时会议具有突发性，公司章程可规定具体的条件。

（4）会议应当将决议的事项通知出席会议的人员，并作出决议，没有决议的事项不成立，股东可以向法院起诉，确认该决议不成立。

（5）及时召开股东会。根据《公司法》第231条的规定，存在《公司法解释（二）》第1条第1款规定的四种情形之一的，单独或者合计持有公司10%以上表决权的股东，可以向人民法院提起解散公司诉讼。

（6）《公司法》解决股东会僵局的办法只有解散公司一种，并不一定符合所有股东的愿望。针对股东会僵局的法律风险，采取的对策是股东可以在公司章程中事先规定打破股东会僵局更为多样的措施，以避免股东会僵局的出现，比如赋予董事长最终的决定权、规定股东的退出条款等，更加有利于应付公司僵局的极端形式。

（7）出席会议、同意决议事项的人数以及所持表决权数应达到法定要求。出席会议的人数或者所持表决权数未达到《公司法》或者公司章程规定的人数或者所持表决权数的，亦或是同意决议事项的人数或者所持表决权数未达到《公司法》或者公司章程规定的人数或者所持表决权数的，股东会的决议不成立。

4. 典型案例分析

2018年1月30日某公司成立，马某占股30%，思度公司占股70%。章程约定，修改章程须经持有2/3以上表决权的股东通过，召集股东会应提前15天通知所有股东。

2020年7月10日，某公司向马某邮寄于2020年7月25日召开临时股东会的通知。马某于2020年7月11日签收。

2020年7月25日，在股东马某缺席的情况下召开了股东会，并通过了包括修改章程在内的股东会决议。

马某认为，其实际提前14天收到股东会会议通知，不符合公司章程规定的提前15日的要求，遂以股东会决议程序违法为由，请求撤销上述股东会决议。

法院未予支持马某关于程序违法的理由，认定股东会决议有效，判决驳回马某的诉讼请求。

【案例评析】

根据《公司法解释（四）》第4条的规定，股东诉请撤销公司决议，公司主张会议程序仅存在程序性轻微瑕疵、不应撤销的,应满足三个要件:属于召集程序或者表决方式瑕疵;该瑕疵轻微,是否轻微以是否会导致各股东无法公平地参与多数意思的形成以及获取对此所需的信息为判定标准;该瑕疵对决议未产生实质影响。股东面对程序瑕疵的撤销之诉时,应强调该程序瑕疵不仅仅是影响股东表决权的行使,而是从根本上剥夺了股东行使表决权的机会和可能,从而强调该瑕疵对决议产生了实质影响。

公司进行决议和决议程序设计应尊重股东的表决权,这样即使出现因程序瑕疵而引起的撤销决议之诉,也能适用《公司法解释(四)》第4条抗辩,保护公司的合法权利。如本案中应提前15天通知股东参会但股东于14天前才实际收到通知,因为并未实际影响股东的表决权所以可以借轻微瑕疵免责。公司章程中应注意完善召集股东程序和表决方式程序的规定,股东和公司都应认真阅读并遵守,减少未来出现摩擦冲突等不良后果的可能。

(二) 股份有限公司股东会制度

1. 核心法条

《中华人民共和国公司法》

第一百一十三条　股东会应当每年召开一次年会。有下列情形之一的,应当在两个月内召开临时股东会会议:

(一) 董事人数不足本法规定人数或者公司章程所定人数的三分之二时;

(二) 公司未弥补的亏损达股本总额三分之一时;

(三) 单独或者合计持有公司百分之十以上股份的股东请求时;

(四) 董事会认为必要时;

(五) 监事会提议召开时;

(六) 公司章程规定的其他情形。

第一百一十四条　股东会会议由董事会召集,董事长主持;董事长不能履行职务或者不履行职务的,由副董事长主持;副董事长不能履行职务或者不履行职务的,由过半数的董事共同推举一名董事主持。

董事会不能履行或者不履行召集股东会会议职责的,监事会应当及时召集和主持;监事会不召集和主持的,连续九十日以上单独或者合计持有公司百分之十以上股份的股东可以自行召集和主持。

单独或者合计持有公司百分之十以上股份的股东请求召开临时股东会会议的,董事会、监事会应当在收到请求之日起十日内作出是否召开临时股东会会议的决定,并书面答复股东。

第一百一十五条　召开股东会会议,应当将会议召开的时间、地点和审议的事项于会议召开二十日前通知各股东;临时股东会会议应当于会议召开十五日前通知各股东。

单独或者合计持有公司百分之一以上股份的股东,可以在股东会会议召开十日前提出临时提案并书面提交董事会。临时提案应当有明确议题和具体决议事项。董事会应当在收到提案后二日内通知其他股东,并将该临时提案提交股东会审议;但临时提案违反法律、行政法规或者公司章程的规定,或者不属于股东会职权范围的除外。公司不得提高提出临时提案股东的持股比例。

公开发行股份的公司,应当以公告方式作出前两款规定的通知。

股东会不得对通知中未列明的事项作出决议。

第一百一十六条 股东出席股东会会议,所持每一股份有一表决权,类别股股东除外。公司持有的本公司股份没有表决权。

股东会作出决议,应当经出席会议的股东所持表决权过半数通过。

股东会作出修改公司章程、增加或者减少注册资本的决议,以及公司合并、分立、解散或者变更公司形式的决议,应当经出席会议的股东所持表决权的三分之二以上通过。

第一百一十七条 股东会选举董事、监事,可以按照公司章程的规定或者股东会的决议,实行累积投票制。

本法所称累积投票制,是指股东会选举董事或者监事时,每一股份拥有与应选董事或者监事人数相同的表决权,股东拥有的表决权可以集中使用。

2. 规则解读与实务操作

股份有限公司股东会召开程序与有限责任公司股东会基本相同,以下就其中的一些不同点进行阐述:

(1) 股份有限公司股东会的召集与主持。股东会会议由董事会召集,董事长主持;董事长不能履行职务或者不履行职务的,由副董事长主持;副董事长不能履行职务或者不履行职务的,由过半数的董事共同推举一名董事主持。董事会不能履行或者不履行召集股东会会议职责的,监事会应当及时召集和主持;监事会不召集和主持的,连续 90 日以上单独或者合计持有公司 10%以上股份的股东可以自行召集和主持。由此可见,监事会和连续 90 日以上单独或者合计持有公司 10%以上股份的股东拥有补充召集权和补充主持权。

(2) 会议通知。召开股东会会议,公司应当将会议召开的时间、地点和审议的事项于会议召开 20 日前通知各股东;临时股东会会议应当于会议召开 15 日前通知各股东。公开发行股份的公司,应当以公告方式作出通知。公司在计算会议通知的起始期限时,不应当包括会议召开当日。股东会不得对通知中未列明的事项作出决议。

（3）会议的类型：具体分为定期会议和临时会议两种。定期会议是指公司依照公司章程的规定按时召开的股东会会议。会议内容主要集中在股东会职权范围内的事项，由股东们表决作出决议。临时会议则是指在定期会议以外，公司经营遇重大事项，由法定主体临时召集的股东会会议。因定期会议仅在特定日期召开，为了保证公司在发生重大事项或特别情况时能继续正常运营，可以由适格主体召集临时的股东会会议以便及时作出决策，以应对突发状况。有下列情形之一的，应当在2个月内召开临时股东会会议：董事人数不足《公司法》规定人数或者公司章程所定人数的2/3时；公司未弥补的亏损达股本总额1/3时；单独或者合计持有公司10%以上股份的股东请求时；董事会认为必要时；监事会提议召开时；公司章程规定的其他情形。单独或者合计持有公司10%以上股份的股东请求召开临时股东会会议的，董事会、监事会应当在收到请求之日起10日内作出是否召开临时股东会会议的决定，并书面答复股东。

股东会应当每年召开一次年会（年度股东会）。年会应当于上一会计年度结束之日起的6个月内举行，即最迟不得晚于6月30日召开。召开年度股东会应当于会议召开20日前通知各股东。

（4）股东的出席和代理出席。股东可以亲自出席会议，也可以委托代理人代为出席和表决。股东委托代理人出席股东会会议的，应当明确代理人代理的事项、权限和期限；代理人应当向公司提交股东授权委托书，并在授权范围内行使表决权。如果委托人为法人，授权委托书应当加盖法人印章或由其正式委任的代理人签署。个人股东亲自出席会议的，应当出示本人身份证和持股凭证；接受委托代理他人出席会议的，应当出示代理人身份证、股东授权委托书和持股凭证。法人股东应当由法定代表人或者法定代表人委托的代理人出席会议。法定代表人出席会议的，应当出示本人身份证、能证明其具有法定代表人资格的有效证明和持股凭证；委托代理人出席会议的，代理人应当出示本人身份证、法人股东单位的法定代表人依法出具的书面委托书和持股凭证。

（5）临时提案的提出。股东会审议的事项，一般由董事会提出。但是，股东有时也会有一些较为重大的事项提交股东会审议而没有被董事会提出来，因此，《公司法》第115条第2款赋予持有一定股份的股东临时提案权，规定："单独或者合计持有公司百分之一以上股份的股东，可以在股东会会议召开十日前提出临时提案并书面提交董事会。临时提案应当有明确议题和具体决议事项。董事会应当在收到提案后二日内通知其他股东，并将该临时提案提交股东会审议；但临时提案违反法律、行政法规或者公司章程的规定，或者不属于股东会职权范围的除外。公司不得提高提出临时提案股东的持股比例。"2023年修订的《公司法》将有权提出临时提案权的股东条件从单独或者合计持有公司3%以上股份的股东降低为单独或者合计持有公司1%以上股份的股东，且进一步规定公司不得提高该持股比例。全部规定均有利于股民进一步全面参与公司的治理。

(6) 股东会的议事规则。股东会的议事规则是指股东会开会期间必须遵守的一系列程序性规定,这些规定是股东会是否规范运作、其决议是否存在瑕疵的前提和基础。议事规则里可以规定股东会如何召集、召开,其职权如何行使,审议和决定事项的提案等一系列运作细则。股东会在审议为股东、实际控制人及其关联方提供担保的议案时,该股东或者受该实际控制人支配的股东,不得参与该项表决,该项表决由出席会议的其他股东所持表决权的过半数通过。上市公司的下列事项,应当经出席股东会会议的股东所持表决权的2/3以上通过:修改公司章程;增加或者减少注册资本;公司合并、分立、解散;变更公司形式;重大资产重组;上市公司在1年内购买、出售重大资产或者向他人提供担保的金额超过公司资产总额30%的。

股东会选举董事或者监事时,可实行累积投票制,即每一股份拥有与应选董事或者监事人数相同的表决权,股东拥有的表决权可以集中使用。

3. 风险防范

与有限责任公司基本相同,可以参照前面所述。

4. 典型案例分析

A股份有限公司关于召开2024年度股东会年会的通知

兹定于2024年5月15日在公司本部办公楼二层会议室内召开2024年度股东会年会,特通知如下:

一、凡持有本公司股份50万股以上的股东可向本公司索要本通知,并持通知出席股东会会议。

二、持有本公司股份不足50万股的股东,可自行组合,每50万股选出一名代表,向本公司索要本通知,并持通知出席股东会会议。

三、持有本公司股份不足50万股的股东,5月10日前不自行组合产生代表的,本公司将向其寄送"通讯表决票",由其通讯表决。

A股份有限公司董事长

2024年5月5日

阅读上述资料,指出上述通知有哪些违法之处?根据什么?

【案例评析】

本通知有下列违法之处：(1) 通知发出时间违反《公司法》。根据《公司法》有关规定，召开股东会会议，应于会议召开 20 日前通知各股东。(2) 通知中未将审议的事项列出。根据《公司法》规定，召开股东会会议，应将审议事项通知各股东。(3) 通知中第一、二项均违反《公司法》，剥夺了部分股东表决权。根据是，违反股东平等原则，即《公司法》关于“股东出席股东会会议，所持每一股份有一表决权”的规定。(4) 通知的第三项，强制股东选择通讯表决形式，剥夺了股东的质询权。根据是，违反了《公司法》关于股东“对公司的经营提出建议或者质询”的规定。(5) 通知应由董事会署名，而不是署公司董事长名。由董事长签名违反了股东会应由有召集权的人召集的规定。根据是，《公司法》规定，股东会会议由董事会依《公司法》规定负责召集。

二、董事会制度

董事会是公司的核心治理机构，董事会会议是董事会发挥其职能的重要途径，是董事会议事的主要形式，董事按规定参加董事会会议是履行董事职责的基本方式。董事会在公司中起着举足轻重的作用，它是公司的领导机关，董事会的合理设置、正常运行关系公司的生死存亡，应当重视董事会制度在公司治理中的作用。

(一) 有限责任公司董事会制度

1. 核心法条

《中华人民共和国公司法》

第六十七条　有限责任公司设董事会，本法第七十五条另有规定的除外。

董事会行使下列职权：

(一) 召集股东会会议，并向股东会报告工作；

(二) 执行股东会的决议；

(三) 决定公司的经营计划和投资方案；

(四) 制订公司的利润分配方案和弥补亏损方案；

(五) 制订公司增加或者减少注册资本以及发行公司债券的方案；

(六) 制订公司合并、分立、解散或者变更公司形式的方案；

(七) 决定公司内部管理机构的设置；

(八) 决定聘任或者解聘公司经理及其报酬事项，并根据经理的提名决定聘任或者解聘公司副经理、财务负责人及其报酬事项；

(九) 制定公司的基本管理制度；

(十) 公司章程规定或者股东会授予的其他职权。

公司章程对董事会职权的限制不得对抗善意相对人。

第六十八条 有限责任公司董事会成员为三人以上,其成员中可以有公司职工代表。职工人数三百人以上的有限责任公司,除依法设监事会并有公司职工代表的外,其董事会成员中应当有公司职工代表。董事会中的职工代表由公司职工通过职工代表大会、职工大会或者其他形式民主选举产生。

董事会设董事长一人,可以设副董事长。董事长、副董事长的产生办法由公司章程规定。

第六十九条 有限责任公司可以按照公司章程的规定在董事会中设置由董事组成的审计委员会,行使本法规定的监事会的职权,不设监事会或者监事。公司董事会成员中的职工代表可以成为审计委员会成员。

第七十二条 董事会会议由董事长召集和主持;董事长不能履行职务或者不履行职务的,由副董事长召集和主持;副董事长不能履行职务或者不履行职务的,由过半数的董事共同推举一名董事召集和主持。

第七十三条 董事会的议事方式和表决程序,除本法有规定的外,由公司章程规定。

董事会会议应当有过半数的董事出席方可举行。董事会作出决议,应当经全体董事的过半数通过。

董事会决议的表决,应当一人一票。

董事会应当对所议事项的决定作成会议记录,出席会议的董事应当在会议记录上签名。

第七十五条 规模较小或者股东人数较少的有限责任公司,可以不设董事会,设一名董事,行使本法规定的董事会的职权。该董事可以兼任公司经理。

2. 规则解读与实务操作

(1)董事会的职权。董事会的职权包括召集股东会会议,并向股东会报告工作;执行股东会的决议;决定公司的经营计划和投资方案;制订公司的利润分配方案和弥补亏损方案;制订公司增加或者减少注册资本以及发行公司债券的方案;制订公司合并、分立、解散或者变更公司形式的方案;决定公司内部管理机构的设置;决定聘任或者解聘公司经理及其报酬事项,并根据经理的提名决定聘任或者解聘公司副经理、财务负责人及其报酬事项;制定公司的基本管理制度;公司章程规定或者股东会授予的其他职权。

(2)董事会的组成。有限责任公司董事会成员为3人以上,其成员中可以有公司职工代表。职工人数300人以上的有限责任公司,除依法设监事会并有公司职工代表的外,其董事会成员中应当有公司职工代表。董事会中的职工代表由公司职工通过职工代表大会、职工大会或者其他形式民主选举产生。董事会设董事长一人，可以设副董事长。董事长、副董事长的产生办法由公司章程规定。

（3）董事的聘任、更换、辞任和解任。董事由股东会选举并予以聘任，需要予以更换的，也需要股东会决议。董事辞任的，应当以书面形式通知公司，公司收到通知之日辞任生效，但在公司没有收到通知之前或未改选之前，董事应当继续履行职务。股东会可以决议解任董事，决议作出之日解任生效。无正当理由，在任期届满前解任董事的，该董事可以要求公司予以赔偿。

（4）董事会会议的召集和主持。董事会会议由董事长召集和主持；董事长不能履行职务或者不履行职务的，由副董事长召集和主持；副董事长不能履行职务或者不履行职务的，由过半数的董事共同推举一名董事召集和主持。

（5）董事会的议事方式和表决程序。董事会的议事方式和表决程序，除《公司法》有规定的外，由公司章程规定。董事会会议应当有过半数的董事出席方可举行。董事会作出决议，应当经全体董事的过半数通过。董事会决议的表决，应当一人一票。董事会应当对所议事项的决定作成会议记录，出席会议的董事应当在会议记录上签名。

3. 风险防范

股东会、董事会职权不明确，议事规则不清晰，无会议决议记录或决议随意的，将导致重大事项决策、执行缺乏法律约束力，发生纠纷后无法保障得到法律救济，应明确“两会”职责和议事规则，建立会议制度。

（二）股份有限公司董事会制度

1. 核心法条

《中华人民共和国公司法》

第一百二十二条　董事会设董事长一人，可以设副董事长。董事长和副董事长由董事会以全体董事的过半数选举产生。

董事长召集和主持董事会会议，检查董事会决议的实施情况。副董事长协助董事长工作，董事长不能履行职务或者不履行职务的，由副董事长履行职务；副董事长不能履行职务或者不履行职务的，由过半数的董事共同推举一名董事履行职务。

第一百二十三条　董事会每年度至少召开两次会议，每次会议应当于会议召开十日前通知全体董事和监事。

代表十分之一以上表决权的股东、三分之一以上董事或者监事会，可以提议召开临时董事会会议。董事长应当自接到提议后十日内，召集和主持董事会会议。

董事会召开临时会议，可以另定召集董事会的通知方式和通知时限。

第一百二十四条 董事会会议应当有过半数的董事出席方可举行。董事会作出决议，应当经全体董事的过半数通过。

董事会决议的表决，应当一人一票。

董事会应当对所议事项的决定作成会议记录，出席会议的董事应当在会议记录上签名。

第一百二十五条 董事会会议，应当由董事本人出席；董事因故不能出席，可以书面委托其他董事代为出席，委托书应当载明授权范围。

董事应当对董事会的决议承担责任。董事会的决议违反法律、行政法规或者公司章程、股东会决议，给公司造成严重损失的，参与决议的董事对公司负赔偿责任；经证明在表决时曾表明异议并记载于会议记录的，该董事可以免除责任。

---

2. 规则解读与实务操作

股份有限公司董事会的职权、任期等与有限责任公司董事会相同，很多程序相同或相类似，以下主要针对不同之处进行阐述。

（1）组成和产生。股份有限公司的董事会是公司股东会的执行机构，对公司股东会负责，职权与有限责任公司的董事会相同，其董事会的组成，尤其是职工董事的比例和要求，以及董事的聘任、更换、辞任、解任等与有限责任公司董事会相同，具体可以参见有限责任公司的相关阐述。

（2）召集和主持。董事长召集和主持董事会会议，检查董事会决议的实施情况。副董事长协助董事长工作，董事长不能履行职务或者不履行职务的，由副董事长履行职务；副董事长不能履行职务或者不履行职务的，由过半数的董事共同推举一名董事履行职务。

董事会每年度至少召开两次会议，每次会议应当于会议召开10日前通知全体董事和监事。董事会会议通知包括以下内容：会议日期和地点；会议期限；事由及议题；发出通知的日期。董事会召开临时会议，可以另定召集董事会的通知方式和通知时限。

（3）临时会议。代表1/10以上表决权的股东、1/3以上董事或者监事会，可以提议召开临时董事会会议。董事长应当自接到提议后10日内，召集和主持董事会会议。

（4）表决和通过。董事会会议应当有过半数的董事出席方可举行。董事会会议，应由董事本人出席；董事因故不能出席，可以书面委托其他董事代为出席，委托书应当载明授权范围。董事会作出决议，应当经全体董事的过半数通过。董事会决议的表决，应当一人一票。

（5）会议记录。董事会应当对会议所议事项的决定作成会议记录，出席会议的董事应当在会议记录上签名。董事应当对董事会的决议承担责任。董事会的决议违反法律、行政法规或者公司章程、股东会决议,给公司造成严重损失的,参与决议的董事对公司负赔偿责任;经证明在表决时曾表明异议并记载于会议记录的,该董事可以免除责任。

3. 风险防范

(1) 实践中董事长出于种种原因想一权独大,不想召开董事会会议,所以董事长就不去主动召集,以致董事会会议无法如期召开,《公司法》为打破此僵局提供了解决的方法:董事长不能或不履行职务时,由副董事长负责召集和主持;副董事长不能或不履行职务时,由过半数的董事共同推举一名董事召集和主持。如果副董事长有两名或两名以上,应在公司章程中明确由哪位副董事长召集和主持,这样就会避免相互推诿。

(2) 防止董事会会议决议无法作出,形成公司僵局。为了最大限度地避免僵局的出现,公司最好将董事会成员人数设置为单数,并对一旦出现偶数票无法形成决议时的解决办法作出规定,比如可以规定在偶数票情况下董事长投票一方为决议方,等等。

(3) 根据公司情况具体规定决议的形式。按决议形式分类有书面决议、口头决议;按决议通过的方式分类有举手通过、投票通过、通读无异议通过、传阅签字通过等。不同的公司根据各自公司不同的规模、董事会成员组成情况等可设置有利于公司董事会会议及时作出决议的议事方式及表决程序。

(4) 公司的董事会会议应作会议记录并让所有出席董事签字,以便日后查询,并作为董事是否承担责任的证据。

三、监事会和审计委员会制度

2023 年《公司法》修订的一个亮点就是关于董事会审计委员会和监事会设置的问题。有限责任公司、股份有限公司、国有独资公司三种公司形式下董事会审计委员会和监事会的选择性设置,给出了公司治理结构设置的可选方案,公司可以根据具体情况进行调整。监事会是由股东会选举的监事以及公司职工民主选举的监事组成的,对公司的业务活动进行监督和检查的法定机构和常设机构,是公司法人机关权力制衡机制的重要组成部分,是维护公司健康、稳定发展的保证,应当高度重视监事会制度在公司治理中的作用。同时,在不设监事会或监事的公司,需要发挥审计委员会制度的作用。审计委员会制度同样是公司治理的重要组成部分。

(一) 核心法条

《中华人民共和国民法典》

第八十二条　营利法人设监事会或者监事等监督机构的,监督机构依法行使检查法人财务,监督执行机构成员、高级管理人员执行法人职务的行为,以及法人章程规定的其他职权。

有限责任公司

《中华人民共和国公司法》

第六十九条 有限责任公司可以按照公司章程的规定在董事会中设置由董事组成的审计委员会,行使本法规定的监事会的职权,不设监事会或者监事。公司董事会成员中的职工代表可以成为审计委员会成员。

第七十六条 有限责任公司设监事会,本法第六十九条、第八十三条另有规定的除外。

监事会成员为三人以上。监事会成员应当包括股东代表和适当比例的公司职工代表,其中职工代表的比例不得低于三分之一,具体比例由公司章程规定。监事会中的职工代表由公司职工通过职工代表大会、职工大会或者其他形式民主选举产生。

监事会设主席一人,由全体监事过半数选举产生。监事会主席召集和主持监事会会议;监事会主席不能履行职务或者不履行职务的,由过半数的监事共同推举一名监事召集和主持监事会会议。

董事、高级管理人员不得兼任监事。

第七十七条 监事的任期每届为三年。监事任期届满,连选可以连任。

监事任期届满未及时改选,或者监事在任期内辞任导致监事会成员低于法定人数的,在改选出的监事就任前,原监事仍应当依照法律、行政法规和公司章程的规定,履行监事职务。

第七十八条 监事会行使下列职权:

(一)检查公司财务;

(二)对董事、高级管理人员执行职务的行为进行监督,对违反法律、行政法规、公司章程或者股东会决议的董事、高级管理人员提出解任的建议;

(三)当董事、高级管理人员的行为损害公司的利益时,要求董事、高级管理人员予以纠正;

(四)提议召开临时股东会会议,在董事会不履行本法规定的召集和主持股东会会议职责时召集和主持股东会会议;

(五)向股东会会议提出提案;

(六)依照本法第一百八十九条的规定,对董事、高级管理人员提起诉讼;

(七)公司章程规定的其他职权。

第七十九条 监事可以列席董事会会议,并对董事会决议事项提出质询或者建议。

监事会发现公司经营情况异常，可以进行调查；必要时，可以聘请会计师事务所等协助其工作，费用由公司承担。

第八十条　监事会可以要求董事、高级管理人员提交执行职务的报告。

董事、高级管理人员应当如实向监事会提供有关情况和资料，不得妨碍监事会或者监事行使职权。

第八十一条　监事会每年度至少召开一次会议，监事可以提议召开临时监事会会议。

监事会的议事方式和表决程序，除本法有规定的外，由公司章程规定。

监事会决议应当经全体监事的过半数通过。

监事会决议的表决，应当一人一票。

监事会应当对所议事项的决定作成会议记录，出席会议的监事应当在会议记录上签名。

第八十二条　监事会行使职权所必需的费用，由公司承担。

第八十三条　规模较小或者股东人数较少的有限责任公司，可以不设监事会，设一名监事，行使本法规定的监事会的职权；经全体股东一致同意，也可以不设监事。

国有独资公司

《中华人民共和国公司法》

第一百七十六条　国有独资公司在董事会中设置由董事组成的审计委员会行使本法规定的监事会职权的，不设监事会或者监事。

第一百七十七条　国家出资公司应当依法建立健全内部监督管理和风险控制制度，加强内部合规管理。

股份有限公司

《中华人民共和国公司法》

第一百三十条　股份有限公司设监事会，本法第一百二十一条第一款、第一百三十三条另有规定的除外。

监事会成员为三人以上。监事会成员应当包括股东代表和适当比例的公司职工代表，其中职工代表的比例不得低于三分之一，具体比例由公司章程规定。监事会中的职工代表由公司职工通过职工代表大会、职工大会或者其他形式民主选举产生。

监事会设主席一人，可以设副主席。监事会主席和副主席由全体监事过半数选举产生。监事会主席召集和主持监事会会议；监事会主席不能履行职务或者不履行职务的，由监事会副主席召集和主持监事会会议；监事会副主席不能履行职务或者不履行职务的，由过半数的监事共同推举一名监事召集和主持监事会会议。

董事、高级管理人员不得兼任监事。

本法第七十七条关于有限责任公司监事任期的规定，适用于股份有限公司监事。

第一百三十一条 本法第七十八条至第八十条的规定，适用于股份有限公司监事会。

监事会行使职权所必需的费用，由公司承担。

第一百三十二条 监事会每六个月至少召开一次会议。监事可以提议召开临时监事会会议。

监事会的议事方式和表决程序，除本法有规定的外，由公司章程规定。

监事会决议应当经全体监事的过半数通过。

监事会决议的表决，应当一人一票。

监事会应当对所议事项的决定作成会议记录，出席会议的监事应当在会议记录上签名。

第一百三十三条 规模较小或者股东人数较少的股份有限公司，可以不设监事会，设一名监事，行使本法规定的监事会的职权。

（二）规则解读与实务操作

1. 监事会

（1）监事会的职权。

根据现行《公司法》的规定，监事会的职权可以分为两种：一种是法定职权，一种是公司章程规定的职权。监事会的职权包括：财务检查权；对公司经营管理活动的监督权；提案权；召开临时股东会会议的提议权和特定情况下股东会会议的召集、主持权；代表诉讼权；质询建议权与调查权；公司章程规定的其他权力（《公司法》第 78—79 条）。《公司法》第 80 条第 1 款还特别规定，监事会可以要求董事、高级管理人员提交执行职务的报告。同时，监事会发现公司经营情况异常，可以进行调查；必要时，可以聘请会计师事务所等协助其工作。监事会行使职权所必需的费用，由公司承担。

（2）监事会的组成、任期。

监事会成员不得少于 3 人。规模较小或者股东人数较少的有限责任公司和股份有限公司，可以设一名监事，不设监事会。监事会成员应当包括股东代表和适当比例的公司职工代表，其中职工代表的比例不得低于 1/3，具体比例由公司章程规定。监事会中的职工代表由公司职工通过职工代表大会、职工大会或者其他形式民主选举产生。监事会设主席一人，可以设副主席。监事会主席和副主席由全体监事过半数选举产生。董事、高级管理人员不得兼任监事。

(3) 议事规则。

有限责任公司监事会每年度至少召开一次会议,监事可以提议召开临时监事会会议;股份有限公司监事会每6个月至少召开一次会议,监事可以提议召开临时监事会会议。监事会会议应当由有召集主持权的人召集和主持。有限责任公司监事会会议由监事会主席召集和主持;监事会主席不能履行职务或者不履行职务的,由过半数的监事共同推举一名监事召集和主持监事会会议。股份有限公司的监事会主席不能履行职务时,还可以由监事会副主席召集和主持。监事会副主席不能履行职务或者不履行职务的,由过半数的监事共同推举一名监事召集和主持监事会会议。

监事会会议的表决方式是多数通过原则,监事会决议应当经全体监事的过半数通过。监事会决议的表决,应当一人一票。监事会应当对所议事项的决定作成会议记录,出席会议的监事应当在会议记录上签名。

2. 审计委员会

2023年修订的《公司法》首次明确公司可以在董事会中设置审计委员会,行使监事会的职权,不设监事会或者监事,并进一步明确股份有限公司的审计委员会由3名以上董事组成,同时进一步规定了成员组成方式和表决机制等具体内容。

(1) 审计委员会的性质、职权和作用。

审计委员会系董事会下设的专业委员会。其作为公司董事会中的一个专业委员会,是一个内部监督机构,主要负责公司有关财务报表披露和内部控制过程的监督。审计委员会从公司董事会内部对公司的信息披露、会计信息质量、内部审计及外部独立审计进行控制和监督,是公司治理结构中的重要组成部分。引进该制度有助于提升公司财务报告的透明度和准确性,促进公司内部控制机制的完善和优化,有效防范公司财务风险和诈骗等违法行为,维护股东的利益和公司价值的稳健增长。

(2) 审计委员会的设置、组成和运行。

有限责任公司可以按照公司章程的规定在董事会中设置由董事组成的审计委员会,行使《公司法》规定的监事会的职权,不设监事会或者监事。公司董事会成员中的职工代表可以成为审计委员会成员。国有独资公司在董事会中设置审计委员会,行使监事会职权;国家出资公司应当依法建立健全内部监督管理和风险控制制度,加强内部合规管理。《公司法》对其议事规则没有作出具体规定,公司可以在公司章程中予以具体规定。

股份有限公司可以按照公司章程的规定在董事会中设置由董事组成的审计委员会,行使《公司法》规定的监事会的职权,不设监事会或者监事。审计委员会成员为3名以上,过半数成员不得在公司担任除董事以外的其他职务,且不得与公司存在任何可能影响其独立客观判断的关系。公司董事会成员中的职工代表可以成为审计委员会成员。审计委员会作出决议,应当经审计委员会成员的过半数通过。审计委员会决议的表决,应当一人一票。审计委员会的议事方式和表决程序,除《公司法》有规定的外,由公司章程规定。

(三) 风险防范

(1) 确保监事会成员不少于3人。一般公司应设监事会,监事会成员人数至少为3人。但《公司法》同时又规定,规模较小或者股东人数较少的有限责任公司或股份有限公司,可以不设监事会,设一名监事,行使监事会的职权;有限责任公司经全体股东一致同意,也可以不设监事。设立监事会的,一定要保证监事会的成员人数在3个以上,避免监事会成员组成不当。

(2) 确保监事会成员中职工人数不少于1/3。监事会成员中应包括股东代表及职工代表,具体比例由公司章程规定,但其中职工代表不得少于1/3。实践中,有的公司监事会中没有职工代表,或职工代表不足1/3。如果监事会出现以上情况,该监事会的构成就违反了法律规定,其作出的决议可能会归于无效。

(3) 董事、高级管理人员不得兼任监事。监事会的职权是监督董事与高级管理人员,如果允许其再兼任监事,则相当于"既当球员又当裁判",监事会的职能无法实现。

(4) 监事应当遵守法律、行政法规和公司章程的规定,对公司负有忠实义务和勤勉义务,不得利用职权收受贿赂或者其他非法收入,不得侵占公司的财产,否则要承担赔偿责任。

(5) 审计委员会要发挥作用。审计委员会需要深入到公司经营的各个层面,不能仅仅停留在财务问题上。同时,还需要建立起一套有关会计、内控和审计事务投诉的接收、保存和处理的完整流程。

(四) 典型案例分析

银广夏事件①

1994年6月上市的银广夏公司,曾因其骄人的业绩和诱人的前景而被称为"中国第一蓝筹股"。

2001年8月,《财经》杂志发表《银广夏陷阱》一文,银广夏虚构财务报表事件被曝光。

---

① 邵锋:《一个"神话"的破灭——从银广夏事件看银行对上市公司的风险控制》,载《金融经济(宁夏)》2005年第2期。

公司自1998年至2001年期间累计虚增利润77 156.70万元，其中：1998年虚增1776.10万元，由于主要控股子公司天津广夏1998年及之前年度的财务资料丢失，利润真实性无法确定；1999年虚增17781.86万元，实际亏损5003.20万元；2000年虚增56704.74万元，实际亏损14940.10万元；2001年1—6月虚增894万元，实际亏损2557.10万元。从原料购进到生产、销售、出口等环节，公司伪造了全部单据，包括销售合同和发票、银行票据、海关出口报关单和所得税免税文件。

法院以提供虚假财会报告罪分别判处原银广夏董事局副主席兼总裁李有强、原银广夏董事兼财务总监兼总会计师丁功民、原天津广夏副董事长兼总经理阎金岱有期徒刑二年零六个月，并处罚金3万元至8万元；以出具证明文件重大失实罪分别判处深圳中天勤会计师事务所合伙人刘加荣、徐林文有期徒刑二年零六个月、二年零三个月，并各处罚金3万元。原天津广夏董事长兼财务总监董博因提供虚假财会报告罪被判处有期徒刑三年，并处罚金人民币10万元。

2002年7月30日，宁夏银川市中级人民法院正式立案受理来自上海的杨善础等四名股民诉银广夏虚假证券信息披露侵权纠纷案。2004年4月20日，银川市中级人民法院向ST银广夏发出《应诉通知书》，受理公司与陈寿华等33人虚假陈述证券民事赔偿纠纷案。这是继2002年7月之后，强调"先刑后民"的银川市中级人民法院再度受理针对银广夏虚假陈述的民事赔偿案件。

【案例评析】

银广夏公司事件影响广泛，发人深思。其中给我们的一个重要启示就是，要发挥监事会在公司治理中的作用。监事会作为公司监督管理者，保护股东利益，防止董事会独断专行，维护公司及其股东的财产安全等合法权益。监事会是介于资产所有者与经营者之间的"第三者"，在实际公司运作中，这个"第三者"往往是聋子的耳朵——摆设，很难发挥"以财务监督为核心"和"查账为基本手段"的"听、看、查、询"功能，监事会虚设司空见惯，有的甚至成为企业粉饰成绩而弄虚作假的帮凶。不难看出，在ST银广夏疯狂造假的那个阶段，ST银广夏监事会毫无疑问至少是虚设的。

监事会要尽职尽责，对不合规事件，要敢于监督，监事会作用的发挥对于公司的管理和发展起着非常重要的作用，是提升上市公司治理水平的充分必要条件。对于企业而言，要完善违规事件的发现、处理机制，决策过程要符合科学的要求。为了完成监督职能，监事会不仅要进行会计监督，而且要进行业务监督；不仅要有事后监督，而且要有事前和事中监督。

四、高级管理人员行为规范与公司治理

由于公司高级管理人员掌握公司较多信息，若其违反义务，将给公司带来较大损失，即便其已承担赔偿责任，但对公司发展与可得利益的损失依旧无法完全弥补。因此最好在公司章程设计中，加入监管、控制高级管理人员行为的条款，从源头解决问题。传统公司法规范重视集体治理责任追究，而忽略个体责任差异。公司治理效果的重要保障是治理主体的问责机制，只有严格的责任追究才能给治理主体施加足够的压力和促使其切实地履行法律义务。

（一）核心法条

《中华人民共和国民法典》

第八十四条 营利法人的控股出资人、实际控制人、董事、监事、高级管理人员不得利用其关联关系损害法人的利益；利用关联关系造成法人损失的，应当承担赔偿责任。

《中华人民共和国公司法》

第二十二条 公司的控股股东、实际控制人、董事、监事、高级管理人员不得利用关联关系损害公司利益。

违反前款规定，给公司造成损失的，应当承担赔偿责任。

第一百七十八条 有下列情形之一的，不得担任公司的董事、监事、高级管理人员：

（一）无民事行为能力或者限制民事行为能力；

（二）因贪污、贿赂、侵占财产、挪用财产或者破坏社会主义市场经济秩序，被判处刑罚，或者因犯罪被剥夺政治权利，执行期满未逾五年，被宣告缓刑的，自缓刑考验期满之日起未逾二年；

（三）担任破产清算的公司、企业的董事或者厂长、经理，对该公司、企业的破产负有个人责任的，自该公司、企业破产清算完结之日起未逾三年；

（四）担任因违法被吊销营业执照、责令关闭的公司、企业的法定代表人，并负有个人责任的，自该公司、企业被吊销营业执照、责令关闭之日起未逾三年；

（五）个人因所负数额较大债务到期未清偿被人民法院列为失信被执行人。

违反前款规定选举、委派董事、监事或者聘任高级管理人员的，该选举、委派或者聘任无效。

董事、监事、高级管理人员在任职期间出现本条第一款所列情形的，公司应当解除其职务。

第一百七十九条 董事、监事、高级管理人员应当遵守法律、行政法规和公

司章程。

第一百八十条　董事、监事、高级管理人员对公司负有忠实义务,应当采取措施避免自身利益与公司利益冲突,不得利用职权牟取不正当利益。

董事、监事、高级管理人员对公司负有勤勉义务,执行职务应当为公司的最大利益尽到管理者通常应有的合理注意。

公司的控股股东、实际控制人不担任公司董事但实际执行公司事务的,适用前两款规定。

第一百八十一条　董事、监事、高级管理人员不得有下列行为:

(一)侵占公司财产、挪用公司资金;

(二)将公司资金以其个人名义或者以其他个人名义开立账户存储;

(三)利用职权贿赂或者收受其他非法收入;

(四)接受他人与公司交易的佣金归为己有;

(五)擅自披露公司秘密;

(六)违反对公司忠实义务的其他行为。

第一百八十二条　董事、监事、高级管理人员,直接或者间接与本公司订立合同或者进行交易,应当就与订立合同或者进行交易有关的事项向董事会或者股东会报告,并按照公司章程的规定经董事会或者股东会决议通过。

董事、监事、高级管理人员的近亲属,董事、监事、高级管理人员或者其近亲属直接或者间接控制的企业,以及与董事、监事、高级管理人员有其他关联关系的关联人,与公司订立合同或者进行交易,适用前款规定。

第一百八十三条　董事、监事、高级管理人员,不得利用职务便利为自己或者他人谋取属于公司的商业机会。但是,有下列情形之一的除外:

(一)向董事会或者股东会报告,并按照公司章程的规定经董事会或者股东会决议通过;

(二)根据法律、行政法规或者公司章程的规定,公司不能利用该商业机会。

第一百八十四条　董事、监事、高级管理人员未向董事会或者股东会报告,并按照公司章程的规定经董事会或者股东会决议通过,不得自营或者为他人经营与其任职公司同类的业务。

第一百八十五条　董事会对本法第一百八十二条至第一百八十四条规定的事项决议时,关联董事不得参与表决,其表决权不计入表决权总数。出席董事会会议的无关联关系董事人数不足三人的,应当将该事项提交股东会审议。

第一百八十六条　董事、监事、高级管理人员违反本法第一百八十一条至第一百八十四条规定所得的收入应当归公司所有。

第一百八十七条　股东会要求董事、监事、高级管理人员列席会议的,董事、监事、高级管理人员应当列席并接受股东的质询。

第一百八十八条 董事、监事、高级管理人员执行职务违反法律、行政法规或者公司章程的规定,给公司造成损失的,应当承担赔偿责任。

第一百九十条 董事、高级管理人员违反法律、行政法规或者公司章程的规定,损害股东利益的,股东可以向人民法院提起诉讼。

第一百九十一条 董事、高级管理人员执行职务,给他人造成损害的,公司应当承担赔偿责任;董事、高级管理人员存在故意或者重大过失的,也应当承担赔偿责任。

第一百九十二条 公司的控股股东、实际控制人指示董事、高级管理人员从事损害公司或者股东利益的行为的,与该董事、高级管理人员承担连带责任。

第一百九十三条 公司可以在董事任职期间为董事因执行公司职务承担的赔偿责任投保责任保险。

公司为董事投保责任保险或者续保后,董事会应当向股东会报告责任保险的投保金额、承保范围及保险费率等内容。

《上市公司章程指引》

第九十七条 董事应当遵守法律、行政法规和本章程,对公司负有下列忠实义务:

(一)不得利用职权收受贿赂或者其他非法收入,不得侵占公司的财产;

(二)不得挪用公司资金;

(三)不得将公司资产或者资金以其个人名义或者其他个人名义开立账户存储;

(四)不得违反本章程的规定,未经股东大会或董事会同意,将公司资金借贷给他人或者以公司财产为他人提供担保;

(五)不得违反本章程的规定或未经股东大会同意,与本公司订立合同或者进行交易;

(六)未经股东大会同意,不得利用职务便利,为自己或他人谋取本应属于公司的商业机会,自营或者为他人经营与本公司同类的业务;

(七)不得接受与公司交易的佣金归为己有;

(八)不得擅自披露公司秘密;

(九)不得利用其关联关系损害公司利益;

(十)法律、行政法规、部门规章及本章程规定的其他忠实义务。

董事违反本条规定所得的收入,应当归公司所有;给公司造成损失的,应当承担赔偿责任。

注释:除以上各项义务要求外,公司可以根据具体情况,在章程中增加对本公司董事其他义务的要求。

第九十八条　董事应当遵守法律、行政法规和本章程，对公司负有下列勤勉义务：

（一）应谨慎、认真、勤勉地行使公司赋予的权利，以保证公司的商业行为符合国家法律、行政法规以及国家各项经济政策的要求，商业活动不超过营业执照规定的业务范围；

（二）应公平对待所有股东；

（三）及时了解公司业务经营管理状况；

（四）应当对公司定期报告签署书面确认意见。保证公司所披露的信息真实、准确、完整；

（五）应当如实向监事会提供有关情况和资料，不得妨碍监事会或者监事行使职权；

（六）法律、行政法规、部门规章及本章程规定的其他勤勉义务。

注释：公司可以根据具体情况，在章程中增加对本公司董事勤勉义务的要求。

《首次公开发行股票并上市管理办法》

第十六条　发行人的董事、监事和高级管理人员符合法律、行政法规和规章规定的任职资格，且不得有下列情形：

（一）被中国证监会采取证券市场禁入措施尚在禁入期的；

（二）最近36个月内受到中国证监会行政处罚，或者最近12个月内受到证券交易所公开谴责；

（三）因涉嫌犯罪被司法机关立案侦查或者涉嫌违法违规被中国证监会立案调查，尚未有明确结论意见。

《深圳证券交易所股票上市规则（2023年修订）》

4.4.4　上市公司董事会秘书应当具备履行职责所必需的财务、管理、法律专业知识，具有良好的职业道德和个人品德。有下列情形之一的人士不得担任公司董事会秘书：

（一）最近三十六个月受到中国证监会行政处罚；

（二）最近三十六个月受到证券交易所公开谴责或者三次以上通报批评；

（三）本公司现任监事；

（四）本所认定不适合担任董事会秘书的其他情形。

（二）规则解读与实务操作

1. 高级管理人员的范围

根据《公司法》第 265 条第 1 项的规定，高级管理人员是指公司的经理、副经理、财务负责人，上市公司董事会秘书和公司章程规定的其他人员。高级管理人员是公司能否正常管理、运营的核心要素，在公司组织架构以及公司运营过程中起着非常重要的作用，对公司的企业文化及生死存亡都有重要影响，更是关系到股东等相关利益者的权益。公司的董事和监事根据公司章程及工商公示的信息可以确认。

2. 高级管理人员任职要求与限制

为保证公司的正常运行，同时为保护公司投资人的合法权益，法律对董事、监事及高级管理人员的权利进行限制，并明确其责任和义务。《公司法》第 178 条对高级管理人员任职的条件与限制作出规定，特定行业、特定企业特殊规定也需要由具体行业进一步作出特殊规定，《保险公司董事、监事和高级管理人员任职资格管理规定》（中国银行保险监督管理委员会令 2021 年第 6 号）、《证券基金经营机构董事、监事、高级管理人员及从业人员监督管理办法》（中国证券监督管理委员会令第 195 号）、《期货公司董事、监事和高级管理人员任职管理办法》（中国证券监督管理委员会令第 202 号）等也对有关行业的企业的董事、监事和高级管理人员的任职条件作出了特殊要求和限制。

3. 高级管理人员的基本义务

（1）忠实义务。忠实义务是指董事、监事、高级管理人员管理公司、经营业务、履行职责时，必须代表全体股东为公司最大利益努力工作，最大限度地维护公司的利益，当自身利益与公司利益发生冲突时，必须以公司利益为重，不得将自身利益或者与自己有利害关系的第三人的利益置于公司利益之上。其本质要求在于，应当在法律法规与公序良俗的范围内，忠诚于公司利益，以最大的限度实现和保护公司利益作为衡量自己执行职务的标准，全心全意地为公司利益服务。忠实义务的规定主要体现在《公司法》第 180 条，即董事、监事、高级管理人员等应当采取措施避免自身利益与公司利益冲突，不得利用职权牟取不正当利益。

（2）勤勉义务。勤勉义务在大陆法系被称为“善良管理人的注意义务”，在英美法系被称为“注意义务”“勤勉、注意和技能义务”，其含义是指董事、监事、高级管理人员在执行公司事务时，应以一个合理谨慎的人在相似的情形下所应表现的谨慎、勤勉和技能履行职责。勤勉义务相对于忠实义务是积极义务，两者共同促使公司高级管理人员在履行职责时以公司的利益为最高准则。《公司法》第 180 条对董事、监事和高级管理人员等的勤勉义务只是提出了原则性要求，即执行职务应当为公司的最大利益尽到管理者通常应有的合理注意。《上市公司章程指引》第98条对勤勉义务作出了具体规定。

(3) 其他义务。如股东会要求董事、监事、高级管理人员列席会议的，董事、监事、高级管理人员应当列席并接受股东的质询；监事会可以要求董事、高级管理人员提交执行职务的报告；董事、高级管理人员应当如实向监事会提供有关情况和资料，不得妨碍监事会或者监事行使职权(《公司法》第187条、第80条)。对于国有企业的董事、监事、高级管理人员而言，除了贯彻《公司法》的基本原则外，法律还对其挪用公司资产、越权或违反程序决策重大事项等作出了进一步禁止性规定，如未经股东会同意，国有资本控股公司、国有资本参股公司的董事、高级管理人员不得在经营同类业务的其他企业兼职(《企业国有资产法》第1款)。

4. 高级管理人员的民事责任

(1) 构成要件。民事责任的具体构成要件如下：一是董事、监事、高级管理人员在管理公司事务过程中有违反法律法规或者公司章程的行为；二是董事、监事、高级管理人员主观上有过错；三是公司受到损失，包括直接损失和间接损失；四是董事、监事、高级管理人员违反勤勉义务的行为与公司受到损失之间有因果关系。

(2) 承担民事责任的情形。具体情形如下：

① 公司董事、高级管理人员违反忠实义务所得的收入应当归公司所有。董事、监事、高级管理人员执行职务违反法律、行政法规或者公司章程的规定，给公司造成损失的，应当承担赔偿责任(《公司法》第188条)。

② 董事应当对董事会的决议承担责任。董事会的决议违反法律、行政法规或者公司章程、股东会决议，给公司造成严重损失的，参与决议的董事对公司负赔偿责任；经证明在表决时曾表明异议并记载于会议记录的，该董事可以免除责任(《公司法》第125条)。

③ 公司的控股股东、实际控制人、董事、监事、高级管理人员不得利用关联关系损害公司利益，违反上述规定，给公司造成损失的，应当承担赔偿责任(《公司法》第22条)。董事、监事、高级管理人员与公司进行关联交易的，负有报告义务和回避义务。董事、监事、高级管理人员，直接或者间接与本公司订立合同或者进行交易，应当就与订立合同或者进行交易有关的事项向董事会或者股东会报告，并按照公司章程的规定经董事会或者股东会决议通过。董事、监事、高级管理人员的近亲属，董事、监事、高级管理人员或者其近亲属直接或者间接控制的企业，以及与董事、监事、高级管理人员有其他关联关系的关联人，与公司订立合同或者进行交易，适用上述规定(《公司法》第182条)。董事会对其自我交易、关联交易以及正当利用公司的机会等事项决议时，关联董事不得参与表决，其表决权不计入表决权总数。出席董事会会议的无关联关系董事人数不足3人的，应当将该事项提交股东会审议(《公司法》第185条)。

④ 股东抽逃出资，给公司造成损失的，负有责任的董事、监事、高级管理人员应当与该股东承担连带赔偿责任(《公司法》第 53 条)。

⑤ 信息披露义务人未按照规定披露信息，或者公告的证券发行文件、定期报告、临时报告及其他信息披露资料存在虚假记载、误导性陈述或者重大遗漏，致使投资者在证券交易中遭受损失的，信息披露义务人应当承担赔偿责任；发行人的控股股东、实际控制人、董事、监事、高级管理人员和其他直接责任人员以及保荐人、承销的证券公司及其直接责任人员，应当与发行人承担连带赔偿责任，但是能够证明自己没有过错的除外(《证券法》第 85 条)。

⑥ 除依法需要披露的信息之外，信息披露义务人可以自愿披露与投资者作出价值判断和投资决策有关的信息，但不得与依法披露的信息相冲突，不得误导投资者。发行人及其控股股东、实际控制人、董事、监事、高级管理人员等作出公开承诺的，应当披露。不履行承诺给投资者造成损失的，应当依法承担赔偿责任(《证券法》第 84 条)。

⑦ 董事、高级管理人员等未依法履行职责，导致公司未依法制作或者保存《公司法》第 57 条、第 110 条规定的公司文件材料，给股东造成损失，股东依法请求负有相应责任的公司董事、高级管理人员承担民事赔偿责任的，人民法院应当予以支持。

⑧ 国家出资企业的董事、监事、高级管理人员有下列行为之一，造成国有资产损失的，依法承担赔偿责任；属于国家工作人员的，并依法给予处分：利用职权收受贿赂或者取得其他非法收入和不当利益的；侵占、挪用企业资产的；在企业改制、财产转让等过程中，违反法律、行政法规和公平交易规则，将企业财产低价转让、低价折股的；违反有关规定与本企业进行交易的；不如实向资产评估机构、会计师事务所提供有关情况和资料，或者与资产评估机构、会计师事务所串通出具虚假资产评估报告、审计报告的；违反法律、行政法规和企业章程规定的决策程序，决定企业重大事项的；有其他违反法律、行政法规和企业章程执行职务行为的。国家出资企业的董事、监事、高级管理人员因上述行为取得的收入，依法予以追缴或者归国家出资企业所有(《企业国有资产法》第 71 条第 1 款、第 2 款)。

⑨ 董事、高管的对外赔偿责任。董事、高级管理人员执行职务，给他人造成损害的，公司应当承担赔偿责任；董事、高级管理人员存在故意或者重大过失的，也应当承担赔偿责任(《公司法》第 191 条)。

⑩ 违反规定为他人取得本公司股份提供财务资助，给公司造成损失须承担的赔偿责任。股份有限公司及其子公司不得为他人取得本公司的股份提供赠与、贷款、担保以及其他财务资助。公司实施员工持股计划或者金融机构开展正常经营业务的除外。为公司利益，经股东会决议，或者董事会按照公司章程或者

股东会的授权作出决议,公司可以为他人取得本公司或者其母公司的股份提供财务资助,但财务资助的累计总额不得超过已发行股本总额的10%。董事会作出决议应当经全体董事的2/3以上通过。违反上述规定,给公司造成损失的,负有责任的董事、监事、高级管理人员应当承担赔偿责任。(《公司法》第163条)。

⑪ 公司违反规定向股东分配利润的,股东应当将违反规定分配的利润退还公司;给公司造成损失的,股东及负有责任的董事、监事、高级管理人员应当承担赔偿责任(《公司法》第211条)。

⑫ 违反《公司法》规定减少注册资本的,股东应当退还其收到的资金,减免股东出资的应当恢复原状;给公司造成损失的,股东及负有责任的董事、监事、高级管理人员应当承担赔偿责任(《公司法》第226条)。

董事、监事、高级管理人员承担赔偿责任的类型主要包括获得的收入归公司所有;给公司造成损失的,承担赔偿责任。公司的控股股东、实际控制人指示董事、高级管理人员从事损害公司或者股东利益的行为的,与该董事、高级管理人员承担连带责任(《公司法》第192条)。公司要求其承担责任的诉讼类型包括:公司对董事、监事、高级管理人员提起诉讼;股东代表诉讼;股东直接诉讼等。公司可为董事因执行公司职务承担的赔偿责任投保责任保险,投保或续保后,董事会应当向股东会报告责任保险的投保金额、承保范围及保险费率等内容(《公司法》第193条)。

5. 高级管理人员的刑事责任

《公司法》第264条规定:"违反本法规定,构成犯罪的,依法追究刑事责任。"现行《刑法》对公司董事、监事、高级管理人员设定了商业受贿罪、职务侵占罪、挪用资金罪、提供虚假财会报告罪、妨碍清算罪等罪名,对国有公司的董事、监事、高级管理人员还增设了非法经营同类营业罪、为亲友非法牟利罪、签订履行合同失职被骗罪等罪名。

(三) 风险防范

(1) 公司治理的合理问责与精准追责。针对问责与追责机制的扭曲失灵,应重新审视和调整公司治理的归责原则和追责机制,基本的改革思路是从集体责任到个人责任,从身份责任到行为责任,从关注形式到重视实质,要基于不同机构和人员的实际行为和主观过错,追究其应承担的法律责任。

(2) 重视章程在规范公司高级管理人员行为中的作用。在市场经济中,仅通过《公司法》等法律法规无法有效规范公司的高级管理人员的所有行为。因此,公司章程在实务中成为规范高级管理人员行为的重要依据。公司通过对公司章程的个性化设计,对其在经营中的职责、权限予以规范化、明细化,由此章程可以填充法律规定的疏漏或模糊地带。

(3) 公司可根据自身实际情况对高级管理人员的资格、义务及法律责任作出适合各个公司的具有个性化的设计与规定，以确保公司能选任到合适的人担任公司高级管理人员，有效防范高级管理人员损害公司利益。一旦发现损害公司利益行为，公司也能对损害公司利益的董事、监事、高级管理人员进行有效追责，从而确保并促使公司高级管理人员在履行职责时以公司的利益为最高准则。

（4）对可能产生高级管理人员利益输送的交易行为予以事先的风险防范。可规定一定金额以上的关联交易应向股东会披露，或经股东会同意，如果该类交易未经股东会同意，则公司可以要求该高级管理人员返还其另设公司基于该交易所获得的收入。这样，在公司事后就此类交易主张归入权的时候就有了契约依据。

（5）章程可规定董事、高级管理人员的竞业限制范围及违反竞业限制义务应承担的责任。

（四）典型案例分析

康美药业虚假陈述案①

康美药业成立于1997年，是一家以中药饮片、化学原料药及制剂生产为主导，集药品生产、研发及药品、医疗器械营销于一体的现代化大型医药企业；2001年3月在上交所挂牌上市，巅峰时期的市值接近1400亿，稳坐医药板块第二把交椅。然而，这“第二把交椅”还没坐多久，康美药业就开始坠落。

2018年10月中旬，有媒体发布质疑文章，称康美存在货币现金高、存贷双高、大股东股票质押比例高和中药材贸易毛利率高等问题。受此影响，康美股价连续3个交易日跌停，市值迅速腰斩。

同年12月，康美药业因涉嫌信息披露违法违规，被中国证监会立案调查。

2019年8月，康美药业造假实锤。中国证监会对其下发《行政处罚及市场禁入事先告知书》，指出其存在四大方面的问题：2016年至2018年，康美涉嫌累计虚增营业收入291.28亿元，累计虚增营业利润41.01亿元；累计虚增货币资金886亿元；《2018年年度报告》中存在虚假记载，虚增固定资产、在建工程、投资性房地产，共计36亿元；2016年、2017年、2018年年度报告中存在重大遗漏，未按规定披露控股股东及其关联方非经营性占用资金的关联交易情况。

2020年5月14日，中国证监会对康美药业处罚正式落定：决定对康美药业责令改正，给予警告，并处以60万元罚款，对21名责任人员处以90万元至100万元不等的罚款，对6名主要责任人采取10年至终身证券市场禁入措施。随后，康美药业的创始人马兴田等被公安机关采取强制措施。

① 顾某某、黄某某等55326名投资者等证券虚假陈述责任纠纷案，(2020)粤01民初2171号，案例来源于中国裁判文书网。

2020年12月31日,11名投资者就康美虚假陈述案向广州市中级人民法院提起普通代表人诉讼;2021年4月16日,中国证监会中小投资者服务中心接受50名以上投资者委托,对康美药业启动特别代表人诉讼。彼时,康美市值只剩102亿。

2021年7月27日,广州市中级人民法院公开开庭审理了康美药业证券虚假陈述集体诉讼案。根据证券法和最高人民法院有关司法解释的规定,中证中小投资者服务中心有限责任公司作为5.5万余名投资者的特别代表人参加集体诉讼。

2021年11月12日,广州市中级人民法院对康美药业(600518)证券集体诉讼案作出一审判决:康美药业作为上市公司,承担24.59亿元的赔偿责任;公司实际控制人马兴田夫妇及邱锡伟等4名原高级管理人员组织策划实施财务造假,属故意行为,承担100%的连带赔偿责任;另有13名高级管理人员按过错程度分别承担20%、10%、5%的连带赔偿责任。

本案一审判决对于涉案董事、监事、高级管理人员责任的认定情况如下:(1)公司董事长、总经理和实控人组织安排虚假陈述行为,副董事长、副总经理、会计工作负责人(同时也是实控人之一)知悉虚假陈述行为且共同组织安排,故应承担100%连带责任。(2)公司4名董事、监事、高级管理人员参与实施虚假陈述行为,且明知相关定期报告系属虚假陈述仍然签字确认其真实、准确、完整,故应承担100%连带责任。(3)8名董事、监事、高级管理人员对相关定期报告签字确认其真实、准确、完整,但其非财务负责人,过失相对较小,故应在投资者损失的20%范围内承担连带责任。(4)3名独立董事对相关定期报告签字确认其真实、准确、完整,但其为兼职独立董事,不参与康美药业日常经营管理,过失相对较小,故应在投资者损失的10%范围内承担连带责任。(5)2名独立董事亦属兼职,且仅在《2018年半年报》上签字,故应在投资者损失的5%范围内承担连带责任。(6)另2名被告未以董事、监事、高级管理人员身份在《2016年年度报告》《2017年年度报告》和《2018年半年报》中签字,故不应承担赔偿责任。

【案例评析】

本案引起人们思考的问题很多,既包括证券虚假陈述的赔偿问题,也包括董事、监事、高级管理人员赔偿责任问题,且康美药业证券纠纷案是我国首个特别代表人诉讼案件,示范意义重大。从法院判决来看,本案中董事、监事、高级管理人员应承担的是过错推定的连带责任。一审判决摆脱了仅以董事是否受到行政处罚或者是否在定期报告上签字作为单一责任认定标准的审判思路,而是综合董事、监事、高级管理人员的主观认识、职责分工等个人情况进行分析,根据是否知情、是否参与日常经营管理、对定期报告签字的具体情况等标准，确定相关董事、监事、高级管理人员的过错大小，判令承担相应比例的连带责任，这是对董事、监事、高级管理人员承担赔偿责任的重要探索。同时也说明，高级管理人员在公司经营管理过程中，应积极履行忠实义务和勤勉义务，注意规范个人行为，维护公司运营秩序，促进公司的持续与稳定发展。

五、法定代表人行为规范与公司治理

在现代民商事活动中，投资者一般不直接参与公司的生产经营管理，而是通过选派管理人员，将投资者的意志予以贯彻执行；即便是作为公司权力机构的股东会通过的决议，往往也通过公司的管理机构予以执行。法定代表人因直接掌管着公司的关键职权，代表着公司。如果其不履行忠实义务，往往会给投资者造成较为严重的后果。因此，在公司治理中谨慎选任法定代表人，规范法定代表人的行为显得尤为重要。

（一）核心法条

《中华人民共和国民法典》

第六十一条 依照法律或者法人章程的规定，代表法人从事民事活动的负责人，为法人的法定代表人。

法定代表人以法人名义从事的民事活动，其法律后果由法人承受。

法人章程或者法人权力机构对法定代表人代表权的限制，不得对抗善意相对人。

第六十二条 法定代表人因执行职务造成他人损害的，由法人承担民事责任。

法人承担民事责任后，依照法律或者法人章程的规定，可以向有过错的法定代表人追偿。

《中华人民共和国公司法》

第十条 公司的法定代表人按照公司章程的规定，由代表公司执行公司事务的董事或者经理担任。

担任法定代表人的董事或者经理辞任的，视为同时辞去法定代表人。

法定代表人辞任的，公司应当在法定代表人辞任之日起三十日内确定新的法定代表人。

第十一条 法定代表人以公司名义从事的民事活动，其法律后果由公司承受。

公司章程或者股东会对法定代表人职权的限制，不得对抗善意相对人。

法定代表人因执行职务造成他人损害的，由公司承担民事责任。公司承担民事责任后，依照法律或者公司章程的规定，可以向有过错的法定代表人追偿。

《最高人民法院关于限制被执行人高消费及有关消费的若干规定》

第三条 被执行人为自然人的，被采取限制消费措施后，不得有以下高消费及非生活和工作必需的消费行为：

（一）乘坐交通工具时，选择飞机、列车软卧、轮船二等以上舱位；

（二）在星级以上宾馆、酒店、夜总会、高尔夫球场等场所进行高消费；

（三）购买不动产或者新建、扩建、高档装修房屋；

（四）租赁高档写字楼、宾馆、公寓等场所办公；

（五）购买非经营必需车辆；

（六）旅游、度假；

（七）子女就读高收费私立学校；

（八）支付高额保费购买保险理财产品；

（九）乘坐G字头动车组列车全部座位、其他动车组列车一等以上座位等其他非生活和工作必需的消费行为。

被执行人为单位的，被采取限制消费措施后，被执行人及其法定代表人、主要负责人、影响债务履行的直接责任人员、实际控制人不得实施前款规定的行为。因私消费以个人财产实施前款规定行为的，可以向执行法院提出申请。执行法院审查属实的，应予准许。

《最高人民法院关于适用〈中华人民共和国民事诉讼法〉执行程序若干问题的解释》

第二十四条 被执行人为单位的，可以对其法定代表人、主要负责人或者影响债务履行的直接责任人员限制出境。

被执行人为无民事行为能力人或者限制民事行为能力人的，可以对其法定代理人限制出境。

《最高人民法院关于民事执行中财产调查若干问题的规定》

第九条 被执行人拒绝报告、虚假报告或者无正当理由逾期报告财产情况的，人民法院可以根据情节轻重对被执行人或者其法定代理人予以罚款、拘留；构成犯罪的，依法追究刑事责任。

人民法院对有前款规定行为之一的单位，可以对其主要负责人或者直接责任人员予以罚款、拘留；构成犯罪的，依法追究刑事责任。

（二）规则解读

1. 法定代表人的地位、职权

法定代表人在国家法律、法规以及公司章程规定的职权范围内行使职权、履行义务，代表公司参加民事活动，对公司的生产经营和管理全面负责，并接受该公司全体成员和有关机关的监督。法定代表人可以是股东，也可以不是股东，但必须是董事或者经理。法定代表人不等于公司实际控制人，《公司法》上的实际控制人是指通过投资关系、协议或者其他安排，能够实际支配公司行为的人。因此，法定代表人是董事长也不一定是公司的实际控制人。

法定代表人通过印章使用、文件签署控制公司的重大经营活动。同时，法定代表人对外代表公司开展业务，作为公司法人代表，对外的时候可以直接代表公司，通常情况下不需要特别授权。在善意第三人面前，法定代表人代表公司签署公司章程规定的法律性文件以及业务性合同，即对公司产生效力。工商登记的公司法定代表人有权以公司名义提起诉讼或进行交易，即便在公章缺失的情况下，只要有法定代表人签字，该签名具有法律效力，其所进行的诉讼或进行的交易直接对公司发生法律效力。

在公司治理结构的框架下，企业决策机构和执行组织分工明确，如此才能保证企业高效、规范运作。一般而言，决策机构是股东会，管理机构是董事会，监督机构是监事会，执行机构是经理层。具体而言，董事长、经理均属于执行层面的具体主体。因此法定代表人的职权范围是受限的，没有对特定事项的决策权，而仅有执行的地位，具体职权一般均需要公司章程予以明确。

2. 法定代表人法律行为的后果承担

法定代表人在合法职权范围内以法人名义进行经营行为，属代表行为，由此产生的权利、义务和责任由法人承担。《民法典》第 504 条规定："法人的法定代表人或者非法人组织的负责人超越权限订立的合同，除相对人知道或者应当知道其超越权限外，该代表行为有效，订立的合同对法人或者非法人组织发生效力。"据此，除合同相对方明知法定代表人超越权限外，合同对法人发生效力。

3. 法定代表人的法律责任

在代表企业的场合，法定代表人以公司名义从事的民事活动，其法律后果由公司承受；法定代表人有过错的，公司可以向其追偿。同时，如企业违法犯罪，法定代表人也要承担相应的法律责任，包括行政责任和刑事责任（具体见图 1-1）。

（1）民事责任。主要分为以下类型：

第一，因过错而产生的法人追偿权。法定代表人因执行职务造成他人损害的，由公司承担民事责任。公司承担民事责任后，依照法律或者公司章程的规定，可以向有过错的法定代表人追偿。根据《公司法》的规定，只有在法定代表人有过错的情况下，法人才可以向其追偿，换言之，法定代表人因职务行为造成

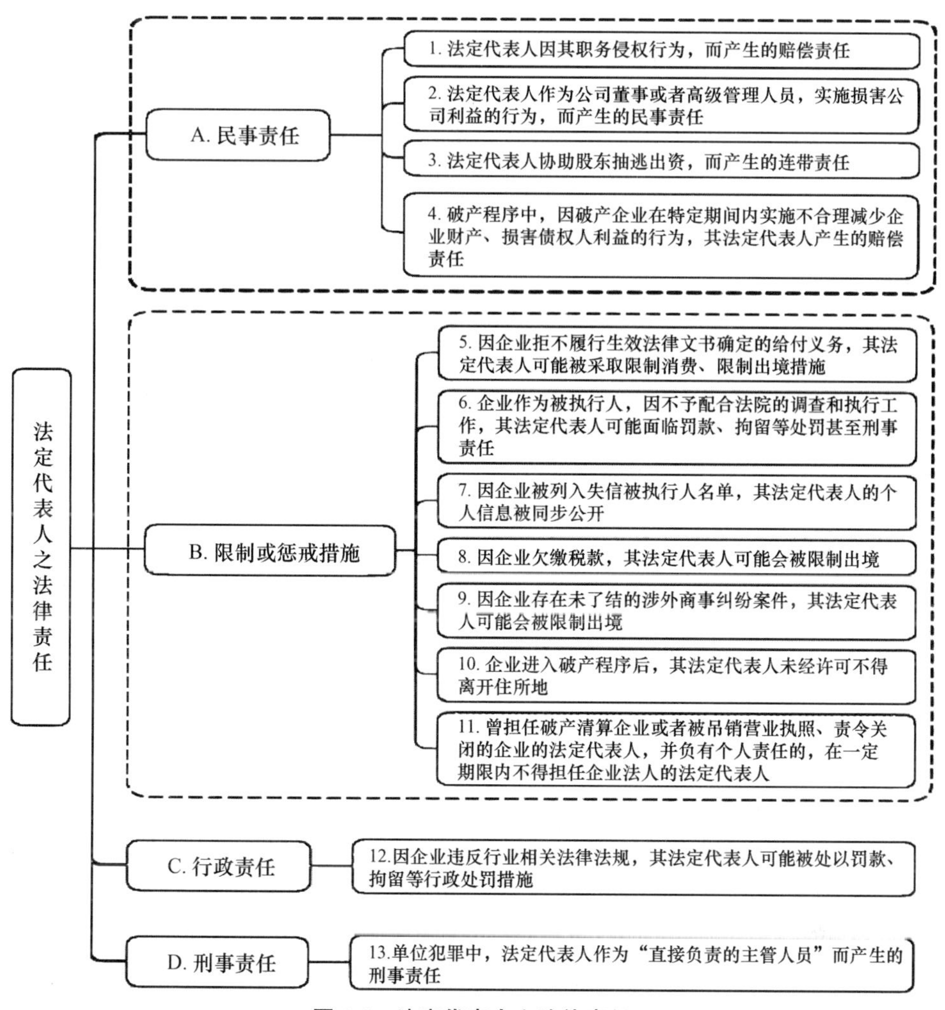

图 1-1　法定代表人之法律责任

他人损害的，若法定代表人本身没有过错，则无须承担民事责任。

第二，违反法定、约定义务时的赔偿责任。营利法人的法定代表人由法人的高级管理人员担任，董事、监事、高级管理人员执行公司职务时违反法律、行政法规或者公司章程的规定，给公司造成损失的，应当承担赔偿责任。这意味着，如果法定代表人还有其他任职或者本身是法定代表人的股东的话，他也必须履行相应的义务，避免因违反义务而承担责任。一般而言，也可以将法定代表人认定为公司的高级管理人员，前面所述的高级管理人员所承担的民事责任，如果法定代表人参与，也同样需要承担相应的民事责任。

（2）行政责任。企业违反行业相关法律法规，其法定代表人可能被处以罚款、拘留等行政处罚。

(3) 刑事责任。指的是单位犯罪中,法定代表人作为“直接负责的主管人员”而产生的刑事责任。《刑法》第31条规定:“单位犯罪的,对单位判处罚金,并对其直接负责的主管人员和其他直接责任人员判处刑罚。本法分则和其他法律另有规定的,依照规定。”在我国《刑法》规定的罪名中,除了对单位进行处罚外,还可能追究“直接负责的主管人员和其他直接责任人员”的刑事责任。例如,生产销售伪劣产品罪、偷税罪、侵犯著作权罪、非法经营罪等。而对于上述“直接负责的主管人员”的具体范围,虽然法律未明确规定,但是司法实践通常均将法定代表人认定为单位“直接负责的主管人员”,并据此判定法定代表人对公司的行为亦应承担刑事责任。

(4) 其他责任。主要指限制或惩戒措施,主要包括以下情形:

① 因企业拒不履行生效法律文书确定的给付义务,其法定代表人可能被采取限制消费、限制出境措施。

② 如果公司被司法机关纳入失信被执行人名单,其法定代表人的相关信息也会在相关信用网站或信用信息公示系统一并向社会公布,进而会对法定代表人产生一定的负面影响。

③ 依法负有纳税义务的单位,应当积极履行纳税义务、诚信经营。如果企业存在未结清的税款、滞纳金,且不提供担保的,为督促欠缴税款的企业尽快缴税,企业的法定代表人可能会被相关机关阻止出境。《中华人民共和国税收征收管理法》第44条规定:“欠缴税款的纳税人或者他的法定代表人需要出境的,应当在出境前向税务机关结清应纳税款、滞纳金或者提供担保。未结清税款、滞纳金,又不提供担保的,税务机关可以通知出境管理机关阻止其出境。”

④ 企业进入破产程序后,破产企业相关材料的移交核查、财产状况的调查管理、申报债权的认定等工作,均需要破产企业的法定代表人给予高度配合。为了破产工作的顺利推进,法律规定在企业进入破产程序后,法定代表人未经许可不得离开住所地。擅自离开的,人民法院可以对其予以训诫、拘留、并处罚款。

⑤ 曾担任破产清算或者被吊销营业执照、责令关闭的公司、非公司企业法人的法定代表人,并负有个人责任的,在一定期限内不得担任公司、非公司企业法人的法定代表人。

(三) 实务操作与风险防范

1. 选择与公司具有利益关联的人担任法定代表人

鉴于法定代表人在公司治理中的重要性,应当选择与公司之间存在实质性的利益关联的人担任公司的法定代表人。按照《公司法》的规定,法定代表人由代表公司执行公司事务的董事或者经理担任。选任的董事或经理应是公司的核心经营者,其所负之忠实义务程度应较一般雇员为高,不能随意选择一个人来担任法定代表人。

从上述法定代表人的职权来看,法定代表人如果存心损害股东利益,则很容易就能做到。因此,从这个意义而言,公司的法定代表人由董事长或公司股东担任最为妥当,如果需要聘请非股东担任法定代表人,一定要对其进行严格考察,尤其考察其人品。否则,如果选任不良,就会产生不利于公司的道德风险,可能会产生对公司不利的经济、法律风险。

2. 在公司章程中对法定代表人进行限制

法定代表人对外代表公司,行使公司章程规定的职权。因此,对于人员的选择应当慎重,需要的时候有必要在章程中对其加以限制,也可以事后追究责任。在公司章程中对法定代表人的代表权作出限制是防止其滥用权利的最主要方式,公司应当充分利用章程的自治权明确规定法定代表人的权限范围。

3. 通过集体决策程序,避免风险

对于公司的重要经营活动,由股东会或董事会进行决策,利用股东会、董事会、经理层等对法定代表人进行限制和约束。法定代表人在代替公司行使一些重大职权的时候,都必须经过董事会和股东会的同意才可以进行。此外,还可以利用小股东、监事会、独立董事、经理层等,通过赋予其特定的权力,对法定代表人进行制衡。

4. 在股东协议、合资合同和章程中增加相关免责条款,防范风险

可以考虑公司章程中增加如下类似约定,以降低法定代表人的法律风险:“公司的董事、董事长、法定代表人无须对其在董事会和公司章程规定的职责范围内的任何作为或不作为承担个人法律责任,除非其行为构成营私舞弊、严重玩忽职守、肆意渎职或故意损害公司利益。”

5. 变更法定代表人,应及时进行变更登记

变更法定代表人,应当及时进行变更登记,并予以公示。如其之前掌握公司公章,需及时收回,或者更换新公章,并且对之前的公章予以收回并作公示。

此外,还应建立公司风险控制制度,对重要合同、公司担保、安全生产、资金支付、印章管理等方面制定具体的规章制度,完善流程,规范有关人员的行为。

(四) 典型案例分析

王某某、烟台路源汽车贸易有限公司损害公司利益责任纠纷案[1]

烟台路源汽车贸易有限公司成立于2014年2月20日,成立时为赵某某个人独资的有限责任公司,公司经营范围为汽车销售、二手车交易、预付款担保等业务。2015年6月23日公司通过股东会决议,免去赵某某执行董事兼法定代

① (2021)鲁06民终2799号,案例来源于中国裁判文书网。

表人,委派公司股东王某某为法定代表人。王某某称,当时公司的股东赵某某同意将法定代表人变更为王某某时是打算让其挂名的。但是王某某担任公司法定代表人后,多处文件有他的签字,尤其是直接造成公司利益受损的相关交易文件中,有王某某的签字,王某某本人辩称对这些文件内容不知情,其仅为公司的挂名法定代表人。他的签字导致股东利益受损,公司利益受损,因此公司起诉其承担赔偿责任。王某某则主张其仅为挂名法定代表人,不参与公司的实际运营,没有勤勉义务,不应承担案涉赔偿责任。

一审法院认为,王某某作为烟台路源汽车贸易有限公司法定代表人期间,利用职权行使了与公司业务无关的对外付款行为,该行为侵犯公司及股东财产权益,违反了法定代表人忠实义务,烟台路源汽车贸易有限公司要求王某某偿还,合法有据,对该请求,一审法院予以支持。二审法院认为,王某某在担任烟台路源汽车贸易有限公司法定代表人期间以退保证金的方式将烟台路源汽车贸易有限公司保证金账户中26.3万元以转账支票形式转至案外人朱某某,王某某主张其仅为挂名法定代表人,不参与公司实际经营,证据不足;烟台路源汽车贸易有限公司的经营模式为该公司为客户办理二手车银行贷款业务并收取保证金,客户贷款还清后该公司退还相应保证金。王某某不能提供证据证明该转款行为与公司业务相关联,王某某该行为给公司造成损失,应当承担赔偿责任。因此,上诉请求不能成立,应予驳回,维持原判。

【案例评析】

(1)《公司法》仅明文规定了董事、监事、高管的勤勉义务和忠实义务,严格来说,公司法定代表人不属上述范畴,但一般认为,法定代表人也对公司有勤勉义务和忠实义务。法定代表人如果违反法律或者章程规定,造成公司利益受损,需承担赔偿责任。

(2)就董事、监事、高管等侵害公司利益的行为,公司的法定代表人如果参与了相关交易的决策或签署了相关文件,则会被认定与相关侵权人构成共同侵权,亦需对公司承担赔偿责任。

第二节　公司章程与公司治理

《公司法》第5条规定:“设立公司应当依法制定公司章程。公司章程对公司、股东、董事、监事、高级管理人员具有约束力。”可以说公司章程是调整公司内部组织关系和经营行为的自治规则,是公司组织和活动的根本准则,是公司自治的宪章,是全体股东共同一致的意思表示。但公司章程的内容特别是个性化条款与关键细节,并未受到应有的重视或者并不符合股东权利保护与完善公司治理的要求。进一步完善以公司章程为核心的公司治理,目前已然成为法学界和司法实务界的共识。

一、法律规则

(一) 核心法条

《中华人民共和国公司法》

第五条　设立公司应当依法制定公司章程。公司章程对公司、股东、董事、监事、高级管理人员具有约束力。

第九条　公司的经营范围由公司章程规定。公司可以修改公司章程,变更经营范围。

公司的经营范围中属于法律、行政法规规定须经批准的项目,应当依法经过批准。

第十条　公司的法定代表人按照公司章程的规定,由代表公司执行公司事务的董事或者经理担任。

担任法定代表人的董事或者经理辞任的,视为同时辞去法定代表人。

法定代表人辞任的,公司应当在法定代表人辞任之日起三十日内确定新的法定代表人。

第三十条　申请设立公司,应当提交设立登记申请书、公司章程等文件,提交的相关材料应当真实、合法和有效。

申请材料不齐全或者不符合法定形式的,公司登记机关应当一次性告知需要补正的材料。

第四十五条　设立有限责任公司,应当由股东共同制定公司章程。

第四十六条　有限责任公司章程应当载明下列事项:

(一) 公司名称和住所;

(二) 公司经营范围;

(三) 公司注册资本;

(四) 股东的姓名或者名称;

(五) 股东的出资额、出资方式和出资日期;

(六) 公司的机构及其产生办法、职权、议事规则;

(七) 公司法定代表人的产生、变更办法;

(八) 股东会认为需要规定的其他事项。

股东应当在公司章程上签名或者盖章。

第九十四条　设立股份有限公司,应当由发起人共同制订公司章程。

第九十五条 股份有限公司章程应当载明下列事项：

（一）公司名称和住所；

（二）公司经营范围；

（三）公司设立方式；

（四）公司注册资本、已发行的股份数和设立时发行的股份数，面额股的每股金额；

（五）发行类别股的，每一类别股的股份数及其权利和义务；

（六）发起人的姓名或者名称、认购的股份数、出资方式；

（七）董事会的组成、职权和议事规则；

（八）公司法定代表人的产生、变更办法；

（九）监事会的组成、职权和议事规则；

（十）公司利润分配办法；

（十一）公司的解散事由与清算办法；

（十二）公司的通知和公告办法；

（十三）股东会认为需要规定的其他事项。

（二）规则解读

1. 公司章程的特点

（1）法定性。法定性主要表现为《公司法》等法律法规对公司章程的法律地位、主要内容及修改程序、效力等均进行了强制规定，任何公司都必须遵守，否则章程部分条款将可能被认定为无效或被撤销。公司章程是公司设立的必备条件之一，设立任何形式的公司，都必须由公司的全体股东或发起人订立公司章程，并在公司设立登记时提交公司登记机关进行登记。

（2）自治性。自治性主要体现在公司章程可以依照股东或发起人的合意进行任意性约定，而且在法律规定空白的情况下此类约定更显得重要：其一，公司章程作为公司、股东、董事、监事和高级管理人员应遵循的行为规范，是由公司的股东或发起人依法自行制定的；其二，公司章程是一种法律以外的行为规范，由公司自行执行，无须国家强制力来保证实施；其三，公司章程作为公司内部规章，其效力仅及于公司和相关当事人，对其他公司或第三人一般没有约束力。

（3）公开性。公开性主要是指公司章程的内容不仅要对投资人公开，还应通过向工商主管部门备案后对一般社会公众公开。

2. 公司章程的效力

公司章程一经生效，即发生法律约束力，对公司、股东（包括隐名股东）以及公司的董事、监事、高级管理人员均具有法律约束力。

(1) 对公司的效力。公司章程是公司构建组织架构与开展经营活动都必须遵循的基本准则,公司根据公司章程的规定对股东承担义务,同时也享有权利。若公司侵犯股东的权利与利益,股东可以依据公司章程的规定对公司提起诉讼。

(2) 对股东的效力。公司章程是根据公司股东一致意思表示制定的自治性规范,每一个股东(无论是发起设立公司、参与公司初始章程制定的股东,还是后续加入公司的股东)均应遵循公司章程规定并对公司负有义务。若股东违反规定,公司可以依据公司章程对其提起诉讼。但若股东以其他身份与公司发生法律关系,则公司不能依据公司章程的规定要求其承担股东义务。

(3) 对股东相互之间的效力。通常情况下,可认为公司章程的实质是股东之间的契约。因此,如果某股东权利被其他股东侵害,则可依据公司章程向其他股东提出赔偿请求。但是股东提出请求的依据应当是股东之间的权利义务,而不是股东与公司之间的权利义务。如果股东违反对公司的义务,则其他股东不能对该股东直接提出权利请求,而只能通过公司或以公司的名义进行。特殊情形下,股东间权利义务在股东协议中也有所体现的,往往是以公司设立协议为基础制定公司章程,设立协议的基本内容通常都为公司章程所吸收,且公司章程效力能及于公司全体成员,而股东协议依照合同相对性原理,仅能在股东之间产生法律约束力。

3. 公司章程的内容

公司章程的内容,即公司章程记载的事项。公司章程记载事项,依据其对章程效力影响的不同,可以分为绝对必要记载事项、相对必要记载事项和任意记载事项。绝对必要记载事项是指法律规定公司章程必须记载的事项,属于强制性规范。相对必要记载事项是指法律上有规定,但公司章程未记载或记载违法时不影响公司章程效力的事项。任意记载事项是指在法律规定的绝对必要记载事项及相对必要记载事项之外,在不违反法律、行政法规强行性规定和公共利益的前提下,完全由章程制定者根据需要记载于公司章程的事项。

二、实务操作

(一) 充分利用章程个性化空间对公司进行有效治理

章程自治是法律允许范围内的自治,公司章程个性化设计的空间就是法律允许公司章程自治的范围。公司治理规范的强制性与任意性应当进行明确,具有强制性的是股东会与经理的设置规范以及经理职权和股东会某些职权的规范,除此之外的其他公司治理规范、包括董事会和监事会的设置及其职权等都应作任意性的定性,如此设计和安排,公司治理规范强制性和任意性的结构和布局将彻底改观,不拘一格、各显其能的公司之治也将有望实现。

（1）强制性规范与公司章程个性化设计的空间。虽然公司章程不能违反强制性规范，但是公司章程可以对强制性规范进行补充。一方面，公司章程可以将公司法规定的强制性规范明确化、具体化；另一方面，公司章程可在符合立法目的的前提下，制定比强制性规范更为严格的条款。《公司法》第 66 条第 3 款规定："股东会作出修改公司章程、增加或者减少注册资本的决议，以及公司合并、分立、解散或者变更公司形式的决议，应当经代表三分之二以上表决权的股东通过。"这也是一条强制性规定，公司章程可以规定一个比该法律规定更高的多数票要求，用以保护小股东的利益。

（2）任意性规范与公司章程个性化设计的空间。任意性规范赋予当事人拒绝适用该规范的权利，为当事人留下了自治的空间，如《公司法》中有关"公司章程另有规定的除外"等条款。任意性规范赋予当事人选择适用该规范的权利，为当事人留下了选择性地适用某任意性规范的自治空间，如《公司法》中有关"可以……，也可以……"等规定。这类任意性规范扩大了当事人的自由。任意性规范赋予当事人补充创制新规则并适用该新规则的权利，扩大了当事人的自治空间。如《公司法》第 59 条、第 67 条分别在股东会职权、董事会职权中规定"公司章程规定的其他职权""公司章程规定或者股东会授予的其他职权"；又如《公司法》第 66 条第 1 款规定："股东会的议事方式和表决程序，除本法有规定的外，由公司章程规定。"这里的"公司章程的其他规定""公司章程规定"就属于该范畴。

但适用赋权规范对公司章程进行个性化设计的界限在于不得进入与强制性法律规范冲突的领域，违反了强制性法律规范即违反了赋权规范的本意之一，将导致与强制性法律规范冲突的条款无效。

（二）具体实务操作

1. 对《公司法》没有明确规定的进行具体规定

（1）对股东出资方式、出资额及出资时间要作明确规定并约定违约责任。《公司法》规定，股东可以用货币出资，也可以用实物、知识产权、土地使用权、股权、债权等可以用货币估价并可以依法转让的非货币财产出资；但是，法律、行政法规规定不得作为出资的财产除外。但《公司法》并没有对 5 年内具体的出资时间、具体的违约责任等进行规定，公司章程可针对不同的出资方式约定具体的出资时间及未及时出资、未出资的违约责任。

（2）对《公司法》未规定的公司组织机构的产生、职权要作明确规定。有限责任公司的组织机构包括股东会、董事会、经理、监事会等，各组织机构的产生及职权除《公司法》规定外还有一部分需要章程来规定：如董事长、副董事长的产生办法，董事的任期，股东会定期会议的召开，聘用、解聘会计师事务所，等等，可在章程中进行详细的约定，以保障公司的正常运转以及健康、快速发展。

(3) 对《公司法》规定的公司组织机构的职权及职权的行使进行细化。《公司法》对股东会、董事会、经理、监事会、审计委员会等机构的职权及其行使作了概括性的规定,但有的规定可操作性不强,这就有待于章程对其进一步明确规定。

(4) 公司法定代表人的选择。《公司法》将法定代表人的选择权赋予了公司章程。由公司章程从代表公司执行公司事务的董事或经理中择其一并依法登记。

2. 充分利用公司章程规定高于法律规定的条款(以有限责任公司为例)

(1) 股东会会议召开。《公司法》第 64 条第 1 款规定:“召开股东会会议,应当于会议召开十五日前通知全体股东;但是,公司章程另有规定或者全体股东另有约定的除外。”此条“但书”规定赋予了公司章程高于法律规定的效力,使股东召开股东会会议提前通知的时间更具灵活性。鉴于此,不同公司根据自己公司的特点可以自由约定召开股东会会议提前通知的时间,同时也应当将通知的主体、通知的程序以及通知的方式进行约定。

(2) 股东会会议议事规则。《公司法》第 65 条规定:“股东会会议由股东按照出资比例行使表决权;但是,公司章程另有规定的除外。”第 66 条第 1 款规定:“股东会的议事方式和表决程序,除本法有规定的外,由公司章程规定。”因有限责任公司是“人合”与“资合”的统一体,有的公司“人合”性强一点,有的公司“资合”性强一点,所以《公司法》就将股东如何行使表决权交给了公司的章程,由股东自己协商。只有在章程没有规定的情况下,才适用法律的规定。因此不同的公司根据自己不同的情况,可在章程中规定按“人头”“股资”或是其他方式行使表决权。

(3) 股权转让。《公司法》第 84 条规定:“有限责任公司的股东之间可以相互转让其全部或者部分股权。股东向股东以外的人转让股权的,应当将股权转让的数量、价格、支付方式和期限等事项书面通知其他股东,其他股东在同等条件下有优先购买权。股东自接到书面通知之日起三十日内未答复的,视为放弃优先购买权。两个以上股东行使优先购买权的,协商确定各自的购买比例;协商不成的,按照转让时各自的出资比例行使优先购买权。公司章程对股权转让另有规定的,从其规定。”此条规定处处显示着有限责任公司的“人合”性特点,尤其是第 3 款,更是赋予了公司股东对股权转让更大的自主权。公司章程如对股权转让另有限制性规定甚至完全与以上前两款相抵触,也应以公司章程的规定为准。

(4) 股东继承。《公司法》第 90 条规定:“自然人股东死亡后,其合法继承人可以继承股东资格;但是,公司章程另有规定的除外。”由于有限责任公司具有很强的“人合”性,有的自然人股东不愿意接受新股东,所以《公司法》对此只作了原则性的规定，将自然人股东死亡后股东资格如何处理的问题也交给公司章程来规定。

三、风险防范

（1）充分发挥公司章程在公司治理中的基础作用。公司章程既是公司成立的基础，也是公司赖以生存的灵魂。公司章程不仅在公司设立、成立的持续阶段以及公司解散过程中不可或缺，在公司治理中也起着举足轻重的作用。

（2）增强公司章程的针对性、实用性和可操作性。《公司法》只能规定公司的普遍性问题，不可能顾及各个公司的特殊性。而每个公司依照《公司法》制定的公司章程，则能反映本公司的个性，为公司提供行为规范。很多人对公司章程的重要性认识不够，简单使用市场监督管理局的模板或者网上范本，常常只是罗列了《公司法》中规定的法条，而没有根据公司股东的实际情况和公司的特点设计一套个性化、可操作、能真正处理可能纠纷的章程。一旦发生问题，《公司法》原则性的条款没法适用，公司章程又没有约定，只是《公司法》原则性条款的翻版，根本没有起到章程在公司自治、界定股东权利义务、矛盾解决的程序和实体上的合同作用。而且章程的实用性、可操作性不强，容易导致公司僵局（如股东会僵局、董事会僵局、表决权僵局及否决权僵局等），以至于出现公司无法正常运转的法律风险。

四、典型案例分析

南安市电力工程有限责任公司、南安市成功水利电力工程勘察设计有限公司公司决议效力确认纠纷案①

永泰大樟溪界竹口水电有限公司（以下简称“界竹口公司”）于1999年登记成立，股东为3人：南安市电力工程有限责任公司（以下简称“南安电力公司”）、南安市成功水利电力工程勘察设计有限公司（以下简称“南安勘察设计公司”）和国电电力福建新能源开发有限公司（以下简称“国电公司”），分别出资占公司注册资本的25%、15%和60%。公司工商登记的董事为5人：董事长李民、副董事长李少鹏、董事兼总经理胡军、董事汤渝辉、董事刘朝晖。

2016年9月9日，界竹口公司制作《关于召开界竹口公司董事会会议的通知》及《关于任命界竹口公司财务负责人的议案》，并通知了公司董事。2016年9月23日，5名公司董事均到会参加董事会会议。会议由董事长李民主持，以投票表决的方式对“关于解聘、聘任界竹口公司管理层的议案”进行表决。全体董

① （2018）闽01民终1320号，案例来源于中国裁判文书网。

事参与了投票,投票结果为:赞成3票,反对2票。董事会以多数通过的原则,形成了“聘任张勇同志担任财务负责人,公司副总经理刘朝晖应于董事会作出之日起7日内将负责保管的相关财务印鉴及支付工具移交给新任财务负责人张勇”的相关决议,与会董事刘朝晖、李民、胡军在董事会决议上签字确认。同日,界竹口公司向刘朝晖下发通知,通知内容为:“……依据公司法及公司章程规定,请公司副总经理刘朝晖自通知之日起7日内,将其负责保管的相关财务印鉴及支付工具移交给新任财务负责人张勇,逾期产生法律后果,由本人承担。”

另,《界竹口公司章程》第29条规定:“公司董事会实行集体决策,表决实行一人一票和多数通过的原则。董事会决议须经全体董事通过,并形成会议记录,出席会议的董事应当在会议记录上签名。”南安电力公司、南安勘察设计公司认为该决议未达到公司章程规定的通过比例,故于2016年11月16日提起本案诉讼,请求确认界竹口公司于2016年9月23日作出的董事会决议不成立。

终审法院福州市中级人民法院认为,本案应以界竹口公司章程关于董事会议事方式和表决程序的具体规定为判断决议成立与否之依据,各方对董事会决议的表决通过比例存在争议,亦即对公司章程第29条关于“公司董事会实行集体决策,表决实行一人一票和多数通过的原则。董事会决议须经全体董事通过,并应形成会议记录,出席会议的董事应当在会议记录上签名”的规定的理解问题。该条款前句系约定董事会采用集体决策原则及一人一票的表决方式,后句则为具体的决议表决通过比例规定,即前者为原则性规定,后者为表决具体化,且决议由董事会全体董事通过,并不存在违反法律规定之情形,其相较多数通过只是在具体通过比例上要求更加严苛,亦符合董事会集体决策和多数通过之原则规定。由于公司章程是公司股东共同合意制定,上述条款亦不能得出界竹口公司主张的“全体董事通过”实为“董事会决议应通知全体董事参加”的笔误之结论,故该抗辩缺乏依据,法院不予采信。诚然,界竹口公司章程的此种规定,可能导致只要有董事不同意公司的经营决策时,公司的决议决策机制即陷于僵局,但是此为界竹口公司各方股东的自愿约定,基于尊重公司内部治理意思自治原则,法院无权干预。一审法院以商事活动注重效率为由否定该章程规定,于法无据,应予纠正。

【案例评析】

本案为公司决议(董事会决议)效力确认纠纷,其审查内容是争议的董事会决议在召开程序及表决方式上是否符合法律或公司章程的规定,因双方对董事会决议的召开程序不持异议,故法院仅需审查决议通过的表决方式是否存在不当之情形。由于界竹口公司系有限责任公司,而《公司法》除第73条“董事会的议事方式和表决程序,除本法有规定的外,由公司章程规定。董事会会议应当有过半数的董事出席方可举行。董事会作出决议,应当经全体董事的过半数通过。董事会决议的表决,应当一人一票。董事会应当对所议事项的决定作成会议记录,出席会议的董事应当在会议记录上签名”的规定外,并未就有限责任公司的具体议事方式和表决程序作强制性限制规定。公司章程规定系公司内部治理合法性的主要依据,法院充分尊重界竹口公司章程的规定,即由全体董事参加并通过,终审法院充分体现了这一精神而作出了正确的判决。

公司章程是公司内部的行为准则,也是处理公司内部纠纷的“准据法”,具有私法规范“事先预防”和“事后救济”的作用。资本运作和公司运营千变万化,个性化的公司章程可以在不违反公司法强行性规定的前提下,根据自身实际情况和运营需要,细化资本运作和公司运营规则并为其提供具体的规范依据,以保证公司运营的灵活、高效和良性运转,有利于预防和化解风险及矛盾,为公司持续发展创造了良好的制度环境。

第三节 公司僵局的防范与公司治理

公司僵局是在股东会或董事会投票时,由于股东之间的意见分歧,致使公司无法作出有效的决议,最终导致公司无法正常运转,不能产生效益的一种状态。赵旭东教授将公司僵局的外在形象比喻为“一种非常类似于电脑死机的现象”。①一旦电脑死机,那么运行的一切程序都将卡死,无法继续使用。同理,如果运行中的公司陷入僵局,公司的决策机制和日常管理机制也将完全瘫痪,公司的决策机构形同虚设,股东会和董事会无法作出决议,对于公司的危害也不言而喻。在公司治理中,应当对公司僵局问题进行有效防范,以保障公司的正常运转。

一、法律规则

(一) 核心法条

《中华人民共和国公司法》

第八十九条 有下列情形之一的,对股东会该项决议投反对票的股东可以请求公司按照合理的价格收购其股权:

(一) 公司连续五年不向股东分配利润,而公司该五年连续盈利,并且符合本法规定的分配利润条件;

(二) 公司合并、分立、转让主要财产;

(三) 公司章程规定的营业期限届满或者章程规定的其他解散事由出现,股

① 赵旭东:《公司僵局的司法救济》,载《人民法院报》2002年2月8日第3版。

东会通过决议修改章程使公司存续。

自股东会决议作出之日起六十日内，股东与公司不能达成股权收购协议的，股东可以自股东会决议作出之日起九十日内向人民法院提起诉讼。

公司的控股股东滥用股东权利，严重损害公司或者其他股东利益的，其他股东有权请求公司按照合理的价格收购其股权。

公司因本条第一款、第三款规定的情形收购的本公司股权，应当在六个月内依法转让或者注销。

第一百六十一条　有下列情形之一的，对股东会该项决议投反对票的股东可以请求公司按照合理的价格收购其股份，公开发行股份的公司除外：

（一）公司连续五年不向股东分配利润，而公司该五年连续盈利，并且符合本法规定的分配利润条件；

（二）公司转让主要财产；

（三）公司章程规定的营业期限届满或者章程规定的其他解散事由出现，股东会通过决议修改章程使公司存续。

自股东会决议作出之日起六十日内，股东与公司不能达成股份收购协议的，股东可以自股东会决议作出之日起九十日内向人民法院提起诉讼。

公司因本条第一款规定的情形收购的本公司股份，应当在六个月内依法转让或者注销。

第一百六十二条　公司不得收购本公司股份。但是，有下列情形之一的除外：

（一）减少公司注册资本；

（二）与持有本公司股份的其他公司合并；

（三）将股份用于员工持股计划或者股权激励；

（四）股东因对股东会作出的公司合并、分立决议持异议，要求公司收购其股份；

（五）将股份用于转换公司发行的可转换为股票的公司债券；

（六）上市公司为维护公司价值及股东权益所必需。

公司因前款第一项、第二项规定的情形收购本公司股份的，应当经股东会决议；公司因前款第三项、第五项、第六项规定的情形收购本公司股份的，可以按照公司章程或者股东会的授权，经三分之二以上董事出席的董事会会议决议。

公司依照本条第一款规定收购本公司股份后，属于第一项情形的，应当自收购之日起十日内注销；属于第二项、第四项情形的，应当在六个月内转让或者注销；属于第三项、第五项、第六项情形的，公司合计持有的本公司股份数不得超过本公司已发行股份总数的百分之十，并应当在三年内转让或者注销。

上市公司收购本公司股份的，应当依照《中华人民共和国证券法》的规定履行信息披露义务。上市公司因本条第一款第三项、第五项、第六项规定的情形收购本公司股份的，应当通过公开的集中交易方式进行。

公司不得接受本公司的股份作为质权的标的。

《最高人民法院关于适用〈中华人民共和国公司法〉若干问题的规定（二）》

第一条 单独或者合计持有公司全部股东表决权百分之十以上的股东，以下列事由之一提起解散公司诉讼，并符合公司法第一百八十二条[①]规定的，人民法院应予受理：

（一）公司持续两年以上无法召开股东会或者股东大会，公司经营管理发生严重困难的；

（二）股东表决时无法达到法定或者公司章程规定的比例，持续两年以上不能做出有效的股东会或者股东大会决议，公司经营管理发生严重困难的；

（三）公司董事长期冲突，且无法通过股东会或者股东大会解决，公司经营管理发生严重困难的；

（四）经营管理发生其他严重困难，公司继续存续会使股东利益受到重大损失的情形。

股东以知情权、利润分配请求权等权益受到损害，或者公司亏损、财产不足以偿还全部债务，以及公司被吊销企业法人营业执照未进行清算等为由，提起解散公司诉讼的，人民法院不予受理。

（二）规则解读

1. 公司僵局的界定

公司僵局指公司经营管理陷入困难。实践中，公司僵局被界定为“在公司内部治理过程中，公司因股东间或公司管理人员之间的利益冲突和矛盾，一切决策和管理机制均陷入瘫痪”，而“无法通过任何决议的一种状态”，就像“电脑死机”。[②] 公司僵局包括股东会僵局和董事会僵局。王保树先生将公司僵局概括为：“公司僵局是指公司出现下列情形，而导致无法形成有效的经营决策：(1) 由于股东之间的严重分歧，在连续两次股东会上无法形成有关公司经营决策的有效决议，并且因此可能导致对公司造成实质性的损害；(2) 由于董事之间的严重分歧，在连续两次董事会上无法形成有关公司经营决策的有效决议，并且因此可能导致对公司造成实质性损害；(3) 董事任期届满时由于股东之间的严重分歧，连续两次股东会均无法选出继任董事，并且因此而导致董事会无法达到

① 对应2023年修订的《公司法》第231条。

② 赵旭东：《公司僵局的司法救济》，载《人民法院报》2002年2月8日第3版。

形成有效经营决策的人数。”①

2. 公司僵局解决：司法介入的必要性

公司僵局表明，股东或董事之间的利益冲突或权利争执以及情感的对抗已经发展到登峰造极的程度，各方之间已经丧失了最起码的信任，相互合作的基础已经完全破裂。公司的组织形式以及决策的民主制度本身无可挑剔和指责，需要讨论的问题是如何打破这种僵局，在公司利益、股东利益、公司债权人利益、公司职工利益等诸多利益中寻求一种平衡。各国普遍采取司法救济的制度，其中尤以美国公司法最为完备，美国公司法发展了以期待利益落空理论为基础、以法院司法介入为手段的多种解决公司僵局问题的制度。可以说司法的介入，是对公司僵局适时的、合理化的干预，具有可行性和必要性。

（1）股东期待利益落空。一般认为，股东在加入公司时享有一种期待权，其有权期待公司的人格及特定的经营特征保持一种持续性。如果公司的人格及特定经营特征发生根本变化，股东的期待就会落空，持有异议的股东有权退出。②在公司僵局状态中，通常存在着一方股东对其他股东事实上的强制和严重的不公平，原管理公司的少数股东控制着公司经营和财产，事实上剥夺了其他股东的任何权利，不允许解散等于允许控制股东对其他股东权利的侵犯和对公司财产的非法占有。③

（2）司法机制对公司僵局破解的有效性。商事主体在商事活动中的自我调节机制是有局限的，需要国家以社会的名义进行整体的调节。公司僵局的存在正是这种自我调节机制局限性的体现。而司法的特性决定了其可以对公司僵局的破解起到有力的作用。司法是社会正义的最后一道防线，司法机关的独立地位及其专司法律实施的职责，使其有足够的能力和权威去救济私法主体的权利，有效、适时地打破僵局，避免公司运作机制的失效。

（3）司法应当对公司僵局予以及时救济。司法是维护合法权益和实现社会正义的最后防线，从这层意义上来说，除法定事由不能受理以外，其他所有法律争端，司法机关都有实施救济的权力和义务。当公司僵局矛盾无法通过其他方式得以解决，股东的投资权益被闭锁于僵局状态而无法实现，倘若司法对此不予受理，草草剥夺当事人的诉讼权利、实体权利，等于将矛盾推向社会，会对市场经济和社会稳定形成冲击，也不符合司法所追求的正义和务实的理念。

3. 适用的条件

《公司法》第231条为公司僵局的破解提供了一种正式的、制度化的途径，

---

① 王保树主编：《中国公司法修改草案建议稿》，社会科学文献出版社2004年版，第68页。

② 李泫永、官欣荣：《公司僵局与司法救济》，载《法学》2004年第4期。

③ 赵旭东主编：《公司法学》，高等教育出版社2003年版，第449页。

但是,这种途径的适用是有严格条件限制的。

(1) 公司经营管理严重困难。这里的经营管理严重困难,包含两层意思,一层是公司经营发生严重困难,即公司的生产经营发生亏损等情形,难以为继;另一层意思即公司管理发生严重困难,公司的经营决策无法作出,公司日常运作陷入停顿与瘫痪状态。

(2) 僵局状态的持续会使股东利益受到重大损失。关于这一点,应该灵活掌握,只要公司经营管理严重困难状态的持续,会使公司股东利益有受损失的可能性,而并非一定要已经现实地使股东利益受有损失即可适用该条规定。

(3) 通过其他途径不能解决。这为适用该法条设置了一个前提,即只有在用尽了其他方式仍不能解决公司经营管理的严重困难时,方能适用。至于哪些是其他途径,如何才是达到了通过其他途径仍不能解决的状态,法律并未作规定。其赋予了裁判者一种自由裁量权,以使裁判者在审理该类诉讼时,结合案件的具体情况,综合判断。

(4) 原告资格条件。根据法律规定,持有公司 10%以上表决权的股东,可以请求人民法院解散公司。

4. 诉讼主体的确定

股东提起解散公司诉讼应当以公司为被告。原告以其他股东为被告一并提起诉讼的,人民法院应当告知原告将其他股东变更为第三人;原告坚持不予变更的,人民法院应当驳回原告对其他股东的起诉。原告提起解散公司诉讼应当告知其他股东,或者由人民法院通知其参加诉讼。其他股东或者有关利害关系人申请以共同原告或者第三人身份参加诉讼的,人民法院应予准许。

二、实务操作

1. 设计防范僵局的股权结构和表决制度

股东的股权份额与表决权既可以一致,也可以不一致。而股东会、董事会决议的作出往往是与表决权直接相关的。所以关键是表决权分配的设计,一般可以作如下考虑:

(1) 规定利害股东、董事表决回避制度。股东或董事与股东会或董事会讨论的决议事项有特别利害关系、可能导致有害于公司利益的情形发生时(如关联交易,为股东、董事提供担保等),该股东或董事及其代理人不得行使表决权,股东也不得代理其他股东行使表决权,以免损害公司和其他股东利益。

(2) 制定限制控股股东所享有表决权的最高数额制度。由公司章程规定,一个股东持有的股份达到一定比例时,实行表决权的最高数额限制,以防止其利用资本多数决制度,侵害少数股东的合法权益。

(3) 规定类别表决制度。交付股东会表决的特定事项必须经特定的类别股东同意才能通过。中国证监会、国资委、财政部、人民银行、商务部于2005年8月23日联合发布的《关于上市公司股权分置改革的指导意见》及中国证监会2005年9月4日发布的《上市公司股权分置改革管理办法》都明文规定了上市公司股权分置改革方案需要经过类别表决通过，即除须经参加股东会会议股东所持表决权的2/3以上同意外，还须经参加股东会会议流通股股东所持表决权的2/3以上同意。这种类别表决制度对证券市场解决股权分置这一历史遗留问题发挥了重要作用，取得了良好的效果。因此，在预防公司僵局问题上，股东完全可以在公司章程中规定类别表决制度。

（4）可以考虑规定赋予某个股东或董事的最终决定权，如在股东会或董事会经两次召集无法达到召开会议的条件或者虽可以召开会议但无法达成决议时某个股东或董事有权作出决议，且其他股东或董事应予执行。对于一般表决事项应无障碍，而对增加或者减少资本、分立或合并、解散或者变更公司形式以及修改章程等重大决议而言会被司法机关或仲裁机构认定为违反公司法的强制性规定而归于无效。

（5）可以考虑设立独立董事。独立董事独立于公司股东且不在公司内部任职，并与公司或公司经营管理者没有重要的业务联系或专业联系，能够对公司事务作出独立判断。独立董事履行参与董事会决策、对潜在重大利益冲突事项进行监督、对公司经营发展提供专业建议等职责，并可以行使独立聘请中介机构等特别职权。上市公司应当为独立董事履行职责提供必要的工作条件和人员支持，健全独立董事履职受限救济机制，独立董事履职遭遇阻碍的，可以向董事会说明情况，要求董事、高级管理人员等予以配合，仍不能消除阻碍的，可以向中国证监会和证券交易所报告。

（6）制定章程时考虑得再周全，还是有可能出现无法预料的情况。不论表决权如何分配，都应规定一条即如果股东会或董事会经两次召集无法达到召开会议的条件或者虽可以召开会议但无法达成决议时任一股东可以要求解散公司。这可以为僵局提供一条出路，不至于使得出现公司僵局而想要解散公司面临困境。

2. 设计合理的股东会、董事会会议程序

股东会或者董事会在股东出现矛盾的情况下有时连开会通知都无法送达给股东或董事，或者虽可以送达通知而股东或董事却拒不参加会议。为此可以作出如下规定：

（1）规定明确的股东会、董事会召集程序。《公司法》对股东会、董事会的召集人作了比较具体可行的规定。为了化解股东会、董事会的开会通知无法通知到股东或者董事而导致无法开会的困难，可以在公司章程中规定送达地址、电话、电子邮箱等联系方式作为接收通知的具体渠道。考虑到收集证据的便利性，最好规定具体的送达地址。开会通知一旦按照规定的方式送达，则视为股东或董事收到了相关通知。这可解决股东或董事以未收到开会通知为由对股东会、董事会的决议提出合规性异议，阻碍股东会、董事会形成决议的问题。

（2）公司章程可以规定收到股东会或董事会会议通知的股东、董事不按通知出席会议的，视为弃权。但是应规定股东、董事因客观原因不能出席的替代性办法，如可以规定委托他人代为出席，但要规定委托书的内容和要求、授权范围，防止因受托人越权表决造成决议瑕疵，还要规定受托人是否必须是股东、董事以外的人，一人能否同时接受两位及以上股东或董事的委托；也可以规定股东或董事虽不参会但可以在会前书面发表表决意见或者在会后的一定时间内根据会议纪要发表表决意见等。

对于公司章程能否规定收到股东会或董事会会议通知的股东、董事不按通知出席会议的，视为对所议事项投赞成票，不应一概而论。考虑到公司经营的效率、时机要求，对增加或者减少注册资本，合并、分立、解散、清算或者变更公司形式以及修改章程等重大决议以外的事项可以作此规定。而对重大决议事项还是规定为未按通知出席会议视为弃权为宜。因为这些重大决议事项影响到公司之根本，不仅仅涉及公司股东自身的利益，而且对公司的债权人、员工等利益相关者的权益构成实质性影响。如果出席会议的股东所代表的表决权少于2/3，即便全投赞成票，也达不到《公司法》规定的2/3以上表决权方可通过的要求，从而使得规定未按通知出席会议视为投赞成票的条款会被认定无效。

3. 设计股东的退出机制

在公司股东人合性基础丧失的情况下，让一部分股东退出不失为解决争议的一个好途径，不仅可以使公司继续经营下去，而且还可以使有经营能力的股东获得更好的发展机会。

可以规定如果股东会或董事会经两次召集无法达到召开会议的条件或者虽可以召开会议但无法达成决议时，任何股东均可以向其他股东发布收购股权或者出让股权的请求。收到请求的股东应在一定时间内作出是否接受被收购或者受让股权的表示，过期未作表示的，由所有收到请求的股东按照所持股权的比例接受被收购或者受让股权。如果多位股东同时发布上述请求，收购股权的请求优于出让股权的请求，收购股权的请求得先予满足；同时发布的收购股权请求，按照股权持有比例从多到少的先后顺序予以满足；同时发布的出让股权请求，按照股权持有比例从少到多的先后顺序予以满足。

当然前述规定只是方案的一种。还有很多方案可以设计用来帮助化解公司股东会或者董事会表决机制失灵的难题。对于有限公司的股东来说，退出的通道很重要,没有有效的股东退出机制,会给公司和股东造成巨大的利益损失。

4. 设计自然人股东死亡的股权处理机制

《公司法》第90条规定了除非公司章程另有规定外,自然人股东的合法继承人可以继承股东资格。《公司法》第167条规定,自然人股东死亡后,其合法继承人可以继承股东资格;但是,股份转让受限的股份有限公司的章程另有规定的除外。从公司治理人合性的角度考虑,最好规定自然人股东的合法继承人不能继承股东资格,但可以取得股东所持股权对应的价值。该价值以合法评估机构评估的结论为准或者以其他可以合理确定价值的方式确定。

总之,股东在考虑设立公司时,就应充分估计可能出现的僵局,不能仅顾及到了"合",而忽视了"分"。"分"的设计更能保障股东各自的利益诉求。所以股东应充分重视公司章程的重要性,不能仅套用工商行政管理机关提供的模板,否则可能后患无穷。

5. 合理设置解散权

可在公司章程中具体约定法定解散事由之外的其他解散公司的事由,这样,当股东会不能达成解散决议时,股东可根据章程的具体约定,直接提出解散公司的申请,从而避免公司僵局的出现。对于公司僵局,单纯地依赖事先的预防是不现实的,因为股东在创设公司时要想对未来的法律冲突作出恰当而全面的预见几乎是不可能的,而且在经营过程中对各种事务的分歧会远远超出各股东当初的想象和预计,反目成仇在所难免。

三、风险防范

(一) 对公司治理机构进行合理设置

(1) 充分发挥公司章程的自治功能。根据公司的具体情况,对公司表决权、利润分配权、组织架构设置、股权回购、冲突调解机制等影响公司发展和涉及股东重大利益的重要问题直接作出约定,可以有效预防"公司僵局"的产生。可在公司章程中具体约定法定解散事由之外的其他解散公司的事由。

(2) 设置合理的股权结构。股权结构是公司治理结构的基础,公司治理结构则是股权结构的具体运行形式。不同的股权结构决定了不同的企业组织结构,从而决定了不同的企业治理结构,最终决定了企业的行为和绩效。要避免平衡股权结构,以免产生公司僵局;创始人的持股比例如能占51%及以上,则拥有相对控制权,话语权最大,但不具备一票否决权;创始人的持股比例如能控制在66.7%以上,则拥有绝对控制权,拥有一票否决权。也可以采用分离式股权结构,即股权在股权比例和表决权之间,作出不同比例的安排,将股东权利进行分离设计。章程可以约定同股不同权,也就是说公司的决策权不是由股权比例决定的,这种设计的目的在于保护创始人的控制权,公司可以将分红分配给投资人,但是公司控制权永远在创始人手中。这种设计很有必要,可以有效避免公司僵局的产生,也可以保持创始人对公司的控制权。

(3) 规定具体的权力制衡措施。赋予董事长在出现表决僵局时以最终的决定权;规定董事会成员与股东会成员不得完全重合,在董事会出现表决僵局时将该事项提交股东会表决。

(二) 公司僵局的解决途径

1. 退出机制

冲突的某一方退出冲突,是结束冲突最直接的办法。在公司僵局发生后,公司回购冲突一方的股权,冲突一方收购另一方的股权,或者公司减资令一方退出,都是有效的化解僵局的方法。关键问题是如何启动退出机制。《公司法》规定了异议股东的退出规则(第89条、第161条、第162条),但对解决公司僵局没有显著作用。一方面,公司僵局中的任何一方可能都无意主动退出;另一方面,这两个条文所设定的退出条件不易满足,回购股权或股份的程序也缺乏操作性。因此,在没有外界干预的情形下,冲突一方的退出通常只能依据公司章程事先设定的退出机制或者当事人事发后达成的退出协议来实施。

2. 调解解决

由独立第三方介入进行调解、斡旋,推动股权转让价格的磋商甚至暂时接管公司,也是可行的方法。但这同样需要公司章程事先有所规定,或者在事发后双方达成协议邀请独立第三方介入。

3. 仲裁解决

与诉讼程序相比,仲裁具有保密、快捷、便宜、灵活以及由一个熟悉企业事务的机构作出有利各方的裁定的优点。因此,如果造成僵局的原因不涉及基本的个人冲突或政策冲突,将相关事项提交仲裁也许能更好地解决纠纷,并使公司得以存续。

4. 司法途径解决

当冲突各方不能通过协商达成谅解,任何一方也都不愿或者不能退出公司时,请求法院判决解散公司就成了最后一种解决办法。判决解散是一种带有破坏性的解决公司僵局的措施。因为,它以终结公司的方式终结纠纷。判决解散只能是最后的、不得已的解决方案。如果有其他解决途径而无须解散公司的话,应该优先适用非解散途径。所以,法院要判决解散一个公司,除了论证"公司经营管理发生严重困难,继续存续会使股东利益受到重大损失"外,还必须考虑公司僵局是否“通过其他途径不能解决”。而且,法院在判决之前必须进行调解,即在诉讼程序中尝试能否通过一方的退出而化解僵局。

四、典型案例分析

林某清诉常熟市凯某实业有限公司、戴某明公司解散纠纷案①

原告林某清诉称:常熟市凯某实业有限公司(简称凯某公司)经营管理发生严重困难,陷入公司僵局且无法通过其他方法解决,其权益遭受重大损害,请求解散凯某公司。

被告凯某公司及戴某明辩称:凯某公司及其下属分公司运营状态良好,不符合公司解散的条件,戴某明与林某清的矛盾有其他解决途径,不应通过司法程序强制解散公司。

法院经审理查明:凯某公司成立于2002年1月,林某清与戴某明系该公司股东,各占50%的股份,戴某明任公司法定代表人及执行董事,林某清任公司总经理兼公司监事。凯某公司章程明确规定:股东会的决议须经代表1/2以上表决权的股东通过,但对公司增加或减少注册资本、合并、解散、变更公司形式、修改公司章程作出决议时,必须经代表2/3以上表决权的股东通过。股东会会议由股东按照出资比例行使表决权。2006年起,林某清与戴某明两人之间的矛盾逐渐显现。同年5月9日,林某清提议并通知召开股东会,由于戴某明认为林某清没有召集会议的权利,会议未能召开。同年6月6日、8月8日、9月16日、10月10日、10月17日,林某清委托律师向凯某公司和戴某明发函称,因股东权益受到严重侵害,林某清作为享有公司股东会1/2表决权的股东,已按公司章程规定的程序表决并通过了解散凯某公司的决议,要求戴某明提供凯某公司的财务账册等资料,并对凯某公司进行清算。同年6月17日、9月7日、10月13日,戴某明回函称,林某清作出的股东会决议没有合法依据,戴某明不同意解散公司,并要求林某清交出公司财务资料。同年11月15日、11月25日,林某清再次向凯某公司和戴某明发函,要求凯某公司和戴某明提供公司财务账册等供其查阅、分配公司收入以及解散公司。

江苏常熟服装城管理委员会(简称服装城管委会)证明凯某公司目前经营尚正常,且愿意组织林某清和戴某明进行调解。

另查明,凯某公司章程载明监事行使下列权利:(1)检查公司财务;(2)对执行董事、经理执行公司职务时违反法律、法规或者公司章程的行为进行监督;

---

① (2010)苏商终字第0043号,此案为最高人民法院指导案例8号,该案例于2012年4月9日发布。

(3) 当董事和经理的行为损害公司的利益时,要求董事和经理予以纠正;(4) 提议召开临时股东会。从 2006 年 6 月 1 日至案件审理时,凯某公司未召开过股东会。服装城管委会调解委员会于 2009 年 12 月 15 日、16 日两次组织双方进行调解,但均未成功。

江苏省苏州市中级人民法院于 2009 年 12 月 8 日以(2006)苏中民二初字第 0277 号民事判决,驳回林某清的诉讼请求。宣判后,林某清提起上诉。江苏省高级人民法院于 2010 年 10 月 19 日以(2010)苏商终字第 0043 号民事判决,撤销一审判决,依法改判解散凯某公司。

【案例评析】

本案发生在一个两股东各占 50%股权的有限公司中。表决权对等,意味着只要双方发生分歧,股东会就不可能作出任何决议;要作出决议,双方必须意见一致,或者达成妥协。在对等的表决权结构中,任何一方都不是多数,合作和妥协就显得尤其重要。任何一方都需要尊重对方,否则只要发生冲突,僵局就无从避免。本案的两位股东显然已经互不信任,丧失了合作基础。对等表决权的结构决定了他们无法通过股东会的运作而自行摆脱困境。在公司章程没有其他救济措施的情况下,将纠纷提交法院,请法院居中调解,并最终判断是否解散公司,就不可避免了。

判决解散公司实为无奈之举。法院如判决解散公司,应该论证不解散不足以避免正在发生的损害、浪费和不公正,即《公司法》所谓"(公司)继续存续会使股东利益受到重大损失"。

作为最高人民法院遴选并公布的指导案例,本案的裁判要点和裁判理由是:"判断'公司经营管理是否发生严重困难',应从公司组织机构的运行状态进行综合分析。公司虽处于盈利状态,但其股东会机制长期失灵,内部管理有严重障碍,已陷入僵局状态,可以认定为公司经营管理发生严重困难。""'公司经营管理发生严重困难'的侧重点在于公司管理方面存有严重内部障碍,如股东会机制失灵、无法就公司的经营管理进行决策等,不应片面理解为公司资金缺乏、严重亏损等经营性困难。"

第四节 公司诉讼与公司治理

股东诉权是保护股东利益的有力手段,也是促使股东会、董事会重视其行为合法性的法律措施。实际上也是制止股东会、董事会滥用职权或者出现不正常情况时侵害股东正当权益的法律对策。由于这时股东已无法通过股东会来实现自己的利益，董事会也已背离了股东的应有权益，股东诉诸司法程序，寻求法律支持，完全是正当的、必要的。

一、核心法条

《中华人民共和国民法典》

第八十三条　营利法人的出资人不得滥用出资人权利损害法人或者其他出资人的利益；滥用出资人权利造成法人或者其他出资人损失的，应当依法承担民事责任。

营利法人的出资人不得滥用法人独立地位和出资人有限责任损害法人债权人的利益；滥用法人独立地位和出资人有限责任，逃避债务，严重损害法人债权人的利益的，应当对法人债务承担连带责任。

《中华人民共和国公司法》

第三条　公司是企业法人，有独立的法人财产，享有法人财产权。公司以其全部财产对公司的债务承担责任。

公司的合法权益受法律保护，不受侵犯。

第四条　有限责任公司的股东以其认缴的出资额为限对公司承担责任；股份有限公司的股东以其认购的股份为限对公司承担责任。

公司股东对公司依法享有资产收益、参与重大决策和选择管理者等权利。

第二十二条　公司的控股股东、实际控制人、董事、监事、高级管理人员不得利用关联关系损害公司利益。

违反前款规定，给公司造成损失的，应当承担赔偿责任。

第二十三条　公司股东滥用公司法人独立地位和股东有限责任，逃避债务，严重损害公司债权人利益的，应当对公司债务承担连带责任。

股东利用其控制的两个以上公司实施前款规定行为的，各公司应当对任一公司的债务承担连带责任。

只有一个股东的公司，股东不能证明公司财产独立于股东自己的财产的，应当对公司债务承担连带责任。

股东直接诉讼

《中华人民共和国民法典》

第八十五条　营利法人的权力机构、执行机构作出决议的会议召集程序、表决方式违反法律、行政法规、法人章程，或者决议内容违反法人章程的，营利法人的出资人可以请求人民法院撤销该决议。但是,营利法人依据该决议与善意相对人形成的民事法律关系不受影响。

《中华人民共和国公司法》

第二十五条 公司股东会、董事会的决议内容违反法律、行政法规的无效。

第二十六条 公司股东会、董事会的会议召集程序、表决方式违反法律、行政法规或者公司章程,或者决议内容违反公司章程的,股东自决议作出之日起六十日内,可以请求人民法院撤销。但是,股东会、董事会的会议召集程序或者表决方式仅有轻微瑕疵,对决议未产生实质影响的除外。

未被通知参加股东会会议的股东自知道或者应当知道股东会决议作出之日起六十日内,可以请求人民法院撤销;自决议作出之日起一年内没有行使撤销权的,撤销权消灭。

第五十七条 股东有权查阅、复制公司章程、股东名册、股东会会议记录、董事会会议决议、监事会会议决议和财务会计报告。

股东可以要求查阅公司会计账簿、会计凭证。股东要求查阅公司会计账簿、会计凭证的,应当向公司提出书面请求,说明目的。公司有合理根据认为股东查阅会计账簿、会计凭证有不正当目的,可能损害公司合法利益的,可以拒绝提供查阅,并应当自股东提出书面请求之日起十五日内书面答复股东并说明理由。公司拒绝提供查阅的,股东可以向人民法院提起诉讼。

股东查阅前款规定的材料,可以委托会计师事务所、律师事务所等中介机构进行。

股东及其委托的会计师事务所、律师事务所等中介机构查阅、复制有关材料,应当遵守有关保护国家秘密、商业秘密、个人隐私、个人信息等法律、行政法规的规定。

股东要求查阅、复制公司全资子公司相关材料的,适用前四款的规定。

第一百一十条 股东有权查阅、复制公司章程、股东名册、股东会会议记录、董事会会议决议、监事会会议决议、财务会计报告,对公司的经营提出建议或者质询。

连续一百八十日以上单独或者合计持有公司百分之三以上股份的股东要求查阅公司的会计账簿、会计凭证的,适用本法第五十七条第二款、第三款、第四款的规定。公司章程对持股比例有较低规定的,从其规定。

股东要求查阅、复制公司全资子公司相关材料的,适用前两款的规定。

上市公司股东查阅、复制相关材料的,应当遵守《中华人民共和国证券法》等法律、行政法规的规定。

第一百九十条 董事、高级管理人员违反法律、行政法规或者公司章程的规定，损害股东利益的，股东可以向人民法院提起诉讼。

股东代表诉讼

《中华人民共和国公司法》

第一百八十八条　董事、监事、高级管理人员执行职务违反法律、行政法规或者公司章程的规定，给公司造成损失的，应当承担赔偿责任。

第一百八十九条　董事、高级管理人员有前条规定的情形的，有限责任公司的股东、股份有限公司连续一百八十日以上单独或者合计持有公司百分之一以上股份的股东，可以书面请求监事会向人民法院提起诉讼；监事有前条规定的情形的，前述股东可以书面请求董事会向人民法院提起诉讼。

监事会或者董事会收到前款规定的股东书面请求后拒绝提起诉讼，或者自收到请求之日起三十日内未提起诉讼，或者情况紧急、不立即提起诉讼将会使公司利益受到难以弥补的损害的，前款规定的股东有权为公司利益以自己的名义直接向人民法院提起诉讼。

他人侵犯公司合法权益，给公司造成损失的，本条第一款规定的股东可以依照前两款的规定向人民法院提起诉讼。

公司全资子公司的董事、监事、高级管理人员有前条规定情形，或者他人侵犯公司全资子公司合法权益造成损失的，有限责任公司的股东、股份有限公司连续一百八十日以上单独或者合计持有公司百分之一以上股份的股东，可以依照前三款规定书面请求全资子公司的监事会、董事会向人民法院提起诉讼或者以自己的名义直接向人民法院提起诉讼。

《最高人民法院关于适用〈中华人民共和国公司法〉若干问题的规定（二）》

第一条　单独或者合计持有公司全部股东表决权百分之十以上的股东，以下列事由之一提起解散公司诉讼，并符合公司法第一百八十二条①规定的，人民法院应予受理：

（一）公司持续两年以上无法召开股东会或者股东大会，公司经营管理发生严重困难的；

（二）股东表决时无法达到法定或者公司章程规定的比例，持续两年以上不能做出有效的股东会或者股东大会决议，公司经营管理发生严重困难的；

（三）公司董事长期冲突，且无法通过股东会或者股东大会解决，公司经营管理发生严重困难的；

① 对应2023年修订的《公司法》第231条。

（四）经营管理发生其他严重困难，公司继续存续会使股东利益受到重大损失的情形。

股东以知情权、利润分配请求权等权益受到损害，或者公司亏损、财产不足以偿还全部债务，以及公司被吊销企业法人营业执照未进行清算等为由，提起解散公司诉讼的，人民法院不予受理。

《最高人民法院关于适用〈中华人民共和国公司法〉若干问题的规定（四）》

第五条 股东会或者股东大会、董事会决议存在下列情形之一，当事人主张决议不成立的，人民法院应当予以支持：

（一）公司未召开会议的，但依据公司法第三十七条第二款①或者公司章程规定可以不召开股东会或者股东大会而直接作出决定，并由全体股东在决定文件上签名、盖章的除外；

（二）会议未对决议事项进行表决的；

（三）出席会议的人数或者股东所持表决权不符合公司法或者公司章程规定的；

（四）会议的表决结果未达到公司法或者公司章程规定的通过比例的；

（五）导致决议不成立的其他情形。

《中华人民共和国证券法》

第八十五条 信息披露义务人未按照规定披露信息，或者公告的证券发行文件、定期报告、临时报告及其他信息披露资料存在虚假记载、误导性陈述或者重大遗漏，致使投资者在证券交易中遭受损失的，信息披露义务人应当承担赔偿责任；发行人的控股股东、实际控制人、董事、监事、高级管理人员和其他直接责任人员以及保荐人、承销的证券公司及其直接责任人员，应当与发行人承担连带赔偿责任，但是能够证明自己没有过错的除外。

《最高人民法院关于民事执行中变更、追加当事人若干问题的规定》

第十七条 作为被执行人的营利法人，财产不足以清偿生效法律文书确定的债务，申请执行人申请变更、追加未缴纳或未足额缴纳出资的股东、出资人或依公司法规定对该出资承担连带责任的发起人为被执行人，在尚未缴纳出资的范围内依法承担责任的，人民法院应予支持。

第十八条 作为被执行人的营利法人，财产不足以清偿生效法律文书确定

① 对应2023年修订的《公司法》第59条第3款。

的债务，申请执行人申请变更、追加抽逃出资的股东、出资人为被执行人，在抽逃出资的范围内承担责任的，人民法院应予支持。

二、规则解读

（一）公司诉讼的主要类型

（1）股东对公司提起的诉讼，具体包括股权确权诉讼；股东权行使诉讼；股东请求确认公司设立无效或撤销的诉讼；与公司解散相关的诉讼。

（2）公司对股东或经营管理人员提起的诉讼，具体包括股东虚假出资而引起的公司向股东提起的履行出资义务的诉讼；因股东抽逃出资而引起的公司要求股东承担返还出资责任的诉讼；公司要求撤销有关损害公司利益的关联交易的诉讼；公司要求公司董事、监事从事竞业限制业务所得收益归入公司的诉讼；公司因董事及高级管理人员违反勤勉或忠实义务致公司损失而提起的损害赔偿诉讼；公司请求相关人员返还公司印章、财务账簿的诉讼；公司对清算组成员提起的损害赔偿诉讼。

（3）股东对股东的侵权或违约行为提起的诉讼，主要为股权转让合同纠纷引起的诉讼。

（4）股东代表诉讼，股东以自己名义代表公司要求侵害人承担损害赔偿责任、要求债务人清偿到期债务的诉讼。

（5）由公司债权人提起的诉讼，包括股东瑕疵出资的，公司债权人要求公司及其股东承担侵权或违约责任并要求公司股东承担瑕疵出资的民事责任的诉讼；公司法人人格否认诉讼；公司债权人提出的要求公司董事及高级管理人员与公司共同承担损害赔偿责任的诉讼。

（二）股东直接诉讼

1. 界定

广义的股东直接诉讼，是指股东为了自己的利益而基于股份所有人地位向其他侵犯自己利益的人提起的诉讼。此处侵犯自己利益的人包括股东所在的公司及其董事或其他股东。狭义的股东直接诉讼一般指《公司法》第 190 条规定的股东赔偿之诉。

2. 情形

（1）撤销决议以及无效之诉（《公司法》第 25—26 条）。公司股东会、董事会的决议内容违反法律、行政法规的无效。公司股东会、董事会的会议召集程序、表决方式违反法律、行政法规或者公司章程，或者决议内容违反公司章程的，股东自决议作出之日起 60 日内，可以请求人民法院撤销。但是，股东会、董事会的会议召集程序或者表决方式仅有轻微瑕疵，对决议未产生实质影响的除外。未被通知参加股东会会议的股东自知道或者应当知道股东会决议作出之日起60日内，可以请求人民法院撤销；自决议作出之日起1年内没有行使撤销权的，撤销权消灭。

（2）决议不成立之诉（《公司法》第27条）。有下列情形之一的，公司股东会、董事会的决议不成立：① 未召开股东会、董事会会议作出决议；② 股东会、董事会会议未对决议事项进行表决；③ 出席会议的人数或者所持表决权数未达到《公司法》或者公司章程规定的人数或者所持表决权数；④ 同意决议事项的人数或者所持表决权数未达到《公司法》或者公司章程规定的人数或者所持表决权数。

（3）损害赔偿之诉（《公司法》第190条）。董事、高级管理人员违反法律、行政法规或者公司章程的规定，损害股东利益的，股东可以向人民法院提起诉讼。

（4）查阅权请求之诉（《公司法》第57条、第110条）。股东有权查阅、复制公司章程、股东名册、股东会会议记录、董事会会议决议、监事会会议决议和财务会计报告。公司拒绝提供查阅的，股东可以向人民法院提起诉讼。股东可以要求查阅公司会计账簿、会计凭证。股东会计账簿、会计凭证查阅权是股东特别是非控股股东了解公司经营状况的有效途径，有助于保障股东获得广泛信息而免受欺诈，是其参加公司股东表决的前提，也是提起其他诉讼（包括损害赔偿诉讼等）的前提条件。2023年修订的《公司法》扩大了股东查阅材料的范围，允许有限责任公司股东查阅会计凭证，股份有限公司符合条件的股东查阅会计账簿和会计凭证，允许股东查阅、复制全资子公司相关材料。同时，对于有限责任公司而言，《公司法》赋予了股东委托中介机构查阅及复制相关资料的权利，但考虑到公司会计凭证的敏感性，在赋予股东更大的知情权的基础上，同时也强调了股东及其委托的中介机构所负有的保密义务的要求；对于股份有限公司而言，规定有以下变化：① 股东除有权查阅公司章程、股东名册、三会会议记录、财务会计报告外，亦可以复制上述文件，同时删除了“债券存根簿”的规定（已被《公司法》第198条“债券持有人名册”制度取代），与有限责任公司股东享有的权利一致；② 连续180日以上单独或合计持有公司3%以上股份的股东享有同有限责任公司股东相同的查阅权利，包括查阅股份有限公司全资子公司资料的权利；③ 上市公司股东查阅、复制相关材料的，应当遵守《证券法》等法律、行政法规的规定。

（5）要求公司回购其股份（《公司法》第89条）。股东如果对公司股东会决议持反对意见，而决议又具有以下情形之一的，股东可以请求公司按照合理价格回购其股份：① 公司连续5年不向股东分配利润，而公司该5年连续盈利，并且符合《公司法》规定的分配利润条件；② 公司合并、分立、转让主要财产；③ 公司章程规定的营业期限届满或者章程规定的其他解散事由出现，股东会通过决议修改章程使公司存续。在上述情况下自股东会决议作出之日起60日内，股东与公司不能达成股权收购协议的，股东可以自股东会决议作出之日起90日内向人民法院提起诉讼。同时，公司的控股股东滥用股东权利，严重损害公司或者其他股东利益的，其他股东有权请求公司按照合理的价格收购其股权。

（6）请求公司分配利润之诉（《公司法司法解释（四）》第14—15条）。股东提交载明具体分配方案的股东会的有效决议，请求公司分配利润，公司拒绝分配利润且其关于无法执行决议的抗辩理由不成立的，人民法院应当判决公司按照决议载明的具体分配方案向股东分配利润。股东未提交载明具体分配方案的股东会决议，请求公司分配利润的，人民法院应当驳回其诉讼请求，但违反法律规定滥用股东权利导致公司不分配利润，给其他股东造成损失的除外。

（7）解散公司之诉（《公司法》第231条）。公司经营管理发生严重困难，继续存续会使股东利益受到重大损失，通过其他途径不能解决的，持有公司10%以上表决权的股东，可以请求人民法院解散公司。

3. 诉讼主体的认定

股东直接诉讼的被告是公司或者是公司的大股东、董事、监事及高级管理人员。

原告请求确认股东会、董事会决议不成立、无效或者撤销决议的案件，应当列公司为被告。对决议涉及的其他利害关系人，可以依法列为第三人。一审法庭辩论终结前，其他有原告资格的人以相同的诉讼请求申请参加诉讼的，可以列为共同原告。

股东请求公司分配利润的案件，应当列公司为被告。一审法庭辩论终结前，其他股东基于同一分配方案请求分配利润并申请参加诉讼的，应当列为共同原告。

股东提起解散公司诉讼应当以公司为被告。原告以其他股东为被告一并提起诉讼的，人民法院应当告知原告将其他股东变更为第三人；原告坚持不予变更的，人民法院应当驳回原告对其他股东的起诉。原告提起解散公司诉讼应当告知其他股东，或者由人民法院通知其参加诉讼。其他股东或者有关利害关系人申请以共同原告或者第三人身份参加诉讼的，人民法院应予准许。

4. 诉讼目的和利益归属

股东直接诉讼权行使的目的是为了维护股东自身的利益，以个人名义向法院提起诉讼，股东直接诉讼权行使的结果归属于原告股东。

（三）股东代表诉讼

1. 界定

股东代表诉讼，又称派生诉讼、股东代位诉讼，是指当公司的合法权益受到不法侵害而公司却怠于起诉时,公司的股东为了公司的利益以自己的名义对侵害人提起诉讼。其意义在于股东能在特定情形下直接代表公司进行诉讼,使公司的损失得到赔偿,从而更好地规范大股东和董事的行为,抑制其违法行为,维护中小股东权益,这对规范证券市场及上市公司的治理尤显重要。

2. 诉讼主体的确定

原告应为提起诉讼的股东,其不受持股时间及持股数额的限制,但须符合"诉时股份拥有原则"。我国《公司法》规定,有限责任公司的股东、股份有限公司连续180日以上单独或者合计持有公司1%以上股份的股东直接对董事、监事、高级管理人员或者他人提起诉讼的,应当列公司为第三人参加诉讼。一审法庭辩论终结前,符合条件的其他股东,以相同的诉讼请求申请参加诉讼的,应当列为共同原告(《公司法解释(四)第24条》)。股东代表诉讼的被告是以不当行为侵害公司利益而对公司承担赔偿责任的当事人。《公司法》不仅规定董事、监事、高级管理人员可以作为股东代表诉讼的被告,同时也规定董事、监事、高级管理人员以外的其他人侵犯公司的合法权益,给公司造成损失的,同样也能作为股东代表诉讼的被告。《公司法解释(二)》第23条前两款规定:"清算组成员从事清算事务时,违反法律、行政法规或者公司章程给公司或者债权人造成损失,公司或者债权人主张其承担赔偿责任的,人民法院应依法予以支持。有限责任公司的股东、股份有限公司连续一百八十日以上单独或者合计持有公司百分之一以上股份的股东,依据公司法第一百五十一条第三款[①]的规定,以清算组成员有前款所述行为为由向人民法院提起诉讼的,人民法院应予受理。"可见,清算组以及清算组成员属于《公司法》第189条第3款规定的除董事、高级管理人员之外的"他人"。

公司已经清算完毕注销,上述股东参照《公司法》第151条第3款的规定,直接以清算组成员为被告、其他股东为第三人向人民法院提起诉讼的,人民法院应予受理。

3. 前置程序

提起股东代表诉讼有前置条件,即书面提请公司先行诉讼。应穷尽公司内部救济,当公司怠于行使诉权时,股东才可提起股东代表诉讼。否则,应适用公司直接诉讼。股东在提起诉讼前,须在一定时间内向公司的机关——董事会、股东会或监事会提出书面的要求,即董事、高级管理人员有《公司法》第188条规定的情形的,有限责任公司的股东、股份有限公司连续180日以上单独或者合计持有公司1%以上股份的股东,可以书面请求监事会向人民法院提起诉讼;监事有《公司法》第188条规定的情形的,前述股东可以书面请求董事会向人民法院

① 对应2023年修订的《公司法》第189条第3款。

提起诉讼。股东代表诉讼行使的前提是公司组织机构在股东要求后拒绝向侵权人主张权利,也就是在公司内部自治组织失灵的情况下,符合一定条件的股东方能行使。

4. 利益的归属和诉讼费用的承担

股东代表诉讼的案件,胜诉利益归属于公司。股东请求被告直接向其承担民事责任的,人民法院不予支持;其诉讼请求部分或者全部得到人民法院支持的,公司应当承担股东因参加诉讼支付的合理费用。

(四) 债权人对股东的诉讼

1. 公司人格否认诉讼

民法对债权人能不能同时起诉公司和股东没有作出规定,但规定了公司股东滥用职权损害债权人利益的,对公司债务承担连带责任。《公司法》第 23 条第 1 款规定:"公司股东滥用公司法人独立地位和股东有限责任,逃避债务,严重损害公司债权人利益的,应当对公司债务承担连带责任。"《公司法》第 23 条第 3 款规定:"只有一个股东的公司,股东不能证明公司财产独立于股东自己的财产的,应当对公司债务承担连带责任。"公司法人独立人格和股东有限责任可以说是现代公司制度的两大基石,这两大基石鼓励了投资、激活了市场,但是同时也成为了一些人意图违法得利的工具,他们妄图通过公司这层面纱进行敛财后逃之夭夭,因此《公司法》设置了公司人格否认制度。

2. 债权人对股东赔偿之诉

(1) 有限责任公司的股东、股份有限公司的董事和控股股东或实际控制人未在法定期限内成立清算组开始清算,导致公司财产贬值、流失、毁损或者灭失,债权人主张其在造成损失范围内对公司债务承担赔偿责任的,人民法院应依法予以支持(《公司法解释(二)》第 18 条第 1 款)。

(2) 有限责任公司的股东、股份有限公司的董事和控股股东或实际控制人因怠于履行义务,导致公司主要财产、账册、重要文件等灭失,无法进行清算,债权人主张其对公司债务承担连带清偿责任的,人民法院应依法予以支持。上述情形系实际控制人原因造成,债权人主张实际控制人对公司债务承担相应民事责任的,人民法院应依法予以支持(《公司法解释(二)》第 18 条第 2 款、第 3 款)。

(3) 有限责任公司的股东、股份有限公司的董事和控股股东,以及公司的实际控制人在公司解散后,恶意处置公司财产给债权人造成损失,或者未经依法清算,以虚假的清算报告骗取公司登记机关办理法人注销登记,债权人主张其对公司债务承担相应赔偿责任的,人民法院应依法予以支持(《公司法解释(二)》第 19 条)。

(4) 公司解散应当在依法清算完毕后,申请办理注销登记。公司未经清算即办理注销登记，导致公司无法进行清算，债权人主张有限责任公司的股东、股份有限公司的董事和控股股东，以及公司的实际控制人对公司债务承担清偿责任的，人民法院应依法予以支持（《公司法解释（二）》第20条第1款）。

（5）公司未经依法清算即办理注销登记，股东或者第三人在公司登记机关办理注销登记时承诺对公司债务承担责任，债权人主张其对公司债务承担相应民事责任的，人民法院应依法予以支持（《公司法解释（二）》第20条第2款）。

（6）当公司财产不足以清偿债务时，债权人可以要求未缴出资或未足额缴纳出资的股东，以及公司设立时的其他股东或者发起人在未缴出资范围内对公司债务承担连带清偿责任。股东尚未缴纳的出资，包括到期应缴未缴的出资，以及《公司法》第54条和第99条规定的情形。《公司法》第54条规定，公司不能清偿到期债务的，公司或者已到期债权的债权人有权要求已认缴出资但未届出资期限的股东提前缴纳出资；第99条规定，发起人不按照其认购的股份缴纳股款，或者作为出资的非货币财产的实际价额显著低于所认购的股份的，其他发起人与该发起人在出资不足的范围内承担连带责任。

（五）公司对股东、公司高级管理人员以及其他人的诉讼

1. 抽逃出资给公司造成损失之诉。公司成立后，股东不得抽逃出资。违反这项规定的，股东应当返还抽逃的出资；给公司造成损失的，负有责任的董事、监事、高级管理人员应当与该股东承担连带赔偿责任（《公司法》第53条）。

2. 公司高级管理人员给公司造成损失之诉。董事、监事、高级管理人员执行职务违反法律、行政法规或者公司章程的规定，给公司造成损失的，应当承担赔偿责任（《公司法》第188条）。

3. 违反规定向股东分配利润给公司造成损失之诉。公司违反《公司法》规定向股东分配利润的，股东应当将违反规定分配的利润退还公司；给公司造成损失的，股东及负有责任的董事、监事、高级管理人员应当承担赔偿责任（《公司法》第211条）。

4. 股东未足额缴纳出资给公司造成损失之诉。有限责任公司设立时，股东未按照公司章程规定实际缴纳出资，或者实际出资的非货币财产的实际价额显著低于所认缴的出资额的，设立时的其他股东与该股东在出资不足的范围内承担连带责任。同时，股东未按期足额缴纳出资的，除应当向公司足额缴纳外，还应当对给公司造成的损失承担赔偿责任。（《公司法》第49条、第50条）

5. 董事会不催交股东出资所承担的赔偿责任之诉。有限责任公司成立后，董事会应当对股东的出资情况进行核查，发现股东未按期足额缴纳公司章程规定的出资的，应当由公司向该股东发出书面催缴书，催缴出资。未及时履行前述

义务,给公司造成损失的,负有责任的董事应当承担赔偿责任(《公司法》第51条)。

6. 清算义务人和清算组成员给公司造成损失之诉。董事为公司清算义务人,应当在解散事由出现之日起15日内组成清算组进行清算。清算组由董事组成,但是公司章程另有规定或者股东会决议另选他人的除外。清算义务人未及时履行清算义务,给公司或者债权人造成损失的,应当承担赔偿责任。清算组成员因故意或者重大过失给债权人造成损失的,应当承担赔偿责任(《公司法》第232条、第238条)。

7. 公司要求撤销有关损害公司利益的关联交易之诉。公司的控股股东、实际控制人、董事、监事、高级管理人员不得利用关联关系损害公司利益。违反上述规定,给公司造成损失的,应当承担赔偿责任(《公司法》第22条)。

8. 公司归入权之诉。归入权系指公司依照《公司法》或《证券法》的规定所享有的将公司负责人违反其对公司所负法定义务而获得的利益收归公司所有的权利,适用情形主要包括竞业限制、短线交易、自我交易和公司机会等。《公司法》第186条规定:"董事、监事、高级管理人员违反本法第一百八十一条至第一百八十四条规定所得的收入应当归公司所有。"

9. 公司请求相关人员返还公司印章、财务账簿之诉。公司的公章、证照属于公司的合法财产,依法应由公司享有,应由公司负责管理。公司的董事、监事、高级管理人员人等人员违反法律、行政法规和公司章程非法占有公司公章、证照的,公司可以提起诉讼,请求返还。

10. 公司对法定代表人的追偿之诉。法定代表人因执行职务造成他人损害的,由公司承担民事责任。公司承担民事责任后,依照法律或者公司章程的规定,可以向有过错的法定代表人追偿(《公司法》第11条)。

11. 因减少注册资本导致的赔偿之诉。公司违反《公司法》规定减少注册资本的,股东应当退还其收到的资金,减免股东出资的应当恢复原状;给公司造成损失的,股东及负有责任的董事、监事、高级管理人员应当承担赔偿责任(《公司法》第226条)。

三、风险防范

(1)公司治理结构框架应当维护股东的权利,确保包括小股东在内的全体股东受到平等的对待;如果股东的权利受到损害,他们应有机会得到补偿;

(2)公司治理结构框架应当确保利益相关者的合法权利,并且鼓励公司和利益相关者为创造财富和工作机会以及为保持企业财务健全而积极地进行

合作;

(3) 公司治理结构框架应当保证及时准确地披露与公司有关的任何重大问题,包括财务状况、经营状况、所有权状况和公司治理状况等信息。

(4) 公司治理结构框架应确保董事会对公司的战略性指导和对管理人员的有效监督,并确保董事会对公司和股东负责。

四、典型案例分析

(一) 股东不能同案提起股东代表诉讼和股东直接诉讼

原告A公司与B公司分别于2013年4月8日和2013年5月8日两次签订增资扩股协议,约定由A公司出资增资B公司。

2013年7月,B公司原注册资本303万元,现原告新增注册资本1000万元,均以货币出资。随后,B公司向工商行政部门申请变更注册资本为1303万元,后工商行政部门予以核准登记。2018年,法院以虚报注册资本罪、虚假出资罪、挪用资金罪三罪并罚判处B公司董事长也即原告A公司董事长曾某有期徒刑10年。曾某不服该刑事判决,上诉至中级人民法院。2019年中级人民法院裁定驳回上诉,维持原判。

B公司内部纠纷发生后,二被告掌管了B公司的行政公章和财务账册。原告遂起诉请求法院判令二被告将持有的公章和财务账册移交B公司董事会,并向原告赔偿经济损失6万元。

【案例评析】

本案中原告A公司作为B公司的最大股东,向法院提起诉讼时的诉讼请求有两个:一是二被告将持有的公章和财务账册移交B公司董事会,二是向原告赔偿经济损失6万元。第一点将公章和财务账册移交B公司董事会属于为了公司的利益,而第二点赔偿经济损失6万元,则是要求直接支付给原告。因此,原告前一个请求是为公司利益,应属股东代表诉讼;后者要求赔偿损失给自己的股东身份,则是为了其自己利益,应归属于股东直接诉讼。原告将属于股东代表诉讼和股东直接诉讼的内容杂糅在一个案件中,并不符合法律规范。

（二）小股东如何撬动大股权？

潘宇海“查账”真功夫案件①

真功夫——中国快餐业五强唯一的本土品牌，坚持“蒸”营养品牌定位，主要经营以蒸产品为特色的中式快餐。由公司创始人潘宇海于1990年在东莞长安创立，经过10年的艰苦经营，终于实现了从个体企业到现代企业集团的飞跃。截至2014年3月，全国40个城市共有570家真功夫店。但2009年7月，真功夫大股东潘宇海将真功夫告上法庭，要求实现股东知情权，并要求法院查封2007年至2008年的财务报告和会议纪要；2010年2月，广州市天河区人民法院作出一审判决，判定真功夫拒绝大股东审计违法，要求真功夫将财务报告、财务账册、会计凭证（包括与凭证对应的合同）、银行对账单提供给潘宇海委托的会计师事务所进行账目审计；2011年3月，公司创始人蔡达标等部分高管涉嫌经济犯罪被查处；2014年6月，广州市中级人民法院作出终审判决。蔡达标因涉嫌经济犯罪被判处有期徒刑14年。随后，他的股权被司法拍卖。从此真功夫转手，潘宇海接手真功夫。

短短几年真功夫内部发生了巨大的变化，让真功夫大为受挫。短短4年，估值缩水近50%，IPO计划受阻。

【案例评析】

根据我国《公司法》第57条的规定，有限责任公司的股东可以要求查阅公司会计账簿，但是需要向公司进行书面申请，说明查阅的目的。如果公司认为股东查阅目的不当，或者恶意查阅公司会计账簿，则公司有权拒绝股东的查阅要求，此时，为了防止大股东滥用控制权，保护小股东的知情权，《公司法》赋予小股东提起股东知情权诉讼的权利。潘宇海通过股东知情权诉讼查阅到真功夫公司会计账簿，获取蔡达标涉嫌职务侵占罪、挪用资金罪的有力证据，进而获得公司的控制权。

第五节　公司社会责任与公司治理

习近平总书记指出“只有富有爱心的财富才是真正有意义的财富，只有积极承担社会责任的企业才是最有竞争力和生命力的企业”，强调了公司社会责

① 佚名：《“真功夫”纠纷案一审宣判 大股东潘宇海胜诉》，http://news.sohu.com/20100222/n270341929.shtml，访问日期：2023年7月21日。

任和竞争力的内在联系。企业所要履行的社会责任是指企业在经营发展过程中对社会应尽的责任和义务,企业不能仅顾及自己的利润和效益,还要兼顾对社会的责任与义务,这样才能获得发展后劲和动力源泉。企业若处理不好自己与环境、员工、消费者和其他利益相关者的关系,则有可能招致企业声誉和价值受损等一系列风险。企业社会责任并不是一种慈善行为,而是一种审慎的风险管理方式,它本身就意味着良好的商业机遇,并且可以为企业带来实实在在的利润,有利于企业的可持续发展。因而,怎样有效管理社会责任风险,便成为企业亟须解决的问题。

一、法律规则

(一) 核心法条

《中华人民共和国民法典》

第八十六条 营利法人从事经营活动,应当遵守商业道德,维护交易安全,接受政府和社会的监督,承担社会责任。

《中华人民共和国公司法》

第一条 为了规范公司的组织和行为,保护公司、股东、职工和债权人的合法权益,完善中国特色现代企业制度,弘扬企业家精神,维护社会经济秩序,促进社会主义市场经济的发展,根据宪法,制定本法。

第十六条 公司应当保护职工的合法权益,依法与职工签订劳动合同,参加社会保险,加强劳动保护,实现安全生产。

公司应当采用多种形式,加强公司职工的职业教育和岗位培训,提高职工素质。

第十七条 公司职工依照《中华人民共和国工会法》组织工会,开展工会活动,维护职工合法权益。公司应当为本公司工会提供必要的活动条件。公司工会代表职工就职工的劳动报酬、工作时间、休息休假、劳动安全卫生和保险福利等事项依法与公司签订集体合同。

公司依照宪法和有关法律的规定,建立健全以职工代表大会为基本形式的民主管理制度,通过职工代表大会或者其他形式,实行民主管理。

公司研究决定改制、解散、申请破产以及经营方面的重大问题、制定重要的规章制度时,应当听取公司工会的意见,并通过职工代表大会或者其他形式听取职工的意见和建议。

第十九条 公司从事经营活动,应当遵守法律法规,遵守社会公德、商业道德,诚实守信,接受政府和社会公众的监督。

第二十条 公司从事经营活动,应当充分考虑公司职工、消费者等利益相关者的利益以及生态环境保护等社会公共利益,承担社会责任。

国家鼓励公司参与社会公益活动,公布社会责任报告。

(二)规则解读

(1)企业对于社会的责任与义务主要是指安全生产责任、产品或服务质量责任、环境保护责任、资源节约责任、保障员工健康责任以及促进社会就业责任等。公司承担社会责任,一方面是法律强制的责任,即公司要在法律限定的范围内进行合法经营并且履行对利益相关者的责任和义务;另一方面是公司的自愿行为,即投身公益努力增进整个社会的福利水平。公司社会责任超越了以往企业只对股东利益负责的范畴,强调对包括员工、消费者、环境、债权人等在内的利益相关者的社会责任,强调在生产过程中对人的价值的关注。我国现行有关企业社会责任的立法,主要分散在企业法、产品质量法、消费者权益保护法、劳动法、环境保护法等领域诸多法律、法规中。

(2)公司社会责任既是道德要求,也是法律责任。从公司社会责任角度说,公司社会责任主要指的应是社会公德,商业道德本是公司作为商人的应有操守,无须在公司社会责任名义下特别规范,但纯粹的道德诉求不具有法律上的可执行性,《公司法》的许多规则就是将公司的商业道德法律化,为公司社会责任的实现提供保障。企业社会责任既有自觉的道义责任,又有强制的法律责任。

二、实务操作

(1)构建有效的企业履行社会责任促进体系。企业要做大做强,必须承担社会责任。主动承担社会责任,赢得良好的企业形象,提高企业的商业美誉度。用人单位应建立企业履行社会责任促进体系,积极承担企业社会责任,树立良好社会形象。

(2)建立完善企业社会责任管理制度。建立完善社会责任报告发布机制,建立健全对外信息披露机制,实现白皮书发布的常规化、系列化和制度化,并针对不同利益相关方创新沟通形式,强化重大决策和重大行动的社会沟通,推动利益相关方全面参与。

(3)积极树立承担社会责任的正面形象。企业在遵纪守法方面作出表率,带头遵守法律,支援社区教育,支持健康事业,关心儿童老人,帮助社区改善公共环境,积极参与社区志愿活动;坚持绿色发展,增强企业吸纳就业的能力,积极雇用残疾人,为保护环境和促进社会和谐尽职尽责;在大灾大难面前,敢于承担慈善责任。

三、风险防范

(1) 提升管理人员应对社会风险的管理能力。企业社会责任风险具有突发性、影响的广泛性。防范企业社会责任风险的管理效果,主要依赖于管理层和相关人员的意识水平和应对能力。因此,企业管理层和社会责任风险负责人员的能力提升就显得尤为重要,应当对有关人员进行培训,提升其应对风险的能力。

(2) 充分认识企业社会责任的风险点。企业在履行社会责任的过程中可能遭遇各种类型的社会责任风险,主要风险点包括:安全生产措施不到位,责任不落实,企业发生安全事故;产品质量低劣,侵害消费者利益;污染环境;等等。企业社会责任是社会对企业的期望,企业应当避免因为履行社会责任不周到而给企业的发展带来损害,如企业声誉受损、企业品牌失去消费者的信任等,因此需要对此予以谨慎处理,化解风险所带来的危害。

(3) 企业社会责任风险管理是一个过程,且应该从战略层面开始,贯穿整个企业及其供应链。企业社会责任风险管理分为风险规划、风险识别、风险评估、风险处理以及风险监控等步骤,企业应当建立风险管理体系,积极应对社会责任风险。

四、典型案例分析

李某某与青岛杰盛置业有限公司公司解散纠纷案①

李某某诉称:李某某、薛某某共同发起设立青岛杰盛置业有限公司(以下简称杰盛公司),各出资 500 万元,分别持股 50%。杰盛公司设立后至今,已经超过两年无法召开股东会,经营管理发生严重困难;公司股东陷入公司僵局,不能就公司经营管理事宜达成一致意见,而且无法通过其他方法解决,请求判令解散杰盛公司。

法院认为:《公司法》第 5 条明确规定,公司从事经营活动,应诚实守信,接受政府和社会公众的监督,承担社会责任。因此在判断公司应否解散时,不仅要考虑股东的利益还要充分考虑到公司解散对社会公众利益的影响。股东权利的行使应当受到公司及股东应承担的社会义务的约束。本案中,杰盛公司经营的是房地产项目,涉及众多购房者的利益。其目前经营的适园雅居项目又因历史原因存在着特殊性。该项目起初系违法建筑,已向社会公众出售了 568 套住宅,仅留 110 套住宅未出售,出于妥善解决历史遗留问题、维护社会稳定的考虑,青岛市政府保留了该项目。政府部门在土地招拍挂公告中明确说明了项目出售的

① (2014)鲁商终字第 111 号,案例来源于中国裁判文书网。

情况，明确了项目竞得人应妥善处理原购房户问题，以免引起新的社会问题。杰盛公司在清楚了解涉案项目的历史状况后仍参与竞拍，即应承担起向568户原购房者交付建成房屋并完善相关手续的社会义务。目前杰盛公司经营的房地产项目主体均已建成，预售许可证也已办理完毕，现正对外销售，处于投资收益回收阶段。若此时公司解散，公司清算组势必无法履行公司应承担的后续施工及办理房产证等义务，进而影响项目的正常进展，阻却众多购房户的合法利益的实现，造成新的大规模上访，影响社会稳定。在股东的个人利益与社会公众利益发生冲突时，法院认为应优先保护社会公众的利益，因此驳回了李某某要求解散公司的再审请求，维持原生效裁判。

【案例评析】

企业的经营活动不仅直接影响到股东或企业主的利益，而且对债权人、雇员、企业所在社区乃至整个社会亦有重大影响。企业社会责任是一种道德义务，但越来越多的国家认为其也是一种法律责任和法律义务，应当将企业对社会最低限度的道德义务作为法律规制的对象，使其成为具有强制力的法律义务，保证企业社会责任的刚性；社会责任立法目标明确，才具有可实施性。我国在《公司法》中对企业社会责任所进行的原则性立法，存在适用范围不清、法条属性难辨、实施途径和条件欠缺等问题，实践中无法实施，进一步立法应注重明确性和具体化。[1] 理论界和实务界正在探索企业社会责任的实施路径，有的学者将企业社会责任分为基本社会责任、必要社会责任和更高层级社会责任三层标准，对应强制性、任意性和促进性三种类型的法律规制模式，主张通过法治化完善我国企业社会责任的理论体系，实现我国企业履行社会责任从量变到质变的转化。[2] 司法机关也在探索如何将其有效实施，变成司法实践。本案就代表法院的一种探索。在出现公司僵局时，股东按照《公司法》的有关规定提出解散公司，这种做法具有法律依据，但据此将会损害500多名债权人即购房者的利益，甚至影响社会的稳定。在股东的个人利益与社会公众利益发生冲突时，法院认为应优先保护社会公众的利益，因此驳回了股东的诉讼请求。从本案中可以看出，社会责任成为法院裁判的依据之一，这是对公司社会责任实施路径的一种有益探索。

① 王红一：《立法如何创新——对企业社会责任法律化的反思》，载《中山大学法律评论》2014年第4期。

② 盛钧俣：《论我国企业社会责任的法律化进路》，载《成都理工大学学报（社会科学版）》2018年第4期。

思考题》

1. 结合公司章程的地位、作用、效力等，谈谈公司章程在公司治理中的作用。

2. 从公司治理的视角，谈谈我国“企业平均寿命”不长的原因以及对策。

3. 结合我国的典型案例，分析说明股权结构与公司治理的关系，并谈谈创始人如何控制公司股权。

4. 根据利益相关者理论，谈谈企业如何推进社会责任。

5. 公司治理有哪些模式，公司应当如何选择治理模式？

6. 结合典型案例，谈谈公司高管激励机制与公司治理的关系。

课后练习》

第一章—习题

第一章—答案

第二章　企业合同法务

合同是企业(单位)与外界交往的桥梁,是实现交易目的的主要手段,是产生利润的源泉,同时也是产生风险的源泉,守住了这座桥梁就可以防范绝大部分的法律风险,避免绝大部分的争议。而这座桥梁一旦失守,企业往往只能听天由命。西方有句话叫"财富的一半来自合同",可见合同对于企业和单位来说非常重要。法务对合同的管理,是法律事务清单中最为重要的一环。合同包括合同策划、合同起草与审核、合同签署、合同履行与变更、合同终止、纠纷处理、归档保管等关键环节。法务对合同的审核与修改,不仅是个法律专业问题,而且是一个管理问题。站在法务的角度,以企业合同行为中的关键环节为管理要素进行合同管理,是一种有效的合同管理方法。本章就合同的内容和形式,从合同的签订、履行、变更、解除和终止等各个方面、各个环节对合同法务进行分析,以便对合同审查和管理有全面把握。

合同管理概述①

第一节　合同签订法务

一、法律规则

(一) 核心法条

《中华人民共和国民法典》

第一百三十七条　以对话方式作出的意思表示,相对人知道其内容时生效。

以非对话方式作出的意思表示,到达相对人时生效。以非对话方式作出的采用数据电文形式的意思表示,相对人指定特定系统接收数据电文的,该数据电文进入该特定系统时生效;未指定特定系统的,相对人知道或者应当知道该数据电文进入其系统时生效。当事人对采用数据电文形式的意思表示的生效时间另有约定的,按照其约定。

第一百四十三条　具备下列条件的民事法律行为有效:

(一) 行为人具有相应的民事行为能力;

(二) 意思表示真实;

① 合同管理的内涵、目标、重要性以及管理体系等,请扫码学习在线课程有关内容。

（三）不违反法律、行政法规的强制性规定，不违背公序良俗。

第四百六十九条 当事人订立合同，可以采用书面形式、口头形式或者其他形式。

书面形式是合同书、信件、电报、电传、传真等可以有形地表现所载内容的形式。

以电子数据交换、电子邮件等方式能够有形地表现所载内容，并可以随时调取查用的数据电文，视为书面形式。

第四百七十一条 当事人订立合同，可以采取要约、承诺方式或者其他方式。

第四百七十二条 要约是希望与他人订立合同的意思表示，该意思表示应当符合下列条件：

（一）内容具体确定；

（二）表明经受要约人承诺，要约人即受该意思表示约束。

第四百七十三条 要约邀请是希望他人向自己发出要约的表示。拍卖公告、招标公告、招股说明书、债券募集办法、基金招募说明书、商业广告和宣传、寄送的价目表等为要约邀请。

商业广告和宣传的内容符合要约条件的，构成要约。

第四百七十四条 要约生效的时间适用本法第一百三十七条的规定。

第四百七十八条 有下列情形之一的，要约失效：

（一）要约被拒绝；

（二）要约被依法撤销；

（三）承诺期限届满，受要约人未作出承诺；

（四）受要约人对要约的内容作出实质性变更。

第四百七十九条 承诺是受要约人同意要约的意思表示。

第四百八十条 承诺应当以通知的方式作出；但是，根据交易习惯或者要约表明可以通过行为作出承诺的除外。

第四百八十一条 承诺应当在要约确定的期限内到达要约人。

要约没有确定承诺期限的，承诺应当依照下列规定到达：

（一）要约以对话方式作出的，应当即时作出承诺；

（二）要约以非对话方式作出的，承诺应当在合理期限内到达。

第四百八十三条 承诺生效时合同成立，但是法律另有规定或者当事人另有约定的除外。

第四百八十四条 以通知方式作出的承诺，生效的时间适用本法第一百三十七条的规定。

承诺不需要通知的，根据交易习惯或者要约的要求作出承诺的行为时生效。

第四百八十六条 受要约人超过承诺期限发出承诺，或者在承诺期限内发出承诺,按照通常情形不能及时到达要约人的,为新要约;但是,要约人及时通知受要约人该承诺有效的除外。

第四百八十七条　受要约人在承诺期限内发出承诺,按照通常情形能够及时到达要约人,但是因其他原因致使承诺到达要约人时超过承诺期限的,除要约人及时通知受要约人因承诺超过期限不接受该承诺外,该承诺有效。

第四百八十八条　承诺的内容应当与要约的内容一致。受要约人对要约的内容作出实质性变更的,为新要约。有关合同标的、数量、质量、价款或者报酬、履行期限、履行地点和方式、违约责任和解决争议方法等的变更,是对要约内容的实质性变更。

第四百八十九条　承诺对要约的内容作出非实质性变更的,除要约人及时表示反对或者要约表明承诺不得对要约的内容作出任何变更外,该承诺有效,合同的内容以承诺的内容为准。

第四百九十条　当事人采用合同书形式订立合同的,自当事人均签名、盖章或者按指印时合同成立。在签名、盖章或者按指印之前,当事人一方已经履行主要义务,对方接受时,该合同成立。

法律、行政法规规定或者当事人约定合同应当采用书面形式订立,当事人未采用书面形式但是一方已经履行主要义务,对方接受时,该合同成立。

第五百零二条　依法成立的合同,自成立时生效,但是法律另有规定或者当事人另有约定的除外。

依照法律、行政法规的规定,合同应当办理批准等手续的,依照其规定。未办理批准等手续影响合同生效的,不影响合同中履行报批等义务条款以及相关条款的效力。应当办理申请批准等手续的当事人未履行义务的,对方可以请求其承担违反该义务的责任。

依照法律、行政法规的规定,合同的变更、转让、解除等情形应当办理批准等手续的,适用前款规定。

《最高人民法院关于适用〈中华人民共和国民法典〉合同编通则若干问题的解释》

第三条　当事人对合同是否成立存在争议,人民法院能够确定当事人姓名或者名称、标的和数量的,一般应当认定合同成立。但是,法律另有规定或者当事人另有约定的除外。

根据前款规定能够认定合同已经成立的,对合同欠缺的内容,人民法院应当依据民法典第五百一十条、第五百一十一条等规定予以确定。

当事人主张合同无效或者请求撤销、解除合同等,人民法院认为合同不成立的,应当依据《最高人民法院关于民事诉讼证据的若干规定》第五十三条的规定将合同是否成立作为焦点问题进行审理,并可以根据案件的具体情况重新指定举证期限。

第十三条 合同存在无效或者可撤销的情形,当事人以该合同已在有关行政管理部门办理备案、已经批准机关批准或者已依据该合同办理财产权利的变更登记、移转登记等为由主张合同有效的,人民法院不予支持。

第十八条 法律、行政法规的规定虽然有“应当”“必须”或者“不得”等表述,但是该规定旨在限制或者赋予民事权利,行为人违反该规定将构成无权处分、无权代理、越权代表等,或者导致合同相对人、第三人因此获得撤销权、解除权等民事权利的,人民法院应当依据法律、行政法规规定的关于违反该规定的民事法律后果认定合同效力。

第十九条 以转让或者设定财产权利为目的订立的合同,当事人或者真正权利人仅以让与人在订立合同时对标的物没有所有权或者处分权为由主张合同无效的,人民法院不予支持;因未取得真正权利人事后同意或者让与人事后未取得处分权导致合同不能履行,受让人主张解除合同并请求让与人承担违反合同的赔偿责任的,人民法院依法予以支持。

前款规定的合同被认定有效,且让与人已经将财产交付或者移转登记至受让人,真正权利人请求认定财产权利未发生变动或者请求返还财产的,人民法院应予支持。但是,受让人依据民法典第三百一十一条等规定善意取得财产权利的除外。

合同签订的流程管理

（二）规则解读

1. 合同的订立

《民法典》第464条规定:“合同是民事主体之间设立、变更、终止民事法律关系的协议。婚姻、收养、监护等有关身份关系的协议,适用有关该身份关系的法律规定;没有规定的,可以根据其性质参照适用本编规定。”此处所指的“协议”包含了两重含义:一是指合同,二是指合意。[①] 合同是发生民法上效果的各方当事人的合意,也就是说,合同必须经过当事人的意思表示一致方能成立。订立合同的过程实质上就是缔约各方当事人为达成合意不断协商的过程,这个过程一般包括两类行为:“要约”和“承诺”,即要约和承诺都是订立合同的必经阶段。

(1) 要约。“要约者乃以缔结契约为目的,而唤起相对人承诺之一种意思表示也。”[②]根据《民法典》第472条的规定,要约是希望与他人订约的一种意思

---

① 参见梁慧星:《民法》,四川人民出版社1988年版,第245页。

② 郑玉波:《民法债编总论》(修订二版),中国政法大学出版社2004年版,第43页。

表示，可见，要约指的是要约人以订立合同为目的，向受要约人所作的意思表示。要约作为一种单方意思表示，一旦经受要约人承诺，就极有可能产生要约人所预期的法律效果。而一项要约要发生法律效力，则必须满足以下条件：

第一，要约的内容必须具体确定。《民法典》第 472 条第 1 项规定，要约的内容必须具体确定。所谓"具体"，指的是要约的内容必须具有能够使合同成立的主要条款[①]，唯有这样，一经对方承诺才可使合同成立；若要约未包含合同的主要条款，即使对方作出承诺，也会因缔约各方未就合同主要条款达成合意而导致合同不能成立。但要约内容具体，并不意味着一个要约要做到事无巨细、面面俱到，也就是说，要约是否包含除主要条款外的其他条款，一般不会影响合同的成立。所谓"确定"，指的是要约的内容必须是明确的而非含糊不清的，否则受要约人就无法在理解要约人的真实意思表示的基础上作出承诺。要约的内容越具体确定，就越有利于受要约人作出承诺，促成合同的成立。

第二，要约人必须具有订约意图。根据《民法典》第 472 条第 2 项的规定，要约必须"表明经受要约人承诺，要约人即受该意思表示约束"。这实质上就是对订约意图的规定，而这种订约意图可以通过要约人以明示方式表明要约一经承诺即受该意思表示约束来体现，也可以通过其表意行为结合交易惯例来推定。

第三，要约必须向要约人希望与之缔结合同的相对人发出。要约唯有经过受要约人的承诺方能成立合同，因此要约必须向要约人与之有订约意图的相对人发出，才有可能得到其承诺从而成立合同。至于相对人是否必须为特定的人，原则上，要约应向特定的相对人发出，但并不禁止特定情况下要约向不特定的人发出，如悬赏广告。

第四，要约必须送达受要约人。《民法典》第 474 条规定，要约只有在送达受要约人的情况下，才能对受要约人产生法律效力。这是对要约生效要件的规定。

只有满足上述四个要件，才能够构成一个有效的要约，发生应有的法律效力。而要约邀请正是由于不具备要约的全部要件才无法产生要约的法律效力，这将在后文予以详述。

（2）承诺。《民法典》第 479 条规定："承诺是受要约人同意要约的意思表示。"可见，承诺指的是受要约人同意接受要约的条件从而订立合同的意思表示。[②] 承诺一旦发生法律效力，就会导致合同的成立。因此，承诺的生效必须具备如下要件：

第一，承诺必须由受要约人向要约人作出。要约和承诺是一种相对的行为，

---

① 王利明：《合同法研究》（第一卷）（第三版），中国人民大学出版社 2015 年版，第 232 页。
② 王家福主编：《中国民法学 · 民法债权》，法律出版社 1991 年版，第 297 页。

根据要约的拘束力,只有受要约人才享有承诺的资格,如果允许除受要约人以外的其他人作出承诺,则违背了要约人希望与受要约人订约的意图。因此,承诺必须由受要约人作出。同时,承诺必须向要约人作出。既然受要约人是由要约人选择的,那么承诺的权利也是要约人赋予的,故承诺只有向要约人作出,才会产生与要约人订立合同的法律效果。

第二,承诺必须在要约确定的期限内到达要约人。承诺的期限往往都是要约规定的,一旦要约确定了承诺期限,承诺只有在规定的期限内作出才会产生预期的法律效果。在要约没有确定承诺期限的情况下,根据《民法典》第 481 条第 2 款的规定,若要约是以对话方式作出的,应即时作出承诺;若要约是以非对话方式作出的,应当在合理期限内作出承诺。若受要约人未能在要约或法律规定的时间内作出承诺并使其到达要约人处,则要约失效,而对失效的要约所作出的承诺,构成新要约而非承诺。当然,根据《民法典》第 486 条的规定,在承诺迟延的情况下,若要约人及时通知受要约人承诺有效,该承诺有效。

第三,承诺的内容必须与要约的内容一致。根据《民法典》第 488 条的规定,承诺应当是无条件的,其内容应当与要约内容保持一致,一旦受要约人对要约内容作出实质性变更,就不能将其视为承诺而应视为一种新要约。当然,若承诺对要约内容的变更属于非实质性变更,则承诺有效,除非要约人及时表示反对或者要约表明承诺不得对要约的内容作出任何变更。

第四,承诺必须表明受要约人的订约意图。承诺人必须在承诺中明确表明同意与要约人缔结合同的意图,也即受要约人的承诺必须有清楚明确的订约表示,才能产生承诺的效力从而使合同成立。

根据《民法典》第 483 条的规定,一般情况下,承诺的生效直接导致合同的成立,因此承诺发生法律效力的时间,即为合同成立的时间。而《民法典》第 484 条的规定明确了承诺生效时间以其到达要约人的时间为准,承诺通知一旦到达要约人,合同即告成立(承诺不需要通知的,根据交易习惯或者要约的要求作出承诺的行为时生效),但对于一些要式合同,则以满足特定合同形式的时间作为合同成立的时间。

2. 合同的内容与形式

(1) 合同的内容。合同的内容指的是合同当事人根据法律规定和合同约定所产生的权利义务关系。合同作为一种法律关系,合同当事人的权利义务正是通过具体的合同条款所体现的。因此,就内在结构而言,合同的内容具体指的是合同的各项条款,是合同中经过各方当事人协商一致、确定各方当事人权利义务的具体条文。《民法典》第 470 条第 1 款规定了八种主要的合同条款,分别为:当事人的姓名或者名称和住所;标的;数量;质量;价款或者报酬;履行期限、地点和方式;违约责任;解决争议的方法。但合同的成立并不都需要包含这八个条款,也即这八个条款并非都是合同的必备条款。所谓必备条款,指的是依据合同的性质和当事人的约定所必须具备的条款。[①] 合同性质不同或当事人约定不同,其必备条款也不相同。《民法典》的上述规定只具有示范性作用,合同的具体内容还是由当事人约定,并不会因缺乏上述主要条款而直接导致合同无法成立。

（2）合同的形式。合同的形式,是合同内容的外在表现形式,既包括各种订立合同的方式,也包括法律或当事人对订约特殊形式的要求。根据《民法典》第469条第1款的规定,当事人订立合同,可以采用书面形式、口头形式或者其他形式。《民法典》在强调交易安全的同时,也保证了交易的便捷性和灵活性,从而赋予当事人更多的自由,使其有权在法律规定的范围内,自由约定合同订立的方式。而《民法典》第490条的规定更是从尊重当事人意思自治的角度出发,放宽对合同形式的要求,充分体现合同形式自由的理念。除当事人约定的合同形式外,法律、行政法规也会对某些特殊合同的订立方式作特别的规定,如《民法典》规定保证人与债权人应当以书面形式订立保证合同。

3. 合同的成立

合同成立是指合同当事人就合同的条款协商一致,要注意区分合同订立与合同成立、合同生效这两对关系。一般而言,合同订立是合同成立的基础,合同成立是合同生效的前提;但有合同的订立未必就有合同成立,合同成立也未必就是合同生效。

当事人对合同是否成立存在争议,人民法院能够确定当事人姓名或者名称、标的和数量的,一般应当认定合同成立。但是,法律另有规定或者当事人另有约定的除外。能够认定合同已经成立的,对合同欠缺的内容,人民法院应当依据《民法典》第510条、第511条等规定予以确定。

对于合同成立的时间,《民法典》第490条规定:"当事人采用合同书形式订立合同的,自当事人均签名、盖章或者按指印时合同成立。在签名、盖章或者按指印之前,当事人一方已经履行主要义务,对方接受时,该合同成立。法律、行政法规规定或者当事人约定合同应当采用书面形式订立,当事人未采用书面形式但是一方已经履行主要义务,对方接受时,该合同成立。"《合同编通则司法解释》在此基础上进一步细化规定:

第一,采取招标方式订立合同,当事人请求确认合同自中标通知书到达中标人时成立的,人民法院应予支持。合同成立后,当事人拒绝签订书面合同的,人民法院应当依据招标文件、投标文件和中标通知书等确定合同内容。

第二,采取现场拍卖、网络拍卖等公开竞价方式订立合同,当事人请求确认

---

① 王利明:《合同法研究》(第一卷)(第三版),中国人民大学出版社2015年版,第379页。

合同自拍卖师落槌、电子交易系统确认成交时成立的,人民法院应予支持。合同成立后,当事人拒绝签订成交确认书的,人民法院应当依据拍卖公告、竞买人的报价等确定合同内容。

第三,产权交易所等机构主持拍卖、挂牌交易,其公布的拍卖公告、交易规则等文件公开确定了合同成立需要具备的条件,当事人请求确认合同自该条件具备时成立的,人民法院应予支持。

4. 合同的生效

合同的生效,指的是已经成立的合同因符合法定的生效要件,从而产生法律上的拘束力。合同的法律约束力,并非当事人合意的结果,而是来源于法律的赋予。只有对符合有效要件的合同,国家才会赋予法律效果,从而约束当事人严格履行合同。

《民法典》第502条第1款规定:"依法成立的合同,自成立时生效,但是法律另有规定或者当事人另有约定的除外。"合同的成立和生效通常是密切联系在一起的,但两者并不等同。依法成立的合同,必须具备一定的生效要件,才能产生法律上的拘束力。根据《民法典》第143条的规定,合同一般包含以下几项生效要件:

(1) 行为人具有相应的民事行为能力。这是对行为人缔约能力的规定。就企业法人而言,根据《民法典》第59条的规定,法人的民事权利能力和民事行为能力,从法人成立时产生,到法人终止时消灭。由此,法人在其存续期间内是具有缔约能力的,但该种缔约能力是有限制的。虽然企业法人在其存续期间内的缔约能力是受到一定限制的,但并不会仅因为其超越经营范围订立合同便直接认定合同无效。另外,对于非法人组织,则视其是否领取营业执照而认定其是否具有订约资格。

(2) 意思表示真实。意思表示要发生法律效力,必须是真实的,意思表示真实是合同得以生效的重要条件。所谓意思表示真实,指的是表意人的外在表示行为应当真实反映其内心的效果意思。[①] 在判定意思表示是否真实的时候,既要考虑行为人的外部表示,也要考虑行为人的内心意思。至于意思表示不真实的合同是否应当认定无效,应视其是否违反法律的强制性规定和社会公共利益而定。一般而言,对于违反法律的强制性规定和社会公共利益的意思表示,应当确认其无效;对于不违反法律的强制性规定和社会公共利益的不真实的意思表示,原则上赋予当事人以撤销权。

(3) 不违反法律、行政法规的强制性规定,不违背公序良俗。合同要产生法律效力,其必然应当符合法律规定,合同的内容违反法律强制性规定,将直接导

① 崔建远主编:《合同法》(第四版),法律出版社2007年版,第96页。

致合同无效。另外,合同也不得违背公序良俗。由于社会生活纷繁复杂,法律不可能将所有情况都囊括其中,对于一些表面上不违反法律强制性规定的行为,便以不得违背公序良俗作为最后防线。

(4) 合同必须具备法律所要求的形式。合同的形式一般由当事人自由约定,但对于一些法律有特别规定的合同形式,应当遵守其规定,否则将可能产生合同无效的法律后果。

二、实务操作

(一) 资质审查阶段

审查相对方是否具备订立合同的主体资格,是订立合同的前置步骤。对合作对象进行资质审查,了解其基本情况,不仅有助于公司在后续谈判过程中占据主导地位,更能为合同最终得以生效打下坚实的基础。就公司而言,其合同相对方既有可能是自然人,也有可能是法人或其他组织,其审查标准是不同的。

1. 对自然人的主体资格审查

当合同相对方为自然人时,原则上,只有完全民事行为能力人才具备签订合同的主体资格,也即《民法典》规定的"18 岁以上"或"16 周岁以上不满 18 周岁,以自己的劳动收入作为主要生活来源"的公民。完全民事行为能力人具备正确理解自己行为后果、独立表达自己意思的能力,因此能够获得作为合同当事人的主体资格。除此之外,限制民事行为能力人和无民事行为能力人所从事的活动,一般都应当由其法定代理人代为实施或征得其法定代理人同意后实施。限制民事行为能力人签订的纯获利益的合同或者与其年龄、智力、精神健康状况相适应的合同以及无民事行为能力人的一些纯获利益的行为、日常生活所必需的交易行为均是有效的。即便如此,在与限制民事行为能力人和无民事行为能力人订约时,都应审慎处理,避免因合同无效带来的风险。

综上,当合同相对人为自然人时,应当核查其身份证件,认定其是否具有完全民事行为能力。若为限制民事行为能力人或无民事行为能力人,则应按照法律规定要求其提供法定代理人的书面同意书。

2. 对法人和其他组织的主体资格审查

法人和其他组织都是依法成立的,其主体资格的取得必须符合相应的法律条件,并获得国家机关颁发的证明文件。对法人和其他组织的主体资格进行审查时,主要应包括以下内容:

(1) 应审查合作单位是否具有民事法律关系的主体资格。在一般的商事活动中,公司签订合约的对象通常是企业法人,在审查其主体资格时,应当要求其提供营业执照和组织机构代码证。至于税务登记证等其他证件,可以要求相对人提供,也可以到税务部门查询。

(2) 应审查合作单位是否符合合同主体资格要求。根据《民法典》的规定，虽然企业法人超出核准登记的经营范围签订的合同并不一定会被认定无效，但与合作单位缔约时，仍应尽量使合同内容能够符合其经营范围，防范因合同效力问题带来的风险。另外，我国法律还对某些行业的从业资格作了限制性规定，如果所签订的合同需要相对方取得相应的从业资格，就应该对其进行审查，以防与没有资质的主体签订合同所带来的经济损失。

(3) 应审查合作单位的履约能力。影响一家企业履约能力的因素，包括其企业性质、人员构成、注册资本和净资产、营业额及商业信誉等。上述内容的调查，既可从合作单位主动公开的信息中获取，也可通过实地考察或委托专业调查机构获取。

此外，对于除法人以外的其他组织，应注意甄别其是否具有以自己名义签订合同的资格。对于未依法登记并领取营业执照的其他组织，不享有作为合同主体的资格。

(二) 磋商阶段

如前文所述，合同磋商阶段一般包括“要约”和“承诺”两个步骤，但仅通过一轮磋商便成立合同的情况是少见的，往往需要经过“要约邀请”“要约”“反要约”“承诺”等多个过程才能最终达成一致。

1. 要约邀请

《民法典》第 473 条第 1 款第 1 句规定：“要约邀请是希望他人向自己发出要约的表示。”要约邀请的目的是希望他人向自己发出订立合同的要约，其针对的对象为一般主体而非特定主体，属于一种事实行为。该条还直接规定了寄送的价目表、拍卖公告、招标公告、招股说明书、商业广告等都是要约邀请。在一般商事活动中，一方当事人首次向对方发出的通常是广告、价目表、邀请函等形式的要约邀请，仅仅是可能与他人订立合同的一个意向，受约方并不能据此直接与之订立合同。在市场因素多变和企业谈判能力不断增强的今天，要约邀请被频繁地使用于订立合同的倡议阶段，在不产生法律约束力的情况下为市场主体创造了更多的商业机会。

2. 要约

要约是订立合同的必经过程。要约邀请构建起缔约各方之间磋商的桥梁，但最终需要靠要约对各方产生一定的法律约束力。至于如何使要约发生法律效力，已在前文予以详述，此处不再赘述。值得注意的是，要约发生法律效力后，仍会因某些原因而丧失法律拘束力，也即要约失效。要约失效以后，即使受要约人向要约人作出承诺，也无法达成促成合同成立的法律效果。根据《民法典》第 478 条的规定，要约失效有以下几种情形：(1) 要约被拒绝，即受要约人以明示或默示方式向要约人送达拒绝要约的通知；(2) 要约被依法撤销，即要约人在受要约人发出承诺通知之前撤销要约;(3)要约中明确规定的承诺期限届满,受要约人未作出承诺,要约自动失效;(4)受要约人对要约的内容作出实质性变更。一旦发生上述情况,要约人和受要约人即不受该要约约束,可进行下一步的商业打算。

3. 反要约

根据《民法典》第488条的规定,反要约是指受要约人对要约的内容作出实质性变更,其本质为新要约。所谓要约内容的实质性变更,指的是对合同标的、数量、质量、价款或者报酬、履行期限、履行地点和方式、违约责任和解决争议方法等的变更。在实践中,缔约各方在达成合意前,往往需要经过多轮"新要约",通过这个过程将己方的预期逐渐融入合同中,实现成立合同的目的。值得注意的是,根据《民法典》第489条的规定,即使受要约人对要约内容作出非实质性变更,但在要约人及时表示反对或者要约表明承诺不得对要约的内容作出任何变更的情况下,受要约人所作出的"承诺"仍为新要约。

4. 承诺

承诺,指受要约人接受要约从而成立合同的意思表示,往往是合同成立的最后一道程序。但承诺的作出并不必然导致合同的成立,若承诺未在要约规定的期限内到达要约人,便会产生承诺迟延的问题。《民法典》第486条和第487条分别规定了承诺迟延的两种情形,分别为:(1)受要约人超过承诺期限发出承诺,或者在承诺期限内发出承诺,按照通常情形不能及时到达要约人的,为新要约;但是,要约人及时通知受要约人该承诺有效的除外。(2)受要约人在承诺期限内发出承诺,按照通常情形能够及时到达要约人,但是因其他原因致使承诺到达要约人时超过承诺期限的,除要约人及时通知受要约人因承诺超过期限不接受该承诺外,该承诺有效。由此可见,虽然《民法典》规定承诺应当在要约确定的期限内"到达"要约人,但在判定承诺效力时,是以是否超过承诺期限发出承诺作为标准。在实践中,对于迟延的承诺,要约人也应当及时向承诺人了解情况,区分不同情形作出相应的处理,而不应一概认定承诺无效。

(三)签约阶段

通常情况下,承诺的生效即导致合同的成立。但在企业之间的商事交往过程中,由于众多合同所牵涉的经济利益或其他利益较大,可能需要通过合同书等方式将磋商内容进行整理和明确,故往往需要双方的最终确认,也即签约。签约阶段所作的审查是为合同生效做准备的。

1. 签约主体适格

企业法人作为拟制主体,只能依靠特定的自然人来代表其签订合同。根据所签订合同性质和内容的不同,享有签约资格的自然人也有所不同。一般而言,对企业发展有重大意义的合同,签约人应当是法定代表人,包括董事长或总经理等。签约前,应当认真审查法定代表人的身份证明材料,以证明其签约资格。对企业一般的业务性合同,签约人可以是有签约权限的一般员工,但应当要求其提供法定代表人开具的正式书面授权证明,了解签约人的合法身份和权限范围,以保证合同的合法性和有效性。即使签约方为长期合作的业务人员,也应当抱审慎态度适时要求其提供书面授权证明,以免发生无权代理的情况,造成不必要的损失。

2. 合同内容完备

所谓合同内容完备,指的是合同应当具备使其得以成立的必备条款。《民法典》第 470 条规定了合同的一般条款,但这些条款并非都是合同的必备条款,仅具有提示性作用,意在提醒当事人订立合同应尽量详尽些,但不是强制性规范。必备条款主要包括两个方面:一是依据合同性质所必须具备的条款,二是根据当事人约定所必须具备的条款。在磋商过程中,缔约各方可能仅仅对有争议的条款进行多番协商,但忽略一些无争议的必要条款,那么,在最后签订的合同文本中,应当对这些条款予以明确和固定。

3. 合同形式符合法律规定和当事人约定

随着我国市场经济的繁荣和各种现代化通信方式的发展,合同法越来越注重交易的便捷性,赋予当事人自由选择合同形式的权利,而不再一味强调使用书面形式。但在下列情况下,应当采用书面形式订立合同:(1) 法律、行政法规规定采用书面形式的,应当采用书面形式订立合同,如《海商法》第 156 条规定“海上拖航合同应当书面订立”;(2) 当事人约定采用书面形式的,应当采用书面形式订立合同。

在企业商事交往过程中,除应当采用书面形式的情形外,对于一些涉及复杂法律关系、标的额大或对企业发展起到至关重要作用的合同,也应当采用书面形式,通过文字凭证明确当事人之间的权利义务,既有利于当事人依据该文字凭证履行合同义务,也有利于在发生纠纷时准确界定双方的权利义务和责任,从而公平合理地解决纠纷。至于书面合同的表现形式,根据《民法典》第 469 条第 2 款的规定,书面形式是合同书、信件、电报、电传、传真等可以有形地表现所载内容的形式。

以电子数据交换、电子邮件等方式能够有形地表现所载内容,并可以随时调取查用的数据电文,视为书面形式。随着电子商务的迅猛发展,数据电文在企业交往过程中发挥着越来越重要的作用,在签订合同时,企业也应当善用该种形式,实现交易安全性和便捷性的统一。

《民法典》第 494 条规定了强制缔约的情形,即国家根据抢险救灾、疫情防控或者其他需要下达国家订货任务、指令性任务的,有关民事主体之间应当依照有关法律、行政法规规定的权利和义务订立合同。依照法律、行政法规的规定负有发出要约义务的当事人,应当及时发出合理的要约。依照法律、行政法规的规定负有作出承诺义务的当事人,不得拒绝对方合理的订立合同要求。

三、风险防范

(一)合同订立过程中常见的法律风险

1. 错判要约与要约邀请

要约邀请,又称要约引诱,是诱使他人向自己发出要约的意思表示,对发出人并没有法律约束力。在商品价格由市场决定的情况下,为了保证在缔约过程中处于主动地位,许多商业主体往往采用要约邀请的方式,为自己留下选择的空间。但为了吸引相对人发出要约,要约邀请也往往具备要约所具备的多数要件,供相对方参考。但要约邀请并非要约,无法与要约发生相同的法律效果,若将要约邀请错判为要约而对其作出“承诺”,并不会发生合同成立的法律效果。

2. 订立的格式条款无效

根据《民法典》第 496 条第 1 款的规定,格式条款是当事人为了重复使用而预先拟定,并在订立合同时未与对方协商的条款。格式条款的使用,使企业不再需要与消费者进行个别的谈判,极大地降低了交易成本,企业可以通过预先拟定的合同条款来预先控制与分配风险。但格式条款往往是经济上占据强势地位的企业经营者预先单方设定的,利欲之驱动使其中包含诸多对消费者而言不合理的条款,格式条款的广泛使用,对合同的契约自由原则产生了巨大的冲击,因此各国的法律均对格式条款加以种种限制,我国也不例外。《民法典》第 496 条第 2 款规定:“采用格式条款订立合同的,提供格式条款的一方应当遵循公平原则确定当事人之间的权利和义务,并采取合理的方式提示对方注意免除或者减轻其责任等与对方有重大利害关系的条款,按照对方的要求,对该条款予以说明。提供格式条款的一方未履行提示或者说明义务,致使对方没有注意或者理解与其有重大利害关系的条款的,对方可以主张该条款不成为合同的内容。”

3. 合同无效的法律后果

无效的或者被撤销的民事法律行为自始没有法律约束力。民事法律行为部分无效,不影响其他部分效力的,其他部分仍然有效。民事法律行为无效、被撤销或者确定不发生效力后,行为人因该行为取得的财产,应当予以返还;不能返还或者没有必要返还的,应当折价补偿。有过错的一方应当赔偿对方由此所受到的损失;各方都有过错的,应当各自承担相应的责任。法律另有规定的,依照其规定。

合同不成立、无效、被撤销或者确定不发生效力,当事人请求返还财产,经审查财产能够返还的,人民法院应当根据案件具体情况,单独或者合并适用返还占有的标的物、更正登记簿册记载等方式;经审查财产不能返还或者没有必要返还的，人民法院应当以认定合同不成立、无效、被撤销或者确定不发生效力之日该财产的市场价值或者以其他合理方式计算的价值为基准判决折价补偿。除上述情形外，当事人还请求赔偿损失的，人民法院应当结合财产返还或者折价补偿的情况，综合考虑财产增值收益和贬值损失、交易成本的支出等事实，按照双方当事人的过错程度及原因力大小，根据诚信原则和公平原则，合理确定损失赔偿额。

合同不成立、无效、被撤销或者确定不发生效力，当事人的行为涉嫌违法且未经处理，可能导致一方或者双方通过违法行为获得不当利益的，人民法院应当向有关行政管理部门提出司法建议。当事人的行为涉嫌犯罪的，应当将案件线索移送刑事侦查机关；属于刑事自诉案件的，应当告知当事人可以向有管辖权的人民法院另行提起诉讼。

合同不成立、无效、被撤销或者确定不发生效力，有权请求返还价款或者报酬的当事人一方请求对方支付资金占用费的，人民法院应当在当事人请求的范围内按照中国人民银行授权全国银行间同业拆借中心公布的一年期贷款市场报价利率（LPR）计算。但是，占用资金的当事人对于合同不成立、无效、被撤销或者确定不发生效力没有过错的，应当以中国人民银行公布的同期同类存款基准利率计算。

双方互负返还义务，当事人主张同时履行的，人民法院应予支持；占有标的物的一方对标的物存在使用或者依法可以使用的情形，对方请求将其应支付的资金占用费与应收取的标的物使用费相互抵销的，人民法院应予支持，但是法律另有规定的除外。

（二）常见法律风险的防范和规避

1. 正确区分要约和要约邀请

要约与要约邀请的主要区别在于：(1) 要约是当事人自己主动提出愿意与他人缔结合同的意思表示，要约邀请是希望他人向自己发出要约的意思表示。(2) 要约中表明经受要约人承诺，要约人即受该意思表示约束的意思，要约一旦被承诺，合同即告成立，要约人受要约的约束；要约邀请中不包含发出人愿意接受要约邀请内容约束的意思，即使受邀请人发出要约，要约邀请人仍有权选择是否愿意作出承诺。(3) 要约的内容是具体明确的，包括合同的主要条款；要约邀请则无须具备合同的主要条款。在实际生活中，寄送的价目表、拍卖公告、招标公告、招股说明书等都是要约邀请。对于商业广告而言，一般视为要约邀请，但若商业广告的内容符合要约的规定，如悬赏广告，则视为要约。

在企业交往过程中，可以从以下几个方面来区分要约与要约邀请：(1) 根据当事人的意愿来区分要约与要约邀请。要约旨在订立合同，因此，要约应包含明确的订约意图；而要约邀请人只是希望对方向自己提出订约的意思表示，所以，要约邀请往往表明邀请方不受该要约邀请约束。比如,要约邀请人在订约文件中注明“须以我方最后确认为准”“仅供参考”等文字,就表明其不愿意接受“要约”的约束,因此该文件只是要约邀请,不是要约。(2) 根据内容是否包含了合同主要条款来区分要约与要约邀请。要约的内容应当包含合同的主要条款,这样才能因承诺人的承诺而成立合同;而要约邀请只是希望对方当事人提出要约,因此,它不必包含合同的主要条款。例如,某订约建议中表示发出人愿意出售某一特定物,但未明确价格,则该建议仅为要约邀请。(3) 根据交易习惯区分要约与要约邀请。例如,出租车司机将出租车停在路边招揽顾客,如果根据当地的规定和习惯,出租车司机可以拒载,则此种招揽是要约邀请;如果不能拒载,则认为是要约。(4) 根据法律的直接规定区分要约与要约邀请。《民法典》明确规定了寄送的价目表、拍卖公告、招标公告、招股说明书、商业广告等为要约邀请。但商业广告的内容符合要约规定的,视为要约。

2. 谨慎使用格式条款

鉴于法律对格式条款所作的限制,若在合同中使用格式条款,应注意避免格式条款无效的情形。除了民事法律行为被认定无效的情形以外,当然无效的格式条款有以下几种:(1) 造成对方人身伤害的免责条款;(2) 因故意或者重大过失造成对方财产损失的免责条款;(3) 提供格式条款一方不合理地免除或者减轻其责任、加重对方责任、限制对方主要权利的条款;(4) 提供格式条款一方排除对方主要权利的条款。对于其他免除或限制格式条款提供方责任的条款,其应当尽到“提示”和“说明”义务。所谓“提示”义务,即提供格式条款一方必须采用合理的方式提请对方注意此类条款,而提示对方注意可以采用口头形式,也可以采用书面形式,但必须以合理方式作出并达到引起对方注意的效果。所谓“说明”义务,即格式条款的提供方必须认真说明格式条款的内容,使对方在明确该条款内容的基础上作出是否愿意签订合同的决定。唯有尽到提示说明义务,方有可能使得免除或限制责任的条款发生法律效力,尤其在对方当事人为普通消费者时,更应当对此类条款进行详细的解释说明,令其在充分了解的情况下签订合同,防止因格式条款无效所引发的法律风险。

第一,关于格式合同的认定,《合同编通则司法解释》第 9 条规定,合同条款符合《民法典》规定的情形,当事人仅以合同系依据合同示范文本制作或者双方已经明确约定合同条款不属于格式条款为由主张该条款不是格式条款的,人民法院不予支持。从事经营活动的当事人一方仅以未实际重复使用为由主张其预先拟定且未与对方协商的合同条款不是格式条款的,人民法院不予支持。但是,有证据证明该条款不是为了重复使用而预先拟定的除外。

第二,关于提示和说明的具体规则,《合同编通则司法解释》第 10 条进行了细化:一是提供格式条款的一方在合同订立时采用通常足以引起对方注意的文字、符号、字体等明显标识，提示对方注意免除或者减轻其责任、排除或者限制对方权利等与对方有重大利害关系的异常条款的，可以认定其已经履行《民法典》第 496 条第 2 款规定的提示义务。二是提供格式条款的一方按照对方的要求，就与对方有重大利害关系的异常条款的概念、内容及其法律后果以书面或者口头形式向对方作出通常能够理解的解释说明的，也可以认定其已经履行《民法典》第 496 条第 2 款规定的说明义务，但提供格式条款的一方对其已经尽到提示义务或者说明义务承担举证责任。三是对于通过互联网等信息网络订立的电子合同，提供格式条款的一方仅以采取了设置勾选、弹窗等方式为由主张其已经履行提示义务或者说明义务的，人民法院不予支持，但是其举证符合前面所述的除外。

3. 注意是否因违反法律、行政法规强制性规定或因违背公序良俗而无效

《民法典》第 153 条第 1 款规定："违反法律、行政法规的强制性规定的民事法律行为无效。但是，该强制性规定不导致该民事法律行为无效的除外。"继原《合同法》第 52 条将影响合同效力的强制性规定严格限定为法律、行政法规的强制性规定后，原《最高人民法院关于适用〈中华人民共和国合同法〉若干问题的解释(二)》第 14 条又进一步将导致合同无效的强制性规定限制为效力性强制性规定。这对于确立违反法律、行政法规的强制性规定并不必然导致合同无效的观念具有重要意义。《民法典》第 153 条第 1 款虽然没有采用效力性强制性规定的表述，但在规定法律行为因违反法律、行政法规的强制性规定而无效的同时，明确规定"但是，该强制性规定不导致该民事法律行为无效的除外"。对此，《合同编通则司法解释》具体列举了违反强制性规定不影响合同效力的 5 种情形：(1) 强制性规定虽然旨在维护社会公共秩序，但是合同的实际履行对社会公共秩序造成的影响显著轻微，认定合同无效将导致案件处理结果有失公平公正；(2) 强制性规定旨在维护政府的税收、土地出让金等国家利益或者其他民事主体的合法利益而非合同当事人的民事权益，认定合同有效不会影响该规范目的的实现；(3) 强制性规定旨在要求当事人一方加强风险控制、内部管理等，对方无能力或者无义务审查合同是否违反强制性规定，认定合同无效将使其承担不利后果；(4) 当事人一方虽然在订立合同时违反强制性规定，但是在合同订立后其已经具备补正违反强制性规定的条件却违背诚信原则不予补正；(5) 法律、司法解释规定的其他情形。

合同虽然不违反法律、行政法规的强制性规定，但如果违背公序良序，人民法院将认定合同无效，《合同编通则司法解释》对违背公序良序的情形进行具体列举，具体包括以下情形：(1) 合同影响政治安全、经济安全、军事安全等国家安全的；(2) 合同影响社会稳定、公平竞争秩序或者损害社会公共利益等违背社会公共秩序的；(3) 合同背离社会公德、家庭伦理或者有损人格尊严等违背善良风

俗的。人民法院在认定合同是否违背公序良俗时，应当以社会主义核心价值观为导向，综合考虑当事人的主观动机和交易目的、政府部门的监管强度、一定期限内当事人从事类似交易的频次、行为的社会后果等因素，并在裁判文书中充分说理。当事人确因生活需要进行交易，未给社会公共秩序造成重大影响，且不影响国家安全，也不违背善良风俗的，人民法院不应当认定合同无效。

4. 对自然人是否缺乏判断能力要进行合理判断

一方利用对方处于危困状态、缺乏判断能力等情形，致使民事法律行为成立时显失公平的，受损害方有权请求人民法院或者仲裁机构予以撤销。当事人一方是自然人的，应根据该当事人的年龄、智力、知识、经验并结合交易的复杂程度，看看是否能够认定其对合同的性质、合同订立的法律后果或者交易中存在的特定风险缺乏应有的认知能力，据此判断是否认定为“缺乏判断能力”，进而确定合同是否可撤销。

5. 妥善处理报批相关事项，根据情况提出适当的诉讼请求

《民法典》第 502 条规定：“依法成立的合同，自成立时生效，但是法律另有规定或者当事人另有约定的除外。依照法律、行政法规的规定，合同应当办理批准等手续的，依照其规定。未办理批准等手续影响合同生效的，不影响合同中履行报批等义务条款以及相关条款的效力。应当办理申请批准等手续的当事人未履行义务的，对方可以请求其承担违反该义务的责任。依照法律、行政法规的规定，合同的变更、转让、解除等情形应当办理批准等手续的，适用前款规定。”对此，《合同编通则司法解释》作出了具体的具有可操作性的规定：

合同依法成立后，负有报批义务的当事人不履行报批义务或者履行报批义务不符合合同的约定或者法律、行政法规的规定，对方请求其继续履行报批义务的，人民法院应予支持；对方主张解除合同并请求其承担违反报批义务的赔偿责任的，人民法院应予支持。人民法院判决当事人一方履行报批义务后，其仍不履行，对方主张解除合同并参照违反合同的违约责任请求其承担赔偿责任的，人民法院应予支持。合同获得批准前，当事人一方起诉请求对方履行合同约定的主要义务，经释明后拒绝变更诉讼请求的，人民法院应当判决驳回其诉讼请求，但是不影响其另行提起诉讼。

负有报批义务的当事人已经办理申请批准等手续或者已经履行生效判决确定的报批义务，批准机关决定不予批准，对方请求其承担赔偿责任的，人民法院不予支持。但是，因迟延履行报批义务等可归责于当事人的原因导致合同未获批准，对方请求赔偿因此受到的损失的，人民法院应当依据《民法典》第 157 条的规定处理。

合同存在无效或者可撤销的情形，当事人以该合同已在有关行政管理部门办理备案、已经批准机关批准或者已依据该合同办理财产权利的变更登记、移转

登记等为由主张合同有效的,人民法院不予支持。

6. 注意"阴阳合同"的认定与处理规则

"阴阳合同"一般是指为了避税等目的而签订的两份合同,在此种情形下,"阳合同"并非当事人真实意思,一般会被认定为无效;"阴合同"即隐藏合同,才属于当事人真实意思,如果不存在违反法律、行政法规强制性规定的情形,可以认定合同有效。《合同编通则司法解释》对此作出了具体的规定:

第一,"阳合同"因意思表示虚假而无效,因此,当事人之间就同一交易订立多份合同,人民法院应当认定其中以虚假意思表示订立的合同无效,即"阳合同"无效。

第二,"阴合同"的效力要根据具体情况进行判断,如果涉嫌违法犯罪,应当承担相应的法律责任。《合同编通则司法解释》第 14 条规定,当事人为规避法律、行政法规的强制性规定,以虚假意思表示隐藏真实意思表示的,人民法院应当依据《民法典》第 153 条第 1 款的规定认定被隐藏合同的效力;当事人为规避法律、行政法规关于合同应当办理批准等手续的规定,以虚假意思表示隐藏真实意思表示的,人民法院应当依据《民法典》第 502 条第 2 款的规定认定被隐藏合同的效力。依据前面所述认定被隐藏合同无效或者确定不发生效力的,人民法院应当以被隐藏合同为事实基础,依据《民法典》第 157 条的规定确定当事人的民事责任。但是,法律另有规定的除外。当事人就同一交易订立的多份合同均系真实意思表示,且不存在其他影响合同效力情形的,人民法院应当在查明各合同成立先后顺序和实际履行情况的基础上,认定合同内容是否发生变更。法律、行政法规禁止变更合同内容的,人民法院应当认定合同的相应变更无效。

7. 根据当事人真意及合同内容确定合同的性质、类型

准确认定合同的性质,是当事人签订合同的前提,也是人民法院或仲裁机构依法对合同纠纷案件行使管辖权,正确适用法律,依法审理案件的前提。但是,某些合同由于真实交易目的隐蔽、外在交易形式与内在效果意思不一致,加之交易环节众多,往往合同名称与合同内容属于不同的性质。这就要求法官在具体认定合同类型时,不能简单机械地通过合同名称认定合同性质,而是应当通过探求当事人真意及合同内容(主要条款)所涉法律关系,即合同双方当事人所设立的权利义务关系进行全面理解和准确判定。当事人应根据当事人真意及合同内容(主要条款)确定合同的性质和内容,不能简单以合同的名称作为判断合同性质的唯一依据,更不能为了达到不法目的签订名实不符的合同。《合同编通则司法解释》第 15 条规定,人民法院认定当事人之间的权利义务关系,不应当拘泥于合同使用的名称,而应当根据合同约定的内容。当事人主张的权利义务关系与根据合同内容认定的权利义务关系不一致的,人民法院应当结合缔约背景、交易目的、交易结构、履行行为以及当事人是否存在虚构交易标的等事实认定当

事人之间的实际民事法律关系。

8. 注意区分预约合同和交易意向、预约合同与本约

区分预约合同和交易意向、预约合同与本约，这是实践中常见的问题，也是容易引发争议的问题。判断是否构成预约合同的标准，并非合同内容是否齐备，而是双方有无于将来订立本约的意思表示，除特定情形外，若有将来订立本约的约定，则应认定为预约合同；若无则应认定为本约。《合同编通则司法解释》第 6 条规定，当事人以认购书、订购书、预订书等形式约定在将来一定期限内订立合同，或者为担保在将来一定期限内订立合同交付了定金，能够确定将来所要订立合同的主体、标的等内容的，人民法院应当认定预约合同成立。当事人通过签订意向书或者备忘录等方式，仅表达交易的意向，未约定在将来一定期限内订立合同，或者虽然有约定但是难以确定将来所要订立合同的主体、标的等内容，预约合同不成立。同时，当事人订立的认购书、订购书、预订书等已就合同标的、数量、价款或者报酬等主要内容达成合意，符合合同成立条件，未明确约定在将来一定期限内另行订立合同，或者虽然有约定但是当事人一方已实施履行行为且对方接受的，人民法院应当认定本约合同成立。

预约合同生效后，当事人一方拒绝订立本约合同或者在磋商订立本约合同时违背诚信原则导致未能订立本约合同的，人民法院应当认定该当事人不履行预约合同约定的义务。人民法院认定当事人一方在磋商订立本约合同时是否违背诚信原则，应当综合考虑该当事人在磋商时提出的条件是否明显背离预约合同约定的内容以及是否已尽合理努力进行协商等因素。

预约合同的违约责任一般不支持守约方请求强制缔约。订立合同涉及当事人的意思自治，司法裁判不宜过度干预。并且，在合同已经履行不能的情形下，令当事人双方强制缔约已没有实际意义。因此，预约合同的违约救济具有一定的特殊性，即排除强制履行请求权。《合同编通则司法解释》第 8 条规定："预约合同生效后，当事人一方不履行订立本约合同的义务，对方请求其赔偿因此造成的损失的，人民法院依法予以支持。前款规定的损失赔偿，当事人有约定的，按照约定；没有约定的，人民法院应当综合考虑预约合同在内容上的完备程度以及订立本约合同的条件的成就程度等因素酌定。"

9. 注意区分法定代表人行为，工作人员的职务代理、无权代理以及恶意串通行为

（1）法定代表人行为的认定。

第一，法律、行政法规为限制法人的法定代表人或者非法人组织的负责人的代表权，规定合同所涉事项应当由法人、非法人组织的权力机构或者决策机构决议，或者应当由法人、非法人组织的执行机构决定，法定代表人、负责人未取得授权而以法人、非法人组织的名义订立合同，未尽到合理审查义务的相对人主张该

合同对法人、非法人组织发生效力并由其承担违约责任的,人民法院不予支持,但是法人、非法人组织有过错的,可以参照《民法典》第 157 条的规定判决其承担相应的赔偿责任。相对人已尽到合理审查义务,构成表见代表的,人民法院应当依据《民法典》第 504 条的规定处理。

第二,合同所涉事项未超越法律、行政法规规定的法定代表人或者负责人的代表权限,但是超越法人、非法人组织的章程或者权力机构等对代表权的限制,相对人主张该合同对法人、非法人组织发生效力并由其承担违约责任的,人民法院依法予以支持。但是,法人、非法人组织举证证明相对人知道或者应当知道该限制的除外。

第三,法人、非法人组织承担民事责任后,向有过错的法定代表人、负责人追偿因越权代表行为造成的损失的,人民法院依法予以支持。法律、司法解释对法定代表人、负责人的民事责任另有规定的,依照其规定。

(2) 工作人员行为的认定。

第一,法人、非法人组织的工作人员就超越其职权范围的事项以法人、非法人组织的名义订立合同,相对人主张该合同对法人、非法人组织发生效力并由其承担违约责任的,人民法院不予支持。但是,法人、非法人组织有过错的,人民法院可以参照《民法典》第 157 条的规定判决其承担相应的赔偿责任。前述情形,构成表见代理的,人民法院应当依据《民法典》第 172 条的规定处理。

合同所涉事项有下列情形之一的,人民法院应当认定法人、非法人组织的工作人员在订立合同时超越其职权范围:① 依法应当由法人、非法人组织的权力机构或者决策机构决议的事项;② 依法应当由法人、非法人组织的执行机构决定的事项;③ 依法应当由法定代表人、负责人代表法人、非法人组织实施的事项;④ 不属于通常情形下依其职权可以处理的事项。合同所涉事项未超越依据前句确定的职权范围,但是超越法人、非法人组织对工作人员职权范围的限制,相对人主张该合同对法人、非法人组织发生效力并由其承担违约责任的,人民法院应予支持。但是,法人、非法人组织举证证明相对人知道或者应当知道该限制的除外。法人、非法人组织承担民事责任后,向故意或者有重大过失的工作人员追偿的,人民法院依法予以支持。

第二,法定代表人、负责人或者工作人员以法人、非法人组织的名义订立合同且未超越权限,法人、非法人组织仅以合同加盖的印章不是备案印章或者系伪造的印章为由主张该合同对其不发生效力的,人民法院不予支持。合同系以法人、非法人组织的名义订立,但是仅有法定代表人、负责人或者工作人员签名或者按指印而未加盖法人、非法人组织的印章,相对人能够证明法定代表人、负责人或者工作人员在订立合同时未超越权限的,人民法院应当认定合同对法人、非法人组织发生效力。但是,当事人约定以加盖印章作为合同成立条件的除外。

第三,合同仅加盖法人、非法人组织的印章而无人员签名或者按指印,相对人能够证明合同系法定代表人、负责人或者工作人员在其权限范围内订立的，人民法院应当认定该合同对法人、非法人组织发生效力。

在前面所述的情形下，法定代表人、负责人或者工作人员在订立合同时虽然超越代表或者代理权限，但是依据《民法典》第504条的规定构成表见代表，或者依据《民法典》第172条的规定构成表见代理的，人民法院应当认定合同对法人、非法人组织发生效力。

(3)法定代表人、工作人员的恶意串通行为。

法定代表人、负责人或者代理人与相对人恶意串通，以法人、非法人组织的名义订立合同，损害法人、非法人组织的合法权益，法人、非法人组织主张不承担民事责任的，人民法院应予支持。法人、非法人组织请求法定代表人、负责人或者代理人与相对人对因此受到的损失承担连带赔偿责任的，人民法院应予支持。

根据法人、非法人组织的举证，综合考虑当事人之间的交易习惯、合同在订立时是否显失公平、相关人员是否获取了不正当利益、合同的履行情况等因素，人民法院能够认定法定代表人、负责人或者代理人与相对人存在恶意串通的高度可能性的，可以要求前述人员就合同订立、履行的过程等相关事实作出陈述或者提供相应的证据。其无正当理由拒绝作出陈述，或者所作陈述不具合理性又不能提供相应证据的，人民法院可以认定恶意串通的事实成立。

四、典型案例分析

2022年3月，上海市某甲食品公司(以下简称“甲公司”)与某乙商贸公司(以下简称“乙公司”)签订了购买设备20台的合同，合同约定每台设备价格为2万元，分两批分别于5月、6月交货，每批10台。双方签订合同后，甲公司当场预付货款4万元。5月份，因乙公司提供的第一批设备不合格，甲公司要求退货。乙公司认为自己没有能力在约定时间内提供符合要求的设备，故建议由丙公司向甲公司供货，并提供设备符合要求的检验报告，货款由甲公司直接支付给丙公司，而且甲公司与丙公司约定应当以书面形式签订合同。6月初，甲公司与丙公司协商一致，商定由丙公司直接向甲公司供应设备，但却并未签订书面合同。6月底，丙公司向甲公司交付指定设备20台，价款共计40万元，但甲公司仅向丙公司支付货款36万元。故丙公司向法院起诉要求甲公司支付剩余货款4万元，并支付相应利息。甲公司辩称，自己与丙公司并未签订书面合同，所以双方合同未成立，丙公司无权请求自己支付剩余的4万元货款，且自己向乙公司支付的货款4万元仍未退还，应当相应冲抵与丙公司之间的货款金额。

【案例评析】

本案主要争议焦点在于:(1) 甲公司与丙公司的设备买卖合同是否属于形式要件欠缺的要式合同;(2) 甲公司与丙公司的设备买卖合同是否成立。

第一,要式合同包括两种:一种是法定要式形式,一种是约定要式形式。合同的要式形式,就是合同的书面形式。在本案中,甲公司与丙公司约定采用书面形式签订设备买卖合同,该合同属于约定形式的要式合同。甲丙双方约定采用书面形式订立合同,但最终却没有签订书面合同,属于形式要件欠缺。

第二,对于欠缺形式要件的要式合同,在以前的司法实践中,往往采用一概否定的态度,但这种做法并不符合鼓励交易的原则。因此,《民法典》第 490 条第 2 款规定:“法律、行政法规规定或者当事人约定合同应当采用书面形式订立,当事人未采用书面形式但是一方已经履行主要义务,对方接受时,该合同成立。”根据《民法典》第 490 条第 2 款的规定,合同的要式形式并不是绝对的,对于欠缺形式要件的要式合同,有条件地承认其效力。在本案中,甲公司与丙公司虽然没有签订书面合同,但在之后的合同履行中,丙公司已经交付了全部指定设备 20 台,甲公司也已经接受并支付了 36 万元的货款,应当认为,丙公司已经履行主要义务,甲公司也已经接受。双方当事人均以实际行动承认了双方之间合同的效力,应当认为合同已经成立。

甲、丙公司之间的合同成立,但与甲、乙公司之间的合同是两份不同的合同,甲公司不能够以乙公司未退还货款为由来抗辩甲公司对丙公司的欠款。根据合同相对性原则,甲公司应当继续履行其与丙公司之间的合同,交付剩余货款及利息。

第二节 合同履行法务

一、法律规则

(一) 核心法条

《中华人民共和国民法典》

第五百零九条 当事人应当按照约定全面履行自己的义务。

当事人应当遵循诚信原则,根据合同的性质、目的和交易习惯履行通知、协助、保密等义务。

当事人在履行合同过程中,应当避免浪费资源、污染环境和破坏生态。

第五百一十条 合同生效后,当事人就质量、价款或者报酬、履行地点等内容没有约定或者约定不明确的,可以协议补充;不能达成补充协议的,按照合同相关条款或者交易习惯确定。

第五百一十一条　当事人就有关合同内容约定不明确,依据前条规定仍不能确定的,适用下列规定:

(一) 质量要求不明确的,按照强制性国家标准履行;没有强制性国家标准的,按照推荐性国家标准履行;没有推荐性国家标准的,按照行业标准履行;没有国家标准、行业标准的,按照通常标准或者符合合同目的的特定标准履行。

(二) 价款或者报酬不明确的,按照订立合同时履行地的市场价格履行;依法应当执行政府定价或者政府指导价的,依照规定履行。

(三) 履行地点不明确,给付货币的,在接受货币一方所在地履行;交付不动产的,在不动产所在地履行;其他标的,在履行义务一方所在地履行。

(四) 履行期限不明确的,债务人可以随时履行,债权人也可以随时请求履行,但是应当给对方必要的准备时间。

(五) 履行方式不明确的,按照有利于实现合同目的的方式履行。

(六) 履行费用的负担不明确的,由履行义务一方负担;因债权人原因增加的履行费用,由债权人负担。

第五百二十五条　当事人互负债务,没有先后履行顺序的,应当同时履行。一方在对方履行之前有权拒绝其履行请求。一方在对方履行债务不符合约定时,有权拒绝其相应的履行请求。

第五百二十六条　当事人互负债务,有先后履行顺序,应当先履行债务一方未履行的,后履行一方有权拒绝其履行请求。先履行一方履行债务不符合约定的,后履行一方有权拒绝其相应的履行请求。

第五百二十七条　应当先履行债务的当事人,有确切证据证明对方有下列情形之一的,可以中止履行:

(一) 经营状况严重恶化;

(二) 转移财产、抽逃资金,以逃避债务;

(三) 丧失商业信誉;

(四) 有丧失或者可能丧失履行债务能力的其他情形。

当事人没有确切证据中止履行的,应当承担违约责任。

第五百三十五条　因债务人怠于行使其债权或者与该债权有关的从权利,影响债权人的到期债权实现的,债权人可以向人民法院请求以自己的名义代位行使债务人对相对人的权利,但是该权利专属于债务人自身的除外。

代位权的行使范围以债权人的到期债权为限。债权人行使代位权的必要费用,由债务人负担。

相对人对债务人的抗辩,可以向债权人主张。

第五百三十九条　债务人以明显不合理的低价转让财产、以明显不合理的高价受让他人财产或者为他人的债务提供担保,影响债权人的债权实现,债务人的相对人知道或者应当知道该情形的，债权人可以请求人民法院撤销债务人的行为。

第五百四十条 撤销权的行使范围以债权人的债权为限。债权人行使撤销权的必要费用，由债务人负担。

第五百四十一条 撤销权自债权人知道或者应当知道撤销事由之日起一年内行使。自债务人的行为发生之日起五年内没有行使撤销权的，该撤销权消灭。

《最高人民法院关于适用〈中华人民共和国民法典〉合同编通则若干问题的解释》

第二十六条 当事人一方未根据法律规定或者合同约定履行开具发票、提供证明文件等非主要债务，对方请求继续履行该债务并赔偿因怠于履行该债务造成的损失的，人民法院依法予以支持；对方请求解除合同的，人民法院不予支持，但是不履行该债务致使不能实现合同目的或者当事人另有约定的除外。

第二十七条 债务人或者第三人与债权人在债务履行期限届满后达成以物抵债协议，不存在影响合同效力情形的，人民法院应当认定该协议自当事人意思表示一致时生效。

债务人或者第三人履行以物抵债协议后，人民法院应当认定相应的原债务同时消灭；债务人或者第三人未按照约定履行以物抵债协议，经催告后在合理期限内仍不履行，债权人选择请求履行原债务或者以物抵债协议的，人民法院应予支持，但是法律另有规定或者当事人另有约定的除外。

前款规定的以物抵债协议经人民法院确认或者人民法院根据当事人达成的以物抵债协议制作成调解书，债权人主张财产权利自确认书、调解书生效时发生变动或者具有对抗善意第三人效力的，人民法院不予支持。

债务人或者第三人以自己不享有所有权或者处分权的财产权利订立以物抵债协议的，依据本解释第十九条的规定处理。

第二十八条 债务人或者第三人与债权人在债务履行期限届满前达成以物抵债协议的，人民法院应当在审理债权债务关系的基础上认定该协议的效力。

当事人约定债务人到期没有清偿债务，债权人可以对抵债财产拍卖、变卖、折价以实现债权的，人民法院应当认定该约定有效。当事人约定债务人到期没有清偿债务，抵债财产归债权人所有的，人民法院应当认定该约定无效，但是不影响其他部分的效力；债权人请求对抵债财产拍卖、变卖、折价以实现债权的，人民法院应予支持。

当事人订立前款规定的以物抵债协议后，债务人或者第三人未将财产权利转移至债权人名下，债权人主张优先受偿的，人民法院不予支持；债务人或者第三人已将财产权利转移至债权人名下的，依据《最高人民法院关于适用〈中华人民共和国民法典〉有关担保制度的解释》第六十八条的规定处理。

第二十九条　民法典第五百二十二条第二款规定的第三人请求债务人向自己履行债务的,人民法院应予支持;请求行使撤销权、解除权等民事权利的,人民法院不予支持,但是法律另有规定的除外。

合同依法被撤销或者被解除,债务人请求债权人返还财产的,人民法院应予支持。

债务人按照约定向第三人履行债务,第三人拒绝受领,债权人请求债务人向自己履行债务的,人民法院应予支持,但是债务人已经采取提存等方式消灭债务的除外。第三人拒绝受领或者受领迟延,债务人请求债权人赔偿因此造成的损失的,人民法院依法予以支持。

第三十条　下列民事主体,人民法院可以认定为民法典第五百二十四条第一款规定的对履行债务具有合法利益的第三人:

(一) 保证人或者提供物的担保的第三人;

(二) 担保财产的受让人、用益物权人、合法占有人;

(三) 担保财产上的后顺位担保权人;

(四) 对债务人的财产享有合法权益且该权益将因财产被强制执行而丧失的第三人;

(五) 债务人为法人或者非法人组织的,其出资人或者设立人;

(六) 债务人为自然人的,其近亲属;

(七) 其他对履行债务具有合法利益的第三人。

第三人在其已经代为履行的范围内取得对债务人的债权,但是不得损害债权人的利益。

担保人代为履行债务取得债权后,向其他担保人主张担保权利的,依据《最高人民法院关于适用〈中华人民共和国民法典〉有关担保制度的解释》第十三条、第十四条、第十八条第二款等规定处理。

第三十一条　当事人互负债务,一方以对方没有履行非主要债务为由拒绝履行自己的主要债务的,人民法院不予支持。但是,对方不履行非主要债务致使不能实现合同目的或者当事人另有约定的除外。

当事人一方起诉请求对方履行债务,被告依据民法典第五百二十五条的规定主张双方同时履行的抗辩且抗辩成立,被告未提起反诉的,人民法院应当判决被告在原告履行债务的同时履行自己的债务,并在判项中明确原告申请强制执行的,人民法院应当在原告履行自己的债务后对被告采取执行行为;被告提起反诉的,人民法院应当判决双方同时履行自己的债务,并在判项中明确任何一方申请强制执行的,人民法院应当在该当事人履行自己的债务后对对方采取执行行为。

当事人一方起诉请求对方履行债务,被告依据民法典第五百二十六条的规定主张原告应先履行的抗辩且抗辩成立的,人民法院应当驳回原告的诉讼请求,但是不影响原告履行债务后另行提起诉讼。

第三十三条 债务人不履行其对债权人的到期债务，又不以诉讼或者仲裁方式向相对人主张其享有的债权或者与该债权有关的从权利，致使债权人的到期债权未能实现的，人民法院可以认定为民法典第五百三十五条规定的“债务人怠于行使其债权或者与该债权有关的从权利，影响债权人的到期债权实现”。

第三十四条 下列权利，人民法院可以认定为民法典第五百三十五条第一款规定的专属于债务人自身的权利：

（一）抚养费、赡养费或者扶养费请求权；

（二）人身损害赔偿请求权；

（三）劳动报酬请求权，但是超过债务人及其所扶养家属的生活必需费用的部分除外；

（四）请求支付基本养老保险金、失业保险金、最低生活保障金等保障当事人基本生活的权利；

（五）其他专属于债务人自身的权利。

第四十二条 对于民法典第五百三十九条规定的“明显不合理”的低价或者高价，人民法院应当按照交易当地一般经营者的判断，并参考交易时交易地的市场交易价或者物价部门指导价予以认定。

转让价格未达到交易时交易地的市场交易价或者指导价百分之七十的，一般可以认定为“明显不合理的低价”；受让价格高于交易时交易地的市场交易价或者指导价百分之三十的，一般可以认定为“明显不合理的高价”。

债务人与相对人存在亲属关系、关联关系的，不受前款规定的百分之七十、百分之三十的限制。

第四十三条 债务人以明显不合理的价格，实施互易财产、以物抵债、出租或者承租财产、知识产权许可使用等行为，影响债权人的债权实现，债务人的相对人知道或者应当知道该情形，债权人请求撤销债务人的行为的，人民法院应当依据民法典第五百三十九条的规定予以支持。

（二）规则解读

1. 合同履行的概念

合同履行，是债务人全面、适当地完成其合同义务，债权人的合同债权得以完全实现的过程。[①] 合同的履行是依法成立的合同所必然发生的法律效果，任何当事人订立合同，都是为了能够实现合同的内容。而合同内容的实现，有赖于合同义务的执行。执行合同义务的当事人，一般情况下是合同各方当事人，但在

① 王利明、崔建远：《合同法新论・总则》，中国政法大学出版社 1996 年版，第 317 页。

特殊情况下也可能是当事人以外的第三人。当合同义务执行人全面、正确地履行合同规定的全部义务时,合同目的得以实现,合同关系即归于消灭。因此,合同履行是合同关系消灭的最常见的原因。由此可见,合同的履行是合同制度的中心内容,是合同法及其他一切制度的最终归宿或延伸。

合同履行,具体指的是债务人完成合同义务的特定行为。这种特定行为既可以表现为积极的作为,如出卖人交付标的物、买受人支付价款;又可以表现为消极的不作为,如保密义务的履行。只有当事人按照合同的约定或者法律的规定,全面、正确地完成各自承担的义务,才能使合同之债归于消灭,才能发生当事人预期的法律后果。若合同一方或各方均未履行合同规定的义务,则属于合同完全没有履行;若只完成合同规定的部分义务,则属于合同没有完全履行。无论属于上述何种情况,均有悖于合同履行的本质,当事人均应承担相应的法律责任。

2. 合同履行的原则

合同履行的原则,是指当事人各方在履行合同义务时所应遵循的基本准则。根据《民法典》第509条的规定,合同履行应遵循全面履行原则、诚信原则和环保原则。

全面履行原则是指当事人按照合同规定的标的及其质量、数量,由适当的主体在适当的履行期限、履行地点,以适当的履行方式,全面完成合同义务的履行原则。[①] 全面履行既要求债务人实际履行,交付标的物或提供服务,也要求这些交付标的物、提供服务的行为符合法律的规定和合同的本旨。至于全面履行原则要求的履行主体适当、履行标的适当、履行期限适当、履行方式适当等,将在后文予以详述。

诚信原则是民法基本原则,也是合同履行的基本原则,其具有特定的内容。在合同履行阶段,诚信原则要求债务人应根据合同的性质、目的和交易习惯,履行无须当事人约定但依诚信原则必须承担的附随义务。具体而言,附随义务包括以下内容:(1) 通知义务。当事人应将履行合同义务的相关情况及时通知对方,使合同义务得以顺利履行。(2) 协助义务。债务人履行合同义务,债权人应适当受领给付或提供必要的协助。(3) 保密义务。一方当事人应对对方的商业秘密、技术秘密以及经营信息等严格保密,不得随意向第三人泄露。(4) 防止损失扩大义务。一方当事人违反合同义务给对方造成损失的,对方当事人负有防止损失扩大的义务。当事人应依诚信原则承担相应的附随义务,如若不履行以致给对方造成损害,应当承担相应的损害赔偿责任。

环保原则是指当事人在履行合同过程中,应当避免浪费资源、污染环境和破

① 韩松等编著:《合同法学》(第二版),武汉大学出版社2014年版,第93页。

坏生态。

3. 合同空缺条款的确定规则

合同空缺条款，指的是合同中没有约定或约定不明的重要条款，而这些条款的不明确，将导致合同无法得以全面履行。根据《民法典》第510条、第511条的规定，合同空缺条款的确定办法有如下三个层次：

首先，应当根据自愿原则，由当事人协议补充，这既符合合同自治原则，也更有利于合同的履行。但在这个过程中，法律法规的强制性规定优先于当事人的约定，也即如果存在法律法规的强制性规定，当事人不得协议排除，尤其是质量条款、价格条款的空缺，应严格依据《产品质量法》《价格法》等法律的强制性规定。

其次，在当事人协商不成的情况下，按合同的有关条款或者交易习惯确定。合同的空缺条款往往与合同其他条款之间存在关联，如部分货物的质量条款可从其价格条款中推知。另外，合同空缺条款也可依交易习惯确定。如双方当事人为长期的合作伙伴，两者订立的一份合同没有明确约定卖方送货还是买方提货，但根据之前的交易习惯都是买方提货的，则可以推定该合同的履行方式也为买方提货。

最后，若通过上述两种方法仍旧不能确定空缺条款的内容，则只能根据《民法典》第511条的规定对合同条款进行补缺：(1)质量要求不明确的，按照强制性国家标准履行；没有强制性国家标准的，按照推荐性国家标准履行；没有推荐性国家标准的，按照行业标准履行；没有国家标准、行业标准的，按照通常标准或者符合合同目的的特定标准履行。(2)价款或者报酬不明确的，按照订立合同时履行地的市场价格履行；依法应当执行政府定价或者政府指导价的，依照规定履行。(3)履行地点不明确，给付货币的，在接受货币一方所在地履行；交付不动产的，在不动产所在地履行；其他标的，在履行义务一方所在地履行。(4)履行期限不明确的，债务人可以随时履行，债权人也可以随时请求履行，但是应当给对方必要的准备时间。(5)履行方式不明确的，按照有利于实现合同目的的方式履行。(6)履行费用的负担不明确的，由履行义务一方负担；因债权人原因增加的履行费用，由债权人负担。

4. 双务合同履行中的抗辩权

"合同不履行的抗辩"概念来自中世纪的罗马法。[①] 在古罗马法中，审判员将双务合同中的一方当事人的义务看成对方义务的对应物，个别性地赋予一方当事人抗辩对方请求的权利。[②] 但在中世纪新商法的权利互惠性原则影响下，交换与均等的观念得到普遍强调，使得双务合同中双方的对待给付义务的交换

① 黄风编著：《罗马法词典》，法律出版社2002年版，第106—107页。

② 周枏：《罗马法原论》（下册），商务印书馆1994年版，第885页。

性也因此得到普遍的重视。《法国民法典》基本沿袭了罗马法的旧有做法,《德国民法典》则是根据抗辩权产生原因的不同,创造性地将双务合同履行中的抗辩权,划分为合同不履行的抗辩权和不安抗辩权。而在我国,合同不履行的抗辩规则最终被演化成两个相互独立的抗辩权,即同时履行抗辩权和先履行抗辩权,再加上具有独特性的不安抗辩权,构成了我国双务合同履行中的三大抗辩权。

同时履行抗辩权,是指双方当事人互负债务且无先后履行顺序的,当事人一方在对方未履行或未按约定履行时,可拒绝对方履行要求的权利。根据《民法典》第 525 条的规定,同时履行抗辩权的适用条件为:双方因同一双务合同互负债务;双方互负债务已届清偿期;对方未履行债务或债务履行不符合约定;对方的对待给付是可能的。

先履行抗辩权,是指当事人互负债务且有先后履行顺序,先履行一方未履行或履行债务不符合约定的,后履行一方有权拒绝其相应履行要求的权利。根据《民法典》第 526 条的规定,先履行抗辩权的适用条件为:双方因同一双务合同互负债务;双方互负债务有先后履行顺序;双方债务均已届清偿期且先履行一方未履行债务或债务履行不符合约定。

不安抗辩权,是指在双务合同中,应当先履行债务的一方有确切证据证明对方有丧失或可能丧失履行能力,导致可能难以履行对待给付义务的情形时,可以中止履行的权利。根据《民法典》第 527 条第 1 款的规定,不安抗辩权的适用条件为:双方因同一双务合同互负债务;双方互负债务有先后履行顺序且先履行一方的债务已届清偿期;后履行一方有丧失或可能丧失履行能力的情形。行使不安抗辩权时,先履行一方须有确切证据证明对方存在《民法典》第 527 条第 1 款规定的几种情形,否则将有可能承担违约责任。

二、实务操作

(一) 企业履行合同的一般流程

合同履行的流程管理

签订一个好的合同只是一个良好的开端,合同的履行才是促使合同目的实现的重要环节。企业的合同履行并非“一个人的战斗”,而是企业内部各部门按照各自的分工,遵照企业内部合同履行流程完成合同义务的过程。一套有效的企业内部合同履行流程,对正确履行合同,避免合同履行法律风险具有重要意义。企业履行合同的一般流程为:

1. 合同信息的整理和传递

一个规范的企业,由于存在部门分工,部门信息协调就成为管理环节的重要问题,当信息流通不畅,就可能给企业造成诸多风险。就合同信息而言,一份合同往往牵涉多个企业部门,而所涉部门需要了解的信息也各不相同,因此,信息的整理和传递是合同履行的关键环节，起到提醒履行、防控风险等重要作用。企业的合同信息协调工作需要由特定的部门承担，对规模较大的企业来说，其法务部门负责合同的统筹管理，合同信息的整理和传递工作一般也由其完成；对规模不大的企业来说，各业务部门自行管理本部门的合同，掌握合同信息。

2. 合同义务的协作履行

企业内部各部门履行合同不同部分的义务，这些义务共同构成合同约定的企业行为，因此必然需要从合同整体行为角度考虑如何实现各部门的协作履行。对履行部门来说，应当按照合同要求全面、适当地完成本部门承担的义务，同时协助其他有需要的部门完成其合同义务。对于必须由两个以上履行部门同时完成的合同义务，所涉部门应当相互配合，在合同履行过程中保持通畅的信息交流，共同达成合同目的。

3. 合同履行的监督检查

为确保相关部门在准确理解合同信息的基础上按约履行，还必须在合同履行过程中不时进行监督检查。履行监督有利于及时发现和解决合同履行中存在的问题，防范法律风险。这种监督检查，不同于企业的生产监督、行政监督等，主要是从法律角度对合同履行事项的监督检查，一旦发现履行中存在的问题，可以及时处理，防范损失的发生或扩大。

（二）合同约定不明的处置

随着企业法律意识的增强，很多公司在合同磋商和签订阶段就已经聘请法律专业人士对合同法律风险作出评估和防范，尽量对重要细节作出明确详细的约定，但也难免会出现对部分内容未约定或约定不明的情况。在这瞬息万变的市场环境下，一个合同的履行通常需要一个过程，其间需要合同双方或者多方的配合，这就需要合同当事人根据实际情况及时、恰当地对合同内容作出补充或者修改，或者根据法律规定实现部分条款的补缺。

1. 履行标的的确定

履行标的，指的是债务人应给付的内容，是合同目的得以实现的关键。

当履行标的为实物时，其应符合当事人约定或法律规定的规格、型号、数量、质量。[①] 质量是产品的核心，企业签订合同时对履行标的的质量要求往往都作了详细规定，但偶尔也会因合同双方存在专业不同、了解不足、时间仓促等原因而出现约定不明的情况。如果当事人对标的物的质量要求不明确且无法达成补充协议，可根据《民法典》第 511 条第 1 项的规定确定标的物的质量要求。

当履行标的为货币时，当事人应当按照合同约定的支付方式支付价款或报酬。当事人对价款或报酬没有约定或约定不明确的，可根据《民法典》第 510

① 韩松等编著：《合同法学》（第二版），武汉大学出版社 2014 年版，第 94 页。

条、第511条第2项的规定确定标的物的价款，即价款或者报酬不明确的，按照订立合同时履行地的市场价格履行；依法应当执行政府定价或者政府指导价的，依照规定履行。

2. 履行地点的确定

履行地点，是指债务人应为给付义务之场所。合同的履行地依当事人约定来确定，而当事人的约定，既可以在合同订立时完成，也可以在合同成立后、债务履行前以补充协议的形式完成。当双方当事人无法对履行地达成一致时，除法律另有特别规定的情况外，应当按照《民法典》第511条第3项的规定，给付货币的，在接受货币一方所在地履行；交付不动产的，在不动产所在地履行；其他标的，在履行义务一方所在地履行。

3. 履行期限的确定

履行期限，指的是债务人履行合同义务和债权人接受履行的时间。现代合同大多为诺成合同，实现了合同成立与合同履行的分离，合同履行期限通常被设定在合同成立生效后的某一时刻或某段期间。合同的履行期限，又称为合同的清偿期限，一般推定是为债务人的利益而订立。[①] 该种期限利益的多少取决于企业为实现各自利益所作的博弈，往往会在合同中予以明确。对于合同中确定的履行期限，企业应当严格遵守，以防因侵害对方期限利益而承担相应的违约责任。对于履行期限约定不明的，根据《民法典》第511条第4项的规定，债务人可以随时履行，债权人也可以随时请求履行，但是应当给对方必要的准备时间。

另外，债务人逾期履行合同构成履行期限不恰当，而提前履行合同则是对自己期限利益的放弃，按理应予认可。但从《民法典》第530条的规定来看，债务的提前履行应以不损害债权人利益为前提，一旦损害债权人利益，其有权拒绝债务人提前履行的违约行为；因债务提前履行而给债权人增加的费用，应由债务人承担。企业在订立合同时，可以将期限定得灵活一些，从而减少一些麻烦和损失。

4. 履行方式的确定

履行方式是债务人履行债务的方法。合同的履行方式由当事人约定，当事人要求一次性履行的，债务人不得分批履行；当事人要求分批分期履行的，债务人也不得一次性履行。如果合同对此没有约定或约定不明确且无法达成补充协议，应根据《民法典》第511条第5项的规定，按照有利于实现合同目的的方式履行。

5. 履行费用的确定

履行费用是指债务人为履行合同所支出的费用。履行费用的负担由当事人在合同中约定。如果合同对此没有约定或约定不明确且无法达成补充协议，应根据《民法典》第511条第6项的规定，由履行义务的一方承担。

---

① 朱广新：《合同法总则》（第二版），中国人民大学出版社2012年版，第239页。

（三）合同履行保障

在双务合同中，合同当事人都承担义务，往往一方的权利与另一方的义务之间具有相互依存、互为因果的关系。为了保障双务合同中当事人利益关系的公平，法律对抗辩权作出了规定，即当事人一方在对方未履行或者不能保证履行时，可以行使不履行的保留性权利，具体包括同时履行抗辩权、先履行抗辩权、不安抗辩权三种。这些抗辩权利的设置，使当事人在法定情况下可以对抗对方的请求权，使当事人的拒绝履行不构成违约，可以更好地维护当事人的利益。请求权是矛，抗辩权是盾，抗辩权的功能在于延缓请求权的行使或使请求权归于消灭，以保障另一方的合法权益。比如不安抗辩权是预防性的保护措施，当一方情况发生变化，另一方先履行会造成损失时，先履行一方可以拒绝履行。

除此之外，合同一方当事人还可以行使保全的权利。保全措施是指为防止因债务人的财产不当减少而给债权人的债权带来危害，允许债权人为保护其债权的实现而采取法律措施。保全措施包括代位权和撤销权两种。

（四）合同履行障碍

合同履行过程中可能出现的两大障碍是情势变更和不可抗力，前者为《民法典》第 533 条之规定，后者为《民法典》第 590 条之规定。情势变更原则，是指在合同成立后，订立合同的基础条件发生了当事人在订立合同时无法预见的、不属于商业风险的重大变化，仍然维持合同效力履行合同对于当事人一方明显不公平，受不利影响的当事人可以请求对方重新协商，变更或解除合同并免除责任的合同效力规则。合同成立后，因政策调整或者市场供求关系异常变动等原因导致价格发生当事人在订立合同时无法预见的、不属于商业风险的涨跌，继续履行合同对于当事人一方明显不公平的，人民法院应当认定合同的基础条件发生了《民法典》第 533 条第 1 款规定的“重大变化”。但是，合同涉及市场属性活跃、长期以来价格波动较大的大宗商品以及股票、期货等风险投资型金融产品的除外。不可抗力是指不能预见、不能避免并不能克服的客观情况，其既有自然现象，如地震、台风，也包括社会现象，如军事行动。不可抗力作为一种人力所不可抗拒的强制力，具有客观上的偶然性和不可避免性、主观上的不可预见性以及社会危害性。世界各国均将不可抗力作为免责的条件，我国也不例外。《民法典》第 180 条第 1 款规定：“因不可抗力不能履行民事义务的，不承担民事责任。法律另有规定的，依照其规定。”

三、风险防范

（一）合同履行过程中的法律风险

1. 对方违约的法律风险

合同履行过程实质上就是合同当事人完成合同义务的过程，若合同相对方不履行合同义务或者履行合同义务不符合约定，势必让企业承受合同目的无法实现的法律风险。当出现对方违约的情况时，企业能够做的就是及时采取相应的补救措施避免损失的产生或扩大。在商事交往过程中，绝大部分合同都是双务合同，当对方当事人出现违约情况时，企业若因没有规范行使法定或约定的权利导致权利消灭，或者没有取得有利证据，或者因自己不慎导致承认对方的行为，都将给企业带来难以弥补的法律风险。此外，在某些情况下，对方当事人的债务虽未届清偿期，但其有丧失或可能丧失履行债务能力的情形，这也将给企业带来风险。

2. 己方违约的法律风险

合同签订后，企业自身可能由于第三方提供更好的交易条件或自身经营状况发生突变，导致不愿或不能继续履行合同。己方违约本身已经构成企业的法律风险，其救济措施一方面是对法律风险的消除，另一方面也有可能带来新的法律风险。但毕竟这种救济是被动的，原则上公司还是应当尽量履行签订的合同，一旦预见己方可能违约，则应当采取措施避免或减轻己方的违约责任。

3. 不可抗力的法律风险

合同责任的法定免责事由只有不可抗力。确立不可抗力制度，一方面，有利于保护无过错当事人的利益，维护过错原则作为民事责任制度中基本归责原则的地位；另一方面，可以促使人们在从事交易时，充分预测未来可能发生的风险，并在风险发生后合理地解决风险损失的分担问题，从而达到合理规避风险、鼓励交易的目的。但当前法律对违约的认定不考虑当事人主观上是否具有过错，只要客观事实构成违约，当事人不能证明具有免责事由，就应当承担违约责任。一旦出现不可抗力事件，若企业没有尽到相关附随义务或无法举证证明该项免责事由，则有可能使自身陷入承担违约责任的风险中。

（二）合同履行过程中法律风险的防范

1. 积极行使双务合同履行中的抗辩权

针对双务合同履行过程中出现的一方违约或可能违约的情况，《民法典》规定了三种抗辩权，分别为同时履行抗辩权、先履行抗辩权及不安抗辩权。法律为防止抗辩权滥用，针对不同的抗辩权规定了不同的行使条件。同时履行抗辩权和先履行抗辩权的行使条件均为一方当事人的债务已届清偿期但未履行，另一方当事人作为同时履行方或后履行一方有权拒绝履行自己的合同义务。对于同时履行抗辩权，要注意《合同编通则司法解释》第 31 条的规定，该条第 2 款规定："当事人一方起诉请求对方履行债务，被告主张双方同时履行的抗辩且抗辩成立，被告未提起反诉的，人民法院应当判决被告在原告履行债务的同时履行自己的债务，并在判项中明确原告申请强制执行的，人民法院应当在原告履行自己的债务后对被告采取执行行为；被告提起反诉的，人民法院应当判决双方同时履行自己的债务，并在判项中明确任何一方申请强制执行的，人民法院应当在该当事人履行自己的债务后对对方采取执行行为。"在行使先履行抗辩权时也要注意以下问题：第一，双务合同的先后履行顺序，可依法律规定、当事人约定或按交易习惯确定。第二,先履行抗辩权的行使,须以先履行一方当事人应当先履行的债务是可以履行的为前提。如果先履行一方的债务已经不可能被履行了,后履行一方当事人要求先履行抗辩权,也就失去了意义,故不应支持。

相比于上述两种抗辩权,不安抗辩权是在对方当事人的债务未届清偿期时即行使的,因此其行使条件更为严格。不安抗辩权的行使分为两个阶段:第一阶段为中止履行。应当先履行债务的当事人,有确切证据证明对方有下列情况之一的,可以中止履行:经营状况严重恶化;转移财产、抽逃资金,以逃避债务;丧失商业信誉;有丧失或者可能丧失履行债务能力的其他情形。第二阶段为解除合同。当事人依照上述规定中止履行的,应当及时通知对方。对方提供适当担保时,应当恢复履行。中止履行后,对方在合理期限内未恢复履行能力并且未提供适当担保的,中止履行的一方可以解除合同。不安抗辩权的行使是有一定条件和限制的。如无确切证据证明对方丧失履行能力而中止履行的,或者中止履行后,对方提供适当担保却拒不恢复履行的,不安抗辩权人应承担违约责任。不安抗辩权的行使必须符合法定的理由,并且行使方应尽到通知对方的义务。若企业不当行使抗辩权,则可能因行为不当而构成违约行为,给自身造成新的法律风险。

当事人要按照法律的规定,积极行使抗辩权,包括同时履行抗辩权、先履行抗辩权和不安抗辩权。同时,不仅对方当事人不履行或拒绝履行主要债务时可以行使抗辩权,而且有时不履行非主要债务的,也可以行使抗辩权。《合同编通则司法解释》第 31 条第 1 款规定:“当事人互负债务,一方以对方没有履行非主要债务为由拒绝履行自己的主要债务的,人民法院不予支持。但是,对方不履行非主要债务致使不能实现合同目的或者当事人另有约定的除外。”

2. 促成合同变更或解除

企业主动违约时,通常都会寻找一些合理的理由,说明按照原合同继续履行的困难,以期望与对方协议变更或解除合同。在交涉过程中,企业应当尽量避免以书面形式与对方协商,否则一旦协商不成,对方将以函件作为证明企业违约的证据。即使企业事后期望继续履行合同,对方仍然可能根据企业提供的书面证据拒绝履行合同,认定企业已经构成根本违约,对方根据法律规定要求解除合同,同时追究企业的违约责任。因此,如预见己方可能违约,应及时与对方协商变更或解除合同的事宜,但同时应避免留下对己方不利的证据。

此外,一些企业会事先约定可解除合同的情况,在己方违约时,企业为利用有关的约定,故意成就解除条件,然后向对方发出解除合同的通知。《民法典》第 159 条规定:“附条件的民事法律行为,当事人为自己的利益不正当地阻止条件成就的,视为条件已经成就;不正当地促成条件成就的,视为条件不成就。”因此,企业采用这样的方式解决己方违约,同样面临法律风险,应当尽量避免。

3. 正确行使代位权和撤销权

(1) 积极行使代位权。

因债务人怠于行使其债权或者与该债权有关的从权利,影响债权人的到期债权实现的,债权人可以向人民法院请求以自己的名义代位行使债务人对相对人的权利,但是该权利专属于债务人自身的除外。下列权利属于专属于债务人自身的权利,不得行使代位权:① 抚养费、赡养费或者扶养费请求权;② 人身损害赔偿请求权;③ 劳动报酬请求权,但是超过债务人及其所扶养家属的生活必需费用的部分除外;④ 请求支付基本养老保险金、失业保险金、最低生活保障金等保障当事人基本生活的权利;⑤ 其他专属于债务人自身的权利。

债权人提起代位权诉讼的,由被告住所地人民法院管辖,但是依法应当适用专属管辖规定的除外。债务人或者相对人以双方之间的债权债务关系订有管辖协议为由提出异议的,人民法院不予支持。

债权人提起代位权诉讼后,债务人或者相对人以双方之间的债权债务关系订有仲裁协议为由对法院主管提出异议的,人民法院不予支持。但是,债务人或者相对人在首次开庭前就债务人与相对人之间的债权债务关系申请仲裁的,人民法院可以依法中止代位权诉讼。

债权人以债务人的相对人为被告向人民法院提起代位权诉讼,未将债务人列为第三人的,人民法院应当追加债务人为第三人。两个以上债权人以债务人的同一相对人为被告提起代位权诉讼的,人民法院可以合并审理。债务人对相对人享有的债权不足以清偿其对两个以上债权人负担的债务的,人民法院应当按照债权人享有的债权比例确定相对人的履行份额,但是法律另有规定的除外。

债权人向人民法院起诉债务人后,又向同一人民法院对债务人的相对人提起代位权诉讼,属于该人民法院管辖的,可以合并审理。不属于该人民法院管辖的,应当告知其向有管辖权的人民法院另行起诉;在起诉债务人的诉讼终结前,代位权诉讼应当中止。

在代位权诉讼中,债务人对超过债权人代位请求数额的债权部分起诉相对人,属于同一人民法院管辖的,可以合并审理。不属于同一人民法院管辖的,应当告知其向有管辖权的人民法院另行起诉;在代位权诉讼终结前,债务人对相对人的诉讼应当中止。

代位权诉讼中,人民法院经审理认为债权人的主张不符合代位权行使条件的,将会驳回诉讼请求,但债权人可以根据新的事实再次起诉。债务人的相对人仅以债权人提起代位权诉讼时债权人与债务人之间的债权债务关系未经生效法律文书确认为由,主张债权人提起的诉讼不符合代位权行使条件的,人民法院不予支持。

债权人提起代位权诉讼后,债务人无正当理由减免相对人的债务或者延长相对人的履行期限,相对人以此向债权人抗辩的,人民法院不予支持。

(2)正确行使撤销权。

债务人以明显不合理的低价转让财产、以明显不合理的高价受让他人财产或者为他人的债务提供担保,影响债权人的债权实现,债务人的相对人知道或者应当知道该情形的,债权人可以请求人民法院撤销债务人的行为。对于"明显不合理"的低价或者高价,要合理认定。人民法院应当按照交易当地一般经营者的判断,并参考交易时交易地的市场交易价或者物价部门指导价予以认定。根据《合同编通则司法解释》第42条的规定,转让价格未达到交易时交易地的市场交易价或者指导价70%的,一般可以认定为"明显不合理的低价";受让价格高于交易时交易地的市场交易价或者指导价30%的,一般可以认定为"明显不合理的高价"。债务人与相对人存在亲属关系、关联关系的,不受70%、30%的限制。

债权人可以行使撤销权的不合理交易的类型,包括以明显不合理的价格实施互易财产、以物抵债等。根据《合同编通则司法解释》第43条的规定,债务人以明显不合理的价格,实施互易财产、以物抵债、出租或者承租财产、知识产权许可使用等行为,影响债权人的债权实现,债务人的相对人知道或者应当知道该情形,债权人请求撤销债务人的行为的,人民法院应当予以支持。

债权人提起撤销权诉讼的,应当以债务人和债务人的相对人为共同被告,由债务人或者相对人的住所地人民法院管辖,但是依法应当适用专属管辖规定的除外。两个以上债权人就债务人的同一行为提起撤销权诉讼的,人民法院可以合并审理。

在债权人撤销权诉讼中,被撤销行为的标的可分,当事人主张在受影响的债权范围内撤销债务人的行为的,人民法院应予支持;被撤销行为的标的不可分,债权人主张将债务人的行为全部撤销的,人民法院也应予支持。债权人行使撤销权所支付的合理的律师代理费、差旅费等费用,可以认定为《民法典》第540条规定的"必要费用",当事人可以在提起撤销权诉讼时一并主张。

债权人在撤销权诉讼中可以同时请求债务人的相对人向债务人承担返还财产、折价补偿、履行到期债务等法律后果。债权人请求受理撤销权诉讼的人民法院一并审理其与债务人之间的债权债务关系,属于该人民法院管辖的,可以合并审理。不属于该人民法院管辖的,应当告知其向有管辖权的人民法院另行起诉。

同时,债权人可以依据其与债务人的诉讼、撤销权诉讼产生的生效法律文书申请强制执行,人民法院可以就债务人对相对人享有的权利采取强制执行措施以实现债权人的债权。债权人在撤销权诉讼中可以申请对相对人的财产采取保全措施。

4. 实现不可抗力的免责

《民法典》第 590 条第 1 款第 1 句规定:“当事人一方因不可抗力不能履行合同的,根据不可抗力的影响,部分或者全部免除责任,但是法律另有规定的除外。”不可抗力的发生将导致当事人被免除责任,但在某些情况下,不可抗力只是导致合同部分不能履行或暂时不能履行。因此,不可抗力发生后,企业不一定就能自然被全部免除责任,有时只能部分免除责任,或者暂时免除责任,在不可抗力事由消失后还要继续履行。

同时,若要实现不可抗力的免责,企业还应当在不可抗力事件发生后采取相应的措施。根据《民法典》第 590 条第 1 款第 2 句的规定,企业应及时向对方通报合同不能履行或者需要迟延履行、部分履行的事由,并取得相关证明。在实践中,判断不可抗力事件发生与否并不简单,企业怀疑不可抗力事件发生但又无法确定,此时若不予通知就可能丧失了最好的减损时机;但是贸然通知又可能给企业造成违约的法律风险。因此,双方可以在合同中约定,当怀疑不可抗力将要发生或已经发生时,可采用提示性信息方式通知对方。关于通知义务履行的证据,不少企业因为情况紧急,采用电话或传真方式履行通知义务,而这些方式很难形成有效证据证明通知义务的履行,因此企业在采用上述通知方式后仍应当以书面形式补充通知。

一旦出现了不可抗力事件,按照法律规定或合同约定,当事人应当履行通知、预防损失扩大等一系列附随义务,否则可能导致不可抗力免责事由不被认可。目前法律对违约的认定不考虑当事人主观上是否具有过错,只要客观事实构成违约,当事人不能证明具有免责事由,就应当承担违约责任。

5. 正确适用情势变更原则

情势变更原则的目的,在于排除因客观情况的变化而发生的不公平的结果,使合同在公平的基础上得到履行或解除合同。其法律效力通常表现在以下两个方面:一是重新协商,又称“再交涉义务”,即一方当事人可以要求对方就合同的内容重新协商。二是诉请人民法院或仲裁机构变更或解除合同, 在单方解除合同时,一定要慎用情势变更原则,一旦对“情势”把握不好,反而会给对方留下违约的证据,从而要承担违约责任。情势变更后是变更合同还是解除合同当事人无法事先约定,即使有这种约定也是无效的。同时,变更合同与解除合同中,当事人只能“二选一”,而且裁量权在法院手里。人民法院将会综合考虑合同基础条件发生重大变化的时间、当事人重新协商的情况以及因合同变更或者解除给当事人造成的损失等因素予以确定,并在判项中明确合同变更或者解除的时间。

四、典型案例分析

2016年8月，陈某与王某签订了《房屋购销协议》，双方约定：甲方（陈某）自愿以30万元将其所有的位于成都某小区的建筑面积为80平方米的房屋出售给乙方（王某），付款方式为乙方第一次付款10万元，第二次付款15万元，余款于双方办理房产所有权转移登记手续时付清，最晚不迟于2017年6月30日。同时，合同还约定：甲方应协助乙方办理房屋的过户换证手续，所产生的一切费用由乙方支付。合同签订后，王某按照合同约定分两次支付购房款25万元，陈某也依约交付了房屋，但一直未办理房屋过户登记手续，王某也未支付购房余款。2017年8月，陈某以王某未按期支付购房余款为由，向成都市某区人民法院起诉要求王某承担违约责任。王某辩称，在陈某未按合同约定办理房屋过户登记手续之前，其有权拒绝履行支付购房余款的义务。

【案例评析】

本案的争议焦点在于：（1）原被告双方签订的《房屋购销协议》有没有约定履行顺序；（2）被告是否享有同时履行抗辩权。

第一，原被告签订的《房屋购销协议》是双方当事人的真实意思表示，且不违反法律法规的强制性规定，该协议合法有效，具有法律约束力。该合同属于双务合同，合同双方互负给付义务，当事人双方应当按照履约期限履行自己的义务。合同中约定，陈某协助办理房屋所有权转移登记手续及王某支付购房余款的最后履行期限为2017年6月30日，但并未约定两者的先后履行顺序。根据《民法典》第525条的规定，当事人互负债务且无先后履行顺序的，应当同时履行。

第二，本案中，从表面看，王某没有按照合同约定在2017年6月30日前付清购房余款，构成违约。但在考虑王某是否应当承担违约责任时，应首先考虑其是否享有法定的抗辩权。王某按期向陈某支付了前两次购房款25万元，并无违约情形。而王某支付第三次购房款与陈某协助办理房屋所有权转移登记手续是应当同时履行的合同义务，且双方义务均已届清偿期，在陈某未为对待给付的情况下，王某有权拒绝自己的履行。王某在双方未办理房屋过户登记手续的情况下拒绝支付购房余款的行为属于合理行使同时履行抗辩权。因此，陈某要求王某承担未付购房余款的违约责任，于法无据。

综上，在陈某未按照合同约定协助王某办理房屋所有权转移登记手续的情况下，王某依法享有同时履行抗辩权，可拒绝支付购房余款5万元。

第三节　合同的变更、转让、终止法务

一、法律规则

（一）核心法条

《中华人民共和国民法典》

第五百四十三条　当事人协商一致，可以变更合同。

第五百四十五条　债权人可以将债权的全部或者部分转让给第三人，但是有下列情形之一的除外：

（一）根据债权性质不得转让；

（二）按照当事人约定不得转让；

（三）依照法律规定不得转让。

当事人约定非金钱债权不得转让的，不得对抗善意第三人。当事人约定金钱债权不得转让的，不得对抗第三人。

第五百五十一条　债务人将债务的全部或者部分转移给第三人的，应当经债权人同意。

债务人或者第三人可以催告债权人在合理期限内予以同意，债权人未作表示的，视为不同意。

第五百五十五条　当事人一方经对方同意，可以将自己在合同中的权利和义务一并转让给第三人。

第五百五十七条　有下列情形之一的，债权债务终止：

（一）债务已经履行；

（二）债务相互抵销；

（三）债务人依法将标的物提存；

（四）债权人免除债务；

（五）债权债务同归于一人；

（六）法律规定或者当事人约定终止的其他情形。

合同解除的，该合同的权利义务关系终止。

第五百六十三条　有下列情形之一的，当事人可以解除合同：

（一）因不可抗力致使不能实现合同目的；

（二）在履行期限届满前，当事人一方明确表示或者以自己的行为表明不履行主要债务；

（三）当事人一方迟延履行主要债务，经催告后在合理期限内仍未履行；

（四）当事人一方迟延履行债务或者有其他违约行为致使不能实现合同目的；

（五）法律规定的其他情形。

以持续履行的债务为内容的不定期合同，当事人可以随时解除合同，但是应当在合理期限之前通知对方。

第五百六十六条 合同解除后，尚未履行的，终止履行；已经履行的，根据履行情况和合同性质，当事人可以请求恢复原状或者采取其他补救措施，并有权请求赔偿损失。

合同因违约解除的，解除权人可以请求违约方承担违约责任，但是当事人另有约定的除外。

主合同解除后，担保人对债务人应当承担的民事责任仍应当承担担保责任，但是担保合同另有约定的除外。

第五百六十八条 当事人互负债务，该债务的标的物种类、品质相同的，任何一方可以将自己的债务与对方的到期债务抵销；但是，根据债务性质、按照当事人约定或者依照法律规定不得抵销的除外。

当事人主张抵销的，应当通知对方。通知自到达对方时生效。抵销不得附条件或者附期限。

第五百七十条 有下列情形之一，难以履行债务的，债务人可以将标的物提存：

（一）债权人无正当理由拒绝受领；

（二）债权人下落不明；

（三）债权人死亡未确定继承人、遗产管理人，或者丧失民事行为能力未确定监护人；

（四）法律规定的其他情形。

标的物不适于提存或者提存费用过高的，债务人依法可以拍卖或者变卖标的物，提存所得的价款。

第五百七十三条 标的物提存后，毁损、灭失的风险由债权人承担。提存期间，标的物的孳息归债权人所有。提存费用由债权人负担。

第五百七十五条 债权人免除债务人部分或者全部债务的，债权债务部分或者全部终止，但是债务人在合理期限内拒绝的除外。

第五百七十六条 债权和债务同归于一人的，债权债务终止，但是损害第三人利益的除外。

《最高人民法院关于适用〈中华人民共和国民法典〉合同编通则若干问题的解释》

第四十七条 债权转让后，债务人向受让人主张其对让与人的抗辩的，人民法院可以追加让与人为第三人。

债务转移后，新债务人主张原债务人对债权人的抗辩的，人民法院可以追加原债务人为第三人。

当事人一方将合同权利义务一并转让后，对方就合同权利义务向受让人主张抗辩或者受让人就合同权利义务向对方主张抗辩的，人民法院可以追加让与人为第三人。

第五十一条　第三人加入债务并与债务人约定了追偿权，其履行债务后主张向债务人追偿的，人民法院应予支持；没有约定追偿权，第三人依照民法典关于不当得利等的规定，在其已经向债权人履行债务的范围内请求债务人向其履行的，人民法院应予支持，但是第三人知道或者应当知道加入债务会损害债务人利益的除外。

债务人就其对债权人享有的抗辩向加入债务的第三人主张的，人民法院应予支持。

第五十三条　当事人一方以通知方式解除合同，并以对方未在约定的异议期限或者其他合理期限内提出异议为由主张合同已经解除的，人民法院应当对其是否享有法律规定或者合同约定的解除权进行审查。经审查，享有解除权的，合同自通知到达对方时解除；不享有解除权的，不发生合同解除的效力。

第五十四条　当事人一方未通知对方，直接以提起诉讼的方式主张解除合同，撤诉后再次起诉主张解除合同，人民法院经审理支持该主张的，合同自再次起诉的起诉状副本送达对方时解除。但是，当事人一方撤诉后又通知对方解除合同且该通知已经到达对方的除外。

第六十三条　在认定民法典第五百八十四条规定的“违约一方订立合同时预见到或者应当预见到的因违约可能造成的损失”时，人民法院应当根据当事人订立合同的目的，综合考虑合同主体、合同内容、交易类型、交易习惯、磋商过程等因素，按照与违约方处于相同或者类似情况的民事主体在订立合同时预见到或者应当预见到的损失予以确定。

除合同履行后可以获得的利益外，非违约方主张还有其向第三人承担违约责任应当支出的额外费用等其他因违约所造成的损失，并请求违约方赔偿，经审理认为该损失系违约一方订立合同时预见到或者应当预见到的，人民法院应予支持。

在确定违约损失赔偿额时，违约方主张扣除非违约方未采取适当措施导致的扩大损失、非违约方也有过错造成的相应损失、非违约方因违约获得的额外利益或者减少的必要支出的，人民法院依法予以支持。

合同的变更与转让
&违约责任

（二）规则解读

1. 合同的变更

（1）合同变更的概念。在诺成合同理论支配下，合同关系自有效成立时起，常历经一些时日，才可能达成其目的。合同关系的历时性，孕育着合同关系的易变性。合同的变更，作为合同变化的一个分支，相比于合同关系的其他变化，此种变化不仅源于当事人的自主选择，而且为法律所允许。《民法典》第543条规定：“当事人协商一致，可以变更合同。”合同变更的含义，有广义和狭义之分。广义的合同变更包括合同主体的变更和合同内容的变更。对于合同主体的变更，将作为合同的转让专门加以探讨。合同内容的变更是狭义的合同变更，是指在合同成立以后，尚未履行或尚未完全履行以前，当事人就合同的内容达成修改和补充的协议。这种变更具有如下特点：第一，合同的变更必须经当事人协商一致，在原合同基础上达成新的协议，任何一方未经过对方同意，无正当理由擅自变更合同内容，不仅不能对合同的另一方产生约束力，更可能构成违约；第二，合同内容的变更，只是对原合同关系的内容作某些修改和补充，是合同关系的局部变化，而非对合同内容的全部变更；第三，合同的变更，会产生新的债权债务关系。

（2）合同变更的原因。合同变更分为约定变更和法定变更两种，具体而言，合同变更有以下几种原因：

第一，当事人经协商同意变更合同，并且不因此损害国家利益和社会公共利益。合同是当事人意思表示一致的体现，如果要变更其内容，也应当由当事人协商一致。此外，当事人在协商变更合同时，其意思表示必须是明确的，如果当事人关于合同变更的意思表示约定不清楚，则推定合同未变更，依然按照原合同执行。

第二，部分合同的合同性质和内容决定当事人一方可以变更合同。[①] 某些合同或合同的某些条款是专为当事人一方的利益而设的，一般情况下，当事人可以放弃自己应得的利益。因此，对于这些合同，如果当事人一方根据客观情况的变化不再需要合同为其带来利益，则可以变更合同。

（3）合同变更的效力。合同变更是原合同内容的变更，是基于合同当事人的需求而对相关条款进行的调整。合同变更相当于当事人之间达成新的合同，对双方当事人均有法律上的约束力，如果违反则应当承担违约责任。合同变更后，当事人应当按照变更后的合同内容履行各自的义务。对于已经履行完毕的合同义务，该部分不受影响。合同变更一般无溯及力，合同变更前当事人的履行行为依然有效，不能因变更合同而使已经履行的部分失去法律效力。

---

① 韩松等编著：《合同法学》（第二版），武汉大学出版社2014年版，第125页。

2. 合同的转让

根据我国《民法典》,合同转让指的是债权人或债务人将自己的债权或债务全部或部分地转让给第三人的法律行为。合同转让,本质上是合同主体的变更。根据转让标的的不同,可将合同转让分为债权转让、债务转移和债权债务的概括移转。

(1) 债权转让。债权转让,又称合同权利的转让,是指合同债权人通过协议将债权全部或部分地转让给第三人的行为。《民法典》第545条规定:"债权人可以将债权的全部或者部分转让给第三人……"合同债权转让不改变合同权利内容,由债权人将权利转让给第三人,也即权利转让的当事人是债权人和第三人,而非债务人。权利的转让既可以是全部的转让,也可以是部分的转让。在权利全部转让时,受让人将完全取代转让人成为合同当事人,原合同关系消灭;在权利部分转让时,受让人作为第三人加入原合同关系之中,与债权人共享债权。

但是,并非所有合同债权都能够进行转让。《民法典》第545条第1款规定,下列情形下的合同债权不得转让:

① 根据债权性质不得转让,包括:基于个人信任关系而发生的债权,如雇佣、委托、租赁等合同所生债权;专为特定债权人利益而存在的债权,如向特定人讲授外语的合同债权;不作为债权,如竞业限制约定所生债权;属于从权利的债权,如保证债权不得单独转让。

② 按照当事人约定不得转让。根据合同自由原则,当事人在合同中可以特别约定禁止对方转让债权的内容,这些约定只要不违反法律的强制性规定和善良风俗,作为合同的内容,当然具有法律效力,因而此种债权不具有可让与性。

③ 依照法律规定不得转让。《民法典》合同编没有明确规定何种债权禁止让与,所以,依照法律规定不得转让的债权是指《民法典》合同编以外的其他部分以及其他法律中关于债权禁止让与的规定,例如《民法典》第421条规定"最高额抵押担保的债权确定前,部分债权转让的,最高额抵押权不得转让,但是当事人另有约定的除外"。

(2) 债务转移。债务转移,又称合同义务的移转或债务承担,是指基于债权人、债务人与第三人之间达成的协议将债务移转给第三人承担。债务转移包括两种情况:一是免责的债务转移,也即债务人将合同义务全部移转给第三人,由该第三人取代债务人的地位,成为新的债务人;二是并存的债务转移,也即债务人将合同义务部分移转给第三人,由债务人和第三人共同承担债务,原债务人不退出原合同关系。

合同义务移转以后,将发生如下法律效力:

第一,合同义务全部移转的,新债务人将取代原债务人而成为当事人,原债务人退出合同关系。如果新债务人不履行或不适当履行债务,债权人只能向新债务人而不能向原债务人请求履行或要求其承担违约责任。合同义务部分移转的,第三人将加入原合同关系,与原债务人在其愿意承担的债务范围内承担连带责任。

第二,合同义务移转后,新债务人可以主张原债务人对债权人的抗辩。《民法典》第553条规定:"债务人转移债务的,新债务人可以主张原债务人对债权人的抗辩;原债务人对债权人享有债权的,新债务人不得向债权人主张抵销。"但这些抗辩事由必须是在合同义务移转时就已经存在的,包括履行抗辩权、合同撤销和无效的抗辩权、合同不成立的抗辩权以及诉讼时效已过的抗辩权等,但专属于合同当事人的合同解除权和撤销权非经过原合同当事人同意,不能移转给新的债务人。①

第三,合同义务移转后,新债务人应当承担与主债务有关的从债务。《民法典》第554条规定:"债务人转移债务的,新债务人应当承担与主债务有关的从债务,但是该从债务专属于原债务人自身的除外。"当主债务发生移转,从债务也随之移转,但专属于原债务人的从债务不能移转。

(3) 债权债务的概括移转。债权债务的概括移转,是指由原合同当事人一方将其债权债务一并移转给第三人,由第三人概括地继受这些债权债务。合同债权债务的概括移转,可以依据当事人之间订立的合同而发生,即约定的概括移转;也可以因法律的规定而产生,即法定的概括移转。

约定的概括移转,也称合同承担,是指一方当事人与第三人约定,并经原合同的另一方当事人同意,由第三人承担合同一方当事人在合同中的全部权利和义务。由于合同债权债务的概括移转,将要移转整个权利义务,因而只有双务合同的当事人一方才可以移转。债权债务的概括移转,对其中的债权部分适用有关债权转让的规定,对其中的债务部分适用有关债务转移的规定。

法定的概括移转,最典型的就是因企业合并分立而发生的债权债务的概括移转。《民法典》第67条规定:"法人合并的,其权利和义务由合并后的法人享有和承担。法人分立的,其权利和义务由分立后的法人享有连带债权,承担连带债务,但是债权人和债务人另有约定的除外。"在企业合并情况下,原存的多个企业合并成一个企业,合并后的企业概括承受原各企业的合同权利和义务。在企业分立情况下,原企业分立成多个企业,除债权人与债务人另有约定外,分立后的企业对原企业合同的权利义务享有连带债权,承担连带债务。

3. 合同的终止

(1) 合同终止的原因。合同终止,又称为合同消灭,是指由于一定的法律事实的发生,使合同中的债权、债务不复存在,合同之债的法律关系也随之消灭。

---

① 王利明、房绍坤、王轶:《合同法》(第三版),中国人民大学出版社2009年版,第201页。

合同的终止,是合同目的使然,合同作为达成某种目的的一种合法工具,必然终结于预定目的的实现或无法实现。依合同终止的原因,合同终止可分为以下几类:

① 基于合同目的达成的终止。合同订立的目的就是为了使债权人的利益得到满足,一旦债权得以实现,合同即告终止。合同目的达成,是合同终止最为正当的原因。例如,清偿、提存等都是使合同目的达成的原因。

② 基于当事人意思的终止。根据合同意思自治原则,合同当事人之间的权利义务关系,可依当事人的意思表示而终止。这种意思表示可以是一方当事人的意思表示,如债务免除或抵销;也可以是双方当事人的意思表示,如合同的协议解除。

③ 基于法律规定的终止。在法律直接规定合同终止情形时,合同可以依据该规定归于终止,如合同的法定解除、法人的终止等都属于基于法律的直接规定而终止的情形。

(2) 合同终止的效力。合同终止的效力表现为:

第一,合同权利义务消灭。债权人不再享有债权,债务人也不再承担债务。

第二,债权的从属权利消灭,但是法律另有规定或者当事人另有约定的除外。根据《民法典》第 393 条第 1 项的规定,主债权消灭时,担保物权消失。同时,由《民法典》第 681 条的规定可知,当债务人履行债务时,保证也随之消失。而依据《民法典》第 585 条的规定,当事人可作违约金之约定,但如债务人依约履行合同,违约金之从属权利也当然消灭。综上,所谓从属权利,指的是担保物权、保证债权、违约金债权、利息债权等,当合同关系消灭时,上述权利也消灭。

第三,附随义务的产生。债权债务终止后,当事人应当遵循诚实信用等原则,根据交易习惯履行通知、协助、保密、旧物回收等义务。

第四,债权证书的返还和涂销。债权证书,也称为负债字据,是债权成立或债务人承担债务的凭证。若合同关系全部消灭,债务人可请求返还或涂销债权证书;若合同关系部分消灭,债务人可请求将合同部分消灭事由记入债权证书。债权人主张不能返还或不能记入的,债务人可请求债权人出具合同消灭的凭证。

二、实务操作

(一) 合同变更的要件和程序

1. 合同变更的要件

合同变更包括当事人协议变更与人民法院、仲裁机构依法变更两种方式。合同变更应当满足如下要件:

(1) 原已存在有效的合同关系。合同变更是在原合同的基础上,通过当事人双方的协商或者法律的规定，改变原合同关系的内容。原已存在合同关系是合同变更的前提条件。同时，原合同关系应当合法有效，否则合同便自始失去法律约束力，也就不存在合同关系，更谈不上合同变更，如合同无效、合同被撤销或者追认权人拒绝追认效力未定的合同，是无法进行合同变更的。

（2）合同变更须依当事人的约定或者依法律的规定并通过人民法院的判决或仲裁机构的裁决发生。在约定变更合同的情况下，变更合同的协议必须符合民事法律行为的有效要件，任何一方不得采取欺诈、胁迫的方式来欺骗或强制他方当事人变更合同。如果变更合同的协议不能成立或不能生效，则当事人仍然应按原合同的内容履行。如果当事人对变更的内容约定不明确，应视为未变更。

（3）合同变更必须遵循法定的程序。有的合同变更还需要履行批准、登记手续。《民法典》第502条第2款、第3款规定，依照法律、行政法规的规定，合同应当办理批准等手续的，依照其规定。未办理批准等手续影响合同生效的，不影响合同中履行报批等义务条款以及相关条款的效力。应当办理申请批准等手续的当事人未履行义务的，对方可以请求其承担违反该义务的责任。依照法律、行政法规的规定，合同的变更、转让、解除等情形应当办理批准等手续的，适用上述规定。法律规定部分合同变更必须采用特定的程序，在这种情况下，当事人除了达成变更合同的合意外，还应当按照法律、行政法规规定办理相关手续，否则，即便达成了变更合同的协议，也是无效的。

（4）合同变更必须使合同内容发生变化。合同变更仅指合同的内容发生变化，不包括合同主体的变更，因而合同内容发生变化是合同变更不可或缺的条件。当然，合同变更必须是非实质性内容的变更，变更后的合同关系与原合同关系应当保持同一性。

（5）合同变更的内容必须明确，否则推定为未变更，仍按原合同履行；当事人达成变更合同的协议后，按变更后的内容履行。

2. 合同变更的程序

企业间的合同变更主要是协议变更。变更合同的合意本身就是合同，因此，合同变更的过程与合同订立的过程相一致，适用《民法典》关于要约和承诺的规定。

首先，希望变更合同的企业向对方提出变更合同的要约并送达对方，该要约应包括希望对合同的哪些条款进行变更，如何变更。

其次，受要约方收到变更合同的要约予以研究后，如果同意，以明示的方式答复对方，即为承诺，如果不同意，也可以提出自己的修改、补充意见，这样双方经过反复磋商直至达成一致。[1]

再次,双方就合同变更内容达成一致后,由于法律、行政法规对合同变更的形式未作强制性规定,因此当事人变更合同的形式可以协商决定,一般要与原合同的形式相一致。如原合同为书面形式,变更合同也应采取书面形式;如原合同为口头形式,变更合同既可以采取口头形式,也可以采取书面形式。但在企业交往过程中,变更合同应当尽量采用书面形式,如果采用口头形式,发生纠纷后又无证据证明合同变更内容的,企业就可能承担合同未变更所带来的不利法律后果。

最后,企业还应当将变更后的合同根据法律、行政法规的规定,办理相关批准、登记等手续。此外,如果原来的合同是经过公证、鉴证的,变更后的合同应报原公证、鉴证机关备案,如果按照法律、行政法规的规定原来的合同是经过有关部门批准、登记的,合同变更后仍应报原批准机关批准、登记,未经批准、登记的,变更不生效,仍应按原合同履行。

(二) 合同转让的程序

1. 债权转让的程序

债权转让原则上基于债权人与受让人之间的转让协议,无须经债务人同意,但应当将债权转让的事实及时通知债务人,一般分为以下几个步骤:

(1) 债权人与受让人签订债权转让协议。债权转让是指债权人将自己的合同债权转让给第三人,使该第三人成为债务人的合同相对人。此时,第三人势必需要考虑债务人的履约能力,并与债权人协商一致后,形成债权转让协议。值得注意的是,双方协议转让的债权必须具有可让与性。对于根据合同权利性质、当事人的特别约定或法律规定不得转让的合同权利,不得进行债权转让。

(2) 债权人将债权转让的事实及时通知债务人。如果债权人将债权转让给第三人,应当由债权人进行通知,否则该转让对债务人不发生效力。债务人一经通知,就意味着原合同债权归受让人所有或分享,除非受让人同意,债权人不得再对转让的权利进行处置。

(3) 部分债权转让的行为需要办理有关手续。法律、行政法规规定债权转让应当办理批准、登记手续的,应当依法办理,如果不履行相应手续,债权转让无效。

(4) 关于债权转让后诉讼第三人的问题,根据《合同编通则司法解释》第47条的规定,债权转让后,债务人向受让人主张其对让与人的抗辩的,人民法院可以追加让与人为第三人。债务转移后,新债务人主张原债务人对债权人的抗辩的,人民法院可以追加原债务人为第三人。当事人一方将合同权利义务一并转

---

[1] 韩松等编著:《合同法学》(第二版),武汉大学出版社2014年版,第126页。

让后，对方就合同权利义务向受让人主张抗辩或者受让人就合同权利义务向对方主张抗辩的，人民法院可以追加让与人为第三人。

2. 债务转移的程序

债务转移是将合同债务移转给第三人承担，极有可能影响债权人利益，债权人需要考虑新的债务人是否具有履约能力，因此债务转移实质上是债权人、债务人及第三人达成的协议，一般可分为以下几个步骤：

（1）债务人与第三人达成债务转移的合意。债务人与第三人基于某特定原因，将自己承担的原合同义务移转给第三人，这相当于为第三人设定了债务负担，必须取得第三人的同意，并就债务转移的内容达成一致。当然，双方协议移转的债务必须具有可移转性，否则不能进行债务转移。

（2）债务人应就债务转移的事实取得债权人同意。债务人在转移债务后，新的债务人是否具有履行债务的能力等情况，都将直接影响债权人权利的实现。如果允许债务人随意转移债务，一旦第三人不能履行或不愿履行，将直接损害债权人的利益。同时，债务转移本质上是一种债务人对义务的处分行为，而债务人的债务经由债权人的同意方可得以免除，故而债务人对债务的其他处分行为也必须经过债权人的同意方能有效。因此，债务转移必须经过债权人同意。

（3）部分债务转移的行为需要办理有关手续。法律、行政法规规定债务转移应当办理批准、登记手续的，应当依法办理，如果不履行相应手续，债务转移无效。

关于第三人加入履行债务后向债务人追偿的问题，根据《合同编通则司法解释》第51条的规定，第三人加入债务并与债务人约定了追偿权，其履行债务后主张向债务人追偿的，人民法院应予支持；没有约定追偿权，第三人依照《民法典》关于不当得利等的规定，在其已经向债权人履行债务的范围内请求债务人向其履行的，人民法院应予支持，但是第三人知道或者应当知道加入债务会损害债务人利益的除外。债务人就其对债权人享有的抗辩向加入债务的第三人主张的，人民法院应予支持。

3. 债权债务概括移转的程序

如前文所述，债权债务概括移转包括约定的概括移转和法定的概括移转两种情形。对于约定的概括移转，对其中的债权部分适用有关债权转让的程序，对其中的债务部分适用有关债务转移的程序。

对于法定的概括移转，也即因企业合并分立而产生的债权债务概括转让，一般步骤如下：企业合并分立后，合并分立后的企业采用单独通知或公告的形式通知相对人，无须取得相对人同意；通知到达相对人或公告期满时，债权债务的移转即发生法律效力。

（三）合同终止的程序

1. 清偿

清偿是指债务人根据法律的规定或合同的约定履行自己的债务以解除债权债务关系的行为。清偿是合同终止最正常、最常见的原因，《民法典》第557条第1款第1项将其表述为"债务已经履行"。实践中，企业应当依诚实信用和实际履行原则，完全清偿自己的债务，实现合同的终止。企业清偿债务，应当按照约定的标的，于约定的履行地点、履行期限，向清偿受领人全面履行。

2. 解除

合同的解除是指在合同依法成立后而尚未全部履行前，当事人基于协议、当事人约定和法律规定而使合同关系归于消灭的一种法律行为。由此，合同解除可分为协议解除、约定解除和法定解除三种类型。协议解除是指双方当事人通过协议自愿解除合同，使合同归于消灭的一种情形；约定解除是指双方当事人事先在合同中约定合同解除事由，当解除事由成就时，一方当事人行使合同解除权的情形；法定解除则是出现了法律规定的事由，当事人可以解除合同的情形。我国《民法典》根据合同解除的不同种类，规定了不同的解除程序。

（1）协议解除的程序。

协议解除是当事人通过订立一个新的合同，达成解除合同的目的。[1] 该种解除取决于双方解除合同的意思表示一致，不需要有解除权的存在。因此，协议解除的程序遵循合同订立的程序，一般也要经过要约、承诺两个阶段，也即双方当事人对解除合同的各种事项达成意思表示一致时，合同才能依法解除。同时，合同的解除并不是单纯地消灭合同关系，还应当对合同存续期间所发生的各种权利义务关系进行处理，只有对这些内容都达成合意，合同才能解除。协议解除对结算、清理等问题未达成一致，除当事人另有约定的以外，不影响解除的效果。同时，即使当事人不符合解除权的行使条件，但当事人均同意解除合同的，除当事人另有意思表示以外，可以认定合同解除。

（2）行使解除权的程序。

解除权是当事人以单方的意思使合同失效的权利，按其性质来说，不需要经过对方当事人的同意。约定解除和法定解除都属于单方解除。《民法典》对行使解除权的程序作了规定：

第一，行使解除权一方应通知合同相对方。发生约定情形而使当事人享有解除权的，解除权人如果选择解除合同，应通知对方当事人；发生法定情形而使当事人享有解除权的，解除权人如果选择解除合同，同样也应通知对方当事人。在这两种情况下，合同从通知到达对方当事人时起解除。《民法典》对解除合同

① 李少伟、张晓飞主编：《合同法》，法律出版社2021年版，第182页。

的通知的方式没有具体规定,一般而言,通知可以采取书面形式、口头形式或其他形式。实践中,企业若行使解除权,最好采用书面形式,对于法律规定或当事人约定采用书面形式的,更应该采用书面形式。

第二,解除权的行使必须及时。如果当事人约定了或者法律规定了解除权的行使期限,解除权必须在约定的或者法定的期限内行使。如果既没有约定的期限也没有法定的期限,不享有解除权的一方有权催告解除权人在合理期限内行使解除权,合理期限的经过将导致解除权消灭。当然,如果当事人对催告的合理期限有异议的,应由人民法院或者仲裁机构确定。

第三,合同相对方对解除合同存在异议的,可请求人民法院或仲裁机构确认解除合同的效力。当事人一方解除合同的通知到达对方后,对方不同意解除合同的,可向法院起诉或依据仲裁协议向仲裁机构提出申请,请求确认解除合同的效力。

第四,法律、行政法规规定解除合同应当办理批准、登记手续的,应遵守特别程序的规定。

(3) 法院裁定解除的程序。

在适用情势变更原则解除合同的情况下,当事人应向法院提出解除合同的请求,由法院根据案件的具体情况和情势变更原则的法律要件来裁决。

(4) 合同解除的时间。

当事人一方以通知方式解除合同,其合同解除时间分为以下几种情况:第一,当事人一方以通知方式解除合同,并以对方未在约定的异议期限或者其他合理期限内提出异议为由主张合同已经解除的,合同自通知到达对方时解除。第二,当事人一方以通知方式解除合同,通知载明债务人在一定期限内不履行债务则合同自动解除,债务人在该期限内未履行债务的,合同自通知载明的期限届满时解除。第三,当事人一方通知对方解除合同后对方有异议,于是又提起诉讼请求确认解除合同通知效力,人民法院经审理认为对方的异议不成立的,合同自通知到达对方时解除。

当事人一方未通知对方,直接以提起诉讼或者申请仲裁的方式主张解除合同,人民法院或者仲裁机构确认该主张的,合同自起诉状副本送达对方时解除;撤诉后再次起诉主张解除合同,人民法院经审理支持该主张的,合同自再次起诉的起诉状副本送达对方时解除。但是,当事人一方撤诉后又通知对方解除合同且该通知已经到达对方的除外。

3. 抵销

根据《民法典》第 568 条第 1 款的规定,抵销指的是当事人互负到期债务,将两项债务相互冲抵,使其相互在对等额内消灭。以标的物种类、品质是否相同为标准,抵销可分为法定抵销和约定抵销。

(1) 法定抵销的程序。

首先,法定抵销应当具备以下要件:须双方互负债权债务,债权人供抵销的债权应当是自己享有的效力完全的债权;须双方债务的给付为同一种类,也即债务人用以履行债务的标的物种类、品质必须相同;须双方的债务均届清偿期,若债务未到清偿期就要求债务人清偿,则损害其期限利益;须双方的债务均为可抵销的债务。

其次,主张抵销的当事人应当通知对方当事人。法定抵销依一方的意思表示即可发生效力,无须对方的同意,但应当通知对方。抵销应当采取通知的方法,通知自到达对方时生效。至于通知的形式,法律没有规定,但最好采用书面形式。

(2) 约定抵销的程序。

约定抵销,相较于法定抵销,其适用的条件更为宽松。《民法典》第569条规定:"当事人互负债务,标的物种类、品质不相同的,经协商一致,也可以抵销。"约定抵销通过合同形式进行,合同双方当事人通过订立抵销合同来实现双方债务的抵销。

三、风险防范

(一) 合同变更、转让和终止过程中的法律风险

1. 合同变更内容不明确

《民法典》第544条规定:"当事人对合同变更的内容约定不明确的,推定为未变更。"合同变更内容既然是当事人的合意,就应当满足合同应当具备的确定性标准。通常而言,确定性主要表现为标的及数量的确定。

2. 合同债权转让未通知债务人

合同债权转让,与合同债务转移不同,因其基本不影响债务人的利益,因此原则上由债权人自由进行。但《民法典》第546条规定了债权人的通知义务,且明确未经通知的债权转让对债务人不发生效力。因此,若合同债权转让未通知债务人,势必给债权人带来诸多风险。而依法进行的债权转让,通知债务人后即发生法律效力,需要债务人一方加以注意。实务中,常常出现债务人收到债权转让通知后仍然对原债权人清偿的情形,导致债务人对第三人违约而面临法律风险。

3. 合同法定解除不符合条件

法定解除是指合同在有效成立后尚未履行或未完全履行完毕前,由于法律规定的事由行使解除权而使合同归于消灭的行为。一方当事人行使解除权应先判断是否符合《民法典》第563条规定的几种情形,如若判断失误,极有可能承担合同无法解除的法律后果。例如,某粮食加工厂向某餐厅出售10吨大米,在

交货的前一天粮食加工厂遭遇大火，导致仓库里的所有大米都烧毁了，但粮食加工厂仍不能据此解除合同。虽然火灾属于不可抗力，但由于大米是种类物，粮食加工厂仍可以重新寻找其他大米来完成交付，也即该不可抗力的发生并不会使合同目的落空，因此粮食加工厂无法行使解除权。在不符合合同法定解除条件的情况下，一方当事人即使向对方发出解除合同的通知，也无法发生合同解除的效果。

（二）常见法律风险的防范和规避

1. 明确约定合同变更内容

当事人通过协商一致对合同内容进行变更，变更协议的内容应当具体明确。如果变更协议的内容约定不明确，模糊不清，容易产生纠纷，在无法确认合同变更内容的情况下，只能推定当事人之间的合同没有变更，这显然违背当事人变更合同的本意，极有可能损害各方欲从合同变更中所获得的利益。因此，在进行合同变更时，应当注意以下几个问题：首先，当事人之间应当根据合同订立程序就合同变更事项进行充分磋商，在充分了解对方意思的基础上达成一致；第二，在变更合同协议正式签订前，应再次确认合同哪些条款进行变更及如何变更，尤其是合同中的标的、数量、质量、价款或者报酬，履行的期限、地点和方式等条款的变更；第三，变更合同协议最好采用书面形式，用于明确记载合同变更内容。

2. 及时通知债务人债权转让事项

债权人转让其债权可以不经债务人同意，但是必须将债权转让的事实及时通知债务人。这种制度设计是出于对债务人权利的保护，以保证债务人能及时了解权利转让的情况，避免债务人在履行义务时可能受到的损失，防止债权人滥用权利损害债务人的利益。同时，该制度的设计对债权人的权利处分并没有实质性影响，尊重债权人对权利的行使，也不会影响交易的正常运转。因此，如果债权人将债权转让给第三人，其应当及时通知债务人，债务人一旦收到债权人转让权利的通知，就意味着合同的权利已归受让人所有或共有，债权人不得再对转让的权利进行处置。当然，如若企业作为受让合同债权的第三人，为维护自身权益，应当积极敦促债权人将债权转让事项通知债务人，防止债务人继续向原债权人进行履行。《合同编通则司法解释》对此作出了具体的规定：

第一，债务人在接到债权转让通知前已经向让与人履行，受让人请求债务人履行的，人民法院不予支持；债务人接到债权转让通知后仍然向让与人履行，受让人请求债务人履行的，人民法院应予支持。让与人未通知债务人，受让人直接起诉债务人请求履行债务，人民法院经审理确认债权转让事实的，应当认定债权转让自起诉状副本送达时对债务人发生效力。债务人主张因未通知而给其增加的费用或者造成的损失从认定的债权数额中扣除的，人民法院依法予以支持。

第二，债务人接到债权转让通知后，让与人以债权转让合同不成立、无效、被撤销或者确定不发生效力为由请求债务人向其履行的，人民法院不予支持。但是，该债权转让通知被依法撤销的除外。受让人基于债务人对债权真实存在的确认受让债权后，债务人又以该债权不存在为由拒绝向受让人履行的，人民法院不予支持。但是，受让人知道或者应当知道该债权不存在的除外。

第三，让与人将同一债权转让给两个以上受让人，债务人以已经向最先通知的受让人履行为由主张其不再履行债务的，人民法院应予支持。债务人明知接受履行的受让人不是最先通知的受让人，最先通知的受让人请求债务人继续履行债务或者依据债权转让协议请求让与人承担违约责任的，人民法院应予支持；最先通知的受让人请求接受履行的受让人返还其接受的财产的，人民法院不予支持，但是接受履行的受让人明知该债权在其受让前已经转让给其他受让人的除外。前面所称最先通知的受让人，是指最先到达债务人的转让通知中载明的受让人。当事人之间对通知到达时间有争议的，人民法院应当结合通知的方式等因素综合判断，而不能仅根据债务人认可的通知时间或者通知记载的时间予以认定。当事人采用邮寄、通讯电子系统等方式发出通知的，人民法院应当以邮戳时间或者通讯电子系统记载的时间等作为认定通知到达时间的依据。

3. 依据法定情形和方式解除合同

《民法典》明确规定了可以解除合同的几种情形，但是否符合法律规定的情形仍旧需要当事人加以判断。例如，不可抗力的发生并不必然导致合同法定解除权的产生，因为不可抗力对合同的影响程度是不同的。有的只会影响到合同履行时间，有的只会对合同履行方式产生影响，并不会使合同目的落空，在这种情况下，即使发生不可抗力事件，当事人也不能解除合同。若此时当事人误认为合同解除条件成就而贸然通知对方当事人解除合同，由此不仅不能产生合同解除的法律效果，还有可能使当事人基于这种误认导致合同的不履行从而承担违约责任。因此，在行使法定合同解除权时，应当审慎判断合同解除条件是否已经成就，进而采取进一步措施。

通知解除合同欲发生解除合同的效果，需以通知方享有解除权为前提。因此，不论对方是否在约定或者合理期限内提出异议，人民法院均应当对通知方是否享有解除权进行审查。

法定解除如果不符合法律规定或当事人约定的条件，可以征询对方的意见。对方同意解除合同的，法院会尊重当事人的意见，这时，相当于转变为协议解除，达到解除合同的法律效果。《合同编通则司法解释》第 52 条规定："当事人就解除合同协商一致时未对合同解除后的违约责任、结算和清理等问题作出处理，一方主张合同已经解除的，人民法院应予支持。但是，当事人另有约定的除外。有下列情形之一的，除当事人一方另有意思表示外，人民法院可以认定合同解除：（一）当事人一方主张行使法律规定或者合同约定的解除权，经审理认为不符合解除权行使条件但是对方同意解除;(二)双方当事人均不符合解除权行使的条件但是均主张解除合同。前两款情形下的违约责任、结算和清理等问题,人民法院应当依据民法典第五百六十六条、第五百六十七条和有关违约责任的规定处理。"

4. 正确行使抵销权

根据《合同编通则司法解释》的有关规定,当事人行使抵销权可以从以下几个方面予以把握:

第一,抵销自通知到达时发生效力。当事人主张抵销,人民法院经审理认为抵销权成立的,在通知到达对方时双方互负的主债务、利息、违约金或者损害赔偿金等债务在同等数额内消灭。

第二,行使抵销权的一方享有的债权不足以抵销全部债务时,可以参照适用《民法典》有关清偿抵充的规定。行使抵销权的一方负担的数项债务种类相同,但是享有的债权不足以抵销全部债务,当事人因抵销的顺序发生争议的,人民法院可以参照《民法典》第560条的规定处理。行使抵销权的一方享有的债权不足以抵销其负担的包括主债务、利息、实现债权的有关费用在内的全部债务,当事人因抵销的顺序发生争议的,人民法院可以参照《民法典》第561条的规定处理。

第三,下列情形侵权行为人不得主张抵销,由此有利于加强对自然人人身权益的保护,打击故意或者重大过失的侵权。因侵害自然人人身权益,或者故意、重大过失侵害他人财产权益产生的损害赔偿债务,侵权人主张抵销的,人民法院不予支持。

第四,已过诉讼时效的债权作为主动债权主张抵销时,对方可以援引诉讼时效抗辩。根据《合同编通则司法解释》第58条的规定,当事人互负债务,一方以其诉讼时效期间已经届满的债权通知对方主张抵销,对方提出诉讼时效抗辩的,人民法院对该抗辩应予支持。一方的债权诉讼时效期间已经届满,对方主张抵销的,人民法院应予支持。

5. 合理约定违约责任

(1) 合理约定损害赔偿的计算规则。

第一,确定违约损失范围。根据诚信精神,应贯彻完全赔偿原则,非违约方因违约所遭受的损失的计算方式为可得利益损失加其他损失,因此可以采取利润法、替代交易法、市场价格法等方法进行计算。《合同编通则司法解释》第60条规定:"人民法院依据民法典第五百八十四条的规定确定合同履行后可以获得的利益时,可以在扣除非违约方为订立、履行合同支出的费用等合理成本后,按照非违约方能够获得的生产利润、经营利润或者转售利润等计算。非违约方依法行使合同解除权并实施了替代交易,主张按照替代交易价格与合同价格的差额确定合同履行后可以获得的利益的，人民法院依法予以支持；替代交易价格明显偏离替代交易发生时当地的市场价格，违约方主张按照市场价格与合同价格的差额确定合同履行后可以获得的利益的，人民法院应予支持。非违约方依法行使合同解除权但是未实施替代交易，主张按照违约行为发生后合理期间内合同履行地的市场价格与合同价格的差额确定合同履行后可以获得的利益的，人民法院应予支持。”

第二，要符合可预见性规则。除可得利益损失外还有其他因违约所造成的损失，经审理认为该损失系违约一方订立合同时预见到或者应当预见到的，也应当予以赔偿。可以根据当事人订立合同的目的，综合考虑合同主体、合同内容、交易类型、交易习惯、磋商过程等因素，按照与违约方处于相同或者类似情况的民事主体在订立合同时预见到或者应当预见到的损失予以确定。除合同履行后可以获得的利益外，非违约方主张还有其向第三人承担违约责任应当支出的额外费用等其他因违约所造成的损失，并请求违约方赔偿，经审理认为该损失系违约一方订立合同时预见到或者应当预见到的，人民法院应予支持。

第三，要综合运用损益相抵规则、与有过失规则、防止损失扩大规则等确定违约方最终应当承担的违约损害赔偿数额。在确定违约损失赔偿额时，违约方主张扣除非违约方未采取适当措施导致的扩大损失、非违约方也有过错造成的相应损失、非违约方因违约获得的额外利益或者减少的必要支出的，人民法院依法予以支持。

（2）合理约定违约金。

当事人一方可以通过反诉或者抗辩的方式，调整违约金。违约方主张约定的违约金过分高于违约造成的损失，请求予以适当减少的，需要承担举证责任。非违约方主张约定的违约金合理的，也应当提供相应的证据，但当事人仅以合同约定不得对违约金进行调整为由主张不予调整违约金的，人民法院不予支持。

当事人主张约定的违约金过分高于违约造成的损失，请求予以适当减少的，人民法院应当以《民法典》第584条规定的损失为基础，兼顾合同主体、交易类型、合同的履行情况、当事人的过错程度、履约背景等因素，遵循公平原则和诚信原则进行衡量，并作出裁判。约定的违约金超过造成损失的30%的，人民法院一般可以认定为过分高于造成的损失。恶意违约的当事人一方请求减少违约金的，人民法院一般不予支持。

当事人一方请求对方支付违约金，对方以合同不成立、无效、被撤销、确定不发生效力、不构成违约或者非违约方不存在损失等为由抗辩，未主张调整过高的违约金的，人民法院应当就若不支持该抗辩，当事人是否请求调整违约金进行释明。第一审人民法院认为抗辩成立且未予释明，第二审人民法院认为应当判决支付违约金的，可以直接释明，并根据当事人的请求，在当事人就是否应当调整违约金充分举证、质证、辩论后，依法判决适当减少违约金。被告因客观原因在第一审程序中未到庭参加诉讼，但是在第二审程序中到庭参加诉讼并请求减少违约金的，第二审人民法院可以在当事人就是否应当调整违约金充分举证、质证、辩论后，依法判决适当减少违约金。

（3）合理约定定金。

第一，要明确约定定金。当事人交付留置金、担保金、保证金、订约金、押金或者订金等，但是没有约定定金性质，一方主张适用定金罚则的，人民法院不予支持。当事人约定了定金性质，但是未约定定金类型或者约定不明，一方主张为违约定金的，人民法院应予支持。

第二，当事人可以根据需要约定定金的类型。当事人约定以交付定金作为订立合同的担保，一方拒绝订立合同或者在磋商订立合同时违背诚信原则导致未能订立合同，对方主张适用定金罚则的，人民法院应予支持。当事人约定以交付定金作为合同成立或者生效条件，应当交付定金的一方未交付定金，但是合同主要义务已经履行完毕并为对方所接受的，人民法院应当认定合同在对方接受履行时已经成立或者生效。当事人约定定金性质为解约定金，交付定金的一方主张以丧失定金为代价解除合同的，或者收受定金的一方主张以双倍返还定金为代价解除合同的，人民法院应予支持。

第三，双方违约以及轻微违约不能适用定金罚则。双方当事人均具有致使不能实现合同目的的违约行为，其中一方请求适用定金罚则的，人民法院不予支持。当事人一方仅有轻微违约，对方具有致使不能实现合同目的的违约行为，轻微违约方主张适用定金罚则，对方以轻微违约方也构成违约为由抗辩的，人民法院对该抗辩不予支持。

第四，定金罚则可以按比例适用。当事人一方已经部分履行合同，对方接受并主张按照未履行部分所占比例适用定金罚则的，人民法院应予支持。对方主张按照合同整体适用定金罚则的，人民法院不予支持，但是部分未履行致使不能实现合同目的的除外。

第五，因不可抗力致使合同不能履行，非违约方主张适用定金罚则的，人民法院不予支持。

四、典型案例分析

重庆某大厦（以下简称大厦）是由重庆市某房地产开发有限公司（以下简称房产公司）开发修建的。张某与房产公司签订了《商品房预售合同》并办理了登记，合同约定："张某购买坐落于重庆市 XX 大厦 G 单元 4—7 号门面房一间（按当时规划,该房4层属平街层),共计价款384300元"等。合同签订后,张某分三次向房产公司共计交纳了300000元,并缴纳了购买该房的契税和交易费共计19225元。该房建成后,因市规划部门调整规划,提高了大厦前的街道高程,街道基本与该大厦5层齐平,张某所购4层平街门面房即成了附楼,且被封闭,进出不畅。为此,张某拒绝接受房屋,并要求解除合同,退还已交购房款,但遭到房产公司的拒绝。张某遂诉至法院,请求判令解除购房合同,并退还购房款及利息。

【案例评析】

本案主要争议焦点在于:市规划部门的规划调整是否属于不可抗力及张某是否有权解除商品房买卖合同。

首先,张某与房产公司签订的商品房买卖合同是双方当事人的真实意思表示,并依法办理了登记,具有法律效力。因不可抗力致使不能实现合同目的的,当事人可以解除合同,这是法定的解除事由。"不可抗力"是指"不能预见、不能避免和不能克服的客观情况"。本案中,市规划部门的规划调整属于政令的变化,是当事人双方所无法预见、无法避免且无法克服的,应当构成不可抗力。

其次,因不可抗力解除合同,是指因不可抗力致使合同履行成为不必要、不可能而导致合同的解除。不可抗力的发生并不必然导致合同法定解除权的产生,只有在不可抗力已影响到实现合同目的时,才能导致合同的解除。如果不可抗力致使合同完全不能履行,自然可导致合同单方解除;如果不可抗力只是导致合同部分不能履行,可导致合同的变更,免除债务人的部分合同义务,但部分履行已严重影响当事人订立合同所欲实现的合同意图时,应承认当事人有解除合同的权利。本案中,在合同履行过程中,张某购房时约定购买的是平街层门面房,现该房因城市规划之变更这一不可抗力事件,导致约定购买的房屋位于街道以下,成为附楼,也使张某购买房屋的目的不能实现,张某有权依法解除合同,要求房产公司退还购房款及利息。

第四节　合同担保法务

一、法律规则

(一)核心法条

《中华人民共和国公司法》

第十五条　公司向其他企业投资或者为他人提供担保,按照公司章程的规定,由董事会或者股东会决议;公司章程对投资或者担保的总额及单项投资或者担保的数额有限额规定的,不得超过规定的限额。

公司为公司股东或者实际控制人提供担保的,应当经股东会决议。

前款规定的股东或者受前款规定的实际控制人支配的股东,不得参加前款规定事项的表决。该项表决由出席会议的其他股东所持表决权的过半数通过。

《中华人民共和国民法典》

第三百八十七条 债权人在借贷、买卖等民事活动中,为保障实现其债权,需要担保的,可以依照本法和其他法律的规定设立担保物权。

第三人为债务人向债权人提供担保的,可以要求债务人提供反担保。反担保适用本法和其他法律的规定。

第三百八十八条 设立担保物权,应当依照本法和其他法律的规定订立担保合同。担保合同包括抵押合同、质押合同和其他具有担保功能的合同。担保合同是主债权债务合同的从合同。主债权债务合同无效的,担保合同无效,但是法律另有规定的除外。

担保合同被确认无效后,债务人、担保人、债权人有过错的,应当根据其过错各自承担相应的民事责任。

《最高人民法院关于适用〈中华人民共和国民法典〉有关担保制度的解释》

第三条 当事人对担保责任的承担约定专门的违约责任,或者约定的担保责任范围超出债务人应当承担的责任范围,担保人主张仅在债务人应当承担的责任范围内承担责任的,人民法院应予支持。

担保人承担的责任超出债务人应当承担的责任范围,担保人向债务人追偿,债务人主张仅在其应当承担的责任范围内承担责任的,人民法院应予支持;担保人请求债权人返还超出部分的,人民法院依法予以支持。

第十一条 公司的分支机构未经公司股东(大)会或者董事会决议以自己的名义对外提供担保,相对人请求公司或者其分支机构承担担保责任的,人民法院不予支持,但是相对人不知道且不应当知道分支机构对外提供担保未经公司决议程序的除外。

金融机构的分支机构在其营业执照记载的经营范围内开立保函,或者经有权从事担保业务的上级机构授权开立保函,金融机构或者其分支机构以违反公司法关于公司对外担保决议程序的规定为由主张不承担担保责任的,人民法院不予支持。金融机构的分支机构未经金融机构授权提供保函之外的担保,金融机构或者其分支机构主张不承担担保责任的,人民法院应予支持,但是相对人不知道且不应当知道分支机构对外提供担保未经金融机构授权的除外。

担保公司的分支机构未经担保公司授权对外提供担保,担保公司或者其分支机构主张不承担担保责任的,人民法院应予支持,但是相对人不知道且不应当知道分支机构对外提供担保未经担保公司授权的除外。

公司的分支机构对外提供担保,相对人非善意,请求公司承担赔偿责任的,参照本解释第十七条的有关规定处理。

第三十六条 第三人向债权人提供差额补足、流动性支持等类似承诺文件作为增信措施,具有提供担保的意思表示,债权人请求第三人承担保证责任的,人民法院应当依照保证的有关规定处理。

第三人向债权人提供的承诺文件,具有加入债务或者与债务人共同承担债务等意思表示的,人民法院应当认定为民法典第五百五十二条规定的债务加入。

前两款中第三人提供的承诺文件难以确定是保证还是债务加入的,人民法院应当将其认定为保证。

第三人向债权人提供的承诺文件不符合前三款规定的情形,债权人请求第三人承担保证责任或者连带责任的,人民法院不予支持,但是不影响其依据承诺文件请求第三人履行约定的义务或者承担相应的民事责任。

(二)规则解读

1. 区分保证与债务加入

《民法典》第552条规定了债务加入,区分保证与债务加入的关键在于承诺文件所传达的当事人的意思表示。《担保制度司法解释》第36条第1—3款的规定包含了两层意思:第一,按照第三人向债权人提供的增信文件中的意思表示来判断是保证还是债务加入,如承诺函等增信文件中明确使用"保证"或"债务加入"的措辞,原则上应据此定性;如果增信文件中将履行债务的前提约定为债务人届期不能履行或无法履行,存在明显的履行顺位,则应认定为一般保证。第二,如果根据文义难以判断是保证还是债务加入,应当认定为保证。

2. 公司对外投资及其担保应遵守的程序

公司向其他企业投资或者为他人提供担保,应当由公司机关作出决议。对外投资和为他人提供担保,是公司的重大经营行为和民事活动,有较大的风险,如果决策不当,将会给公司、公司的股东和债权人造成损失。对这类行为,公司应当充分考虑其风险,进行合理判断,作出决策。

为了引导公司对这类重大行为作出科学的决策,保证公司行为的恰当性,避免风险,《公司法》第15条第1款、第2款作出了两个方面的规定,结合《担保制度司法解释》,可以作出如下解读:

(1)公司向其他企业投资或者为他人提供担保,应当由公司机关作出决议。

其一般原则是:公司章程可以根据实际经营的需要,将对外投资和为他人担保的决策权授予股东会或者董事会。对外投资和为他人担保的数额较大的,可以授权股东会作出决议;数额不大的,为了保持公司经营的灵活性,可以授权董事会作出决议。当然,公司也可以将对外投资和为他人担保的决策权全部授予董事会,但应当在公司章程中明确规定。需要特别注意的是,公司为公司股东或者实际控制人提供担保的,必须经股东会决议。

(2) 为了保证交易安全,公司章程可以对投资或者担保的总额及每一项投资或者担保的数额作出限制性规定;公司章程有这类规定的,公司机关在作出决议或在具体进行此类活动时,不得超过规定的限额,除非修改公司章程。《公司法》所称"决议"包括普通决议和特别决议,公司章程可以根据公司的实际情况规定采用的决议方式。

(3) 公司为公司股东或者实际控制人提供担保,当股东会作出决议时,该股东或实际控制人支配的股东应当回避,不得参加表决。这样规定主要是为了维护股东会决议的公正性,避免表决事项所涉及的股东特别是控股股东滥用资本多数决的原则,以公司决议的方式谋求与公司利益不符的股东或实际控制人自己的利益,损害公司和其他股东的利益。公司违反这一规定,强行表决的,股东可以根据《公司法》第 26 条的规定,向人民法院提起撤销决议之诉。公司为公司股东或者实际控制人提供担保,股东会采用普通决议方式,由出席会议的其他股东所持表决权的过半数通过。

(4) 豁免决议程序的情形。《担保制度司法解释》第 8 条规定了三种豁免决议程序的情形:金融机构开立保函或者担保公司提供担保;公司为其全资子公司开展经营活动提供担保;担保合同系由单独或者共同持有公司 2/3 以上对担保事项有表决权的股东签字同意。但上市公司对外提供担保,不适用后两种情形的规定。

(5) 上市公司严格担保规则。《担保制度司法解释》第 8 条第 2 款中还明确了上市公司不适用豁免决议的规定,确立了对上市公司严格的担保规则,此种法律规范下,对相对人主观善意或恶意的判断仅根据上市公司的公告,在担保合同无效的情况下上市公司甚至无须承担赔偿责任,其中对于保护中小股民的政策倾向性较为明显。

(6) 一人公司为股东提供担保的情况下,无须通过决议程序。一人有限责任公司为其股东提供担保,公司以违反《公司法》关于公司对外担保决议程序的规定为由主张不承担担保责任的,人民法院不予支持。公司因承担担保责任导致无法清偿其他债务,提供担保时的股东不能证明公司财产独立于自己的财产,其他债权人请求该股东承担连带责任的,人民法院应予支持(《担保制度司法解释》第 10 条)。

3. 企业法人分支机构做保证人

企业法人的分支机构是指由企业法人所设立的，经登记主管机关核准，领取营业执照，在核准登记的经营范围内从事经营活动，但又不能独立承担民事责任的分支机构。《担保制度司法解释》第 11 条第 1 款不再采用授权标准，而是规定不论是分公司还是总公司对外提供担保都要按照《公司法》第 15 条的规定通过决议程序，总公司的授权不能代替公司决议，与《民法典》保持一致。但有例外情形，金融机构或担保公司的分支机构对外提供担保仍需法人书面授权(《担保制度司法解释》第 11 条第 2 款)。

根据《担保制度司法解释》第 11 条之规定，可以发现在认定企业法人分支机构对外担保效力的问题上，法律规定发生了显著修改：除金融机构的分支机构开立保函、担保公司的分支机构对外担保需取得公司授权以外，其他企业分支机构对外担保应当履行股东会或者董事会决议程序。由于企业法人的分支机构不是独立的民事主体，其代表权来源于公司。为防止法定代表人随意代表公司为他人提供担保给公司造成损失，损害中小股东利益，《公司法》第 15 条对法定代表人的代表权进行了限制，规定必须以公司股东会、董事会等公司机关的决议作为授权的基础和来源。公司决议是证明公司就对外担保行为作出真实意思表示的直接证据。相对人只有在善意的情况下，才能要求公司或分支机构承担责任。

4. 法定代表人超越权限对外担保的效力

公司订立对外担保合同的行为与公司对外担保行为是不同的。公司对外担保行为是由对外担保的内部决策和对外担保意思表示两部分组成，表现为公司的意思形成机关作出对外担保的内部决策，形成内部意思，再由意思表示机关即法定代表人表达于外部。这是公司的单方行为，整个过程无须第三方介入，也不会对第三人产生影响。当公司对外担保的内在意思与外在表示不一致时，例如法定代表人擅自越权对外提供担保，公司内部决议行为的效力瑕疵不应牵连到因依赖公司外部意思表示而与之交易的善意第三人，否则公司可以随时以不为第三人所知的内部行为来对抗第三人，不利于维护经济交易安全和交易秩序的稳定。所以，担保合同订立行为是公司与第三人之间的双方法律行为，担保合同的效力如何应当视相对人是否善意确定。《担保制度司法解释》第 7 条前两款规定："公司的法定代表人违反公司法关于公司对外担保决议程序的规定，超越权限代表公司与相对人订立担保合同，人民法院应当依照民法典第六十一条和第五百零四条等规定处理：(一) 相对人善意的，担保合同对公司发生效力；相对人请求公司承担担保责任的，人民法院应予支持。(二) 相对人非善意的，担保合同对公司不发生效力；相对人请求公司承担赔偿责任的，参照适用本解释第十七条的有关规定。法定代表人超越权限提供担保造成公司损失，公司请求法定代表人承担赔偿责任的，人民法院应予支持。"善意是指相对人在订立担保合同时不知道且不应当知道法定代表人超越权限。相对人有证据证明已对公司决议进行了合理审查的,人民法院应当认定其构成善意,但是公司有证据证明相对人知道或者应当知道决议系伪造、变造的除外。

5. 担保责任的范围

担保责任的范围不得超过主债务。常见的当事人约定的担保责任的范围大于主债务的四种情形是:(1) 针对担保责任约定专门的违约责任;(2) 担保责任的数额高于主债务;(3) 担保责任约定的利息高于主债务利息;(4) 担保责任的履行期先于主债务履行期届满。根据《担保制度司法解释》的规定,以上情形均应当认定大于主债务部分的约定无效,从而使担保责任缩减至主债务的范围。《担保制度司法解释》第3条第2款赋予担保人在超出担保责任范围时对债权人的返还请求权。即"担保人承担的责任超出债务人应当承担的责任范围,担保人向债务人追偿,债务人主张仅在其应当承担的责任范围内承担责任的,人民法院应予支持;担保人请求债权人返还超出部分的,人民法院依法予以支持"。

6. 担保合同无效的责任承担

担保合同可因主合同的无效而无效,亦可因为担保合同本身的原因而无效。担保合同无效,并不意味着担保的当事人不用承担任何的责任。在担保合同无效时,担保人是否承担法律责任、承担何种责任主要视主合同与担保合同所涉及的当事人(包括主合同债权人、债务人与担保人)是否有过错而定。

《民法典》规定了担保合同无效时相关当事人承担民事责任的基本原则。该法规定,担保合同被确认无效后,债务人、担保人、债权人有过错的,应当根据其过错各自承担相应的民事责任。根据《担保制度司法解释》第17条的规定,主合同有效而第三人提供的担保合同无效的,人民法院应当区分不同情形确定担保人的赔偿责任:(1) 债权人与担保人均有过错的,担保人承担的赔偿责任不应超过债务人不能清偿部分的1/2;(2) 担保人有过错而债权人无过错的,担保人对债务人不能清偿的部分承担赔偿责任;(3) 债权人有过错而担保人无过错的,担保人不承担赔偿责任。主合同无效导致担保合同无效,担保人无过错的,不承担赔偿责任;担保人有过错的,其承担的赔偿责任不应超过债务人不能清偿部分的1/3。以上的"不能清偿"是指对债务人的存款、现金、有价证券、成品、半成品、原材料、交通工具等可以执行的动产以及其他方便执行的财产执行完毕后,债务仍未得到清偿的状态。需要注意的是,如果当事人约定担保合同的效力不受主合同效力的影响,不适用前述规定,应从其约定。

二、实务操作

(一) 担保合同的审查

1. 担保合同的主体审查

审查担保人是否为法律、法规规定禁止提供担保的主体;当事人主体资格的审查,应当对债权人、债务人和担保人的主体资格进行适当的审查以确信主合同双方均有订立、履行合同的主体资格且担保人具有出具担保的主体资格以避免因此而发生合同无效的风险。相比抵押合同,在保证合同中,担保人的资信就显得非常重要。因此,在审查担保合同时,对担保人主体资格的审查非常重要。如果涉及金额较大、性质比较重要的合同,应当聘请专业的法律人士对担保人进行严格的尽职调查。

2. 担保物的审查

应当对拟设定担保的担保物进行审查确保担保物的权属、自身价值以及是否存在被有关机关依法查封、冻结、扣押或存在其他限制的情形以确信担保物可以被设定,尽量选择方便执行的财产,包括但不限于存款、现金、有价证券、成品、半成品、原材料和交通工具。

3. 保证人的审查

应当对拟提供保证的保证人的财务状况进行审查以确信其具有偿债能力,建议在保证合同中限制担保人某些重大资产的处置权利;保证人若为法人则还可以约定限制其合并、分立、减资等经营中的重大活动。

4. 担保合同的审查

审查独立担保合同的效力,根据《担保制度司法解释》第 2 条第 1 款的规定,当事人在担保合同中约定担保合同的效力独立于主合同,或者约定担保人对主合同无效的法律后果承担担保责任,该有关担保独立性的约定无效。主合同有效的,有关担保独立性的约定无效不影响担保合同的效力;主合同无效的,人民法院应当认定担保合同无效,但是法律另有规定的除外。审查担保的责任范围,根据《担保制度司法解释》第 3 条的规定,当事人对担保责任的承担约定专门的违约责任,或者约定的担保责任范围超出债务人应当承担的责任范围,担保人主张仅在债务人应当承担的责任范围内承担责任的,人民法院应予支持。担保人承担的责任超出债务人应当承担的责任范围,担保人向债务人追偿,债务人主张仅在其应当承担的责任范围内承担责任的,人民法院应予支持;担保人请求债权人返还超出部分的,人民法院依法予以支持。

(二) 公司担保合同的审查

1. 公司担保合同相对人的形式审查

所谓形式审查,是指公司担保合同的相对人仅对材料的形式要件进行审查,即审查材料是否齐全,是否符合法定形式,对于材料的真实性、有效性不作审查。例如,对于股东会决议文件的股东签字,形式审查只是要求签有该股东名字即可,至于是否真正由某一股东签字并不过问。而实质审查与此不同,是指相对人不仅要对材料的要件是否具备进行审查,还要对材料的实质内容是否符合条件进行审查。换言之,实质审查是核实材料的内容(即实质要件)是否真实、合法、有效。例如，对于股东会决议文件的股东签字，实质审查就是要核实股东名字是否真正由该股东所签以及审核该签名是否具有法律效力。在中国光大银行深圳分行借款保证合同案中，最高人民法院认为："相对人对于公司同意担保的决议仅负有形式审查的义务，即只要审查决议的形式是否符合法律规定，相对人即尽到了合理的注意义务。"[①]总之，形式审查只要求对有关文件的完备性进行审查，对材料的真实性在所不问。

就签订公司担保合同而言，一般需要对以下材料进行形式审查：(1) 获取并查阅公司章程，从而确定公司担保需要获得董事会同意还是股东会同意。(2) 根据公司章程的规定，获取公司董事会或者股东会同意担保的决议。也就是说，如果公司章程规定，公司担保需要经股东会决议，则需要获得股东会同意；如果公司章程规定，公司担保只需要获得董事会同意，则需要审查董事会决议。需要注意的是，《公司法》第 15 条第 1 款规定，公司向其他企业投资或者为他人提供担保，依照公司章程的规定，由董事会或者股东会决议。据此，对一般担保的形式审查就应当审查该公司的股东会决议或董事会决议。如果公司章程规定需要股东会决议，而合同相对人只审查董事会决议，应当承担相应的法律后果，但如果只规定由董事会决议，可只审查董事会决议。对于《公司法》第 15 条第 2 款规定的公司对外特别担保，即公司为有投资关系的股东或者有实际控制力的其他主体提供的担保，必须由公司股东会决议，不能由董事会决议。

2. 公司决议效力与相对人形式审查的关系

如果公司对外担保决议的效力存在瑕疵，是否会影响合同相对人的形式审查？根据《公司法》的规定，可分以下三种情况进行分析：

(1) 根据《公司法》第 25 条的规定，公司股东会、董事会的决议内容违反法律、行政法规的无效。由于法律并没有禁止公司对外担保，所以不会存在因担保行为本身违法而导致决议无效的情形。

(2) 根据《公司法》第 26 条的规定，股东会决议瑕疵可以分为程序瑕疵与内容瑕疵。就程序瑕疵而言，主要是指股东会、董事会的会议召集程序、表决方式违反法律、行政法规或者公司章程的规定。主要的瑕疵有：① 会议没有召开；② 召集不当；③ 没有按规定通知；④ 出席人员不足法定人数；⑤ 股东会普通决议未经代表过半数表决权的股东通过或特别决议未经代表 2/3 以上表决权的股东通过，董事会决议未经全体董事的过半数通过；⑥ 表决权计算错误；⑦ 虚假计票，包括故意增加表决权或者减少表决权；⑧ 没有资格的人出席会议，包括非股东或者没有代理权的人出席股东会会议，以及无代理权的人出席董事会会议；

---

① 刘贵祥：《公司担保与合同效力》，载《法律适用》2012 年第 7 期。

⑨ 不当设置表决障碍等。由于合同相对人对公司决议采取的是形式审查,只要该公司提交给他的决议形式上符合规定,对于实际存在的召集程序、表决方式等程序上的瑕疵都可以忽略。

因决议内容违反公司章程的规定而导致的决议瑕疵,是否会影响合同相对人的审查?就公司决议内容而言,主要涉及对外担保的限额问题。例如,根据《公司法》第 15 条第 1 款的规定,公司向其他企业投资或者为他人提供担保,按照公司章程的规定,由董事会或者股东会决议;公司章程对投资或者担保的总额及单项投资或者担保的数额有限额规定的,不得超过规定的限额。如果法定代表人提供了有权机构的决议,但该公司的对外担保金额超过了公司章程所定限额,其法定代表人的代表行为效力如何?对此可以分两种情况进行分析:其一,担保金额在公司章程所定限额内的部分,该代表行为有效,如果没有影响合同效力的其他行为,该部分合同有效。其二,超过公司章程所定金额的部分,其效力可以分为两种情形:① 如果关于公司担保的决议是由股东会作出的,则通常可以直接认可该决议的效力,法定代表人的代表行为有效。一般而言,由于公司章程通常规定对外担保只需代表 1/2 以上表决权的股东通过,某一具体的担保事项一般也是需要代表 1/2 以上表决权的股东通过,两者在这一关键要素上是相同的。从促进交易与保护善意第三人的角度出发,以将其解释为修改公司章程为宜。② 如果决议是由董事会作出的,由于董事会无权修改公司章程,超额部分的代表行为的效力为可撤销。但需要特别注意的是,《公司法》第 135 条规定,上市公司在 1 年内购买、出售重大资产或者向他人提供担保的金额超过公司资产总额 30%的,应当由股东会作出决议,并经出席会议的股东所持表决权的 2/3 以上通过。此时,只有在担保议案经出席会议的股东所持表决权的 2/3 以上通过时,才能解释为修改公司章程。

股东会、董事会的会议召集程序或者表决方式仅有轻微瑕疵,对决议未产生实质影响的,不予以撤销。同时,未被通知参加股东会会议的股东自知道或者应当知道股东会决议作出之日起 60 日内,可以请求人民法院撤销;自决议作出之日起 1 年内没有行使撤销权的,撤销权消灭。

(3) 根据《公司法》第 27 条的规定,对外担保具有下列情形之一的,公司股东会、董事会的决议不成立:① 未召开股东会、董事会会议作出决议;② 股东会、董事会会议未对决议事项进行表决;③ 出席会议的人数或者所持表决权数未达到《公司法》或者公司章程规定的人数或者所持表决权数;④ 同意决议事项的人数或者所持表决权数未达到《公司法》或者公司章程规定的人数或者所持表决权数。

三、风险防范

由于担保业务流程较长,可能发生风险的环节较多,涉及的风险种类繁多,因此对担保风险的防范与控制必须涵盖公司担保业务的全过程,建立事前评估、事中控制、事后监控的全面担保风险防控体系。

1. 事前评估

事前评估,是指公司决定进行担保之前,要了解被担保方的各项基本情况,对被担保企业的风险进行全面系统的评估。应予考虑的因素主要包括:资信状况、财务状况、行业情况、技术和市场情况、管理水平,等等。

2. 事中控制

若公司在经过事前评估后,承诺对被担保公司进行担保,在实际操作中还需从以下几点进行重点控制:

(1) 健全担保程序。在实际担保中,一些公司在担保时只在主合同上签字或盖章,没有另行签订保证合同,从而产生保证方式不明确、保证范围和保证期间不明确等一系列问题,造成保证人丧失先诉抗辩权、保证范围扩大以及保证期间延长等不利后果,加大了保证人的风险。因此,公司在签订担保合同时,要健全担保程序,订立单独的担保合同,并明确保证方式和保证范围。

(2) 采取有效的反担保措施。《民法典》第387条规定:“债权人在借贷、买卖等民事活动中,为保障实现其债权,需要担保的,可以依照本法和其他法律的规定设立担保物权。第三人为债务人向债权人提供担保的,可以要求债务人提供反担保。反担保适用本法和其他法律的规定。”谨慎的公司在为债务人向债权人提供担保时,特别是在担保人与债务人并无直接的利益关系或隶属关系,而且对承担保证责任后追偿权能否实现把握不准的情况下,必须要求债务人提供反担保。运用反担保手段使保证人在代为清偿债务后,可以取得一种实在的求偿权,这种求偿权是有抵押物、质押物等具体指向的。所以,反担保是担保人将来承担责任后实现对债务人的追偿权的有力保证,同时反担保也是一种减少直接风险损失的有效措施。

反担保可以由债务人提供,也可以由债务人之外的其他人提供。反担保方式可以是债务人提供的抵押或者质押,也可以是其他人提供的保证、抵押或者质押。若反担保采用抵押或者质押,还需特别注意抵押、质押中的登记问题。《民法典》规定了某些特定财物的抵押和出质必须经登记后生效。例如,根据《民法典》第402条的规定,以建筑物和其他土地附着物、建设用地使用权、海域使用权、正在建造的建筑物抵押的,应当办理抵押登记,抵押权自登记时设立。又如,《民法典》规定:以汇票、本票、支票、债券、存款单、仓单、提单出质的,质权自权利凭证交付质权人时设立,没有权利凭证的,质权自办理出质登记时设立,法律另有规定的，依照其规定（第441条）；以基金份额、股权出质的，质权自办理出质登记时设立（第443条第1款）；以注册商标专用权、专利权、著作权等知识产权中的财产权出质的，质权自办理出质登记时设立（第444条第1款）；以应收账款出质的，质权自办理出质登记时设立（第445条第1款）。

（3）合理利用免责条款。公司在进行保证担保时，需要特别注意保证责任免除问题。根据《民法典》的有关规定，债权人与保证人可以约定保证期间，但是约定的保证期间早于主债务履行期限或者与主债务履行期限同时届满的，视为没有约定；没有约定或者约定不明确的，保证期间为主债务履行期限届满之日起6个月；债权人与债务人对主债务履行期限没有约定或者约定不明确的，保证期间自债权人请求债务人履行债务的宽限期届满之日起计算（第692条）。一般保证的债权人未在保证期间对债务人提起诉讼或者申请仲裁的，保证人不再承担保证责任；连带责任保证的债权人未在保证期间请求保证人承担保证责任的，保证人不再承担保证责任（第693条）。债权人和债务人未经保证人书面同意，协商变更主债权债务合同内容，减轻债务的，保证人仍对变更后的债务承担保证责任；加重债务的，保证人对加重的部分不承担保证责任（第695条第1款）。债权人转让全部或者部分债权，未通知保证人的，该转让对保证人不发生效力；保证人与债权人约定禁止债权转让，债权人未经保证人书面同意转让债权的，保证人对受让人不再承担保证责任（第696条）。债权人未经保证人书面同意，允许债务人转移全部或者部分债务，保证人对未经其同意转移的债务不再承担保证责任，但是债权人和保证人另有约定的除外（第697条第1款）。同时，《民法典》第698条规定，一般保证的保证人在主债务履行期限届满后，向债权人提供债务人可供执行财产的真实情况，债权人放弃或者怠于行使权利致使该财产不能被执行的，保证人在其提供可供执行财产的价值范围内不再承担保证责任。

（4）建立风险储备金。由于担保风险具有较大的不确定性，公司担保总额较大时，任何一笔担保发生问题，都可能引起公司的现金流风险，因此可考虑建立一定的风险储备金，以应对可能发生的担保代偿风险。公司也可以通过收取一定的担保费用等方式来建立风险储备金。

3. 事后监控

公司在担保业务发生之后还需建立担保风险监控系统，这包括建立担保管理台账，定期检查企业的经营状况、财务状况等，以确保对每一笔担保业务实施动态跟踪管理，第一时间了解可能发生的担保风险，以及时采取必要的应对措施，降低担保风险。

四、典型案例分析

中华汇公司与中天宏业公司等债务纠纷案[①]

2008年2月4日,新佰益公司意从中华汇公司手中收购MB公司100%的股权,遂与中华汇公司签订了《收购协议》。在股权交割之前,中华汇公司向MB公司提供了本金1119.999万美元的股东贷款。

2011年8月26日,为解决股东贷款的偿还事项,新佰益公司、中华汇公司、中华汇房地产有限公司、中天宏业公司、MB公司等签订《五方协议》。

《五方协议》第2.2.3条约定:"中天宏业公司应当对MB公司向中华汇公司偿还第一笔股东贷款中的1119.999万美元的本金及利息承担连带保证责任";与此同时,《五方协议》第4.2条又约定:"若截至2012年2月11日,股东贷款中有任何应付未付余额尚未被偿付,新佰益公司、MB公司和中天宏业公司应当就该等余额的偿付承担连带责任"。

MB公司到期未清偿股东贷款,中华汇公司遂于香港高等法院单独起诉MB公司要求其还款。2012年3月26日,香港高等法院判决MB公司向中华汇公司支付欠付的借款本金及利息。但MB公司未履行该判决。

2016年5月30日,中华汇公司将中天宏业公司诉至北京市高级人民法院,以中天宏业公司加入案涉债务为由,要求中天宏业公司承担债务清偿责任。北京市高级人民法院认为,中天宏业公司为案涉债务保证人,并非加入债务,因保证期间已过,判决中天宏业公司不承担任何责任。

中华汇公司不服,上诉至最高人民法院,最高人民法院二审判决驳回中华汇公司上诉,维持原判。

本案的核心争议在于中天宏业公司应当承担的法律责任的性质是"连带责任保证"还是"债务加入",对此,最高人民法院认为:

首先,从相关法律适用方面分析。债务加入是指第三人承诺由其履行债务人的债务,但同时不免除债务人履行义务的并存债务承担方式。而在担保法律关系中,保证人承担的仅是从债务义务,与主债务内容不一定完全一致。第三人的债务加入不仅对债务承担本身的稳定性影响很大,而且承担的债务责任也较之连带责任保证要加重许多。因此,除非第三人明确其承担债务的方式是债务加入,否则应当认定为保证。

---

① 佚名:《最高法院:连带保证还是债务加入,债权人小心掉坑里(附十大典型案例+最新裁判规则)》,https://www.thepaper.cn/newsDetail_forward_14134248,访问日期:2023年8月2日。

其次,从涉案合同约定内容分析。《五方协议》第2.2.3条明确约定,中天宏业公司承担的责任是“担保”,是“连带责任保证”。虽然《五方协议》第4.2条将中天宏业公司、MB公司、新佰益公司对案涉债务的清偿一并表述为“承担连带责任”,但在合同2.2.3条已经对债务承担方式作出了具体、明确的约定,故不能仅依据4.2条认定为中天宏业公司作出了加入债务的意思表示。

再次,从当事人履约行为分析。《五方协议》签订后,中天宏业公司与中华汇公司的工作人员曾对还款事项进行了多次沟通。在还款协议的拟定稿(未实际签署)中,明确载明中天宏业公司承担的是“连带保证责任”;中华汇公司亦未在任何文件中涉及对中天宏业公司债务责任承担方式的具体约定。

最后,从交易安排的利益关联程度分析。中华汇公司主张中天宏业公司从中华汇公司的借款中获取巨额收益,据此佐证中天宏业公司具有加入债务的原因。中华汇公司出借的股东借款中,确有部分为中天宏业公司实际使用;但是,MB公司是中天宏业公司的实际控股股东,中华汇公司是交易安排的实际受益人,而非中天宏业公司。

综上所述,中华汇公司未能证明中天宏业公司曾作出“债务加入”的明确意思表示,中天宏业公司应当对案涉债务承担保证责任。

【案例评析】

(1)要注意连带责任保证与债务加入的区别。债务加入是第三人承诺由其履行债务人的债务,但同时不免除债务人履行义务的并存债务承担方式,适用《民法典》第552条的规定;保证责任则适用《民法典》合同编第十三章关于保证合同的相关规定。二者在责任承担方式上存在重大差异。保证责任适用《民法典》中关于担保从属性、先诉抗辩权、保证期间、保证人追偿权等规定,而债务加入则不适用相关规定。债务加入人并非从债务人,而是共同债务人,与原债务人无主次之分,无须待债务人迟延履行,债务承担人即具有完全清偿债务的义务。相较于保证,第三人加入债务对第三人的责任更重。因此,债权人在拟定债务增信文件时,应当明确对二者进行区分,避免产生争议。

(2)无论增信承诺文件名称为何,均应当首先通过文义判断其属于保证还是债务加入。通常情况下,明确的措辞足以显示当事人的真实意思表示。在增信承诺文件中明确适用“保证”或者“债务加入”措辞,或明确约定了保证期间、保证方式的,应当根据文义优先的原则判断法律关系的属性。

(3)在根据承诺文件难以确定是保证还是债务加入的情况下,人民法院应当认定为保证。《担保制度司法解释》第36条第3款中规定,“第三人提供的承诺文件难以确定是保证还是债务加入的,人民法院应当将其认定为保证”。实践中，在承诺文件约定不明的情况下，人民法院将根据承诺文件的文义、合同目的、合同条款内容、双方当事人的后续履行事实，以及双方当事人与系列交易安排的利益关联程度等综合分析，以判断承诺文件的性质是保证还是债务加入。如第三人并未明确表示其行为是“债务加入”，且第三人愿意承担的债务事实上具有从属性的特征，或有明确其债务应当在主债务人未清偿债务时承担，则该第三人对主债务承担的责任应当被认定为保证责任。

思考题》

1. 企业法务人员在合同履行过程中应当注意哪些事项？
2. 请讨论定金、订金、违约金、预付款的区别，以及在实践中的选择与应用。
3. 企业应当如何加强合同管理？
4. 试述合同主体的常见问题及法律风险。
5. 试述公司合同管理常见的法律风险及其防范。

课后练习》

第二章—习题

第二章—答案

延伸学习》

企业合同风险防范、合同履行之后的归档管理等，请扫码学习在线课程有关内容。

企业合同风险防范

合同履行之后的归档管理

第三章　知识产权法务

知识产权是最重要的核心竞争力，企业要在市场经济的条件下立于不败之地，必须重视知识产权的保护。企业在生产经营过程中，为了解决技术难题，在不经过许可的情况下私自使用他人的知识产权而导致一些法律纠纷，不仅要赔偿具体的经济损失，而且可能承担刑事责任。同时，企业在生产经营过程中也会拥有自己的商标、专利、商业秘密等知识产权，如果不及时采取有效措施予以保护，就会导致巨大的经济损失，甚至导致企业经营的失败。因此，企业要有知识产权保护的意识，并采取有效措施，对自己的知识产权予以有效保护，且不侵犯他人的知识产权。

知识产权管理概述①

第一节　商标注册法务

商标就是商品的牌子，是商品的生产者和经营者为了使自己生产或经营的商品同其他商品生产者或者经营者生产或经营的商品区别开来而使用的一种标记。这种标记通常由文字、图形、字母、颜色、数字的组合构成。商标是企业品牌文化的精髓，而企业品牌形象的建立是企业为之奋斗的核心，一般情况下，企业在印刷厂印刷标签、包装或者在各种媒体上做广告宣传都需要出具相关品牌的商标注册证明文件。在国际贸易中，商标是极为重要的，国际贸易离不开商标。商标就好比是战争中的盾牌，谁掌握商标、拥有商标的专用权，谁就是这个“盾牌”的主人。注册商标，不仅可以保护自己的商标权益不受侵害，在必要的时候可以反过来成为应对入侵“敌军”的有力“武器”。

商标的注册

一、法律规则

（一）核心法条

《中华人民共和国商标法》

第三条　经商标局核准注册的商标为注册商标，包括商品商标、服务商标和

① 知识产权管理法务的内涵、主要内容、主要任务、管理体系等，请扫码学习在线课程有关内容。

集体商标、证明商标；商标注册人享有商标专用权，受法律保护。

本法所称集体商标，是指以团体、协会或者其他组织名义注册，供该组织成员在商事活动中使用，以表明使用者在该组织中的成员资格的标志。

本法所称证明商标，是指由对某种商品或者服务具有监督能力的组织所控制，而由该组织以外的单位或者个人使用于其商品或者服务，用以证明该商品或者服务的原产地、原料、制造方法、质量或者其他特定品质的标志。

集体商标、证明商标注册和管理的特殊事项，由国务院工商行政管理部门规定。

第四条 自然人、法人或者其他组织在生产经营活动中，对其商品或者服务需要取得商标专用权的，应当向商标局申请商标注册。不以使用为目的的恶意商标注册申请，应当予以驳回。

本法有关商品商标的规定，适用于服务商标。

第五条 两个以上的自然人、法人或者其他组织可以共同向商标局申请注册同一商标，共同享有和行使该商标专用权。

第六条 法律、行政法规规定必须使用注册商标的商品，必须申请商标注册，未经核准注册的，不得在市场销售。

第十三条 为相关公众所熟知的商标，持有人认为其权利受到侵害时，可以依照本法规定请求驰名商标保护。

就相同或者类似商品申请注册的商标是复制、摹仿或者翻译他人未在中国注册的驰名商标，容易导致混淆的，不予注册并禁止使用。

就不相同或者不相类似商品申请注册的商标是复制、摹仿或者翻译他人已经在中国注册的驰名商标，误导公众，致使该驰名商标注册人的利益可能受到损害的，不予注册并禁止使用。

（二）规则解读

1. 商标注册

商标注册，是指商标所有人为了取得商标专用权，将其使用的商标，依照国家规定的注册条件、原则和程序，向国家知识产权局商标局提出注册申请，商标局经过审核，准予注册的法律事实。经商标局审核注册的商标，便是注册商标，享有商标专用权。我国必须使用注册商标的商品有：卷烟、雪茄烟和有包装的烟丝。在中国，商标注册是商标得到法律保护的前提，是确定商标专用权的法律依据。

商标注册一般流程：商标查询（2 天内）→申请文件准备（3 天内）→提交申请（2 天内）→缴纳商标注册费用→商标形式审查（1 个月）→下发商标受理通知书→商标实质审查（9 个月）→商标公告（3 个月）→颁发商标证书。

商标注册可以自己办理,也可以委托商标代理机构办理。续展注册申请需缴纳规费2000元/件。如果是在宽展期内提交续展注册申请的,还需缴纳500元的延迟费。如果是委托商标代理机构办理的,商标局从该商标代理机构的预付款中扣除规费。

2. 注册商标专用权

注册商标专用权,是指商标所有人依法对其注册商标所享有的专有权利。商标专用权包括以下内容:

(1) 使用权:商标注册人有权在其注册商标核准使用的商品和服务上使用该商标,在相关的商业活动中使用该商标。

(2) 独占权:商标注册人对其注册商标享有排他性的独占权利,其他任何人不得在相同或类似商品或服务上擅自使用与注册商标相同或近似的商标。

(3) 许可使用权:商标注册人有权依照法律规定,通过签订商标使用许可合同的形式,许可他人使用其注册商标。

(4) 禁止权:对他人在相同或者类似的商品或者服务上擅自使用与其注册商标相同或者近似的商标的行为,商标注册人有权予以制止。

(5) 设立抵押权:商标注册人有权在经营活动中以其注册商标设立抵押。

(6) 投资权:商标注册人有权根据法律规定,依照法定程序将其注册商标作为无形资产进行投资。

(7) 转让权:商标注册人有权通过法定程序将其注册商标有偿或者无偿转让给他人。

(8) 继承权:商标作为无形财产,可以依照财产继承顺序由其合法继承人继承。

注册商标专用权的保护以核准注册的商标为限。如果商标注册人实际使用的商标与核准注册的商标不一致,不仅自身的商标专用权得不到有效保护,而且还有可能带来四种后果:一是构成自行改变注册商标的文字、图形或其组合的违法行为;二是在自行改变的商标与核准注册的商标有明显区别,同时又标明注册标记的情况下,构成冒充注册商标的违法行为;三是若改变后的商标同他人的注册商标近似,会构成侵犯他人商标专用权的行为;四是因连续三年不使用,导致注册商标被撤销。

注册商标专用权具有地域性,商标权利的地域性是指一个国家或地区依照其本国的商标法或本地区的商标条约所授予的商标权,仅在该国或该地区有效,对他国或该地区以外的国家没有约束力。虽然也有商标国际组织和一些商标区域性组织,但这些组织也并不能脱离商标的地域性而存在。

3. 驰名商标

驰名商标,是国家知识产权局商标局根据企业的申请,官方认定的一种商标类型,在中国国内为公众广为知晓并享有较高声誉。对驰名商标的保护不仅仅局限于相同或者类似的商品或服务,就不相同或者不相类似的商品申请注册或者使用时,都将不予注册并禁止使用,因此驰名商标被赋予了比较广泛的排他性权利。而且驰名商标持有企业的公司名以及网址域名都会受到不同于普通商标的格外法律保护。驰名商标能够为企业带来巨大的经济效益,有利于企业在市场竞争中巩固地位,对抗恶意抢注、在不同商品上使用相似商标等一系列问题,因此,中国企业纷纷申请认定其商标为驰名商标。在这一个纠纷中被认定为驰名商标,并不等于在另外的侵权纠纷中也享受驰名商标的待遇,更不等于在任何时候和范围内都受到特殊的保护。

二、实务操作

(一) 企业应该积极进行商标注册

一个企业使用的商标不经过注册,最致命的弱点是商标使用人对该商标不享有商标专用权,也就是说别人也可以使用这个商标,这就使商标标明商品来源的基本作用受到了影响,也导致商标代表一定商品质量和信誉的作用大打折扣。

未注册商标不能形成工业产权,因此也不能成为使用人的无形资产。由于我国《商标法》规定,注册商标专用权才受法律保护,未注册商标不受法律保护,其使用人也不享有商标专用权。所以,从严格意义上讲,在中国只有注册商标才是工业产权,只有注册商标才能成为企业的无形资产。

未注册商标有可能与使用在相同或类似商品上的已注册商标相同或者近似,从而发生侵权行为。在新申请商标注册时,如果未经事先查询,申请的驳回率几乎达到70%。这就是说,使用未注册商标,该商标与使用在相同或类似商品上的注册商标相同或者近似的概率为70%。换句话说,使用未注册商标,就有70%侵权的可能性。侵权就要受处罚,就要赔偿经济损失,就要影响企业的生产经营活动。为了企业的正常经营,为了企业的发展,也为了尊重他人注册商标专用权起见,使用未注册商标的企业应当申请商标注册。

(二) 避免在国外无意或被动侵犯他人商标权利

大多数国家都实行申请在先原则,保护在先申请注册的商标。如果企业出口前没有考虑商标注册及查询等问题,很有可能都不知道自己已经侵犯他人在该国的商标权;一旦已有他人在先注册,很可能会有被动侵权及面临跨国诉讼和巨额赔偿的风险。

(三) 避免商标在国外被抢注

避免长期使用的商标被他人包括竞争对手、经销商或其他利害关系人在国外抢先注册,不得不以高昂代价与之合作或被迫重新打造新品牌。商标作为企业最重要的无形资产之一,在国际经济活动中发挥着举足轻重的作用。

（四）积极申报驰名商标

在符合条件的情况下，积极申报驰名商标。申报驰名商标有以下几点好处：（1）对抗恶意抢注；（2）对抗不同商品的相同（似）商标影响；（3）对于近似商标的认定更容易；（4）在立案调查假冒商标犯罪案件时，不受立案金额的限制；（5）防止其他公司以驰名商标为公司名称注册；（6）在电子商务中避免域名注册问题。

三、风险防范

（1）企业在使用商标前，申请商标注册的过程中均应当进行商标查询，避免侵犯他人注册商标和驰名商标。商标查询具有这几项功能：其一，探明注册障碍。查询是否在相同或近似商品上存在已注册或已申请的相同或相近似商标注册，增加商标注册成功的机率；若存在相同或近似的在先注册商标，可以对准备注册的商标进行修改或调整，或者放弃提交申请。其二，弄清商标能否安全使用。通过查询商标注册情况，避免造成对他人注册商标专用权的侵犯；减少宣传广告费用损失，降低经营风险。其三，发现抢注商标。商标抢注者有三类：一类是商标所有人的合作伙伴，如销售代理等，目的是获得或巩固自己独家代理的地位，或者向被抢注人索取高额转让费；第二类是“搭便车者”，即企图利用被抢注商标的良好商誉，有意识造成消费者误认而获取不当利益；三是商标掮客，即纯以诈取被抢注人商标转让费或许可使用费为目的抢注他人的商标，而抢注人自己并没有使用抢注商标的意图。因此，应及早进行商标查询，发现商标被抢注的，应采取积极措施减轻、避免及挽回损失。如果通过查询得知抢注商标尚在申请阶段，还未获得注册，就可及时在异议公告期间提出异议。其四，了解申请进展。及时进行商标查询可以了解商标注册申请进展情况，做到商标注册与商标使用心中有数。

（2）商标注册申请应该越早越好。一旦他人将该商标抢先注册，该商标的最先使用人反而不能再使用该商标，这方面的教训是非常深刻的。根据我国《商标法》，商标专用权的原始取得只有通过商标注册取得，而申请商标注册，又采用申请在先原则，即对一个未注册商标来讲，谁先申请注册，该商标的专用权就授予谁。因此，不管一个企业使用一个商标多久，如果它没有将该商标注册，那么，只要别人将该商标申请注册，商标专用权就会授予别人。

（3）商标注册可以直接委托给代理机构，一方面可以弥补专业知识上的短板，另一方面还可以让创业者集中时间和精力进行业务开拓。

（4）企业进入国外市场之前，应积极委托国内的商标代理机构进行相应国家的商标注册情况查询，如未注册，可以积极委托商标代理机构在国外注册。

（5）在我国，企业如果发现自己的商标遭到抢注，可以根据抢注商标所处的不同阶段采取不同的法律手段进行维权：首先，在法定期限内，可就初审公告的商标向商标局提出异议，请求商标局不予核准注册。其次，可就已经注册的商标向商标评审委员会提出撤销申请；也可以向人民法院提起诉讼，以司法手段保护自己的合法权利，争议期为5年。

在企业主张权利时，应注意提供相应的证据。一方面是商标注册人在主观上具有恶意的证据，例如与争议商标有关的商品购销合同、往来函电，商标注册人向权利人索要不合理的高额"商标转让费"的书面证据等；另一方面是权利人在先使用、宣传争议商标的证据，例如刊登商标广告的报纸、杂志，有关商标商品的购销合同及发票，等等。但此法时间长，风险大。比较简单的做法是协商转让此商标。

四、典型案例分析

状告4年"飞人"最终赢回"乔丹"①

2016年12月，美国篮球明星迈克尔·乔丹与中国乔丹体育股份有限公司(以下简称乔丹体育)之间的商标争议行政纠纷10件系列案件，得到了最高人民法院的公开宣判：乔丹体育对争议商标"乔丹"的注册，损害迈克尔·乔丹的姓名权，违反《商标法》。最高人民法院判令，国家工商行政管理总局商标评审委员会(以下简称商标评审委员会)对3件"乔丹"商标重新作出裁定。此外，虽拥有"乔丹"商标已多年，但乔丹体育仍被最高人民法院认定乃"主观恶意注册"。官司长达4年终落定，最高人民法院最终宣判"飞人"迈克尔·乔丹获得胜利。

2012年10月，迈克尔·乔丹对乔丹体育注册的68件商标提出争议，认为争议商标的注册损害其姓名权，向商标评审委员会提出撤销争议商标的申请，但未获批准。此后，迈克尔·乔丹相继向北京市第一中级人民法院提起行政诉讼，以及向北京市高级人民法院提起上诉，均被驳回。不甘心的"飞人"，又向最高人民法院申请再审。2015年，最高人民法院已裁定其中58件商标的归属，剩余的10件商标在2016年进行了审理。上述10件商标中3件商标均印有不同字体的中文"乔丹"二字，另外涉案的7件商标，则主要为"QIAODAN"字样或带有"qiaodan"拼音标的图形。对此，最高人民法院宣判认定，乔丹体育对争议商标"乔丹"的注册损害迈克尔·乔丹的姓名权，违反《商标法》。撤销此前的一、二审判决，并判令商标评审委员会重新裁定；同时，最高人民法院认定，拼音商标

① 引自中国(北京)保护知识产权网，http://www.bj12330.com/zscq/_23/_394/_432/_117330/142463/index.html，访问日期：2017年1月15日。

“QIAODAN”及“qiaodan”未损害迈克尔·乔丹的姓名权，驳回迈克尔·乔丹再审请求。

在这场商标归属拉锯战中，始终有一个争议焦点——乔丹体育究竟有没有主观故意注册“乔丹”商标，“蹭”乔丹的名气得到商业利益？在几次庭审中，乔丹体育申辩称，由于重名的原因，姓名与自然人之间，难以形成唯一对应关系。“不一定提到乔丹，就一定指向原告。”而在本次判决中，最高人民法院明确表示，商标评审委员在之前判决中对于“乔丹”二字“唯一对应”的判定标准过于严苛，该院不予支持。同时，还认定迈克尔·乔丹本人对中文乔丹享有姓名权。在从1984年起的近30年时间中，我国的权威期刊、报纸，都以中文乔丹指代迈克尔·乔丹本人，中文“乔丹”二字已经与其建立了稳定对应关系。最高人民法院认为，调查的数据，与该院认定的前述事实可以相互印证。中文乔丹在我国具有较高的知名度，并已形成了稳定的对应关系，故迈克尔·乔丹在我国享有中文乔丹的姓名权。同时，在此次判决中，最高人民法院还认定乔丹体育注册“乔丹”商标是主观恶意行为。

最高人民法院认为，乔丹体育在明知迈克尔·乔丹有较高知名度的情况下，并未与迈克尔·乔丹本人协商谈判，获得许可及授权，而是擅自注册了包括争议商标在内的与乔丹密切相关的商标。乔丹体育放任相关公众误认为自己的商标与迈克尔·乔丹存在特定联系。并且，使乔丹体育无须付出过多成本，就实现迈克尔·乔丹本人为其代言的效果。“因此是主观恶意注册行为。”

一边是NBA著名篮球运动员，一边是中国知名体育用品企业，迈克尔·乔丹与乔丹体育之间持续4年的商标纠纷系列案终于落锤。最高人民法院公开宣判，乔丹体育撤销对“乔丹”的商标使用，拼音商标“QIAODAN”及“qiaodan”不侵犯迈克尔·乔丹的姓名权。对此，业内人士指出，该案体现了我国加强知识产权司法保护的决心，并将有力地推动相关司法实践。

第二节　注册商标的转让、许可和质押法务

依照我国《商标法》的规定，商标注册人享有商标专用权，包括注册商标的使用权、独占权、许可使用权、禁止权、设立抵押权、投资权、转让权、继承权等。商标作为一种无形资产，还可以通过转让，许可给他人使用，或通过质押来转换实现其价值。

商标的许可与转让

一、法律规则

（一）核心法条

《中华人民共和国商标法》

第三十九条 注册商标的有效期为十年，自核准注册之日起计算。

第四十条 注册商标有效期满，需要继续使用的，商标注册人应当在期满前十二个月内按照规定办理续展手续；在此期间未能办理的，可以给予六个月的宽展期。每次续展注册的有效期为十年，自该商标上一届有效期满次日起计算。期满未办理续展手续的，注销其注册商标。

商标局应当对续展注册的商标予以公告。

第四十二条 转让注册商标的，转让人和受让人应当签订转让协议，并共同向商标局提出申请。受让人应当保证使用该注册商标的商品质量。

转让注册商标的，商标注册人对其在同一种商品上注册的近似的商标，或者在类似商品上注册的相同或者近似的商标，应当一并转让。

对容易导致混淆或者有其他不良影响的转让，商标局不予核准，书面通知申请人并说明理由。

转让注册商标经核准后，予以公告。受让人自公告之日起享有商标专用权。

第四十三条 商标注册人可以通过签订商标使用许可合同，许可他人使用其注册商标。许可人应当监督被许可人使用其注册商标的商品质量。被许可人应当保证使用该注册商标的商品质量。

经许可使用他人注册商标的，必须在使用该注册商标的商品上标明被许可人的名称和商品产地。

许可他人使用其注册商标的，许可人应当将其商标使用许可报商标局备案，由商标局公告。商标使用许可未经备案不得对抗善意第三人。

《中华人民共和国商标法实施条例》

第三十一条 转让注册商标的，转让人和受让人应当向商标局提交转让注册商标申请书。转让注册商标申请手续应当由转让人和受让人共同办理。商标局核准转让注册商标申请的，发给受让人相应证明，并予以公告。

转让注册商标，商标注册人对其在同一种或者类似商品上注册的相同或者近似的商标未一并转让的，由商标局通知其限期改正；期满未改正的，视为放弃转让该注册商标的申请，商标局应当书面通知申请人。

第三十二条 注册商标专用权因转让以外的继承等其他事由发生移转的，接受该注册商标专用权的当事人应当凭有关证明文件或者法律文书到商标局办理注册商标专用权移转手续。

注册商标专用权移转的,注册商标专用权人在同一种或者类似商品上注册的相同或者近似的商标,应当一并移转;未一并移转的,由商标局通知其限期改正;期满未改正的,视为放弃该移转注册商标的申请,商标局应当书面通知申请人。

商标移转申请经核准的,予以公告。接受该注册商标专用权移转的当事人自公告之日起享有商标专用权。

(二) 规则解读

1. 商标权的期限

商标权的期限是商标专用权受法律保护的有效期限。世界各国几乎都对商标专用权的效力规定了时间限制,但各国规定的方式和期限长短不同,多数国家规定为10年,如日本、法国、瑞典、丹麦、比利时等国。我国注册有效期限为自核准注册之日起10年,且续展次数无限制,每次续展注册的有效期限也是10年,可以连续续展。

2. 注册商标使用许可

注册商标的使用许可是指商标注册人通过签订商标使用许可合同,许可他人使用其注册商标。根据商标使用许可合同,被许可人得到的只是一定条件下使用该注册商标的权利,注册商标的所有权仍然属于注册人。在注册商标使用许可关系中,商标权人或授权使用商标的人为许可人,另一方为被许可人。实际中,商标使用许可合同有的是独立的许可协议,也有相当一些是包含在其他合同中的商标使用许可条款,如附随于技术转让、特许经营等合同的商标使用规定。签订商标使用协议时企业可考虑从下述三种类型中选择其中之一:

(1) 普通许可:“薄利多销”的形式。

即许可人允许被许可人在规定的地域范围内使用合同项下的注册商标。同时,许可人保留自己在该地区内使用该注册商标和再授予第三人使用该注册商标的权利。

(2) 独占许可:可对抗商标所有人的独家使用。

即在规定的地域范围内,被许可人对授权使用的注册商标享有独占使用权。许可人不得再将同一商标许可给第三人,许可人自己也不得在该地域内使用该商标。独占许可的使用费比其他许可模式要高得多,所以只有当被许可人从产品竞争的市场效果考虑,认为自己确有必要在一定区域内独占使用该商标时才会要求得到这种许可。

被许可人的法律地位相当于“准商标权人”,当在规定地域内发现商标侵权行为时,被许可人可以“利害关系人”身份直接起诉侵权者。

(3) 排他许可:商标权人和被许可人使用的并行。

在此种情况下,除许可人给予被许可人使用其注册商标的权利外,被许可人还可享有排除第三人使用的权利。即许可人不得把同一许可再给予任何第三人,但许可人保留自己使用同一注册商标的权利。排他许可仅仅是排除第三方在该地域内使用该商标。

3. 注册商标转让

注册商标转让是商标注册人对其商标权的一种最重要的处分方式,是指商标注册人按照法律规定的程序,将其所有的注册商标专用权转移给他人所有的法律行为。注册商标转让与注册商标变更注册人名义不同,转让后注册商标的主体变更,原注册人不再是该注册商标的所有人;而变更注册人名义后,注册商标的主体仍是原注册人。商标注册人称为转让人,接受其注册商标的人称为受让人。

转让注册商标应当签订书面的转让协议,由商标权人和受让人共同向商标局提交转让注册商标申请书,经核准后予以公告。受让人自公告之日起享有商标专用权。根据《商标法》第42条的规定,转让注册商标的,转让人和受让人应当签订转让协议,并共同向商标局提出申请。受让人应当保证使用该注册商标的商品质量。转让注册商标的,商标注册人对其在同一种商品上注册的近似的商标,或者在类似商品上注册的相同或者近似的商标,应当一并转让。对容易导致混淆或者有其他不良影响的转让,商标局不予核准,书面通知申请人并说明理由。转让注册商标经核准后,予以公告。受让人自公告之日起享有商标专用权。

4. 注册商标转移

注册商标转移是指商标专用权因转让以外的其他事由发生转移的情形。主要是因商标权主体消灭由其继受人继受商标权。商标权的转移不同于商标权的转让,它不是双方法律行为,它是被继受人消灭这一事件引起的,只要继受人表示接受商标权并向商标局履行转移注册商标手续即可实现商标权的转移。注册商标转移有两种情况:一是作为商标权人的自然人死亡,由其继承人按照《民法典》继承编的有关规定继承其注册商标。二是作为商标权人的企业破产或被合并、兼并,在企业破产的情形下,如果企业在注销前没有将商标权转让给其他公司或者个人,则企业可以通过商标权移转的方式,将商标权转移给已经确定的归属人;在企业被合并、兼并的情形下,企业的商标权由合并或兼并后的企业继受。

二、实务操作

(一) 注册商标转让的实务操作

申请商标转让须使用国家知识产权局制定、公布的统一格式的申请书。该申请书可以到商标局注册大厅索取、下载。委托商标代理组织办理的,则由代理组织提供。办理商标转让申请须向商标局提交以下文件:(1) 商标转让申请书一份,申请书上应加盖申请人及受让人的印章;(2) 由受让人加盖公章的商标转让委托书;(3) 受让人营业执照的复印件。同时,须按规定交纳商标转让申请等费用,如果委托专业机构申请还需要交纳部分费用(规费由委托机构定收)。

注册商标转让的注意事项包括:

(1) 转让注册商标的,商标注册人对其在相同或类似商品上注册的相同或近似商标应当一并转让。转让注册商标申请不应存在产生误认、混淆或者其他不良影响的可能性。

(2) 需提交公证书。商标转让申请一般会要求提交商标转让人同意转让商标声明书的公证书原件。在商标转让过程中,如果未提交商标转让公证书原件,商标局会给申请人一次补正的机会,如果到期未补正或者不按照要求补正,则转让申请会被不予核准或者视为放弃。

(3) 商标注册人名义地址是否与营业执照上的名称和地址一致。转让人企业营业执照上的名称和地址,与被转让商标注册证上的名称和地址不符合的,商标局将驳回转让申请。根据《商标法》的规定,注册商标所有人的名称、地址发生变更的,必须办理变更手续。若到期未补正或者不按照要求补正,将会对转让不予核准或者视为放弃。

(4) 防止转让人重复转让注册商标。受让人不能只是听信转让人的说辞和提供的商标注册证书,必须调查转让人是否为商标注册人,转让人名称与商标局档案记录的申请人名义是否相符。由于商标局审查商标转让申请的周期已经延长到 6 至 12 个月,有时候单从商标局的中国商标网还难以获得准确的信息。

(二) 注册商标使用许可协议中的注意事项

(1) 普通使用许可是商标许可中最为常见的形式,在普通使用许可合同中应该注意对商标权人设置必要的限制。必要的限制包括商标权人不得在特定区域、时间、领域许可第三方使用商标,商标权人在特定区域、时间、领域自营的限制等。

(2) 注册商标使用许可协议应注意我国法律的特别规定。按照相关规定,使用人用药品、医用营养食品、医用营养饮料和婴儿食品商标的,被许可人需提供卫生行政管理部门的证明文件;使用卷烟、雪茄烟和有包装的烟丝的商标的,被许可人需提供国家烟草主管部门批准生产的证明文件,被许可人是我国内地以外的主体的,不需要此类文件。

(3) 被许可人使用许可商标的商品或服务应当与该商标被商标局核准使用的商品或服务相一致,不得超出商标局核准使用的商品或服务的范围。一旦超过范围许可使用,被许可人超范围使用商标,可能侵犯他人的商标权,被他人追究侵权责任;许可方同样面临合同无效、违约等法律风险。

(4) 商标许可合同应该及时备案。商标许可合同备案并不是商标使用许可合同生效的条件,仅仅是程序要求。没有进行备案虽然不影响商标许可合同的效力,但是不能产生对抗第三人的效力。

三、风险防范

(1) 任何商标交易行为均应先审核商标是否已经核准注册。如果交易的商标根本没有注册,或者在到期时没有及时续展注册,或者已经被依法撤销或无效,则没有法律上的商标专有权可言,任何人都有机会使用该商标,甚至会被他人注册,从而妨碍自己从商标交易中获得的所有权或使用权等权利。当然,如果未注册或未续展注册的商标是驰名商标或知名商品的特有名称、外观(包装、装潢),还是可以受《商标法》或《反不正当竞争法》的保护的。

(2) 确认交易的商标是有效的注册商标,避免在申请注册中所进行的商标交易。最高人民法院认为,法律法规对许可他人使用尚未获得注册的商标未作禁止性规定,商标许可合同当事人对商标应该获得注册亦未有特别约定,一方以许可使用的商标未获得注册构成欺诈为由主张许可合同无效的,不予支持。

(3) 确定交易主体有权处置商标权。应当了解与自己交易的一方是否有权利处置这个注册商标,即是不是这个注册商标的权利人(注册人或所有人),或者经过权利人特别授权的代理人,或者允许转授权的被许可人。如果商标是共有的,应当确认其是否经过共有人的同意。可以通过查验商标注册证书、商标转让合同、交易授权书,或者查询商标公告、中国商标网,来了解交易商标的真正权利人是谁,目前谁有权利将商标转让、许可或质押等。

此外,注意商标权人与商标版权人是否一致,如商标权人的商标是委托他人创作的,在没有约定权属的情形下,该商标著作权是“别人家”的著作权,虽然商标权人可以根据委托创作的目的,继续合法使用其商标,但毕竟权利不圆满,而易生事端。如遇商标权人与商标版权人不一致的情况,应确认商标权人是否有独占使用的权限。

(4) 确认注册商标的时效性和地域性。商标专用权是有时效的,要特别注意商标的时效期限及续期情况,保障交易的权利有效。如想取得中国境内的商标所有权或使用权,则必须确认这个商标已经在中国核准注册。如果想使用这个商标在中国制造商品,同时还要出口到欧洲,那么,这个商标除了在中国需要注册外,还需要在欧洲有关国家也取得商标注册,否则在出口时有可能遇到商标侵权的麻烦。

(5) 确定商标指定使用的商品或服务项目。注册商标的专用权以核定使用的商品或服务为限。要查明权利人是否超出核定使用的范围,查核自己需要使用的产品或业务范围是否与对方商标注册所指定的商品或服务项目一致,检查对方商标注册与自己业务的契合度。

(6) 查询是否存在相同或近似的商标、是否容忍跨类注册的相同或近似商标。如果通过商标转让、企业并购等方式收购对方商标的所有权,为了避免将来存在相关商业标志导致市场混淆,甚至违反法律强制性规定,需要审核对方是否存在与交易商标有近似等关系的商业标志,并进一步考虑是不是需要把这些相关的防御商标、联合商标等商业标志都一并移转过来。这是《商标法》上的强制性要求,否则转让要遇到法律障碍。

与交易商标在不相同或不相类似商品上注册的相同或近似商标,《商标法》并未要求必须一并转让,但是,从商业谨慎的角度考虑,还是要评估哪些类别的相同或近似商标,应当一并收购过来,避免将来业务混淆。

(7) 确定是否存在与交易商标相同的商号或域名。为了有效保护商标,有的企业不仅注册了防御商标和联合商标,还把商标与商号(企业名称)、域名保持了一致。虽然商标交易成功,但对方还保留了与商标相同的字号或域名,这样必然会让市场和消费者产生混淆,损害商标交易一方的利益。

(8) 确认商标是否存在质押、许可等约束。如果购买的商标存在质押或者许可,尤其是独占许可,必然会影响到商标权人的利益。假设一个注册商标已经质押了再转让,一旦该商标所担保的债务不能清偿,质押权人(债权人)有权以该商标专用权折价,或者以拍卖、变卖该商标专用权的价款优先受偿。

四、典型案例分析

iPad 商标侵权案[①]

2000 年,当时苹果公司并未推出 iPad 平板电脑,唯冠旗下的唯冠台北公司在多个国家与地区分别注册了 iPad 商标。2001 年,唯冠国际旗下深圳唯冠科技公司(以下简称深圳唯冠)又在中国大陆注册了 iPad 商标的两种类别。

2009 年 12 月 23 日,唯冠国际 CEO 和主席杨荣山授权麦世宏签署了相关协议,将 10 个商标的全部权益转让给英国 IP 申请发展有限公司(以下简称英国 IP 公司),其中包括中国大陆的商标转让协议。协议签署之后,英国 IP 公司向唯冠台北公司支付了 3.5 万英镑购买所有的 iPad 商标,然后英国 IP 公司以 10 万英镑的价格,将上述 10 个 iPad 商标所有权转让给了苹果公司。

2010 年,苹果公司向法院请求判决“iPad”商标权的所有权,并向深圳唯冠索赔相关费用。该案在 2010 年 4 月 19 日受理,并于 2011 年 2 月 23 日、8 月 21 日、10 月 18 日三次开庭审理。深圳市中级人民法院作出一审判决:驳回苹果公司的全部诉讼请求,并由苹果公司方承担案件受理费人民币 4.56 万元。2012

① 佚名:《2012 年中国法院知识产权司法保护十大案例简介》,载《人民法院报》2013 年 4 月 24 日第 2 版。

年2月29日,iPad商标权权属纠纷案在广东省高级人民法院二审开庭。庭审中双方言辞犀利对抗激烈,庭审结束后,法院没有当庭宣判。

2012年2月17日,惠州市中级人民法院已经判决当地苹果公司经销商构成侵权,禁止其销售苹果公司iPad相关产品。这是国内法院首次认定苹果公司商标侵权。深圳唯冠起诉深圳国美的案子也正在等待判决结果。

据广东省高级人民法院官方透露,苹果公司与深圳唯冠就iPad商标案达成了和解。2014年6月25日,广东省高级人民法院向双方送达了民事调解书,该调解书正式生效。目前,苹果公司已按调解书的要求向广东省高级人民法院指定账户汇入6000万美元,并于6月28日向该案的一审法院深圳市中级人民法院申请强制执行上述民事调解书。

【案例评析】

(1) 深圳唯冠科技公司有商标使用权,苹果公司在与唯冠台北公司签订的商标转让协议中包括中国大陆这一说法无效。深圳唯冠已濒临破产,但作为企业,法律主体还存在,深圳唯冠的商标使用有效期到2021年。显而易见,深圳唯冠有商标使用权,在中国大陆使用是无任何异议的。

苹果公司取得了唯冠台北公司的商标使用权,但唯冠台北公司和苹果公司的协议并不包括中国大陆。目前台湾和大陆是两种法律体系,唯冠台北公司没有权利处置深圳唯冠的商标。无论苹果公司是否存在欺诈行为,在与唯冠台北公司签订的协议中包括大陆这一说法都是无效的。

(2) 这次商标诉讼很有可能属于苹果公司最初对商标使用范围的疏忽。随着中国更多的企业逐步走向世界,知识产权保护是一个值得关注的问题。苹果公司在中国大陆出现这种情况很被动,很显然是由于其对知识产权问题的关注不够。

第三节　商标侵权法务

商标侵权的防范

商标侵权行为是指未经商标注册人的许可,在同一种商品或者类似商品上使用与其注册商标相同或者近似的商标。工商行政管理部门查处商标侵权行为可以具体分解为以下四种:(1) 在同一种商品上使用与他人注册商标相同的商标;(2) 在同一种商品上使用与他人注册商标相近似的商标;(3) 在类似商品上使用与已注册商标相同的商标;(4) 在类似商品上使用与他人注册商标相近似的商标。

一、法律规则

(一) 核心法条

《中华人民共和国商标法》

第五十七条 有下列行为之一的,均属侵犯注册商标专用权:

(一) 未经商标注册人的许可,在同一种商品上使用与其注册商标相同的商标的;

(二) 未经商标注册人的许可,在同一种商品上使用与其注册商标近似的商标,或者在类似商品上使用与其注册商标相同或者近似的商标,容易导致混淆的;

(三) 销售侵犯注册商标专用权的商品的;

(四) 伪造、擅自制造他人注册商标标识或者销售伪造、擅自制造的注册商标标识的;

(五) 未经商标注册人同意,更换其注册商标并将该更换商标的商品又投入市场的;

(六) 故意为侵犯他人商标专用权行为提供便利条件,帮助他人实施侵犯商标专用权行为的;

(七) 给他人的注册商标专用权造成其他损害的。

第五十八条 将他人注册商标、未注册的驰名商标作为企业名称中的字号使用,误导公众,构成不正当竞争行为的,依照《中华人民共和国反不正当竞争法》处理。

第五十九条 注册商标中含有的本商品的通用名称、图形、型号,或者直接表示商品的质量、主要原料、功能、用途、重量、数量及其他特点,或者含有的地名,注册商标专用权人无权禁止他人正当使用。

三维标志注册商标中含有的商品自身的性质产生的形状、为获得技术效果而需有的商品形状或者使商品具有实质性价值的形状,注册商标专用权人无权禁止他人正当使用。

商标注册人申请商标注册前,他人已经在同一种商品或者类似商品上先于商标注册人使用与注册商标相同或者近似并有一定影响的商标的,注册商标专用权人无权禁止该使用人在原使用范围内继续使用该商标,但可以要求其附加适当区别标识。

《中华人民共和国商标法实施条例》

第七十五条 为侵犯他人商标专用权提供仓储、运输、邮寄、印制、隐匿、经营场所、网络商品交易平台等,属于商标法第五十七条第六项规定的提供便利条件。

第七十六条 在同一种商品或者类似商品上将与他人注册商标相同或者近似的标志作为商品名称或者商品装潢使用,误导公众的,属于商标法第五十七条第二项规定的侵犯注册商标专用权的行为。

第七十八条 计算商标法第六十条规定的违法经营额,可以考虑下列因素:

(一)侵权商品的销售价格;

(二)未销售侵权商品的标价;

(三)已查清侵权商品实际销售的平均价格;

(四)被侵权商品的市场中间价格;

(五)侵权人因侵权所产生的营业收入;

(六)其他能够合理计算侵权商品价值的因素。

第七十九条 下列情形属于商标法第六十条规定的能证明该商品是自己合法取得的情形:

(一)有供货单位合法签章的供货清单和货款收据且经查证属实或者供货单位认可的;

(二)有供销双方签订的进货合同且经查证已真实履行的;

(三)有合法进货发票且发票记载事项与涉案商品对应的;

(四)其他能够证明合法取得涉案商品的情形。

(二)规则解读

1. 商标侵权行为

商标侵权行为指行为人未经商标权人许可,在相同或类似商品上使用与其注册商标相同或近似的商标,或者其他干涉、妨碍商标权人使用其注册商标,损害商标权人合法权益的其他行为。

2. 商标侵权行为构成要件

具备下述四个构成要件的,构成商标侵权行为:

(1)必须有违法行为存在。指行为人实施了销售假冒注册商标商品的行为;

(2)必须有损害事实发生。指行为人实施的销售假冒商标商品的行为造成了商标权人的损害后果。销售假冒他人注册商标的商品会给权利人造成严重的财产损失,同时也会给享有注册商标权的单位等带来商誉损害。无论是财产损失还是商誉损害都属损害事实。

(3)违法行为人主观上具有过错。指行为人对所销售的商品属假冒注册商标的商品的事实系已经知道或者应当知道。

（4）违法行为与损害后果之间必须有因果关系。指不法行为人的销售行为与商标权人的损害结果之间存在前因后果的关系。

3. 注册商标的合理使用

注册商标中含有本商品的通用名称、图形、型号，或者直接标示商品的质量、主要原料、功能、用途、重量、数量及其他特点或者含有地名的，注册商标专用权人无权禁止他人正当使用。对他人的正当使用行为不能作为商标侵权行为查处。

4. 假冒或仿冒行为

"相同商标"是指被控侵权的商标与原告的注册商标相比较，二者在视觉上基本无差别。"近似商标"是指被控侵权的商标与原告的注册商标相比较，其文字的字形、读音、含义或者图形的构图及颜色，或者其各要素组合后的整体结构相似，或者其立体形状、颜色组合近似，易使相关公众对商品的来源产生误认或者认为其来源与原告注册商标的商品有特定的联系。"类似商品"是指在功能、用途、生产部门、销售渠道、消费对象等方面相同，或者相关公众一般认为其存在特定联系、容易造成混淆的商品。

5. 销售侵犯商标权的商品

这类侵权行为的主体是商品经销商，不管行为人主观上是否有过错，只要实施了销售侵犯注册商标专用权的商品的行为，都构成侵权。只是在行为人主观上是善意时，可以免除其赔偿责任。《商标法》第 60 条第 2 款第 3 句规定："销售不知道是侵犯注册商标专用权的商品，能证明该商品是自己合法取得并说明提供者的，由工商行政管理部门责令停止销售。"

6. 伪造、擅自制造他人注册商标标识

伪造、擅自制造他人注册商标标识或者销售伪造、擅自制造的注册商标标识的这种侵权行为是商标标识侵权的问题，包括"制造"和"销售"两种行为。

7. 未经商标注册人同意，更换其注册商标

未经商标注册人同意，更换其注册商标并将该更换商标的商品又投入市场的，这种行为又称之为反向假冒行为、撤换商标行为。构成这种侵权行为必须具备两个要件：一是行为人未经商标所有人同意而擅自更换商标，二是撤换商标的商品又投入市场进行销售。

8. 给他人的注册商标专用权造成其他损害的

根据《最高人民法院关于审理商标民事纠纷案件适用法律若干问题的解释》第 1 条的规定，下列行为属于"给他人的注册商标专用权造成其他损害的"商标侵权行为：

（1）在同一种或者类似商品上，将与他人注册商标相同或者近似的标志作为商品名称或者商品装潢使用，误导公众的；

（2）故意为侵犯他人注册商标专用权行为提供仓储、运输、邮寄、隐匿等便

利条件的；

(3) 将与他人注册商标相同或者相近似的文字作为企业的字号在相同或者类似商品上突出使用，容易使相关公众产生误认的；

(4) 复制、摹仿或者翻译他人注册的驰名商标或其主要部分在不相同或者不相类似商品上作为商标使用，误导公众，致使该驰名商标注册人的利益可能受到损害的；

(5) 将与他人注册商标相同或者相近似的文字注册为域名，并且通过该域名进行相关商品交易的电子商务，容易使相关公众产生误认的。

二、实务操作

(1) 要注意对证据的收集。因为只有在证据充足的情况下，才有利于行政执法机关或司法审判机关对某一行为是否属于侵权行为尽快加以认定。

(2) 应该到专业的代理机构进行咨询。专业人士会对案件进行初步的分析，并会对细节问题提供专业建议。

(3) 制作投诉书或起诉书。投诉书或起诉书的制作要注意将事实和语气有效地结合在一起，以利于案件的顺利进行。投诉书或起诉书是直接影响案件进程的最直接因素，建议委托专业人士来完成。

(4) 被侵权人可以向县级以上工商行政管理部门要求处理。有关工商行政管理部门有权责令侵权人立即停止侵权行为，赔偿被侵权人的损失，赔偿额为侵权人在侵权期间因侵权所获得的利润或者被侵权人在被侵权期间因被侵权所受到的损失。

三、风险防范

(1) 企业要把商标权保护列为品牌战略，尽快审查商标注册手续是否完备，商标是否到了续展期。在企业发展到一定的规模后，需要尽快申请国际注册。要及时申请注册商标，在国内进行保护的同时，要注重国际商标的注册保护，防止出现商标被抢注而出现的侵权纠纷。

(2) 注意积累企业商标的基础资料，评估出商标的价值。商标的价值和知名度与企业产品销售的地域范围有密切的关系。此外，广告宣传也是商标知名度提升的重要组成部分。因此，企业产品销售、广告合同费用等方面的资料和数据都是验证一个品牌知名程度的重要基础性资料，在申报著名商标和驰名商标以及可能进行的商标侵权诉讼中，都有重要的意义。

(3) 尽早申报省市著名商标，并为申报驰名商标作准备。商标权受法律保护的范围与力度和商标的知名度有较大的关系。商标越知名，受保护的范围越广，受保护的力度越大。

（4）密切关注商标注册情况。在商标申请期间，一定要密切关注商标注册情况，同时还应注意查阅商标公告，一旦发现他人申请注册的商标与自己的商标相同或近似，应当及时提出异议或争议。

（5）企业需要经常对市场进行调查，要求各地推销商及分公司注意市场上同类产品企业标识包装，一旦发现侵权嫌疑，需要及时加以制止，如果确定对方侵权，有必要的话还可以向工商行政管理机关投诉或向法院起诉。

对商标侵权行为要尽早采取法律措施解决。如果某一侵权行为不及时消除，侵权商标在长期的使用中可能成为与原商标共存的合法商标，这对商标权人来说非常麻烦。如果对已经存在的侵权行为不尽快消除，可能会带来更多的侵权人效仿。

（6）注册防御商标和联合商标。防御商标指的是驰名商标所有者，为了防止他人在不同类别的商品上使用其商标，而在非类似商品上将其商标分别注册，这种在非类似商品上注册的商标被称为防御商标。我国《商标法》对此并无明确规定。企业可以按一般商标分别在非类似商品上进行商标注册，从而防止他人利用自己知名商标的声誉。按国际惯例，这类商标一般都难以注册，但是一经注册，则不可闲置不用。

联合商标是指商标所有者在相同的商品上注册几个近似的商标，或在同一类别的不同商品上注册几个相同或近似的商标，这些相互近似的商标称为联合商标。这些商标中首先注册的或者主要使用的为主商标，其余的则为联合商标。联合商标适合只经营一个种类产品的企业，其目的不是使用，而是形成主商标的防护网。联合商标可以分别获得注册，但其中每一个商标都不得单独转让，而必须整个联合商标一同转让，联合商标的使用许可也是如此。因联合商标作用和功能的特殊性，其中的某个商标闲置不用，不致被国家商标主管机关撤销。同时，联合商标中每一个商标都具有相对独立性，其中一个商标被撤销或被终止，不影响其他商标的效力。

四、典型案例分析

《非诚勿扰》商标侵权案[①]

2009年《非诚勿扰》电影大火，金阿欢在2009年2月16日向商标局申请“非诚勿扰”商标，并于2010年9月7日通过。在金阿欢申请商标注册期间，江苏卫视于2010年1月15日开播《非诚勿扰》节目。

---

① 江苏省广播电视总台、深圳市珍爱网信息技术有限公司等与金阿欢侵害商标权纠纷案，(2016)粤民再447号，案例来源于中国裁判文书网。

金阿欢认为江苏卫视侵犯了自己的商标权,于2013年开始状告江苏卫视。2014年一审判决金阿欢胜诉,2015年二审判决金阿欢败诉。江苏卫视于2016年12月30日在广东省高级人民法院的判决中被认定不构成侵权,此案正式落下帷幕。

【案例评析】

(一)本案关键词:反向混淆

我国《商标法》第57条规定:"有下列行为之一的,均属侵犯注册商标专用权:(一)未经商标注册人的许可,在同一种商品上使用与其注册商标相同的商标的;(二)未经商标注册人的许可,在同一种商品上使用与其注册商标近似的商标,或者在类似商品上使用与其注册商标相同或者近似的商标,容易导致混淆的……"金阿欢认为江苏卫视的《非诚勿扰》与自己的"非诚勿扰婚姻介绍所"究其实质都是婚姻交友服务类,江苏卫视未经自己同意使用"非诚勿扰"就是侵犯了自己的商标专用权,并且导致了"反向混淆"。

广东省高级人民法院在"非诚勿扰"案件中特别指出,判断是否侵权需恰如其分,判决要在保障商标权人正当权益与广播电视行业的繁荣和发展之间取得最佳平衡。

广东省高级人民法院再审认为:服务是否一致应当根据商标在商业流通中发挥识别作用的本质、而非仅从题材或表现形式判断。即便两者服务类似,但判断是否构成商标侵权,需从《商标法》制定的宗旨出发,考虑注册商标的显著性和知名度,以及由此导致的公众混淆误认的可能性。江苏卫视的《非诚勿扰》是电视娱乐节目,通过消费娱乐获得收视率和广告收益,这与金阿欢的婚恋交友收益在目的、形式、受众上存在明显区别,不是相同或类似服务。并且金阿欢在电影《非诚勿扰》大火后存在明显的搭便车目的,江苏卫视在播出《非诚勿扰》节目时金阿欢的商标注册还未通过,不存在恶意使用行为和过错。

(二)案件启示

1. 提高商标保护意识,重视商标的保护

目前之所以抢注行为猖獗,是因为我国法律实行商标注册制度,先在同一类商品或类似商品上以相同或近似的商标申请注册的,获得商标专用权。而目前部分国内的企业商标保护意识较弱,抱着先经营商标,待商标有一定知名度之后再去申请注册的心态使用商标,殊不知这种情况很有可能导致他人的恶意抢注。

2. 遭遇侵权不要慌,求助法律有妙招

我国《商标法》第45条第1款指出,已经注册的商标,违反《商标法》相关规定的,自商标注册之日起5年内,在先权利人或者利害关系人可以请求商标评审委员会宣告该注册商标无效。对恶意注册的,驰名商标所有人不受5年的时间限制。

3. 制止反向混淆,小公司维权需努力

虽然大公司恣意抢夺小公司商标的弱肉强食行为可以通过搜集证据加以保护,但是现实中许多大公司既无“搭便车”的意图,又不知晓在先商标的存在,且通过前者的努力消费者已经将商标与大公司建立了稳定的联系,则该商标已经成为事实上的商标,小公司只能获得部分赔偿。

制止反向混淆是目前商标保护的特殊模式,如何有效保护还有待探索。目前在反向混淆领域,小公司应在商标尚未广泛使用、被公众熟悉之前积极维权。

第四节　专利的申请与使用法务

企业专利的管理(上)

专利是受法律规范保护的发明创造,是指一项发明创造的权利人向国家审批机关提出专利申请,经依法审查合格后向专利申请人授予的在规定的时间内对该项发明创造享有的专有权。专利权是一种专有权,这种权利具有独占的排他性。非专利权人要想使用他人的专利技术,必须依法征得专利权人的同意或许可。一个国家依照其专利法授予的专利权,仅在该国法律的管辖范围内有效,对其他国家没有任何约束力,外国对其专利权不承担保护的义务,如果一项发明创造只在我国取得专利权,那么专利权人只在我国享有独占权或专有权。

一、法律规则

(一) 核心法条

《中华人民共和国专利法》

第二条　本法所称的发明创造是指发明、实用新型和外观设计。

发明,是指对产品、方法或者其改进所提出的新的技术方案。

实用新型,是指对产品的形状、构造或者其结合所提出的适于实用的新的技术方案。

外观设计,是指对产品的整体或者局部的形状、图案或者其结合以及色彩与形状、图案的结合所作出的富有美感并适于工业应用的新设计。

第六条　执行本单位的任务或者主要是利用本单位的物质技术条件所完成的发明创造为职务发明创造。职务发明创造申请专利的权利属于该单位,申请被批准后,该单位为专利权人。该单位可以依法处置其职务发明创造申请专利的权利和专利权,促进相关发明创造的实施和运用。

非职务发明创造,申请专利的权利属于发明人或者设计人;申请被批准后,该发明人或者设计人为专利权人。

利用本单位的物质技术条件所完成的发明创造,单位与发明人或者设计人订有合同,对申请专利的权利和专利权的归属作出约定的,从其约定。

第十一条 发明和实用新型专利权被授予后,除本法另有规定的以外,任何单位或者个人未经专利权人许可,都不得实施其专利,即不得为生产经营目的制造、使用、许诺销售、销售、进口其专利产品,或者使用其专利方法以及使用、许诺销售、销售、进口依照该专利方法直接获得的产品。

外观设计专利权被授予后,任何单位或者个人未经专利权人许可,都不得实施其专利,即不得为生产经营目的制造、许诺销售、销售、进口其外观设计专利产品。

第十二条 任何单位或者个人实施他人专利的,应当与专利权人订立实施许可合同,向专利权人支付专利使用费。被许可人无权允许合同规定以外的任何单位或者个人实施该专利。

《中华人民共和国专利法实施细则》

第十二条 专利法第六条所称执行本单位的任务所完成的职务发明创造,是指:

(一) 在本职工作中作出的发明创造;

(二) 履行本单位交付的本职工作之外的任务所作出的发明创造;

(三) 退休、调离原单位后或者劳动、人事关系终止后1年内作出的,与其在原单位承担的本职工作或者原单位分配的任务有关的发明创造。

专利法第六条所称本单位,包括临时工作单位;专利法第六条所称本单位的物质技术条件,是指本单位的资金、设备、零部件、原材料或者不对外公开的技术资料等。

第十三条 专利法所称发明人或者设计人,是指对发明创造的实质性特点作出创造性贡献的人。在完成发明创造过程中,只负责组织工作的人、为物质技术条件的利用提供方便的人或者从事其他辅助工作的人,不是发明人或者设计人。

(二) 规则解读

1. 专利权

专利权的性质主要体现在三个方面:排他性、时间性和地域性。(1) 排他性,也称独占性或专有性。专利权人对其拥有的专利权享有独占或排他的权利,未经其许可或者出现法律规定的特殊情况,任何人不得使用,否则即构成侵权。(2) 时间性,指法律对专利权所有人的保护不是无期限的,而有限制,超过这一时间限制则不再予以保护,专利权随即成为人类共同财富,任何人都可以利用。发明专利权的期限为 20 年,实用新型专利权和外观设计专利权的期限为 10 年,均自申请日起计算。专利权期限届满后,专利权终止。专利权期限届满前,专利权人可以书面声明放弃专利权。(3) 地域性,指任何一项专利权,只有依一定地域内的法律才得以产生并在该地域内受到法律保护。

专利权的内容有:(1) 实施许可权,它是指专利权人可以许可他人实施其专利技术并收取专利使用费。许可他人实施专利的,当事人应当订立书面合同。(2) 转让权,专利权可以转让。转让专利权的,当事人应当订立书面合同,并向国务院专利行政部门登记,由国务院专利行政部门予以公告,专利权的转让自登记之日起生效。中国单位或者个人向外国人转让专利权的,必须经国务院有关主管部门批准。(3) 标示权,它是指专利权人享有在其专利产品或者该产品的包装上标明专利标记和专利号的权利。

2. 发明创造

《专利法》所称的发明创造是指发明、实用新型和外观设计。发明,是指对产品、方法或者其改进所提出的新的技术方案。实用新型,是指对产品的形状、构造或者其结合所提出的适于实用的新的技术方案。外观设计,是指对产品的整体或者局部的形状、图案或者其结合以及色彩与形状、图案的结合所作出的富有美感并适于工业应用的新设计。《专利法》规定,可以取得专利权的发明有两类,一类是产品发明,一类是方法发明。实用新型专利只适用于产品,不适用于工艺方法。外观设计必须附着在产品上,如果离开产品而单独存在,就不成其为《专利法》上的外观设计;外观设计只限于产品外观的艺术设计,而不涉及产品的技术性能。

3. 职务发明

是指企业、事业单位、社会团体、国家机关的工作人员执行本单位的任务或者主要是利用本单位的物质条件所完成的职务发明创造。职务发明创造分为两类:一类是执行本单位任务所完成的发明创造。包括下列三种情况:(1) 发明人在本职工作中完成的发明创造;(2) 履行本单位交付的与本职工作有关的任务时所完成的发明创造;(3) 退职、退休或者调动工作后 1 年内做出的、与其在原单位承担的本职工作或者单位分配的任务有关的发明创造。另一类是主要利用本单位的物质条件(包括资金、设备、零部件、原材料或者不向外公开的技术资料等)完成的发明创造;如果仅仅是少量利用了本单位的物质技术条件,且这种物质条件的利用,对发明创造的完成无关紧要,则不能因此认定是职务发明创造。

职务发明创造申请专利的权利属于职务发明人所在单位。申请被批准后，该单位为专利权人；单位应当对发明人或设计人给予奖励。

企业商业秘密的管理①

4. 商业秘密

根据《反不正当竞争法》第9条第4款的规定，商业秘密是指不为公众所知悉、具有商业价值并经权利人采取相应保密措施的技术信息、经营信息等商业信息。其中，技术信息②包括与技术有关的结构、原料、组分、配方、样式、工艺、方法或其步骤、算法、数据、计算机程序等，经营信息包括管理方法、产销策略、客户名单、招投标材料、货源情报等。

商业秘密具有如下特点：第一，商业秘密的前提是不为公众所知悉，而其他知识产权都是公开的，对专利权甚至有公开到相当程度的要求。第二，商业秘密是一项相对的权利。商业秘密的专有性不是绝对的，不具有排他性。如果其他人以合法方式取得了同一内容的商业秘密，他们就和第一个人有着同样的地位。商业秘密的拥有者既不能阻止在他之前已经开发掌握该信息的人使用、转让该信息，也不能阻止在他之后开发掌握该信息的人使用、转让该信息。第三，能使经营者获得利益，获得竞争优势，或具有潜在的商业利益。第四，商业秘密的保护期不是法定的，取决于权利人的保密措施和其他人对此项秘密的公开。

5. 专利实施许可

专利实施许可也称专利许可证贸易，是指专利技术所有人或其授权人许可他人在一定期限、一定地区、以一定方式实施其所拥有的专利，并向他人收取使用费用。专利实施许可仅转让专利技术的使用权利，转让方仍拥有专利的所有权，受让方只获得了专利技术实施的权利，并未拥有专利所有权。专利实施许可是以订立专利实施许可合同的方式许可被许可方在一定范围内使用其专利，并支付使用费的一种许可贸易。

二、实务操作

（1）积极申请专利。申请专利并获得专利权后，既可以保护自己的发明成果，防止科研成果流失，获取垄断利润来弥补研发投入，同时也有利于科技进步和经济发展。可以通过申请专利的方式占据新技术及其产品的市场空间，获得相应的经济利益。

（2）区分职务发明创造和非职务发明创造。执行本单位的任务或者主要利用本单位的物质条件所完成的发明创造，属于职务发明，申请专利的权利属于

① 企业商业秘密管理等，请扫码学习在线课程有关内容。

② 技术信息指生产者在生产的实验、制作、装配、维修等过程中所总结或发现的不享有一般知识产权保护，尤其是专利权保护的某种技术性成果。

该单位;如果不是执行本单位的任务或是不是利用本单位的物质条件所完成的发明创造,属于非职务发明创造,申请专利的权利属于发明人或者设计人。

(3) 单位应该按照国家法律规定给予职务发明者奖励和报酬,或者与职务发明者依照专利法约定奖励和报酬。

(4) 区分商业秘密和专利,专利在申请之前可以考虑当作商业秘密来保护,并应加强对商业秘密的保护意识和措施。企业应当建立健全商业秘密保护制度,企业可以根据商业秘密的不同特点,进行取舍、充实,制定出一套符合商业秘密运作规律的管理制度。

(5) 专利实施许可和专利转让时,应该请法律专业技术人员对许可合同和转让合同把关。专利实施许可的作用是实现专利技术成果的转化、应用和推广,有利于科学技术进步和发展生产,从而促进社会经济的发展和进步。专利实施许可合同包括许可的范围、技术资料、使用费及支付方式等,具有专业性,最好请专业律师严把此关。

三、风险防范

(1) 最为核心的、最具市场价值的技术申请专利。对于科技类新创业公司来说,一般会先申请专利,认为这样可以证明自己的技术过硬而且还受法律保护。但更重要的是,新创公司必须把目标放在追求高价值的专利上。

(2) 约定研发人员的本职工作内容,或者与研发人员签署项目任务书。研发人员与用人单位签订的劳动合同不仅能够证明其与用人单位之间存在劳动关系,而且如果劳动合同中明确约定了研发人员的本职工作内容,则与该工作内容相关的研发成果也将在一定程度上被用人单位锁定。

(3) 企业可以与职工签订保密合同保护商业秘密。企业一般与高级研究开发人员、技术人员、经营管理人员、一般技术人员、关键岗位的技术工人、市场计划人员、销售人员、财会人员、秘书人员、保安人员等签订保守商业秘密协议书。在签订协议书时要注意几点:第一,协议书的内容不得违反国家法律、法规和有关的规章制度;第二,双方当事人的法律地位要平等,要以自愿为原则,双方意思表示应真实,权利和义务要对等;第三,主要内容要完整;第四,违约责任要明确。

(4) 专利检索、风险专利筛查及风险评估。对相应项目拟采用的重点技术方案进行划分,确定技术领域及关键词,由技术人员配合知识产权工程师(IPR)完成现有技术的检索及筛查。对现有技术的分析以及项目拟采用的技术方案完成专利风险评估,对有风险的技术方案进行技术规避。在研发之前、研发过程中、产品投入市场之前等阶段,要进行一系列的风险评估。

(5) 定期检索最新公开申请、定期检索最新授权专利,加强针对主要竞争对手产品的侵权分析,分析是否可对风险专利技术进行回避改进,进行必要的回避改进设计,等等。

(6) 依照相关法律,积极运用法律手段保护自己的商业秘密和专利权,让侵权者依法承担民事赔偿责任、行政责任,甚至刑事责任。在专利权被侵权后,专利权人可以采取三种方式保护自己的专利权:① 协商、谈判;② 请求专利行政管理部门调解;③ 提起专利侵权诉讼。

四、典型案例分析

佰利 VS 苹果:向国际专利巨头下战书[①]

成立于2012年6月的深圳市佰利营销服务有限公司(以下简称佰利公司),经营范围涵盖数码通信产品的技术开发与销售等,代表产品是百加手机。2013年,佰利公司完成了百加手机的外观设计,于2014年1月向国家知识产权局提交了专利申请,并于同年7月获得授权(专利号:ZL201430009113.9)。2014年5月,苹果公司在美国就iPhone6系列手机向美国专利商标局提交外观设计专利申请。在苹果公司正式对外发布iPhone6系列手机之前,网络上出现了大量"谍照",佰利公司认为,该系列手机与百加手机在设计上存在相似之处。2014年9月,佰利公司向苹果公司发出律师函,表示双方可能存在针对涉案专利的潜在争议,希望与其进一步沟通。不过,苹果公司并未及时回应。

2014年10月,苹果公司就iPhone6系列手机向国家知识产权局提交外观设计专利申请。两个月后,佰利公司针对苹果公司的关联公司苹果电脑贸易(上海)有限公司(以下简称苹果上海公司)等,向北京市知识产权局提出涉案专利侵权的行政处理请求。2015年3月,苹果上海公司针对佰利公司的外观设计专利向国家知识产权局专利复审委员会(以下简称专利复审委员会)提出无效宣告请求,并否认侵权。2015年9月,苹果上海公司等向上海知识产权法院提出确认其构成侵权的请求。2016年1月,专利复审委员会针对该专利权无效宣告请求进行公开口头审理,并最终维持了佰利公司的专利权有效。苹果上海公司不服该审查决定,向北京知识产权法院提起行政诉讼。2016年5月,北京市知识产权局经充分审理,认定苹果上海公司构成专利侵权,并责令其停止销售相关产品。苹果上海公司不服该裁定,又向北京知识产权法院提起行政诉讼。2016年12月,北京知识产权法院公开开庭审理了苹果上海公司诉北京市知识产权

① 苹果电脑贸易(上海)有限公司等与国家知识产权局专利复审委员会外观设计专利权无效行政纠纷案,(2016)京73行初1337号、(2017)京行终2594号,案例来源于中国裁判文书网。

局、佰利公司等专利行政处理行政纠纷一案。北京市知识产权法院驳回了苹果上海公司的诉讼请求。2018 年 7 月 16 日,北京市高级人民法院作出终审判决,维持北京市知识产权法院一审判决。

【案例评析】

(1) 国内企业专利意识提升,主动用法律手段保护自己的专利。国产手机厂商已从过去被动接受国外手机巨头的专利诉讼,发展到如今积极拿起法律武器维护自身合法权益,这既体现了国产手机厂商技术创新的进步,也展现出国内企业专利意识的提升。当然,需要注意的是,虽然国产手机厂商在专利竞争中已经开始雄起,但是,其要想在竞争日益激烈的手机"红海"中占领一席之地,仍需加强自身的专利储备,不断提升技术研发能力。

(2) 专利申请要积极。本案中,佰利公司积极申请专利,获得了外观设计专利,这使得其在之后的专利复审、专利行政诉讼中处于优势地位。因此企业对于自己的核心技术,应当积极申请专利,及早地获得法律保护。

(3) 注意专利纠纷维权程序。通常情况下,专利纠纷可以协商解决,不能协商解决的,可以采取相应对策,如向知识产权局提出涉案专利侵权的行政处理请求,也可以请求专利权有效性审查,可以提起专利权相关行政诉讼和民事诉讼等。

第五节　专利侵权及救济法务

一、法律规则

企业专利的管理(下)

(一) 核心法条

《中华人民共和国专利法》

第六十五条　未经专利权人许可,实施其专利,即侵犯其专利权,引起纠纷的,由当事人协商解决;不愿协商或者协商不成的,专利权人或者利害关系人可以向人民法院起诉,也可以请求管理专利工作的部门处理。管理专利工作的部门处理时,认定侵权行为成立的,可以责令侵权人立即停止侵权行为,当事人不服的,可以自收到处理通知之日起十五日内依照《中华人民共和国行政诉讼法》向人民法院起诉;侵权人期满不起诉又不停止侵权行为的,管理专利工作的部门可以申请人民法院强制执行。进行处理的管理专利工作的部门应当事人的请求,可以就侵犯专利权的赔偿数额进行调解;调解不成的,当事人可以依照《中华人民共和国民事诉讼法》向人民法院起诉。

第六十七条 在专利侵权纠纷中，被控侵权人有证据证明其实施的技术或者设计属于现有技术或者现有设计的，不构成侵犯专利权。

第六十八条 假冒专利的，除依法承担民事责任外，由负责专利执法的部门责令改正并予公告，没收违法所得，可以处违法所得五倍以下的罚款；没有违法所得或者违法所得在五万元以下的，可以处二十五万元以下的罚款；构成犯罪的，依法追究刑事责任。

第六十九条 负责专利执法的部门根据已经取得的证据，对涉嫌假冒专利行为进行查处时，有权采取下列措施：

（一）询问有关当事人，调查与涉嫌违法行为有关的情况；

（二）对当事人涉嫌违法行为的场所实施现场检查；

（三）查阅、复制与涉嫌违法行为有关的合同、发票、账簿以及其他有关资料；

（四）检查与涉嫌违法行为有关的产品；

（五）对有证据证明是假冒专利的产品，可以查封或者扣押。

管理专利工作的部门应专利权人或者利害关系人的请求处理专利侵权纠纷时，可以采取前款第（一）项、第（二）项、第（四）项所列措施。

负责专利执法的部门、管理专利工作的部门依法行使前两款规定的职权时，当事人应当予以协助、配合，不得拒绝、阻挠。

第七十三条 为了制止专利侵权行为，在证据可能灭失或者以后难以取得的情况下，专利权人或者利害关系人可以在起诉前依法向人民法院申请保全证据。

第七十五条 有下列情形之一的，不视为侵犯专利权：

（一）专利产品或者依照专利方法直接获得的产品，由专利权人或者经其许可的单位、个人售出后，使用、许诺销售、销售、进口该产品的；

（二）在专利申请日前已经制造相同产品、使用相同方法或者已经作好制造、使用的必要准备，并且仅在原有范围内继续制造、使用的；

（三）临时通过中国领陆、领水、领空的外国运输工具，依照其所属国同中国签订的协议或者共同参加的国际条约，或者依照互惠原则，为运输工具自身需要而在其装置和设备中使用有关专利的；

（四）专为科学研究和实验而使用有关专利的；

（五）为提供行政审批所需要的信息，制造、使用、进口专利药品或者专利医疗器械的，以及专门为其制造、进口专利药品或者专利医疗器械的。

《中华人民共和国专利法实施细则》

第八十四条　下列行为属于专利法第六十三条规定的假冒专利的行为：

（一）在未被授予专利权的产品或者其包装上标注专利标识，专利权被宣告无效后或者终止后继续在产品或者其包装上标注专利标识，或者未经许可在产品或者产品包装上标注他人的专利号；

（二）销售第（一）项所述产品；

（三）在产品说明书等材料中将未被授予专利权的技术或者设计称为专利技术或者专利设计，将专利申请称为专利，或者未经许可使用他人的专利号，使公众将所涉及的技术或者设计误认为是专利技术或者专利设计；

（四）伪造或者变造专利证书、专利文件或者专利申请文件；

（五）其他使公众混淆，将未被授予专利权的技术或者设计误认为是专利技术或者专利设计的行为。

专利权终止前依法在专利产品、依照专利方法直接获得的产品或者其包装上标注专利标识，在专利权终止后许诺销售、销售该产品的，不属于假冒专利行为。

销售不知道是假冒专利的产品，并且能够证明该产品合法来源的，由管理专利工作的部门责令停止销售，但免除罚款的处罚。

（二）规则解读

1. 专利侵权

专利侵权是指未经专利权人许可，以生产经营为目的，实施了依法受保护的有效专利的违法行为。

专利侵权的构成要件包括两个方面：形式条件和实质条件。(1) 形式要件主要有：① 实施行为所涉及的是一项有效的中国专利；② 实施行为必须是未经专利权人许可或者授权的；③ 实施行为必须以生产经营为目的。行为人的主观故意并不是形式要件。但是，行为人是否具有主观故意可以作为衡量其情节轻重的依据。(2) 构成专利侵权的实质要件，也就是技术条件，是实质实施行为是否属于专利的保护范围。如果行为人所涉及的技术特征属于专利权的保护范围，那么该行为人就构成了专利侵权。专利侵权主要有以下几种表现形式：① 行为人所涉及的技术特征与专利的技术特征全部相同，则构成侵权；② 行为人所涉及的技术特征多于专利的技术特征，也构成侵权；③ 行为人所涉及的技术特征与专利的技术特征有相同的，有相异的，但是，相异的技术特征与专利的技术特征是等效的，仍构成侵权；否则，不构成侵权。

专利侵权行为分为直接侵权行为和间接侵权行为两类。(1) 直接侵权行为。这是指直接由行为人实施的侵犯他人专利权的行为。其表现形式包括:制造发明、实用新型、外观设计专利产品的行为;使用发明、实用新型专利产品的行为;许诺销售发明、实用新型、外观设计专利产品的行为;销售发明、实用新型、外观设计专利产品的行为;进口发明、实用新型、外观设计专利产品的行为;使用专利方法以及使用、许诺销售、销售、进口依照该专利方法直接获得的产品的行为。(2) 间接侵权行为。这是指行为人本身的行为并不直接构成对专利权的侵害,但实施了诱导、怂恿、教唆、帮助他人侵害专利权的行为。间接侵权行为通常是为直接侵权行为制造条件,常见的表现形式有:行为人销售专利产品的零部件、专门用于实施专利产品的模具或者用于实施专利方法的机械设备的行为;行为人未经专利权人授权或者委托,擅自转让其专利技术的行为;等等。

2. 专利侵权的法律责任

根据有关法律的规定,专利侵权行为人应当承担的法律责任包括行政责任、民事责任与刑事责任。(1) 行政责任。对专利侵权行为,管理专利工作的部门有权责令侵权行为人停止侵权行为、责令改正、罚款等,管理专利工作的部门应当事人的请求,还可以就侵犯专利权的赔偿数额进行调解。(2) 民事责任。第一,停止侵权,是指专利侵权行为人应当根据管理专利工作的部门的处理决定或者人民法院的裁判,立即停止正在实施的专利侵权行为。第二,赔偿损失。侵犯专利权的赔偿数额,按照专利权人因被侵权所受到的损失或者侵权人获得的利益确定;被侵权人所受到的损失或侵权人获得的利益难以确定的,可以参照该专利许可使用费的倍数合理确定。第三,消除影响。在侵权行为人实施侵权行为给专利产品在市场上的商誉造成损害时,侵权行为人应当采用适当的方式承担消除影响的法律责任,承认自己的侵权行为,以消除对专利产品造成的不良影响。(3) 刑事责任。依照《专利法》和《刑法》的规定,假冒他人专利,情节严重的,应对直接责任人员追究刑事责任。

3. 专利权用尽

专利权用尽原则(patent exhaustion),是指专利权人自己或者许可他人制造的专利产品(包括依据专利方法直接获得的产品)被合法地投放市场后,任何人对该产品进行销售或使用,不再需要得到专利权人的许可或者授权,且不构成侵权。我国专利权用尽在《专利法》中的表述为:专利产品或者依照专利方法直接获得的产品,由专利权人或者经其许可的单位、个人售出后,使用、许诺销售、销售、进口该产品的,不视为侵犯专利权。

有关专利权用尽的适用范围的认定存在两种方式,即国内用尽、国际用尽或区域用尽。世界各国一般都在国内立法中确立了专利权的国内用尽原则,但是尚未明确规定国际用尽原则。专利权国际用尽原则的适用范围之所以没有明确规定,主要是基于知识产权的地域性原则。

二、实务操作

(1) 积极收集证据、核查事实,应对专利侵权行为。一项专利权是否被他人侵犯,首先要查明是否有已构成侵权的事实,这些事实完全要靠证据来证明。因此,及时、全面地收集有关证据是非常重要的,特别应注意收集侵权的物证和书证。物证主要是侵权产品。侵权产品是十分重要的证据,而且它的取得也并不困难。书证一般应包括两个部分:其一,证明专利权人的有效专利权,如专利证书、专利申请文件、专利实施许可或专利权转让合同书等;其二,证明侵权方实施了侵权行为,如侵权方与他人的订货合同或转让合同、销售发票或销售产品说明书,技术对比文件,等等。在有些情况下,往往一两份有力的书证就可以认定侵权事实的存在。

(2) 积极利用先用权原则。先用权原则是指在专利申请日之前已经制造相同产品、使用相同方法,或者已经作好制造、使用的必要准备,并且仅在原有范围内继续制造、使用的行为不构成专利侵权。其目的在于保护先使用人就一项发明创造所作的工业投资不造成浪费。如果发明创造是由先使用人自己独立完成或合法取得,并且与专利权人无关的话,那么在被控侵权时,就可提出已经作好制造、使用的必要准备,或仅在原有范围内继续制造使用的举证。

(3) 积极运用撤销请求或无效宣告请求。如果专利权人拥有的专利有《专利法实施细则》第 65 条第 2 款规定的情形——包括但不限于:其一,授予专利权的发明和实用新型不符合《专利法》第 22 条的规定,即没有新颖性、创造性、实用性;其二,授予专利权的外观设计不符合《专利法》第 23 条的规定,即没有新颖性、创造性——均可提出撤销请求或无效宣告请求。

三、风险防范

(1) 新产品研发阶段做好保密工作。企业在开发新产品时,应将项目组的人员减少到最低限度,并要求其承担保密义务。项目的名称可采用代号。在申请专利之前不召开任何形式的发布会,不发表论文,也不召开鉴定会。

(2) 专利调查。这里所讲的专利调查主要是指为回避侵犯他人专利权而进行的调查。由于现在科学技术的发展日新月异,专利文献也以每年 100 万件的速度增长,而且绝大部分的创造发明都属于改进型发明,所以在申请专利和实施专利之前必须进行查新,避免落入他人专利的保护范围。

(3) 抢先申请。专利申请必须先发制人,特别是在采用先申请原则的国家。

企业在制定专利申请战略时,不仅要采取预防措施,而且更重要的是应主动出击、抢占制高点。这样就会使相同的发明创造不会再被授予专利权。由此就会大大降低本企业侵犯他人专利权的概率。

(4) 文献公开。在新产品获得专利权后,仍需继续研究对该新产品进一步改进的各种技术方案,并将那些本单位近期不准备实施,但一旦被其他企业抢先获得专利权又会妨碍本单位实施的其他可能方案及时向社会公开,以防止其他企业采用外围专利战略与自己对抗,限制本企业的发展和造成侵权行为。

(5) 专利收买。就是收买竞争对手的专利为己所用,避免对方以专利侵权为由对自己不断改进的新产品提起诉讼。

四、典型案例分析

"雅培米粉罐"外观设计专利侵权纠纷案①

雅培公司是专利号为ZL200730158176.0、名称为"容器"的外观设计专利权的被许可人,有权以自己的名义提起诉讼。英氏营养食品公司、枫树食品公司、英氏乳业公司委托兴华塑胶公司设计、生产了被诉侵权的米粉罐,并在九款罐装米粉产品上使用了该米粉罐。乐友达康公司销售了上述米粉产品。雅培公司认为该米粉罐外观设计与雅培公司涉案外观设计相同。在本案起诉前,法院根据雅培公司的申请作出了停止侵害涉案外观设计专利权的民事裁定书,并于2014年6月先后向被告一至被告四送达了该民事裁定书。2014年7月、2014年8月,雅培公司委托他人在天津、北京多处营业场所公证购买了被控侵权产品。公证书显示在淘宝网上仍然有众多商户在展示、销售被控侵权产品。雅培公司认为:各被告侵害了其对涉案外观设计享有的专利权,请求赔偿其经济损失100万元及合理费用10万元。

法院认为:雅培公司系涉案外观设计专利权的被许可人,涉案米粉罐侵害了雅培公司对该外观设计享有的实施权,英氏营养食品公司等四被告构成了共同侵权。乐友达康公司销售涉案米粉亦构成侵权。对于赔偿经济损失的具体数额,法院综合考虑如下因素:涉案专利为外观设计专利;涉案侵权的米粉罐在米粉产品整体价格上所占的比例及对涉案米粉产品销售的贡献率;涉案米粉产品销售范围较为广泛,销售量较大;在法院诉前停止侵权的裁定送达后两个多月的时间内,雅培公司仍然可以在市场上购买到涉案米粉,表明各被告存在严重过

① 雅培贸易(上海)有限公司与湖南英氏营养品食品有限公司等侵害外观设计专利权纠纷案,(2014)朝民(知)初字第28014号,案例来源于中国裁判文书网。

错。雅培公司主张100万元的经济赔偿,于法有据,应予以支持。对于合理费用,根据其实际支出情况予以支持。据此,法院判决:各被告停止侵权;英氏营养食品公司、枫树食品公司、英氏乳业公司、兴华塑胶公司共同赔偿经济损失100万元及合理费用31395元。

【案例评析】

本案是法院通过提高赔偿数额,加大知识产权司法保护力度的典型案例,在赔偿数额的确定上具有借鉴意义和示范作用。法院在确定本案具体赔偿数额时,既考虑到了受保护权利的类型、涉案外观设计对被控侵权产品销售的贡献率等因素,也充分考虑到了侵害涉案外观设计的侵权产品多达九种,且该九种侵权产品生产销售量较大、销售范围较为广泛、持续时间较长、各被告方的主观过错非常严重,尤其是在法院发出诉前禁令后的两个多月时间内被告方仍然不停止侵权,漠视法院禁令,主观过错极为严重,故法院按照法定赔偿数额的上限确定了本案经济损失的赔偿数额,全部支持了权利人关于经济损失的索赔请求,充分弥补了权利人的经济损失,提高了对恶意侵权行为的制裁力度,彰显了法院加强知识产权司法保护力度的决心和态度,取得了良好的法律效果和社会效果。

13年纠纷落幕,华生制药扭转乾坤①

2003年9月29日,美国礼来公司以涉案专利权被侵犯为由将江苏常州华生制药有限公司(以下简称华生制药)起诉至江苏省南京市中级人民法院(以下简称南京中院)。2008年4月,南京中院作出(2004)宁民二初字第029号民事判决,驳回礼来公司的诉讼请求。礼来公司不服,向江苏省高级人民法院(以下简称江苏高院)提起上诉。2011年12月,江苏高院作出(2008)苏民三终字第0241号终审判决,撤销一审判决,判令华生制药停止使用涉案专利权利要求1中的方法(a)生产奥氮平,并赔偿礼来公司经济损失50万元。

2013年7月15日,礼来公司又将华生制药诉至江苏高院,称在前案起诉日(2003年9月29日)至涉案专利权有效期届满日(2011年4月24日)期间,华生制药的侵权行为一直在持续,请求法院判令华生制药停止侵权,赔偿经济损失1.5亿元、合理开支2.8万元、律师费150万元,并刊登声明消除其侵权行为造成的不良影响等。

① 礼来公司与常州华生制药有限公司侵害发明专利权纠纷案,最高人民法院(2015)民三终字第1号,案例来源于中国裁判文书网。

江苏高院经审理认为：首先，华生制药在前案中先是主张其是按照2003年向国家药品监督管理局备案资料中记载的工艺方法进行生产，而在本案中华生制药又主张其自2003年至今一直使用2008年补充报备工艺进行生产，并非按照2003年备案工艺进行生产。华生制药在两案中实际使用生产工艺的陈述存在矛盾，不予采纳。其次，华生制药提交的生产记录、生产规程及《药品补充申请批件》等多份证据证明其是使用2008年备案工艺进行生产，但并未明确指出何种具体工艺的变更克服了2003年备案工艺中的哪些缺陷，从而导致其生产工艺发生实质性变更，进而证明其2008年备案工艺具有可行性，亦未证明其提交的生产记录、生产规程与2008年备案工艺相一致。因此，根据现有证据，华生制药关于其不侵权的抗辩主张不能成立。据此，江苏高院判令华生制药赔偿礼来公司350万元。

华生制药在历经一次胜诉和两次败诉后，向最高人民法院提起上诉。与此同时，礼来公司因不满江苏高院作出的华生制药需赔偿350万元经济损失的判决，也向最高人民法院提起上诉。2016年6月，最高人民法院对该案作出终审判决，华生制药技术方案未落入礼来公司专利的权利要求保护范围，撤销此前判决，驳回礼来公司的其他诉讼请求。

【案例评析】

（1）提前进行知识产权布局、做好专利预警等工作十分重要。华生制药与礼来公司10余年的专利诉讼已经画上句号，然而，该案的警示意义不容忽视。上亿元的索赔额，如果被判侵权成立，对于任何一家药企而言都是致命的打击。技术可行性以及侵权比对是本案的核心。技术人员进行了非常深入的技术交流和沟通，查看了华生制药生产奥氮平的所有操作规程、生产记录和数千页的技术文件，将被控侵权技术与涉案专利进行了详细的对比，最终得出华生制药的技术有其固有的优势以及不构成专利侵权的结论，并出具了关于技术可行性和专利侵权比对的鉴定报告，这些事实是本案判决的重要依据。

（2）国内药企应敲响加强知识产权保护的警钟。近2亿元的索赔相当于华生制药数年的营业收入总和，如果华生制药在本案中或者其他制药公司在类似案件中被认定构成侵权并且进行高额赔偿，他们都有可能面临破产的风险。成熟的药企会在每个产品上市前借助内部专利律师或外部专利律师作各种FTO（技术自由实施）分析，确保将侵权风险降至最低。此外，国内制药企业除了要注重技术研发和创新外，还要密切关注相关领域的专利布局情况，一旦遭受专利侵权诉讼时，应当仔细地分析相关的不侵权理由，寻求最好的法律辩护。

思考题》

1. 企业法务人员在企业知识产权保护方面应当注意哪些事项？
2. 简述企业在知识产权方面存在的法律风险及防范措施。
3. 试述商业秘密的法律风险及防范。
4. 风险投资中怎样防范风险企业知识产权合法性的法律风险？

课后练习》

第三章—习题

第三章—答案

第四章　企业用工管理法务

企业如何适应劳动法律法规的新调整以及我国人口结构的发展变化，如何防范劳动关系中的法律风险，是企业面临的一个重要和紧迫的现实问题。用工法务成为企业管理的一项重要内容，任何违反法律法规的行为，都会给企业自身带来法律上的隐患和风险，尤其是《劳动合同法》的规定使得企业违法成本提高，用工管理规范化显得尤为必要。招聘、入职、在职、离职等用工的每一个环节都要合法化，企业应当对用工进行全程规范化管理。

第一节　招聘及入职管理法务

录用员工时应注意的问题

用人单位应当根据企业的实际情况以及发展规划，制定招聘计划，在不违反法律法规的前提下，发布招聘广告，在招聘过程遵循合理的程序，由此才能招聘到合格的人才，避免面临高昂的用工成本和用工风险。

招聘工作流程，一般由公司的人力资源部门制定，其主要目的是规范公司的招聘行为，为公司招聘合格的人才，保障公司及招聘人员的权益，防范招聘所产生的种种法律风险。招聘工作流程具体包括招聘计划的制定、招聘、应聘、面试、录用等环节。录用之后，公司还需要进行入职管理，包括入职手续的办理、岗前培训、商业秘密及竞业限制协议的签订，直至劳动合同的签订。

一、法律规则

（一）核心法条

《中华人民共和国劳动法》

第五十八条　国家对女职工和未成年工实行特殊劳动保护。

未成年工是指年满十六周岁未满十八周岁的劳动者。

第六十四条　不得安排未成年工从事矿山井下、有毒有害、国家规定的第四级体力劳动强度的劳动和其他禁忌从事的劳动。

第六十五条　用人单位应当对未成年工定期进行健康检查。

第九十四条　用人单位非法招用未满十六周岁的未成年人的，由劳动行政部门责令改正，处以罚款；情节严重的，由市场监督管理部门吊销营业执照。

《禁止使用童工规定》

第二条　国家机关、社会团体、企业事业单位、民办非企业单位或者个体工商户（以下统称用人单位）均不得招用不满16周岁的未成年人（招用不满16周岁的未成年人，以下统称使用童工）。

禁止任何单位或者个人为不满16周岁的未成年人介绍就业。

禁止不满16周岁的未成年人开业从事个体经营活动。

第六条　用人单位使用童工的，由劳动保障行政部门按照每使用一名童工每月处5000元罚款的标准给予处罚；在使用有毒物品的作业场所使用童工的，按照《使用有毒物品作业场所劳动保护条例》规定的罚款幅度，或者按照每使用一名童工每月处5000元罚款的标准，从重处罚。劳动保障行政部门并应当责令用人单位限期将童工送回原居住地交其父母或者其他监护人，所需交通和食宿费用全部由用人单位承担。

用人单位经劳动保障行政部门依照前款规定责令限期改正，逾期仍不将童工送交其父母或者其他监护人的，从责令限期改正之日起，由劳动保障行政部门按照每使用一名童工每月处1万元罚款的标准处罚，并由工商行政管理部门吊销其营业执照或者由民政部门撤销民办非企业单位登记；用人单位是国家机关、事业单位的，由有关单位依法对直接负责的主管人员和其他直接责任人员给予降级或者撤职的行政处分或者纪律处分。

第七条　单位或者个人为不满16周岁的未成年人介绍就业的，由劳动保障行政部门按照每介绍一人处5000元罚款的标准给予处罚；职业中介机构为不满16周岁的未成年人介绍就业的，并由劳动保障行政部门吊销其职业介绍许可证。

《中华人民共和国就业促进法》

第三条　劳动者依法享有平等就业和自主择业的权利。

劳动者就业，不因民族、种族、性别、宗教信仰等不同而受歧视。

第二十七条　国家保障妇女享有与男子平等的劳动权利。

用人单位招用人员，除国家规定的不适合妇女的工种或者岗位外，不得以性别为由拒绝录用妇女或者提高对妇女的录用标准。

用人单位录用女职工，不得在劳动合同中规定限制女职工结婚、生育的内容。

第二十八条　各民族劳动者享有平等的劳动权利。

用人单位招用人员，应当依法对少数民族劳动者给予适当照顾。

第二十九条 国家保障残疾人的劳动权利。

各级人民政府应当对残疾人就业统筹规划，为残疾人创造就业条件。

用人单位招用人员，不得歧视残疾人。

第三十条 用人单位招用人员，不得以是传染病病原携带者为由拒绝录用。但是，经医学鉴定传染病病原携带者在治愈前或者排除传染嫌疑前，不得从事法律、行政法规和国务院卫生行政部门规定禁止从事的易使传染病扩散的工作。

第三十一条 农村劳动者进城就业享有与城镇劳动者平等的劳动权利，不得对农村劳动者进城就业设置歧视性限制。

《中华人民共和国劳动合同法》

第八条 用人单位招用劳动者时，应当如实告知劳动者工作内容、工作条件、工作地点、职业危害、安全生产状况、劳动报酬，以及劳动者要求了解的其他情况；用人单位有权了解劳动者与劳动合同直接相关的基本情况，劳动者应当如实说明。

第四十二条 劳动者有下列情形之一的，用人单位不得依照本法第四十条、第四十一条的规定解除劳动合同：

（一）从事接触职业病危害作业的劳动者未进行离岗前职业健康检查，或者疑似职业病病人在诊断或者医学观察期间的；

（二）在本单位患职业病或者因工负伤并被确认丧失或者部分丧失劳动能力的；

（三）患病或者非因工负伤，在规定的医疗期内的；

（四）女职工在孕期、产期、哺乳期的；

（五）在本单位连续工作满十五年，且距法定退休年龄不足五年的；

（六）法律、行政法规规定的其他情形。

第四十四条 有下列情形之一的，劳动合同终止：

（一）劳动合同期满的；

（二）劳动者开始依法享受基本养老保险待遇的；

（三）劳动者死亡，或者被人民法院宣告死亡或者宣告失踪的；

（四）用人单位被依法宣告破产的；

（五）用人单位被吊销营业执照、责令关闭、撤销或者用人单位决定提前解散的；

（六）法律、行政法规规定的其他情形。

《中华人民共和国劳动合同法实施条例》

第二十一条 劳动者达到法定退休年龄的，劳动合同终止。

《最高人民法院关于审理劳动争议案件适用法律问题的解释(一)》

第二十七条　用人单位招用尚未解除劳动合同的劳动者,原用人单位与劳动者发生的劳动争议,可以列新的用人单位为第三人。

原用人单位以新的用人单位侵权为由提起诉讼的,可以列劳动者为第三人。

原用人单位以新的用人单位和劳动者共同侵权为由提起诉讼的,新的用人单位和劳动者列为共同被告。

第三十三条　外国人、无国籍人未依法取得就业证件即与中华人民共和国境内的用人单位签订劳动合同,当事人请求确认与用人单位存在劳动关系的,人民法院不予支持。

持有《外国专家证》并取得《外国人来华工作许可证》的外国人,与中华人民共和国境内的用人单位建立用工关系的,可以认定为劳动关系。

(二) 规则解读

1. 招聘广告的发布

公司应根据行业性质、岗位特点、发展需要等情况设置一定的招聘条件,该条件即可能成为公司录用条件的主要内容,从而成为试用期考核的主要依据和标准。虽然招聘条件可能成为录用条件的主要内容,但录用条件不同于招聘条件,招聘条件可能比较粗线条,但录用条件则比较具体(需要在劳动合同或规章制度中加以设定或补充)。

如前所述,劳动者依法享有平等就业和自主择业的权利。劳动者就业,不因民族、种族、性别、宗教信仰等的不同而受歧视。用人单位不得设定性别歧视、民族歧视、疾病歧视等条件。尤其是关于疾病歧视,《就业促进法》第30条明文规定用人单位招用人员,不得以是传染病病原携带者为由拒绝录用。但是,经医学鉴定传染病病原携带者在治愈前或者排除传染嫌疑前,不得从事法律、行政法规和国务院卫生行政部门规定禁止从事的易使传染病扩散的工作。因此,在撰写招聘广告时,应为劳动者提供公平就业的机会,避免包含有意或无意的身高歧视、性别歧视、地域歧视、身份歧视以及疾病歧视等内容,以免影响企业的对外形象,避免由此而带来的法律风险。同时,招聘中不得设定一些条件,侵犯公民的其他权利,比如有些公司要求女职工在合同期内不得结婚,或者可以结婚,但不得生育等,这些规定侵犯了女性的结婚、生育等权利。

2. 招聘阶段用人单位告知义务的履行及知情权的行使

企业在招聘过程中负有告知义务。用人单位应当如实告知劳动者工作内容、工作条件、工作地点、职业危害、安全生产状况、劳动报酬,以及劳动者要求了解的其他情况。该项义务是法定、主动义务,即使劳动者不提出要求,用人单位也应主动告知。在实践中用人单位往往会忽视这个主动告知义务,导致可能发生"欺诈"的风险,如果进行仲裁和诉讼,可能面临败诉的风险。同时,告知义务对合同效力也会产生影响,隐瞒真实情况,诱使对方作出错误的判断而签订劳动合同,可能会被认定为欺诈,而因欺诈手段而订立的劳动合同可认定为无效劳动合同,用人单位为此可能要承担相应的赔偿责任。

同时,用人单位招用劳动者时,也享有知情权,即有权了解劳动者与劳动合同直接相关的基本情况,劳动者应当如实说明。但该知情权的行使受到一定限制,该知情权的范围限于了解劳动者与订立劳动合同直接相关的基本情况,而对与订立劳动合同没有直接联系的其他信息,劳动者有权不予回答。有些公司的询问涉及劳动者的隐私,甚至构成性骚扰,这些都是不合法的。与订立劳动合同直接相关的基本情况一般包括年龄、学历、职称、工作经验、身体状况等情况,而至于涉及个人隐私的问题,用人单位一般无权过问。

3. 入职审查

《劳动合同法》赋予用人单位知情权,用人单位可以充分利用该权利,对新员工进行入职审查,以降低人力资源管理成本,也减少各种可能发生的法律风险。

(1) 审查年龄、学历、工作经历等信息是否真实。和履行劳动合同直接相关的年龄、身体状况、工作经历、知识技能以及就业现状等情况是决定入职者是否符合录用条件的重要依据,用人单位在录用时应当予以审查判断。否则,如果应聘人员弄虚作假,导致其无法胜任应聘岗位的工作,从而给用人单位带来一些不必要的损失,可能使用人单位错失招聘其他合格人才的机会。

(2) 对入职者年龄的审查。禁止使用童工是国际社会的普遍做法,我国也明确规定,禁止使用童工。童工是指未满 16 周岁的劳动者。这是我国《劳动法》对劳动者就业最低的年龄要求,根据《劳动法》第 15 条第 1 款的规定,禁止用人单位招用未满 16 周岁的未成年人。因此招聘 16 周岁以下的人员,属于使用童工,要承担相应的法律责任,包括行政责任、民事责任,甚至刑事责任。

用人单位非法招用未满 16 周岁的未成年人的,由劳动行政部门责令改正,处以罚款;情节严重的,由工商行政管理部门吊销营业执照。《禁止使用童工规定》对有关法律责任作出了详细的规定,用人单位使用童工的,由劳动保障行政部门按照每使用一名童工每月处 5000 元罚款的标准给予处罚;在使用有毒物品的作业场所使用童工的,按照《使用有毒物品作业场所劳动保护条例》规定的罚款幅度,或者按照每使用一名童工每月处 5000 元罚款的标准,从重处罚。

同时,《劳动法》对劳动者也有最高年龄要求,如果超出该年龄,就不能订立劳动合同,此时和用人单位建立的法律关系就不是劳动关系,而是雇佣关系或劳务关系,适用《民法典》及相关法律,而不能适用《劳动法》。根据《劳动合同法》第 44 条第 2 项的规定,劳动者开始依法享受基本养老保险待遇的,劳动合同终止。但是,对于达到退休年龄但没有领取养老金的人员而言,劳动合同是否也终止呢?对此,《劳动合同法实施条例》第21条进行了扩大解释:"劳动者达到法定退休年龄的,劳动合同终止。"此时,他和用人单位之间形成的是劳务关系。但劳动者退休后,与尚未参加社会保险统筹的原用人单位因追索养老金、医疗费、工伤保险待遇和其他社会保险待遇而发生的纠纷,属于劳动争议的受案范围(《劳动争议司法解释(一)》第1条第6项)。

(3)招聘外国人,需要办理外国人就业手续。随着企业经营国际化的步伐加快,越来越多的企业开始雇用外籍人士。今后招聘外国人的企业将会越来越多,但是,和招聘本国劳动者不一样,招聘外国人需要具备一定的条件和办理有关手续。

外国人就业须具备下列条件:外国人从事的岗位应是有特殊需要,国内暂缺适当人选,且不违反国家有关规定的岗位;年满18周岁,身体健康;具有从事其工作所必须的专业技能和相应的工作经历;无犯罪记录;有确实的聘用单位;持有有效护照或能代替护照的其他国际旅行证件。

须办理的有关手续包括:用人单位应当向各省、自治区、直辖市人民政府劳动行政部门及其授权的地市级劳动行政部门申请审批,取得《中华人民共和国外国人就业许可证书》后方可聘用。

免办《外国人就业许可证》的人员范围如下:持有《外国专家证》的外国人;持有《外国人在中华人民共和国从事海上石油作业工作准证》,从事海上石油作业、不需登陆、有特殊技能的外籍劳务人员;经文化和旅游部批准持《临时营业演出许可证》进行营业性文艺演出的外国人。

对违反《外国人在中国就业管理规定》,未申领就业证擅自就业的外国人和未办理许可证书擅自聘用外国人的用人单位,由公安机关按照《出境入境管理法》第80条的规定处理,即:外国人非法就业的,处5000元以上2万元以下罚款;情节严重的,处5日以上15日以下拘留,并处5000元以上2万元以下罚款。介绍外国人非法就业的,对个人处每非法介绍一人5000元,总额不超过5万元的罚款;对单位处每非法介绍一人5000元,总额不超过10万元的罚款;有违法所得的,没收违法所得。非法聘用外国人的,处每非法聘用一人1万元,总额不超过10万元的罚款;有违法所得的,没收违法所得。

(4)审查劳动者是否有影响正常工作的潜在疾病或残疾等。身体健康是胜任工作的必要条件之一,同时,身体不健康的员工进入单位,不仅对工作效率有巨大的影响,而且用人单位可能要承担较大的成本。例如,劳动者如果患病,在规定的医疗期限内,用人单位不能解除劳动合同;即使医疗期届满,用人单位也不能直接解除劳动合同,此时,需要证明劳动者不能从事原工作,也不能从事由用人单位另行安排的工作,用人单位才可以提前30日以书面形式通知劳动者本人或者额外支付劳动者一个月工资后解除劳动合同。因此,体检这一关绝对不能忽略,要尽量把风险控制在事发之前。

(5)审查是否与其他企业签订有未到期劳动合同,是否与其他单位存在保密协议和竞业限制协议。对于双重劳动关系,现行法律把确认的权利交给用人单位,国家不予以干预。即原用人单位不明确反对,或者对完成本单位任务不会造成严重影响的,双重劳动关系是有效的。但是,用人单位招用与其他用人单位尚未解除或者终止劳动合同的劳动者,给其他用人单位造成损失的,应当承担连带赔偿责任。如果招聘来的员工与原单位签订有竞业限制协议,而本企业又与该员工的原单位存在竞争关系的话,用人单位可能要承担法律责任。对于公司的高管、技术人员以及掌握企业一定商业秘密的员工,用人单位一般都在劳动合同中规定保密义务和竞业限制义务,或单独签订保密协议和竞业限制条款。用人单位在招聘此类员工时,应当对其是否与其他单位签订此类协议进行认真审查,在确认拟招用的劳动者不负有上述义务后,才可以与其签订劳动合同。

4. 录用条件的设定和公示及录用通知书的性质

录用条件的设定意义重大。如果录用条件不明确,用人单位在试用期解除劳动合同时便无法说明理由,试用期对用人单位的意义和作用便无法发挥出来。如果无法说明解除的理由或者该理由无法成立,用人单位仍然坚持解除劳动关系的,可能造成无法解除劳动合同的后果。如果用人单位坚持予以解除,可能要承担双倍赔偿的法律风险。同时,录用条件还需要向入职者公示,可以口头告知,也可以在入职登记表或劳动合同中予以说明。

录用通知在法律上认定为要约。一旦发出,收到的劳动者就获得承诺的资格,如拟聘用的劳动者选择接受,两者之间的劳动关系就成立了;用人单位要受到其约束,不得随意撤销、变更。如用人单位单方面撤销该要约即属违法,要承担相应的法律责任。

二、实务操作

(一)招聘广告对招聘条件的描述应当明确、具体,同时要避免就业歧视

招聘广告对招聘条件的描述应当明确,具体包括工作地点、薪资待遇,对学历、年龄、工作经验和能力素质等的要求,以及岗位所需的限制条件。同时,招聘广告内容一定要合法,不能将法律禁止的内容作为录用条件,也不应包含歧视性条款,如性别歧视、身高歧视、地域歧视、年龄歧视等,否则用人单位可能会遭受行政处罚,或者引来官司。

(二)用人单位告知义务的履行

用人单位的主动告知义务很重要,劳资双方均有知情权。隐瞒真实情况将影响合同的效力。在实务操作中,从举证角度考虑,用人单位应当以书面形式告

知劳动者，并保留相关证据，告知条款可在入职登记表中或劳动合同中进行设计。建议要求员工在入职登记表中声明“公司已经告知本人工作内容、工作条件、工作地点、职业危害、安全生产状况、劳动报酬等情况，本人确认知悉”并签名确认。告知的方式是多种多样的，如口头告知、内部网站公告、电子邮件传送、宣传栏公示公告、员工手册发放、规章制度培训考试等等。鉴于口头告知、网站公告、电子邮件传送、宣传栏公告这三种公示方式都不易于举证，用人单位在公示时应尽量采取书面形式。

（三）知情权的行使

既然《劳动合同法》赋予用人单位知情权，那么，用人单位就应该充分利用该知情权，在招聘劳动者时，精心设计招聘录用条件，加强入职审查，入职表务必让劳动者当面签名确认并存档，以备不时之需。

在劳动合同中让劳动者书面声明“本人保证提供的学历证明、资格证明、工作经历等资料真实，如有虚假，公司可立即解除劳动合同，并不予经济补偿”。对于以下信息，即劳动者与劳动合同直接相关的基本情况，用人单位有权了解：除身份、学历、资格、工作经历等信息以外，还包括是否患有精神疾病、是否患有法律法规规定应禁止工作的传染病、是否患有潜在疾病、残疾等；是否怀孕等；是否达到法定 16 周岁就业年龄；是否与其他用人单位仍有未到期的劳动合同；是否与其他用人单位签订有未到期的竞业限制协议等。用人单位也应当让劳动者对上述事项予以确认。

（四）入职审查

下列信息是用人单位必须了解核实的员工的基本信息，用人单位不仅应当让劳动者予以确认，还应当在避免触犯法律的前提下，对相关信息进行审查，必要时或者信息对工作影响重大时，还应当予以调查，以确认其真实性，具体包括：身份、学历、资格、工作经历等信息；身体是否有潜在疾病、残疾等；是否达到法定 16 周岁就业年龄；是否与其他用人单位仍有未到期的劳动合同；是否与其他用人单位签订有未到期的竞业限制协议等。

用人单位在招聘录用非初次就业的劳动者时尤其应注意审查其与原单位劳动关系的存续及保密协议和竞业限制协议的情况，必要时还需要向原单位调查核实，以有效避免招用未解除劳动关系的劳动者及因此而承担连带责任的风险。审查确认的方法包括：可以审阅员工与原单位签订的劳动合同、解除劳动关系证明，或向原单位致电、致函进行调查。前两者无法进行的，也可以让拟招聘的员工写下保证书，保证其在原用人单位工作期间无保密和竞业限制的约定，否则，责任自负。这样可以防止企业承担不必要的责任。

（五）用人单位录用条件的设定及录用通知书的发放

录用条件可以在招聘广告中予以大致说明，需要在劳动合同或规章制度中加以具体设定或补充,录用条件是试用期考核是否合格的主要依据,是用人单位试用期解除不合格职工的重要依据,因此录用条件应当予以具体化、书面化、公示化。

在作出录用决策后,由人力资源部门向拟聘用的劳动者发送录用通知书属于要约,用人单位要受到其约束,不得随意撤销、变更,用人单位在发出录用通知书时一定要慎重。

三、风险防范

(1) 招聘广告的发布要避免就业歧视内容,同时要和录用条件相衔接。

(2) 从举证角度考虑,用人单位应当以书面形式告知劳动者,并保留好相关证据。建议采用要求员工在入职登记表中声明"公司已经告知本人工作内容、工作条件、工作地点、职业危害、安全生产状况、劳动报酬等情况,本人确认知悉"并签名确认的方式保留证据。劳动合同中要求劳动者书面声明"本人保证提供的学历证明、资格证明、工作经历等资料真实,如有虚假,公司可立即解除劳动合同,并不予经济补偿"。

(3) 用人单位招聘时应当通过体检等手段严格审查应聘者的健康状况,防止体格不健康的员工进入公司,以避免相关法律风险。

(4) 招用劳动者时,要求其提供与前单位的解除或终止劳动合同证明,并保留原件。如尚未解除劳动合同,要求其原单位出具同意该员工入职的书面证明。核实劳动者个人资料的真实性,比如学历证明、从业经历,要求劳动者承诺未承担竞业限制义务,并向原单位进行核实,以免发生不可预测的诉讼风险。

(5) 外国人就业的风险防范。如果单位没有按照要求办理好有关手续就擅自招用外国人在国内就业,属非法就业。因此,雇用外国人的用人单位,要审查其是否符合雇用条件,还要到有关部门办理有关手续。

四、典型案例分析

某市家佳家用电器公司为一家中外合资经营企业,拟于2022年5月8日正式投产。2022年4月2日,家佳家电公司在当地日报上登出招工启事:"本公司为中外合资经营企业,总投资为1000万美元,实力雄厚。现招聘工人210人,条件如下:男女性别不限,均要求大学专科以上文化程度(因生产需要理科学生优先),有本市城镇正式户口,身体健康,年龄在24岁以下,面容姣好,身高男性1.68米以上,女性1.62米以上。"并有其他事项的规定。

报名后，胡某等人于4月20日参加了家佳家电公司举行的文化考试，成绩优秀。4月26日，胡某的男同学李某成绩还不如胡某，已经收到了录用通知，胡某认为自己也一定会被录用，遂向老板约定，临时工做到4月底，从5月份起她就不干了。5月1日，胡某不再做临时工，却仍未收到录用通知。直到5月6日，家佳家电公司即将投产，其他工人已经接受了近一周的培训，胡某仍未收到录用通知。胡某遂找家佳家电公司，公司人事部经理告诉她："你的学历太低，不适合公司的工作，所以没有被录用。"胡某认为自己具备了招工启事上所要求的"大专文凭"，符合"大专以上文化程度"的条件。人事部经理遂告诉胡某，公司总经理彭某特意指出，男职工是大专以上就可以了，女职工是本科以上文化程度才行，当初的表述是因为限于篇幅，"本科以上也是大专以上，并不矛盾嘛"。胡某认为公司的前后标准不一致，致使其辞掉了原工作，现在无工可做，况且，家佳家电公司的工作并不需要很多体力，因此招工时应当男女同等标准。胡某还了解到，公司总经理彭某曾表示过"女工将来事多，不如男工利索"，并授意公司人事部搞区别对待。胡某遂向当地劳动争议仲裁委员会提出处理申请，请求责令家佳家电公司与其签订劳动合同。

家佳家电公司答辩称，公司拟招的女工名额已满，因而无法与胡某再签订劳动合同，建立劳动关系。

【案例评析】

此案为典型的就业歧视案件，招聘广告关于职位的设定条件是否构成就业歧视，主要看该条件是否为该职位所必需，如果不是所必需的，就构成歧视，反之，则不构成就业歧视。比如食品生产岗位要求不得有传染病，不构成就业歧视；但如果设定户籍、相貌等条件，则构成就业歧视。

本案中女性要本科学历，男性只要大专即可；公司总经理彭某曾表示过"女工将来事多，不如男工利索"，并授意公司人事部搞区别对待，这些均构成了性别歧视。同时，公司设定的条件"有本市城镇正式户口，身体健康，年龄在24岁以下，面容姣好，身高男性1.68米以上，女性1.62米以上"等，构成了户籍歧视、年龄歧视、相貌歧视、身高歧视等。但是，鉴于家电的专业性，理科专业优先并不构成歧视，因为这是工作所必需。

根据《就业促进法》第62条的规定，违反该法规定，实施就业歧视的，劳动者可以向人民法院提起诉讼。即就业歧视案件和一般的劳动争议案件不同，不实行仲裁前置，劳动者可以直接向法院起诉。

第二节 在职管理法务

劳务派遣
与服务外包①

员工的管理
与规章制度的制定

一、劳动关系的订立

（一）法律规则

1. 核心法条

《中华人民共和国劳动合同法》

第七条 用人单位自用工之日起即与劳动者建立劳动关系。用人单位应当建立职工名册备查。

第八条 用人单位招用劳动者时，应当如实告知劳动者工作内容、工作条件、工作地点、职业危害、安全生产状况、劳动报酬，以及劳动者要求了解的其他情况；用人单位有权了解劳动者与劳动合同直接相关的基本情况，劳动者应当如实说明。

第九条 用人单位招用劳动者，不得扣押劳动者的居民身份证和其他证件，不得要求劳动者提供担保或者以其他名义向劳动者收取财物。

第十条 建立劳动关系，应当订立书面劳动合同。

已建立劳动关系，未同时订立书面劳动合同的，应当自用工之日起一个月内订立书面劳动合同。

用人单位与劳动者在用工前订立劳动合同的，劳动关系自用工之日起建立。

第十一条 用人单位未在用工的同时订立书面劳动合同，与劳动者约定的劳动报酬不明确的，新招用的劳动者的劳动报酬按照集体合同规定的标准执行；没有集体合同或者集体合同未规定的，实行同工同酬。

第十二条 劳动合同分为固定期限劳动合同、无固定期限劳动合同和以完成一定工作任务为期限的劳动合同。

第十四条 无固定期限劳动合同，是指用人单位与劳动者约定无确定终止时间的劳动合同。

用人单位与劳动者协商一致，可以订立无固定期限劳动合同。有下列情形之一，劳动者提出或者同意续订、订立劳动合同的，除劳动者提出订立固定期限劳动合同外，应当订立无固定期限劳动合同：

（一）劳动者在该用人单位连续工作满十年的；

（二）用人单位初次实行劳动合同制度或者国有企业改制重新订立劳动合

① 劳务派遣和服务外包的选择等，请扫码学习在线课程有关内容。

同时，劳动者在该用人单位连续工作满十年且距法定退休年龄不足十年的；

（三）连续订立二次固定期限劳动合同，且劳动者没有本法第三十九条和第四十条第一项、第二项规定的情形，续订劳动合同的。

用人单位自用工之日起满一年不与劳动者订立书面劳动合同的，视为用人单位与劳动者已订立无固定期限劳动合同。

第十五条　以完成一定工作任务为期限的劳动合同，是指用人单位与劳动者约定以某项工作的完成为合同期限的劳动合同。

用人单位与劳动者协商一致，可以订立以完成一定工作任务为期限的劳动合同。

第十六条　劳动合同由用人单位与劳动者协商一致，并经用人单位与劳动者在劳动合同文本上签字或者盖章生效。

劳动合同文本由用人单位和劳动者各执一份。

第二十六条　下列劳动合同无效或者部分无效：

（一）以欺诈、胁迫的手段或者乘人之危，使对方在违背真实意思的情况下订立或者变更劳动合同的；

（二）用人单位免除自己的法定责任、排除劳动者权利的；

（三）违反法律、行政法规强制性规定的。

对劳动合同的无效或者部分无效有争议的，由劳动争议仲裁机构或者人民法院确认。

第二十八条　劳动合同被确认无效，劳动者已付出劳动的，用人单位应当向劳动者支付劳动报酬。劳动报酬的数额，参照本单位相同或者相近岗位劳动者的劳动报酬确定。

《中华人民共和国劳动合同法实施条例》

第五条　自用工之日起一个月内，经用人单位书面通知后，劳动者不与用人单位订立书面劳动合同的，用人单位应当书面通知劳动者终止劳动关系，无需向劳动者支付经济补偿，但是应当依法向劳动者支付其实际工作时间的劳动报酬。

第六条　用人单位自用工之日起超过一个月不满一年未与劳动者订立书面劳动合同的，应当依照劳动合同法第八十二条的规定向劳动者每月支付两倍的工资，并与劳动者补订书面劳动合同；劳动者不与用人单位订立书面劳动合同的，用人单位应当书面通知劳动者终止劳动关系，并依照劳动合同法第四十七条的规定支付经济补偿。

前款规定的用人单位向劳动者每月支付两倍工资的起算时间为用工之日起满一个月的次日，截止时间为补订书面劳动合同的前一日。

第七条　用人单位自用工之日起满一年未与劳动者订立书面劳动合同的，

自用工之日起满一个月的次日至满一年的前一日应当依照劳动合同法第八十二条的规定向劳动者每月支付两倍的工资,并视为自用工之日起满一年的当日已经与劳动者订立无固定期限劳动合同,应当立即与劳动者补订书面劳动合同。

第八条 劳动合同法第七条规定的职工名册,应当包括劳动者姓名、性别、公民身份号码、户籍地址及现住址、联系方式、用工形式、用工起始时间、劳动合同期限等内容。

第九条 劳动合同法第十四条第二款规定的连续工作满10年的起始时间,应当自用人单位用工之日起计算,包括劳动合同法施行前的工作年限。

第十条 劳动者非因本人原因从原用人单位被安排到新用人单位工作的,劳动者在原用人单位的工作年限合并计算为新用人单位的工作年限。原用人单位已经向劳动者支付经济补偿的,新用人单位在依法解除、终止劳动合同计算支付经济补偿的工作年限时,不再计算劳动者在原用人单位的工作年限。

第十一条 除劳动者与用人单位协商一致的情形外,劳动者依照劳动合同法第十四条第二款的规定,提出订立无固定期限劳动合同的,用人单位应当与其订立无固定期限劳动合同。对劳动合同的内容,双方应当按照合法、公平、平等自愿、协商一致、诚实信用的原则协商确定;对协商不一致的内容,依照劳动合同法第十八条的规定执行。

第十三条 用人单位与劳动者不得在劳动合同法第四十四条规定的劳动合同终止情形之外约定其他的劳动合同终止条件。

(二) 规则解读

劳动合同的订立与种类选择 & 企业签订劳动合同的建议

1. 劳动合同的订立

(1) 订立的形式、时间。劳动合同是否一定要采用书面形式?对此,要区分全日制和非全日制用工,对于前者必须采用书面形式,而对于后者,则不一定要采用书面形式,可以只订立口头协议。以下所述是针对全日制用工而言的。劳动合同书面化是《劳动合同法》的基本要求。建立劳动关系,应当订立书面劳动合同,且用人单位应当建立职工名册备查。

(2) 订立的时间及劳动关系建立的时间。用人单位自用工之日起即与劳动者建立劳动关系,订立书面劳动合同只是对劳动关系的确认。已建立劳动关系,未同时订立书面劳动合同的,应当自用工之日起1个月内订立书面劳动合同。用人单位与劳动者在用工前订立劳动合同的,劳动关系自用工之日起建立。

(3) 法律后果。用人单位不及时按照《劳动合同法》要求的形式、期限订立劳动合同的后果是每月支付两倍的工资,甚至于直接视为双方已订立无固定期限劳动合同。超过1个月未满1年未签订的,用人单位自用工之日起满1个月的次日到补订书面劳动合同的前一日向劳动者支付两倍的工资，并补签书面劳动合同，劳动者不同意签订的，单位终止劳动关系，支付经济补偿金。超过1年未签订的，自用工之日起满1个月的次日至满1年的前一日（共11个月）应当向劳动者每月支付两倍的工资，并视为自用工之日起满1年的当日已经与劳动者订立无固定期限劳动合同，应当立即与劳动者补订书面劳动合同。

2. 劳动合同的内容

（1）与《劳动法》相比，《劳动合同法》对劳动合同必备条款的规定有较大变化：一是新增加了部分必备条款。第一，增加了用人单位的名称、住所和法定代表人或者主要负责人，劳动者的姓名、住址和居民身份证或者其他有效身份证件号码等条款。原因是这些内容是劳动关系双方主体的基本情况，应当在劳动合同中明确。第二，增加了工作地点条款。实践中劳动者的工作地点可能与用人单位住所地不一致，或者用人单位常常单方面调整劳动者的工作地点，导致劳动争议，有必要在订立劳动合同时予以明确。第三，增加了工作时间和休息休假条款、社会保险条款及职业危害防护的条款等。

根据《职业病防治法》第33条第1款的规定，用人单位与劳动者订立劳动合同时，应当将工作过程中可能产生的职业病危害及其后果、职业病防护措施和待遇等如实告知劳动者，并在劳动合同中写明，不得隐瞒或者欺骗。为了做好与《职业病防治法》以上规定的衔接，促进该条款的落实，《劳动合同法》中增加了职业危害防护的必备条款。

二是取消了原《劳动法》的部分必备条款，将其修改为约定条款。第一，取消了劳动纪律条款。原因是劳动纪律属于用人单位规章制度，《劳动合同法》第4条已经对用人单位制定、修改劳动纪律等规章制度的程序作出了规定，没有必要在劳动合同中由用人单位与劳动者个别约定。第二，取消了劳动合同终止的条件条款。原因是为了防止用人单位规避劳动合同期限约束，随意终止劳动合同，《劳动合同法》取消了《劳动法》中有关用人单位与劳动者可以约定终止劳动合同的规定，明确劳动合同终止是法定行为，只有符合法定情形的，劳动合同才能终止。第三，取消了违反劳动合同的责任条款。原因是为了防止用人单位滥用违约责任条款。

（2）未载明必备条款须承担的法律后果。用人单位提供的劳动合同文本未载明劳动合同必备条款或者用人单位未将劳动合同文本交付劳动者的，由劳动行政部门责令改正；给劳动者造成损害的，应当承担赔偿责任。因此，用人单位应当制作好符合《劳动合同法》规定的劳动合同。

3. 劳动合同条款约定不明的处理

劳动合同对劳动报酬和劳动条件等标准约定不明确，引发争议的，用人单位与劳动者可以重新协商；协商不成的，适用集体合同规定；没有集体合同或者集体合同未规定劳动报酬的,实行同工同酬;没有集体合同或者集体合同未规定劳动条件等标准的,适用国家有关规定。

4. 劳动合同无效及其后果

(1) 劳动合同无效或者部分无效的几种情形:以欺诈、胁迫的手段或者乘人之危,使对方在违背真实意思的情况下订立或者变更劳动合同的——比如劳动者提供虚假学历证明,合同可能因欺诈而无效;用人单位免除自己的法定责任、排除劳动者权利的——如劳动合同中约定"用人单位有权根据生产经营变化及劳动者的工作情况调整其工作岗位,劳动者必须服从单位的安排",此约定因排除劳动者权利而无效;违反法律、行政法规强制性规定的——如与 16 岁以下未成年人签订合同,合同因违反法律强制性规定而无效。

(2) 用人单位常常会遇到的无效劳动合同的法律后果。劳动合同被确认无效,劳动者已付出劳动的,用人单位应当向劳动者支付劳动报酬;劳动报酬的数额,参照本单位相同或者相近岗位劳动者的劳动报酬确定。劳动合同被确认无效,给对方造成损害的,有过错的一方应当承担赔偿责任;劳动合同无效给员工造成损害的,用人单位需要赔偿损失。劳动合同部分无效,不影响其他条款的效力,其他部分仍然有效。

5. 无固定期限劳动合同的订立

(1) 应当订立无固定期限劳动合同的情形。劳动者在该用人单位连续工作满 10 年的;用人单位初次实行劳动合同制度或者国有企业改制重新订立劳动合同时,劳动者在该用人单位连续工作满 10 年且距法定退休年龄不足 10 年的;连续订立两次固定期限劳动合同,且劳动者没有《劳动合同法》第 39 条和第 40 条第 1 项、第 2 项规定的情形,续订劳动合同的;用人单位自用工之日起满 1 年不与劳动者订立书面劳动合同的,视为用人单位与劳动者已订立无固定期限劳动合同。

(2) 不订立的法律后果。劳动者符合订立无固定期限劳动合同条件的,用人单位不得拒绝订立无固定期限劳动合同,否则需每月支付两倍工资。

(三) 实务操作

劳动合同内容的设计与风险防范

(1) 设计好劳动合同条款,尤其是约定条款。除了按照《劳动合同法》的规定确定劳动合同的必备条款之外,还要充分运用《劳动合同法》赋予的使用约定条款的权利。除必备条款外,《劳动合同法》赋予当事人使用约定条款的权利,约定条款通常包括:试用期、岗位录用条件、培训、保密、竞业限制、违约金、离职工作交接条款;规章制度已经向劳动者公示的条款;解除或终止劳动合同书面通知的送达条款;因劳动者不能胜任工作被调整工作岗位的,工资会按照调整的岗位适当调整,岗变薪变条款(尤其是减薪);等等。

（2）及时订立书面劳动合同。许多用人单位至今仍然存在这样一个不正确的认识，认为不签劳动合同，劳动关系便不存在，不签劳动合同，即使员工诉诸法院，也会因缺少书面证据而无计可施。其实，劳动合同作为一把双刃剑，它不单单只维护劳动者的权益，若运用得当，对于用人单位，也能产生积极效应。同时，《劳动合同法》已经明确规定，用人单位自用工之日起即与劳动者建立劳动关系。用人单位不仅应当改变不签劳动合同的观念，更应该树立建立劳动关系便立即签订劳动合同的意识。不签劳动合同不仅不能规避风险，而且可能面临支付两倍工资和签订无固定期限劳动合同的风险。实践中用人单位应当改变观念，将上岗后再签合同转变为先签合同后上岗，最迟必须在一个月内订立合同。

（3）劳动合同条款应当明确。用人单位的人力资源管理部门在确定劳动合同条款时要尽量避免约定不明的情况出现，最好是能够聘请法律专业人士和专业人力资源机构，根据用人单位自身的实际情况确定劳动合同约定条款。

（4）固定期限劳动合同签订的实务操作。

常见的错误的实务操作有：

① 对连续两次订立固定期限劳动合同中“连续两次”的理解不正确。关于这个问题，各地理解有分歧，做法也不一样。第一种观点认为，在第二次固定期限劳动合同期满后，用人单位有劳动关系终止权，对是否续订劳动合同有选择权，可以选择续订劳动合同，也可以主动终止劳动关系，即只有在用人单位同意续订劳动合同的前提下，双方才应当订立无固定期限劳动合同；如果用人单位不愿意续订劳动合同，则因为双方缺乏“续订劳动合同”的共同意思表示，即使劳动者提出要求，也不符合《劳动合同法》第 14 条的规定，劳动合同到期终止。上海地区法院持这种观点。第二种观点认为，第二次固定期限劳动合同期满后，用人单位无劳动关系终止权，对是否续订劳动合同无选择权，除劳动者提出订立固定期限劳动合同外，用人单位必须与劳动者签订无固定期限劳动合同。也就是说，只有劳动者一方对是否续订无固定期限劳动合同有选择权，用人单位没有选择权。广东、浙江、北京等地法院持这种观点。

② 劳动者符合订立无固定期限劳动合同的法定条件，但用人单位拒绝订立。

③ 劳动者符合三种订立无固定期限劳动合同的情形，用人单位却与劳动者签订了固定期限劳动合同，劳动者对此予以默认，未提异议或者劳动合同履行数月或者数年后，劳动者才提出要求用人单位从该固定期限合同订立之日开始每月支付两倍工资。

④ 劳动者口头提出要求订立固定期限劳动合同，用人单位依劳动者的口头意思订立，但未保留劳动者提出订立固定期限劳动合同的证据，履行一段时间后，劳动者反悔，要求用人单位支付两倍工资，如果用人单位不能举证证明订立

固定期限劳动合同是劳动者首先提出的,则面临支付两倍工资的风险。

正确的实务操作是,对于核心员工,应当签订无固定期限劳动合同。如果是劳动者不签订的,用人单位应当保留书面证据。

(四) 风险防范

(1) 及时签订书面劳动合同。革新用工观念,养成先订合同后用工的习惯,最迟必须在一个月内订立合同。劳动合同终止后,劳动者仍在用人单位继续工作的,也应当抛弃双方可随时终止劳动合同的观念,在一个月内订立合同。

(2) 设计好劳动合同条款,避免法律风险。劳动合同应当具备必备条款,建议最好采用专业人士起草的劳动合同文本或劳动行政部门制定的劳动合同范本。同时,根据本企业的情况进行修改补充,通过设计劳动合同条款,使用人单位处于主动地位,最大程度防范由此产生的法律风险。如设计试用期不符合录用条件条款,避免试用期辞退员工风险;设计调整工作岗位条款,避免调岗风险;设计调薪条款,避免降薪风险;设计解除劳动合同条款,避免解除风险;设计终止劳动合同条款,避免终止风险。

(3) 必须订立书面劳动合同。签订书面合同,避免支付两倍工资的风险。书面形式具体包括合同书、信件和数据电文(包括电传、传真、电子数据和电子邮件)等可以有形地表现所载内容的形式,其他形式达成的合同具有一定的风险:传真件便于伪造;电子邮件容易篡改;口头协议空口无凭,不利于保存。同时,在发生纠纷后,在诉讼程序中,这些证据证明力弱,不能作为直接证据使用,需用其他证据予以佐证。因此,用人单位最好和劳动者签订书面的劳动合同文本。

(4) 劳动合同文本应及时送达劳动者。劳动合同由用人单位与劳动者协商一致,并经用人单位与劳动者在劳动合同文本上签字或者盖章生效。劳动合同文本由用人单位和劳动者各执一份。用人单位单方持有劳动合同,或者虽给劳动者持有一份,但未保留送达证据的,都可能具有法律风险。因此,劳动合同文本必须给劳动者持有一份,并且应当有劳动者的签收证据。

(5) 劳动者不签劳动合同的风险防范。劳动合同包括非全日制用工的劳动合同都要采用书面形式,如果劳动者不愿意签订劳动合同,用人单位超过 1 个月还在用工就是违法了,将面临承担不签订书面劳动合同的责任的严重后果。用人单位应在 1 个月内书面通知劳动者来签订合同,劳动者不愿意签的,用人单位就应当书面通知劳动者终止劳动关系,在这种情况下用人单位不用支付经济补偿金,但需按实际工作时间向劳动者支付劳动报酬;如超过 1 个月才终止,则要支付两倍工资及经济补偿金。

(6) 无固定期限劳动合同签订的风险防范。劳动者符合订立无固定期限劳动合同条件的,用人单位不得拒绝订立无固定期限劳动合同,否则需每月支付两倍工资。如劳动者主动提出或者同意订立固定期限劳动合同,用人单位应当保留书面提出的相关证据。

(7) 避免劳动合同无效。劳动合同无效,对于用人单位来说也是弊多利少,建议用人单位认真审查劳动合同文本,杜绝无效劳动合同或条款,避免遭受不必要的损失。

(8) 避免劳动合同条款模糊。劳动合同条款约定不明会给用人单位留下不确定的风险。劳动合同对劳动报酬和劳动条件等标准约定不明确,引发争议的,用人单位与劳动者可以重新协商;协商不成的,适用集体合同规定;没有集体合同或者集体合同未规定劳动报酬的,实行同工同酬;没有集体合同或者集体合同未规定劳动条件等标准的,使用国家有关规定。劳动合同是确定用人单位与员工之间权利义务关系的凭证,同时也是处理劳动争议的重要证据。

(9) 订立劳动合同,不能扣押劳动者身份证和工资作为押金等。

(10) 按时缴交社会保险。不给职工缴纳社会保险,不但职工有权提出解除劳动合同,而且还涉及劳动监察及稽查的问题。也不要将应当为职工缴纳的社会保险直接支付给劳动者。劳动者有可能在入职的时候明确表示,不需要公司缴纳保险,也不愿意缴纳保险,并希望企业将由职工本人缴纳的保险费用支付给职工。公司如果照做,这种做法是完全错误的,这是规避国家法律的规定,若将保险个人的费用支付给职工,如果劳动者举报或者劳动行政部门查处,用人单位要重新缴交。

职工个人拒绝缴纳社会保险的,企业要保留证据。对于无法办理保险的职工最好不要录用,如果实在需要录用的,最好是让职工自己写个说明,证明并不是企业不给职工缴纳保险,是由于职工个人保险没有转出,企业无法转入或职工个人保险中断,如产生纠纷,也与企业无关,同时,最好尝试向社保部门办理申请,保留社保无法办理的相关证明资料。对于自己主动放弃缴纳保险的职工,最好不要录用或正常缴纳保险,无论双方是否存在协议,都属于违反国家强制性规定,即使约定也是无效的。

二、常见约定条款管理

(一) 法律规则

1. 核心法条

《中华人民共和国劳动合同法》

第十九条　劳动合同期限三个月以上不满一年的,试用期不得超过一个月;劳动合同期限一年以上不满三年的,试用期不得超过二个月;三年以上固定期限和无固定期限的劳动合同,试用期不得超过六个月。

同一用人单位与同一劳动者只能约定一次试用期。

以完成一定工作任务为期限的劳动合同或者劳动合同期限不满三个月的，不得约定试用期。

试用期包含在劳动合同期限内。劳动合同仅约定试用期的，试用期不成立，该期限为劳动合同期限。

第二十条 劳动者在试用期的工资不得低于本单位相同岗位最低档工资或者劳动合同约定工资的百分之八十，并不得低于用人单位所在地的最低工资标准。

第二十一条 在试用期中，除劳动者有本法第三十九条和第四十条第一项、第二项规定的情形外，用人单位不得解除劳动合同。用人单位在试用期解除劳动合同的，应当向劳动者说明理由。

第二十二条 用人单位为劳动者提供专项培训费用，对其进行专业技术培训的，可以与该劳动者订立协议，约定服务期。

劳动者违反服务期约定的，应当按照约定向用人单位支付违约金。违约金的数额不得超过用人单位提供的培训费用。用人单位要求劳动者支付的违约金不得超过服务期尚未履行部分所应分摊的培训费用。

用人单位与劳动者约定服务期的，不影响按照正常的工资调整机制提高劳动者在服务期期间的劳动报酬。

第二十三条 用人单位与劳动者可以在劳动合同中约定保守用人单位的商业秘密和与知识产权相关的保密事项。

对负有保密义务的劳动者，用人单位可以在劳动合同或者保密协议中与劳动者约定竞业限制条款，并约定在解除或者终止劳动合同后，在竞业限制期限内按月给予劳动者经济补偿。劳动者违反竞业限制约定的，应当按照约定向用人单位支付违约金。

第二十四条 竞业限制的人员限于用人单位的高级管理人员、高级技术人员和其他负有保密义务的人员。竞业限制的范围、地域、期限由用人单位与劳动者约定，竞业限制的约定不得违反法律、法规的规定。

在解除或者终止劳动合同后，前款规定的人员到与本单位生产或者经营同类产品、从事同类业务的有竞争关系的其他用人单位，或者自己开业生产或者经营同类产品、从事同类业务的竞业限制期限，不得超过二年。

第二十五条 除本法第二十二条和第二十三条规定的情形外，用人单位不得与劳动者约定由劳动者承担违约金。

《中华人民共和国劳动合同法实施条例》

第十五条 劳动者在试用期的工资不得低于本单位相同岗位最低档工资的

80%或者不得低于劳动合同约定工资的80%，并不得低于用人单位所在地的最低工资标准。

第十六条　劳动合同法第二十二条第二款规定的培训费用，包括用人单位为了对劳动者进行专业技术培训而支付的有凭证的培训费用、培训期间的差旅费用以及因培训产生的用于该劳动者的其他直接费用。

《中华人民共和国劳动法》

第九十九条　用人单位招用尚未解除劳动合同的劳动者，对原用人单位造成经济损失的，该用人单位应当依法承担连带赔偿责任。

《中华人民共和国劳动合同法》

第九十一条　用人单位招用与其他用人单位尚未解除或者终止劳动合同的劳动者，给其他用人单位造成损失的，应当承担连带赔偿责任。

《最高人民法院关于审理劳动争议案件适用法律问题的解释(一)》

第二十七条　用人单位招用尚未解除劳动合同的劳动者，原用人单位与劳动者发生的劳动争议，可以列新的用人单位为第三人。

原用人单位以新的用人单位侵权为由提起诉讼的，可以列劳动者为第三人。

原用人单位以新的用人单位和劳动者共同侵权为由提起诉讼的，新的用人单位和劳动者列为共同被告。

第三十六条　当事人在劳动合同或者保密协议中约定了竞业限制，但未约定解除或者终止劳动合同后给予劳动者经济补偿，劳动者履行了竞业限制义务，要求用人单位按照劳动者在劳动合同解除或者终止前十二个月平均工资的30%按月支付经济补偿的，人民法院应予支持。

前款规定的月平均工资的30%低于劳动合同履行地最低工资标准的，按照劳动合同履行地最低工资标准支付。

第三十七条　当事人在劳动合同或者保密协议中约定了竞业限制和经济补偿，当事人解除劳动合同时，除另有约定外，用人单位要求劳动者履行竞业限制义务，或者劳动者履行了竞业限制义务后要求用人单位支付经济补偿的，人民法院应予支持。

第三十八条　当事人在劳动合同或者保密协议中约定了竞业限制和经济补偿，劳动合同解除或者终止后，因用人单位的原因导致三个月未支付经济补偿，劳动者请求解除竞业限制约定的，人民法院应予支持。

第三十九条　在竞业限制期限内，用人单位请求解除竞业限制协议的，人民法院应予支持。

在解除竞业限制协议时,劳动者请求用人单位额外支付劳动者三个月的竞业限制经济补偿的,人民法院应予支持。

第四十条 劳动者违反竞业限制约定,向用人单位支付违约金后,用人单位要求劳动者按照约定继续履行竞业限制义务的,人民法院应予支持。

2. 规则解读

(1) 试用期的约定和管理。

试用期是劳动者和用人单位进一步相互考察的阶段,对用人单位而言,是对招聘的劳动者进行全方面考核的阶段,如果不合格,用人单位可以解除劳动合同;对劳动者而言,也是考察用人单位是否适合自己发展的阶段,以便劳动者最终作出选择。为了规范试用期的约定,《劳动法》和《劳动合同法》对此作出许多规定。

① 试用期的期限。试用期的期限和劳动合同期成正比,即劳动合同期越长,试用期也就越长,反之亦然。劳动合同期限 3 个月以上不满 1 年的,试用期不得超过 1 个月;劳动合同期限 1 年以上不满 3 年的,试用期不得超过 2 个月;3 年以上固定期限和无固定期限的劳动合同,试用期不得超过 6 个月。以完成一定工作任务为期限的劳动合同或者劳动合同期限不满 3 个月的,不得约定试用期。

② 试用期的次数。同一用人单位与同一劳动者只能约定一次试用期。

③ 试用期和劳动合同期限的关系。试用期包含在劳动合同期限内。劳动合同仅约定试用期的,试用期不成立,该期限为劳动合同期限。

④ 试用期的工资。劳动者在试用期的工资不得低于本单位相同岗位最低档工资或者劳动合同约定工资的 80%,并不得低于用人单位所在地的最低工资标准。

⑤ 试用期劳动合同的解除。对于劳动者而言,只需提前 3 天即可解除劳动关系,而对于用人单位而言,除劳动者有《劳动合同法》第 39 条和第 40 条第 1 项、第 2 项规定的情形外,用人单位不得解除劳动合同。用人单位在试用期解除劳动合同的,应当向劳动者说明理由。即用人单位要说明解除劳动关系的事实依据和法律依据,不能像劳动者那样随意解除劳动合同。

(2) 服务期、培训约定及违约金条款限制的管理。

① 约定服务期的情形。用人单位为劳动者提供专项培训费用,对其进行专业技术培训的,可以与该劳动者订立协议,约定服务期。

劳动合同解除、终止,导致服务期未满的,是否可以认定劳动者违反约定,应当按照约定向用人单位支付违约金?由于劳动合同解除、终止的情形多种,原因多样,应当区分不同情形、不同原因,认定劳动合同解除、终止的责任。因用人单位原因导致劳动合同解除、终止的,以及因劳动者主体消灭而导致劳动合同终止的,应当免除劳动者的服务期责任。比如,符合劳动者单方当即解除情形的,由于该解除行为是基于用人单位的违法违约行为,虽然劳动关系因劳动者提出而结束,但劳动者负有的服务期义务也应当免除。用人单位不存在过错的劳动合同解除、终止,则不能免除劳动者的服务期责任,即便该解除行为由用人单位作出。比如,符合用人单位单方当即解除情形的,由于该解除行为是基于劳动者的主观过失行为,虽然劳动关系因用人单位提出而结束,但劳动者负有的服务期义务也不能免除,劳动者应当按照约定向用人单位支付违约金。

② 用人单位可约定由劳动者承担违约金的情形。设立违约金的法定情形只有两种:违反服务期约定和违反竞业限制协议。用人单位为劳动者提供专项培训费用,对其进行专业技术培训的,可以与该劳动者订立协议,约定服务期。对负有保密义务的劳动者,用人单位可以在劳动合同或者保密协议中与劳动者约定竞业限制条款,并约定在解除或者终止劳动合同后,在竞业限制期限内按月给予劳动者经济补偿。劳动者违反竞业限制约定的,应当按照约定向用人单位支付违约金。

③ 违约金支付的数额。劳动者违反服务期约定的,应当按照约定向用人单位支付违约金。违约金的数额不得超过用人单位提供的培训费用,具体而言,用人单位要求劳动者支付的违约金不得超过服务期尚未履行部分所应分摊的培训费用。

(3) 保密协议和竞业限制的约定。

① 约定的形式。用人单位与劳动者可以在劳动合同中或专门的保密协议中约定保守用人单位的商业秘密和与知识产权相关的保密事项,单独的竞业限制协议可能导致协议无效。

竞业限制事务处理&员工对企业承担的赔偿责任

② 适用的对象。承担竞业限制义务的员工只限于企业高级人员和其他有条件接触企业商业秘密的人员,与这部分人员之外的员工订立的竞业限制条款无效。

③ 期限。保密期限可能是终身的,但竞业限制期限不得超过2年。

④ 违约金的标准。要合理约定竞业限制补偿金和违约金标准,法律没有规定竞业限制补偿金的标准,可由双方进行约定,但需注意合理性的问题。

⑤ 经济补偿金的标准。劳动者和用人单位可以约定经济补偿金的数额;当事人在劳动合同或者保密协议中约定了竞业限制,但未约定解除或者终止劳动合同后给予劳动者经济补偿,劳动者履行了竞业限制义务的,有权要求用人单位按照劳动者在劳动合同解除或者终止前12个月平均工资的30%按月支付经济补偿。

（二）实务操作

1. 试用期的实务操作

（1）用人单位不得以口头或其他形式约定试用期而不签订正式劳动合同。实务中,很多用人单位习惯以口头或其他形式与劳动者约定试用期,但不签订正式劳动合同。这种口头或其他形式与劳动者约定的试用期满后,用人单位认为当劳动者不符合录用条件时,就可以解除劳动关系并不予赔偿,其实该做法是违反法律规定的。《劳动合同法》第19条第4款规定:“试用期包含在劳动合同期限内。劳动合同仅约定试用期的,试用期不成立,该期限为劳动合同期限。”《劳动合同法》施行后,如果用人单位还仅仅是在入职登记表或员工手册中载明试用期,而不与劳动者签订正式的书面劳动合同,将面临很大的法律风险。首先,入职登记表或员工手册中载明试用期无效,视为无试用期。其次,不签订正式的书面劳动合同超过1个月不满1年的,用人单位应当向劳动者每月支付两倍工资;若满1年,则同时视为用人单位与劳动者已签订无固定期限劳动合同。

（2）用人单位不得违法约定试用期次数、期限等。以下情形均属违法:用人单位约定的试用期超过法律规定的最长期限;同一用人单位与劳动者重复约定试用期;用人单位在以完成一定工作任务为期限的劳动合同中或者期限不满3个月的劳动合同中约定试用期;用人单位在劳动合同中仅约定试用期或者劳动合同期限与试用期相同。

（3）试用期内要缴纳社会保险。实践中,很多用人单位试用期内不给员工缴纳社会保险费,劳动者也常常误认为试用期内用人单位可以不缴纳社会保险费,导致自己的合法权益受到损害,用人单位这种做法违反了法律的强制性规定,可能要承担较大的法律风险。《工伤保险条例》第62条规定:“用人单位依照本条例规定应当参加工伤保险而未参加的,由社会保险行政部门责令限期参加,补缴应当缴纳的工伤保险费,并自欠缴之日起,按日加收万分之五的滞纳金;逾期仍不缴纳的,处欠缴数额1倍以上3倍以下的罚款。依照本条例规定应当参加工伤保险而未参加工伤保险的用人单位职工发生工伤的,由该用人单位按照本条例规定的工伤保险待遇项目和标准支付费用。用人单位参加工伤保险并补缴应当缴纳的工伤保险费、滞纳金后,由工伤保险基金和用人单位依照本条例的规定支付新发生的费用。”

（4）试用期工资约定要合法。试用期内以低于用人单位所在地的最低工资标准的工资使用新员工是违法的。劳动者在试用期的工资不得低于本单位相同岗位最低档工资或者劳动合同约定工资的80%,并不得低于用人单位所在地的最低工资标准。

（5）试用期要签订劳动合同。试用期包含在劳动合同期限内,也就是说约定试用期的前提是必须先签订劳动合同并明确劳动合同期限,所以企业不能先试用合格后才签订劳动合同,如试用期不签合同,超过1个月企业将面临未签订书面劳动合同的严重法律后果。

2. 竞业限制约定的实务操作

(1) 竞业限制属于法律授权给企业在劳动合同或保密协议中约定的条款,劳动合同中如无约定,在法律上即可以视为劳动者不承担竞业限制义务。竞业限制条款只可以在劳动合同或保密协议中进行约定,单独的竞业限制协议可能导致协议无效。

(2) 承担竞业限制义务的员工只限于企业高级人员和其他有条件接触企业商业秘密的人员,与这部分人员之外的员工订立的竞业限制条款无效。

(3) 超过2年的竞业限制期限无效。

(4) 合理约定竞业限制补偿金和违约金标准,法律没有规定竞业限制补偿金的标准,可由双方进行约定,但需注意合理性的问题。

(5) 制作完善周密的竞业限制协议,保护用人单位的利益。

(6) 竞业限制补偿必须在解除或者终止劳动合同后支付,不能约定包含在工资中;竞业限制补偿金必须在竞业限制期限内支付,支付周期为每月支付一次。

(三) 风险防范

1. 试用期的风险防范

(1) 用人单位与劳动者订立劳动合同时要严格按照法律的规定约定试用期期限;

(2) 与同一劳动者只能约定一次试用期,不得重复约定。

(3) 避免签订单独的试用合同,否则,不仅达不到约定试用期的目的,反而白白浪费了一次签订固定期限劳动合同的机会(连续两次订立固定期限劳动合同的,需订立无固定期限劳动合同)。

(4) 试用期工资必须严格遵守法律法规要求的标准,也要缴交社会保险。

(5) 试用期间,用人单位解除劳动关系必须有充分证据证明员工不符合录用条件,且要严格按照法定程序办理。

2. 竞业限制风险防范

劳动者如需承担竞业限制义务,应在劳动合同中与该员工约定竞业限制条款,或单独订立保密协议。在约定竞业限制条款时,一定要符合法律、法规的规定,不得与法律、法规相抵触。竞业限制的期限不得超过2年,范围约定要合理,同时要按照约定按月支付经济补偿。

3. 技术培训风险防范

有选择性地为员工技术培训提供出资;合理约定服务期,依法在服务期协议中约定违约金。对专项培训订立服务期协议的,用人单位应提供证据证明提供的培训是专项培训;保留培训发票,该发票应当是具有培训资格的培训单位或者学校出具的,而不是用人单位自己开具的。用人单位还应当保存劳动者在服务期内违约解除劳动合同的证据。

(四)典型案例分析

李某于2019年进入甲公司,担任保安,双方签订的保密协议中约定,鉴于李某知悉的甲公司商业秘密具有重要影响,李某在聘用关系终止后两年内,不得与甲公司客户单位发生同类业务往来;不得到与甲公司有竞争关系的单位就职;不得自办与甲公司有竞争关系的同类产品或者从事与甲公司商业、技术秘密有关的产品生产等。甲公司在李某信守义务的情况下,向李某支付竞业限制补偿金;另外,双方还对违约责任等进行了相应约定。2021年12月7日,李某与甲公司解除了劳动合同。2022年2月9日,甲公司申请劳动仲裁,要求李某承担违约责任,理由是李某到乙公司工作违反了双方之间的竞业限制约定。李某认为其与甲公司之间的竞业限制约定无效,故其不用承担违约责任。

本案的争议焦点在于李某与甲公司之间签订的竞业限制约定是否有效。对此,有两种观点:第一种观点认为双方的竞业限制约定有效。理由在于:李某与甲公司签订的竞业限制约定是双方劳动合同的组成部分,因此,对该约定的效力审查应适用《劳动合同法》第26条的规定,而该约定并无《劳动合同法》第26条规定的三种情形之一,因此,双方的竞业限制约定有效。第二种观点认为双方签订的竞业限制约定无效。理由在于:虽然李某与甲公司在保密协议中约定李某知悉甲公司的商业秘密,但在审理过程中甲公司并未证明其公司存在商业秘密,而且该秘密为李某所知晓,因此,双方的竞业限制约定无效。

【案例评析】

李某在甲公司担任保安,并不属于高级管理人员、高级技术人员之列,但其与甲公司签订有保密协议,那么其是否属于其他负有保密义务的人员?对此,虽然李某与甲公司签有保密协议,并在保密协议中约定李某知悉甲公司的商业秘密,但从该保密协议中并不能看出李某知晓甲公司何种商业秘密以及甲公司存在商业秘密,因此,仍需由甲公司举证证明其公司存在商业秘密,且该商业秘密为李某所知晓,但其未能举证证明,故其应承担举证不能的法律后果。据此,由于甲公司限制李某的自由择业权无正当理由,甲公司与李某之间的竞业限制约定无效。同时,甲公司没有向李某支付经济补偿,李某无须向甲公司承担违约责任。

三、劳动关系的变更

(一) 法律规则

1. 核心法条

《中华人民共和国劳动合同法》

第三十五条　用人单位与劳动者协商一致,可以变更劳动合同约定的内容。变更劳动合同,应当采用书面形式。

变更后的劳动合同文本由用人单位和劳动者各执一份。

《最高人民法院关于审理劳动争议案件适用法律问题的解释(一)》

第四十二条　用人单位与劳动者协商一致变更劳动合同,虽未采用书面形式,但已经实际履行了口头变更的劳动合同超过一个月,变更后的劳动合同内容不违反法律、行政法规且不违背公序良俗,当事人以未采用书面形式为由主张劳动合同变更无效的,人民法院不予支持。

---

2. 规则解读

(1) 用人单位可以变更劳动合同的条件。

订立劳动合同时所依据的法律、法规修改或废止,或者用人单位根据市场变化决定转产或调整生产任务,或者劳动合同订立时所依据的客观情况发生重大变化等原因的发生导致劳动合同无法按照约定的要求进行履行,但不需要或不必解除劳动关系时,用人单位与劳动者通过协商一致,可以变更合同的期限、工作内容、工作地点、劳动报酬等内容。根据《劳动合同法》第35条的规定,变更劳动合同,必须具备三个条件:经双方协商一致(未取得对方当事人同意,单方强行变更劳动合同无效,单方变更的一方构成违约,应承担违约责任);应当采用书面形式;变更后的劳动合同文本由用人单位和劳动者各执一份。但是,《劳动争议司法解释(一)》对变更的形式作出新的规定,变更劳动合同采取口头形式,但符合以下条件的,变更也是有效的:已经实际履行,且履行超过1个月;变更后的劳动合同内容不违反法律、行政法规且不违背公序良俗。

(2) 劳动合同变更的情形。

劳动合同变更既可以是劳动者变更,也可以是用人单位变更,但主要还是用人单位变更劳动合同。实践中,劳动合同变更事由主要有调岗、调薪,由此引发争议。根据有关规定,用人单位可以变更劳动合同的情形如下:

① 用人单位与员工就调整工作岗位协商一致。在实际操作时,用人单位要按《劳动合同法》第35条的规定取得劳动者的书面同意。如未采用书面形式变更,但已经实际履行了口头变更的劳动合同超过1个月,且变更后的劳动合同内容不违反法律、行政法规且不违背公序良俗,其变更也是有效的。

② 劳动者患病或非因工负伤,在规定的医疗期满后不能从事原工作,用人单位可以与劳动者协商调整其岗位、职位与劳动报酬。

③ 劳动者不能胜任工作,用人单位可以与劳动者协商调整其岗位、职位与劳动报酬。

④ 劳动合同订立时所依据的客观情况发生重大变化、致使劳动合同无法履行,用人单位对包括工作岗位在内的劳动合同内容进行变更的,需与员工协商一致。

⑤ 女性在工作期间怀孕,而其从事的工作是容易引起流产、早产、畸胎等特殊岗位作业,用人单位应主动或应女职工要求暂时调整工作岗位或酌情减轻工作量,怀孕女工确实因怀孕而不能胜任原劳动的,用人单位也应安排其他劳动,因此调整女员工工作岗位的不得降低其原工资福利待遇。

(3) 违法变更的法律后果。

用人单位擅自调整员工的工作岗位或降低工资报酬的,属于未按劳动合同的约定提供劳动条件或未及时足额支付劳动报酬,劳动者有权要求解除合同、要求支付工资差额,同时用人单位应向劳动者支付经济补偿金。如劳动者不服从调岗调薪,用人单位因此解除劳动合同的,属于违法解除,劳动者有权利要求继续履行原劳动合同或要求相当于双倍经济补偿的赔偿金。

(二) 实务操作及风险防范

绩效考核[1]

(1) 用人单位变更劳动合同尽量和劳动者协商一致,不可擅自单方面解除劳动合同。如果无法协商一致,变更的原因是劳动者无法胜任工作,或者患病或非因工负伤,在规定的医疗期满后不能从事原工作,用人单位要提供相应的证据,为此需要制定详细的绩效考核制度以及工资报酬制度,对劳动者平时的表现进行详实的书面记载,以便提出相应的证据,否则即使用人单位变更劳动合同的确有道理,但没有证据证明其变更的合理性,在劳动争议仲裁和诉讼中可能要面临败诉的风险。因此,用人单位若与员工协商一致,便可对员工进行调岗、调薪。用人单位对员工的岗位、劳动报酬进行调整,一般要先与

① 关于绩效考核问题,请扫码学习在线课程有关内容。

员工协商,但即便如此,双方并不总是能够达成一致,在这种情况下,用人单位若要单方面对员工进行调岗变薪,就必须要证明调岗变薪具有合理性。劳动者不能胜任工作的,用人单位可以适当地调整其工作岗位,这种情形下岗位的变更可不经劳动者同意,属于用人单位的用工自主权,但用人单位应当提出劳动者不能胜任工作的事实和证据。

(2) 用人单位若要单方面对员工进行调岗变薪,通常要注意以下几点:制定岗位说明书,明确岗位职责;在劳动合同中约定用人单位有权在特定情况下,对员工的岗位、劳动报酬进行调整;在规章制度中进一步明确何种情况下用人单位可以对员工的岗位、劳动报酬进行调整;制定详细的绩效考核制度以及工资报酬制度。

(3) 变更劳动合同尽量采取书面形式。

(三) 典型案例分析

以下是某企业与某劳动者签订的劳动合同,请依据《劳动法》《劳动合同法》等有关规定,以公司法律顾问的视角,审查其合法性,并提出修改意见。

劳动合同书

甲方:××××企业　　　　乙方:×× 女 23 岁

一、甲乙双方经过协商,暂定一年试用期。试用期满,经过甲方的考核,对乙方予以转正,并录用为职工,确定正式合同期,实行劳动合同制;经过甲方考核,未能通过试用期考核的,试用期自动延长 3 个月。

本合同期满,甲、乙双方同意续订劳动合同的,本条款继续适用。

二、在试用期内,任何一方解除劳动合同均需提前 7 天通知对方。

三、在试用期内乙方的劳动报酬按本市最低生活保障标准执行。甲方承诺,在合同期内乙方的全部劳动报酬的总和不低于国家劳动行政部门规定的最低工资标准。

四、乙方到甲方工作,实行内部承包,需交 500 元承包抵押金,劳动合同终止时予以退还。

五、职工工资采用计件制形式,每月结算一次,平时支付工资的 80%,余额在年终结清。

六、甲方保证乙方每月工作 25 天,在 25 天内因甲方原因使乙方停工的,甲方每天补助人民币5元。

七、甲方因工作需要,经与工会协商后,有权安排乙方加班,乙方如果拒绝,将被视为旷工,受到违纪制裁。

八、在合同期内,职工患病或非因工负伤,可按本企业的规章制度报销医疗费,需要停工治疗的,甲方根据其在本单位工作时间的长短,给予3个月至1年的医疗期,医疗期满后,如因不能从事原工作,甲方可以解除劳动合同,甲方将发给相当于本人标准工资1个月至6个月的医疗补助费。

九、甲方将为乙方购买商业保险,双方商定不再参加国家的各类保险。

十、甲方应按照国家规定,向乙方提供必要的劳动保护用品;乙方应遵守有关的规章制度,安全生产。如果乙方因违反操作规程而负伤,甲方将按非因工负伤的有关规定,给予补偿和处理。

十一、乙方在试用期和合同期内应当遵守有关的劳动纪律,服从甲方的管理和指挥,违反劳动纪律的,按《企业职工奖惩条例》和本企业的规章制度处理。

十二、在合同期内,如果乙方被证明不符合录用条件或不能胜任工作,甲方可以解除劳动合同,甲方将按乙方在甲方的工作年限每满1年发给1个月工资的经济补偿金,但最高不超过乙方12个月的工资收入。

十三、在合同期内,如果本合同订立时的客观情况发生变化,如甲方转产、搬迁等,致使本合同无法履行的,甲方可以解除劳动合同,甲方将按乙方在甲方的工作年限每满1年发给1个月工资的经济补偿金。

十四、在合同期内,如果乙方患职业病或因工负伤,被确认为完全丧失或者大部分丧失劳动能力,在甲方按法律规定支付了伤残就业补助金后,劳动合同自然终止。

十五、在合同期内,发生甲方破产、解散或者被撤销情况的,劳动合同自然终止。

十六、在合同期内,未经甲方同意,乙方不得结婚,违者将不得享受有关的婚假和生育假期。违反本条规定的,甲方有权解除劳动合同,年终工资将不予结算,乙方的承包抵押金将不予退还。

十七、乙方提前离职,应交纳在岗期间的培训费,按工资的10%计算。

十八、除第七条、第十一条、第十六条的规定,任何一方,无论以哪一种理由要求解除劳动合同,都必须提前15日向对方提出,并取得对方的同意。

十九、乙方在甲方看到、听到、接触到的均为企业的商业秘密,为保护企业的商业秘密,乙方解除劳动合同,必须提前6个月通知甲方,甲方有权在此期间采取脱密措施。同时在劳动合同结束后的4年中,乙方不得以任何借口为理由,到同行业的其他企业工作。

二十、本合同自签字之日起生效,双方都必须严格执行。任何一方违反上述规定,均需向对方支付3个月的劳动报酬作为违约金。

甲方:××××企业(盖章)　　　　　　　　法定代表人:××(签字)

签字日期:××××年××月××日

乙方:××(签字)

【解析】

1. 错误一:试用期1年。

理由:试用期最长不得超过6个月。

依据:《劳动合同法》第19条。

错误二:试用期满,确定正式合同期。

理由:试用期应包括在合同期限内。当事人仅约定试用期的,试用期不成立,该期限即为劳动合同期限。

依据:《关于贯彻执行〈中华人民共和国劳动法〉若干问题的意见》第18条;《劳动合同法》第19条。

错误三:试用期满考核不合格,自动延长3个月。

理由:试用期最长不得超过6个月,劳动者在试用期内被证明不符合录用条件的,用人单位可以解除劳动合同。

依据:《劳动合同法》第19条、第21条。

错误四:合同期满,双方当事人同意续订劳动合同的,试用期条款继续适用。

理由:续订劳动合同不得约定试用期。

依据:《劳动合同法》第19条。

2. 错误:试用期内,任何一方解除合同均需提前7天通知对方。

理由:试用期间劳动者被证明不符合录用条件的,用人单位可以随时与劳动者解除劳动合同;劳动者可以在试用期内随时解除劳动合同。

依据:《劳动合同法》第21条、第37条。

3. 错误一:试用期内乙方的劳动报酬按本市最低生活保障标准执行。

理由:试用期在合同期内,故试用期内的工资不能低于当地最低工资标准。

错误二:合同期内乙方的全部劳动报酬总和不低于最低工资标准。

理由:最低工资应剔除加班费、中夜班费、特殊工种津贴等不应列入最低工资的其他收入。

依据:《劳动合同法》第20条。

4. 错误:乙方应交500元承包抵押金。

理由:企业不能以任何形式向劳动者收取定金、保证金或抵押金,本合同中名义上是承包抵押金,实际上是在劳动合同解除时扣除,用于调整劳动关系。职工实行计件工资制,不承担经营风险,不应规定抵押金。

依据:《关于贯彻执行〈中华人民共和国劳动法〉若干问题的意见》第24条;《劳动合同法》第9条。

5. 错误:平时支付乙方工资的80%,余额在年终结清。

理由:工资应当按月支付,每月工资的20%年终支付,实际上是无故拖欠工资。

依据:《劳动法》第50条。

6. 错误一:每月工作25天。

理由:实行计件工时制,应按标准工时制确定工作时间,即按每周工作40个小时,每月的工作时间应为20.83天,超出部分应计算为延长工时。

依据:《劳动法》第36条。

错误二:在25天工作日内,因企业原因停工的,每天补助5元人民币。

理由:非劳动者原因造成停工、停产,在一个工资支付周期内(本案中应为月)应按正常工资折算支付;超出1个月也应按待工办法处理,每天5元低于待工标准。

7. 错误:甲方安排加班,与工会协商即可,如劳动者拒绝,视为旷工。

理由:单位由于工作需要,经与工会和劳动者协商后可以延长工作时间,除非发生《劳动法》第42条的情形,争得劳动者同意是企业决定延长工作时间的程序,企业违反法律、法规强迫劳动者延长工作时间的,劳动者有权拒绝。

依据:《劳动法》第41条、第42条;《关于贯彻执行〈中华人民共和国劳动法〉若干问题的意见》第71条。

8. 错误一:在合同期内,职工患病或非因工负伤,可享受一定的医疗期。

理由:合同中的乙方在试用期间也应享受职工医疗期待遇。

错误二:乙方的医疗期按本企业工作时间长短计算。

理由: 停工医疗期应按累计工作年限和本企业工作时间长短计算。

错误三:乙方的医疗期为3个月到1年。

理由:职工的医疗期为3—24个月。

错误四:乙方医疗期满后,不能从事原工作的,甲方可以解除劳动合同。

理由:职工医疗期满后解除劳动合同应符合“不能从事原工作也不能从事由用人单位另行安排的工作”的条件。

依据:《劳动合同法》第40条。

错误五:甲方解除劳动合同后发给1—6个月的医疗补助金。

理由:医疗补助费应不低于6个月的工资。用人单位还应按其在本单位工作年限,每满1年发给相当于1个月的经济补偿金。

依据:《劳动合同法》第47条。

9. 错误:双方商定,不参加国家规定的各类保险。

理由:用人单位与劳动者必须依法参加社会保险,缴纳社会保险费。

依据:《劳动法》第72条。

10. 错误:因乙方违反操作规程受伤,甲方按非因工负伤给予补偿、处理。

理由:工伤实行无过错责任原则,乙方违反操作规程的,仍应享受工伤待遇。用人单位不得解除劳动合同。

11. 错误:乙方应当遵守有关的劳动纪律,服从甲方的管理和指挥,违反劳动纪律的,按《企业职工奖惩条例》和本企业的规章制度处理。

理由:劳动者对用人单位管理人员违章指挥、强令冒险作业,有权拒绝执行;对危害生命安全和身体健康的行为,有权提出批评、检举和控告。

《企业职工奖惩条例》是计划经济下对国有企业适用的行政法规,私营企业无权用行政手段处理职工,现已废止。

依据:《劳动法》第56条。

12. 错误一:在合同期内,乙方被证明不符合录用条件,甲方可以解除劳动合同。

理由:劳动者不符合录用条件只是试用期内单位解除劳动合同的理由,在正式合同期内,单位不能以此为由解除劳动合同。

依据:《劳动合同法》第39条。

错误二:乙方不能胜任工作,甲方可以解除劳动合同。

理由:劳动者不能胜任工作,经过培训或者调整工作岗位仍不能胜任工作的,用人单位才可以解除劳动合同。

依据:《劳动合同法》第40条。

13. 错误:在合同期内,如果合同订立时的客观情况发生变化,致使合同无法履行的,甲方可以解除劳动合同。

理由:在合同期内,如果合同订立时的客观情况发生变化,致使合同无法履行,经当事人协商不能就变更劳动合同达成协议的,单位可以解除劳动合同。

依据:《劳动合同法》第40条。

14. 错误:如果乙方患职业病或因工负伤,被确认为完全丧失或者大部分丧失劳动能力,在甲方按法律规定支付了伤残就业补助金后,劳动合同自然终止。

理由:劳动者患职业病或因工负伤,被确认为完全丧失或者大部分丧失劳动能力,用人单位不得终止劳动合同,但经劳动合同当事人协商一致,并且用人单位按照规定支付伤残就业补助金的,劳动合同也可以终止。

依据:《工伤保险条例》第36条、第37条;《劳动合同法》第42条、第36条。

15. 错误:甲方破产、解散或者被撤销的,劳动合同自然终止。甲方除支付职工的工资报酬外,不支付任何经济补偿金。

理由:因单位破产、解散或者被撤销而导致劳动合同终止的,用人单位应当根据劳动者在本单位的工作年限,每满1年发给1个月工资收入的经济补偿金。

依据:《劳动合同法》第46条。

16. 错误:未经甲方同意,乙方不得结婚,否则,不得享受假期和工资。

理由:乙方已符合我国《婚姻法》规定的结婚年龄,用人单位不得限制其结婚。国家规定的婚假、生育假用人单位不得违反。"年终工资将不予结算"实际上是克扣劳动者的工资。

依据:《劳动法》第50条。

17. 错误:乙方提前离职,应交纳在岗期间的培训费,按工资的10%计算。

理由:在岗是工作,不应承担培训费。乙方提前离职,只应缴纳甲方单位出资的非在岗培训费用,而且按约定的服务期递减缴纳,没有服务期按合同期递减缴纳,没有约定的按有关规定执行。

18. 错误:无论哪一方,解除合同都须提前15天提出,并取得对方同意。

理由:用人单位和劳动者都有权依法单方行使劳动合同解除权。劳动者按照《劳动法》第32条解除劳动合同可不必提前通知对方,无须取得企业同意,但以下情况除外:(1)给甲方造成经济损失未处理完毕;(2)审查未结案;(3)约定的服务期未满。反之,因乙方的过失,违纪、违法,企业也可随时解除劳动合同。如非因劳动者过失解除劳动合同,则必须提前30天通知对方。依法提前通知的期限是30天,而不是15天。

依据:《劳动法》第32条;《劳动合同法》第38条、第39条。

19. 错误一:乙方在甲方看到、听到、接触到的,均为商业秘密。

理由:商业秘密的特征是保密性、经济性、实用性,并不是职工所看到、听到、接触到的全部信息。

依据:《反不正当竞争法》第9条。

错误二:乙方解除劳动合同须提前6个月通知,解除后4年内不得以任何理由为借口,到同行业的其他企业工作。

理由:约定提前通知期与约定竞业限制,两种措施只能取一;竞业限制的期限最长不得超过2年;商业秘密进入公知状态后,保密条款、保密协议约定的内容自行失效;竞业限制的范围仅限于与原单位有竞争的业务,所以劳动者可以在商业秘密进入公知状态后到同行业其他企业工作,或者在竞业限制期限内到与原单位没有竞争业务的同行业企业工作。

依据:《劳动合同法》第23条、第24条。

20. 错误:任何一方违反上述规定,均需向对方支付3个月的劳动报酬作为违约金。

理由:只有违反服务期约定的、违反保守商业秘密约定的方可设定违约金。

依据:《劳动合同法》第22条、第23条、第25条。

21. 错误:劳动合同的条款有残缺,劳动合同中对合同期限和工作内容未作约定。

理由:合同期限与工作内容是劳动合同的必备条款。

依据:《劳动合同法》第17条。

第三节　离职管理法务

一、法律规则

员工的离职与风险防范

(一) 核心法条

《中华人民共和国劳动合同法》

第三十八条　用人单位有下列情形之一的,劳动者可以解除劳动合同:

(一) 未按照劳动合同约定提供劳动保护或者劳动条件的;

(二) 未及时足额支付劳动报酬的;

(三) 未依法为劳动者缴纳社会保险费的;

(四) 用人单位的规章制度违反法律、法规的规定,损害劳动者权益的;

(五) 因本法第二十六条第一款规定的情形致使劳动合同无效的;

(六) 法律、行政法规规定劳动者可以解除劳动合同的其他情形。

用人单位以暴力、威胁或者非法限制人身自由的手段强迫劳动者劳动的,或者用人单位违章指挥、强令冒险作业危及劳动者人身安全的,劳动者可以立即解除劳动合同,不需事先告知用人单位。

第三十九条　劳动者有下列情形之一的,用人单位可以解除劳动合同:

(一) 在试用期间被证明不符合录用条件的;

(二) 严重违反用人单位的规章制度的;

(三) 严重失职,营私舞弊,给用人单位造成重大损害的;

(四) 劳动者同时与其他用人单位建立劳动关系,对完成本单位的工作任务造成严重影响,或者经用人单位提出,拒不改正的;

(五) 因本法第二十六条第一款第一项规定的情形致使劳动合同无效的;

(六) 被依法追究刑事责任的。

第四十条 有下列情形之一的,用人单位提前三十日以书面形式通知劳动者本人或者额外支付劳动者一个月工资后,可以解除劳动合同:

(一) 劳动者患病或者非因工负伤,在规定的医疗期满后不能从事原工作,也不能从事由用人单位另行安排的工作的;

(二) 劳动者不能胜任工作,经过培训或者调整工作岗位,仍不能胜任工作的;

(三) 劳动合同订立时所依据的客观情况发生重大变化,致使劳动合同无法履行,经用人单位与劳动者协商,未能就变更劳动合同内容达成协议的。

第四十一条 有下列情形之一,需要裁减人员二十人以上或者裁减不足二十人但占企业职工总数百分之十以上的,用人单位提前三十日向工会或者全体职工说明情况,听取工会或者职工的意见后,裁减人员方案经向劳动行政部门报告,可以裁减人员:

(一) 依照企业破产法规定进行重整的;

(二) 生产经营发生严重困难的;

(三) 企业转产、重大技术革新或者经营方式调整,经变更劳动合同后,仍需裁减人员的;

(四) 其他因劳动合同订立时所依据的客观经济情况发生重大变化,致使劳动合同无法履行的。

裁减人员时,应当优先留用下列人员:

(一) 与本单位订立较长期限的固定期限劳动合同的;

(二) 与本单位订立无固定期限劳动合同的;

(三) 家庭无其他就业人员,有需要扶养的老人或者未成年人的。

用人单位依照本条第一款规定裁减人员,在六个月内重新招用人员的,应当通知被裁减的人员,并在同等条件下优先招用被裁减的人员。

第四十二条 劳动者有下列情形之一的,用人单位不得依照本法第四十条、第四十一条的规定解除劳动合同:

(一) 从事接触职业病危害作业的劳动者未进行离岗前职业健康检查,或者疑似职业病病人在诊断或者医学观察期间的;

(二) 在本单位患职业病或者因工负伤并被确认丧失或者部分丧失劳动能力的;

(三) 患病或者非因工负伤,在规定的医疗期内的;

(四) 女职工在孕期、产期、哺乳期的;

(五) 在本单位连续工作满十五年,且距法定退休年龄不足五年的;

(六) 法律、行政法规规定的其他情形。

第四十三条 用人单位单方解除劳动合同,应当事先将理由通知工会。用人单位违反法律、行政法规规定或者劳动合同约定的，工会有权要求用人单位纠正。用人单位应当研究工会的意见，并将处理结果书面通知工会。

第四十四条　有下列情形之一的，劳动合同终止：

（一）劳动合同期满的；

（二）劳动者开始依法享受基本养老保险待遇的；

（三）劳动者死亡，或者被人民法院宣告死亡或者宣告失踪的；

（四）用人单位被依法宣告破产的；

（五）用人单位被吊销营业执照、责令关闭、撤销或者用人单位决定提前解散的；

（六）法律、行政法规规定的其他情形。

第四十五条　劳动合同期满，有本法第四十二条规定情形之一的，劳动合同应当续延至相应的情形消失时终止。但是，本法第四十二条第二项规定丧失或者部分丧失劳动能力劳动者的劳动合同的终止，按照国家有关工伤保险的规定执行。

《最高人民法院关于审理劳动争议案件适用法律问题的解释（一）》

第四十七条　建立了工会组织的用人单位解除劳动合同符合劳动合同法第三十九条、第四十条规定，但未按照劳动合同法第四十三条规定事先通知工会，劳动者以用人单位违法解除劳动合同为由请求用人单位支付赔偿金的，人民法院应予支持，但起诉前用人单位已经补正有关程序的除外。

《中华人民共和国劳动合同法实施条例》

第二十条　用人单位依照劳动合同法第四十条的规定，选择额外支付劳动者一个月工资解除劳动合同的，其额外支付的工资应当按照该劳动者上一个月的工资标准确定。

第二十一条　劳动者达到法定退休年龄的，劳动合同终止。

第二十二条　以完成一定工作任务为期限的劳动合同因任务完成而终止的，用人单位应当依照劳动合同法第四十七条的规定向劳动者支付经济补偿。

第二十三条　用人单位依法终止工伤职工的劳动合同的，除依照劳动合同法第四十七条的规定支付经济补偿外，还应当依照国家有关工伤保险的规定支付一次性工伤医疗补助金和伤残就业补助金。

第二十四条　用人单位出具的解除、终止劳动合同的证明，应当写明劳动合同期限、解除或者终止劳动合同的日期、工作岗位、在本单位的工作年限。

第二十五条　用人单位违反劳动合同法的规定解除或者终止劳动合同，依照劳动合同法第八十七条的规定支付了赔偿金的，不再支付经济补偿。赔偿金的计算年限自用工之日起计算。

第二十六条 用人单位与劳动者约定了服务期,劳动者依照劳动合同法第三十八条的规定解除劳动合同的,不属于违反服务期的约定,用人单位不得要求劳动者支付违约金。

有下列情形之一,用人单位与劳动者解除约定服务期的劳动合同的,劳动者应当按照劳动合同的约定向用人单位支付违约金:

(一) 劳动者严重违反用人单位的规章制度的;

(二) 劳动者严重失职,营私舞弊,给用人单位造成重大损害的;

(三) 劳动者同时与其他用人单位建立劳动关系,对完成本单位的工作任务造成严重影响,或者经用人单位提出,拒不改正的;

(四) 劳动者以欺诈、胁迫的手段或者乘人之危,使用人单位在违背真实意思的情况下订立或者变更劳动合同的;

(五) 劳动者被依法追究刑事责任的。

第二十七条 劳动合同法第四十七条规定的经济补偿的月工资按照劳动者应得工资计算,包括计时工资或者计件工资以及奖金、津贴和补贴等货币性收入。劳动者在劳动合同解除或者终止前12个月的平均工资低于当地最低工资标准的,按照当地最低工资标准计算。劳动者工作不满12个月的,按照实际工作的月数计算平均工资。

(二) 规则解读

企业合法辞退员工的法律途径

1. 劳动合同解除类型、条件、情形

劳动合同解除包括协商解除、劳动者单方解除、用人单位单方解除等情形。

(1) 协商一致解除,包括两种情形:劳动者提出,并与用人单位协商一致解除劳动合同,以及用人单位提出,与劳动者协商一致解除劳动合同。

(2) 劳动者预告解除。劳动者解除劳动合同的,应提前30日以书面形式通知用人单位;劳动者在试用期内解除劳动合同的,应提前3日告知用人单位。这一规定的目的主要是保护劳动者的辞职权,维护劳动自主的权利。除满足提前30日书面通知的程序以外,对于劳动者提出辞职,没有任何其他条件的限制。但如果员工未履行提前书面通知义务就不辞而别,应当按照本单位考勤制度、奖惩制度按旷工处理。

(3) 劳动者单方解除劳动合同(推定性解雇)。用人单位有下列情形之一的,劳动者可以单方解除劳动合同:未按照劳动合同约定提供劳动保护或者劳动条件的;未及时足额支付劳动报酬的;未依法为劳动者缴纳社会保险费的;用人单位的规章制度违反法律、法规的规定，损害劳动者权益的；以欺诈、胁迫的手段或者乘人之危，使劳动者在违背真实意思的情况下订立或者变更劳动合同，致使劳动合同无效的；以暴力、威胁或者非法限制人身自由的手段强迫劳动者劳动的；违章指挥、强令冒险作业危及劳动者人身安全的；法律、行政法规规定劳动者可以解除劳动合同的其他情形。上述规定是为了保障劳动者的劳动报酬权、社会保险权和劳动安全卫生权而赋予劳动者随时通知用人单位解除劳动合同的权利。由于劳动者有正当理由而提出解除劳动合同，所以无须设立解除劳动合同的附加条件，只要随时通知用人单位即可解除劳动合同。

（4）用人单位单方面解除劳动合同（过失性辞退）。劳动者有下列情形之一的，用人单位可以单方解除劳动合同：在试用期间被证明不符合录用条件的；劳动者严重违反用人单位规章制度的；劳动者严重失职，徇私舞弊，给用人单位造成重大伤害的；劳动者同时与其他用人单位建立劳动关系，对完成本单位的工作任务造成严重影响，或者经用人单位提出，拒不改正的；劳动者以欺诈、胁迫的手段或者乘人之危，使用人单位在违背真实意思的情况下订立或者变更劳动合同，致使劳动合同无效的；劳动者被依法追究刑事责任的。

（5）用人单位预告解除（非过失性辞退），包括以下情形：因劳动者不能胜任工作或因客观原因致使劳动合同无法履行的，用人单位可以提前通知劳动者或支付代通知金而解除劳动合同。

（6）经济性裁员，指用人单位由于生产经营状态发生变化等经济方面的原因而出现劳动力过剩而大批裁员并以此作为改善生产经营状态的一种手段。经济性裁员要符合法律规定的条件和程序。

2. 用人单位不得预告解除、裁员及终止劳动合同的情形（禁止性条件）

（1）根据《劳动合同法》的规定，用人单位不得解除、预告解除劳动关系或经济性裁员的情形有：从事接触职业病危害作业的劳动者未进行离岗前职业健康检查，或者疑似职业病病人在诊断或者医学观察期间的；在本单位患职业病或者因工负伤并被确认丧失或者部分丧失劳动能力的；患病或者非因工负伤，在规定的医疗期内的；女职工在孕期、产期、哺乳期的；在本单位连续工作满 15 年，且距法定退休年龄不足 5 年的；法律、行政法规规定的其他情形。

（2）基层工会专职主席、副主席或者委员自任职之日起，其劳动合同期限自动延长，延长期限相当于其任职期间；非专职主席、副主席或者委员自任职之日起，其尚未履行的劳动合同期限短于任期的，劳动合同期限自动延长至任期期满。但是，任职期间个人严重过失或者达到法定退休年龄的除外。

（3）参与集体协商签订集体合同的职工协商代表在任期内，劳动合同期满的，用人单位原则上应当与其续签劳动合同至任期届满。

（4）用人单位不得终止伤残程度为 1—6 级的工伤职工的劳动合同。但是，伤残程度为5级或6级的,经工伤职工本人提出,该职工可以与用人单位解除或者终止劳动关系,由用人单位支付一次性工伤医疗补助金和伤残就业补助金。

3. 劳动合同的终止

劳动合同的终止指用人单位劳动合同法律效力的终止,也就是双方当事人之间劳动关系的终结,彼此之间原有的权利和义务关系不复存在。具体包括以下情形:劳动合同期满的;劳动者开始依法享受基本养老保险待遇的;劳动者死亡的;用人单位被依法宣告破产的;用人单位被吊销营业执照、责令关闭、撤销或者用人单位决定提前解散的;等等。

4. 用人单位解除和终止劳动合同的程序

(1) 用人单位有工会的,应当事先将理由通知工会。如用人单位违法解除,工会有权要求单位纠正,用人单位应当研究工会的意见,并将处理结果书面通知工会。如未事先通知工会,在劳动者起诉前又未补正,即使用人单位解除的理由合法,一旦劳动者主张解除违法,法院也会支持。

(2) 时间要求。用人单位依据《劳动合同法》第40条非过失性解除合同时,应提前30天通知或额外支付一个月代通知金。用人单位依据《劳动合同法》第41条经济性裁员时,应提前30天向工会或全体职工说明情况,听取工会或职工的意见后,将裁减人员方案向劳动行政部门报告方可裁减人员。

(3) 解除通知需送达给员工才能达到解除的效果。如出现无法直接送达的情形,应采取邮寄送达或公告送达等方式。

(4) 结算工资。劳动关系双方依法解除或终止劳动合同时,用人单位应在解除或终止劳动合同时一次性付清劳动者工资。

(5) 用人单位出具解除(或终止)证明书,并在15日内为劳动者办理档案和社保转移手续。出具证明、转移档案和社保关系,不仅是用人单位的义务,又与劳动保障的行政管理有关。对用人单位未出具证明,未及时转移档案和社保关系的,劳动者可以要求劳动保障监察机构进行查处,给劳动者造成损失的,用人单位应当承担赔偿责任。

(6) 员工办理工作交接,清退所保管的用人单位资料或财产,用人单位在员工办完工作交接时支付经济补偿金。

(7) 与签订保密协议和竞业限制协议的离职员工进行离职面谈,重申继续遵守保密义务和竞业限制义务。

(8) 用人单位保存已经解除或者终止的劳动合同文本2年。

5. 经济补偿金的支付

(1) 经济补偿金的概念。经济补偿金是在劳动合同解除或终止后,用人单位依法一次性支付给劳动者的经济上的补助。我国法律一般称作"经济补偿",《法国劳动法典》称为"辞退补偿金",《俄罗斯劳动法典》则称为"解职金"。

1994 年的《劳动法》(已被修正)确立了用人单位解除劳动合同支付经济补偿金的制度,2008 年实施的《劳动合同法》(已被修正)增加了劳动合同终止时用人单位支付经济补偿金的制度。

(2) 经济补偿金的支付情形。劳动者被迫解除劳动合同的,用人单位需支付经济补偿。劳动者根据《劳动合同法》第 38 条之规定被迫解除劳动合同时,可以获得经济补偿金;固定期限劳动合同期满终止时,用人单位需支付经济补偿金;特殊情形下劳动合同终止,用人单位需支付经济补偿金。根据《劳动合同法》第 44 条第 4 项、第 5 项的规定,特殊情形下劳动合同终止是指:用人单位被吊销营业执照、责令关闭、撤销或者用人单位决定提前解散导致劳动合同终止的。这两种情形下劳动合同终止,劳动者无任何过错,用人单位支付经济补偿合情合理;协商解除劳动合同时,用人单位提出解除的,用人单位须支付经济补偿金;非过失性辞退,用人单位须支付经济补偿金;用人单位依法裁员,须支付经济补偿金;法律、行政法规规定的其他情形,用人单位须支付经济补偿金。

(3) 支付金额的计算及标准。按劳动者在本单位工作的年限,每满 1 年支付 1 个月工资的经济补偿金,6 个月以上不满 1 年的,按 1 年计算;不满 6 个月的,支付半个月工资的经济补偿金。经济补偿金=月工资基数×补偿月份数。月工资基数是指,劳动合同解除或者终止前 12 个月正常出勤的平均工资。工作不满 12 个月,按照实际工作的月数计算平均工资。月工资基数最高不超过上年度职工月平均工资 3 倍。超过上年度职工月平均工资 3 倍的,按照上年度职工月平均工资 3 倍计算。劳动合同解除或者终止前 12 个月的平均工资低于当地最低工资标准的,按照当地最低工资标准计算。

(4) 经济补偿金的支付时间。用人单位依照《劳动合同法》有关规定应当向劳动者支付经济补偿的,在办结工作交接时支付。

6. 违法解除和终止劳动关系的法律后果

用人单位违法解除或者终止劳动合同的,如果劳动者要求继续履行劳动合同,用人单位应当继续履行;劳动者不要求继续履行劳动合同或者劳动合同已经不能继续履行的,用人单位应当支付赔偿金,赔偿金的标准为经济补偿金的 2 倍。

7. 劳动关系解除和终止的附属义务

劳动合同解除、终止表现为用人单位和劳动者之间劳动关系的终结,双方劳动权利义务关系的消灭,应当进行双方权利义务的清算。但是由于劳动关系所特有的人身性、隶属性的特征,又将产生新的权利义务关系。同时,劳动者和用人单位解除劳动合同,需要履行相应的附属义务。

(1) 劳动者的附属义务。

第一,办理工作交接的义务。劳动者解除劳动合同的,应当按照双方约定,办理工作交接。用人单位依照《劳动合同法》有关规定应当向劳动者支付经济补偿的,在办结工作交接时支付。在实践中,工作交接应当按劳动者和用人单位之间约定的内容和方式处理,包括劳动合同中的约定或其他专项性约定。没有约定的,一般而言,按照用人单位规章制度的有关规定办理。劳动者未办理交接手续的,单位可以缓付经济补偿。

第二,《劳动合同法》明确用人单位可以与劳动者约定培训服务期和保密义务的违约责任。其中的保密义务属于劳动者在解除、终止劳动合同后应当承担的义务,而培训服务期的违约责任与劳动合同履行密切相关。劳动合同一旦解除、终止,尚未履行完毕的服务期自然也就无法继续履行,其权利义务也就必须进行清算。《劳动合同法》第22条明确劳动者违反培训服务期约定的,应当按照约定向用人单位支付违约金。

(2) 用人单位的附属义务。用人单位应当在解除或者终止劳动合同时出具解除或者终止劳动合同的证明,并在15日内为劳动者办理档案和社会保险关系转移手续。用人单位依照《劳动合同法》有关规定应当向劳动者支付经济补偿的,在办结工作交接时支付。用人单位对已经解除或者终止的劳动合同文本,应至少保存2年备查。

二、实务操作

1. 用人单位与员工协商一致解除劳动合同的实务操作

用人单位与劳动者提前解除劳动合同的,尽量先协商,双方基本达成一致后,进行书面确认。不可以直接发书面解除通知,如果劳动者提出劳动仲裁,很有可能被认定为非法解除。《劳动合同法》第46条规定,如果用人单位提出解除劳动合同,要支付劳动者经济补偿金。如果是劳动者提出解除劳动合同,并且协商一致,则不需要支付经济补偿金。

2. 用人单位单方解除劳动合同的实务操作

用人单位在解除劳动合同时需要符合法律规定的条件,遵循法律规定的程序。同时,法律法规对《劳动合同法》规定的"严重违反""重大损失""不能胜任工作"等具体内涵没有明确的界定,需要用人单位根据本单位工作性质,在合理、公平的基础上予以确定。一般而言,这些问题的界定需要通过制定规章制度和详细的业绩考核标准等予以规定和确定,不可随意认定,否则可能面临非法解除劳动合同的法律风险。

(1) "严重违反"以及"重大损害"的标准。《劳动法》第25条和《劳动合同法》第39条都规定劳动者严重违反用人单位规章制度,严重失职,营私舞弊,对用人单位利益造成重大损害的,用人单位可以解除劳动合同,但对什么是"严重违反"以及"重大损害",法律并无明确规定,法律也无法进行规定,留待用人单位根据自身的情况制定具体的规章制度予以细化。因此，用人单位需要在规章制度中对这两个概念进行量化，当然该规章制度应经过民主、公示程序。用人单位的类型各有不同，对重大损害的界定也千差万别，但应遵循“公平、合理”的原则，否则不会被采纳，如用人单位规章制度中可以规定一定期限内累计多少次违反规章制度或劳动纪律视为严重违纪，严重失职、营私舞弊，给用人单位造成经济损失在多少元以上的为重大损害。此外，在劳动者存在“严重违反”“重大损害”行为时，应注意相关证据的收集，比如劳动者的检讨或申辩书、违纪情况说明、其他相关人员的证词、有关物证照片、用人单位的处理意见或处罚通知等。

（2）不胜任工作的认定。劳动者不能胜任工作，经过培训或者调整工作岗位，仍不能胜任工作的，用人单位才可解除劳动合同，因此应当对不胜任工作的标准进行界定。对于不胜任工作，原劳动部仅在《关于〈劳动法〉若干条文的说明》（劳办发〔1994〕289 号）里有过解释：“是指不能按要求完成劳动合同中约定的任务或者同工种、同岗位人员的工作量。用人单位不得故意提高定额标准，使劳动者无法完成。”除此之外，有关劳动法律并无明确规定，用人单位如未在劳动合同中约定劳动者的工作量或任务，有必要通过岗位要求、规章制度、员工手册等形式自主规定“不能胜任工作”的标准，并且这些标准应当是可以量化考核的。

3. 劳动者预告解除

对于劳动者而言，预告解除劳动合同也要慎重，要履行法律规定的义务，遵循法律规定的程序。预告解除劳动合同的劳动者要提前 30 天以书面形式通知用人单位，如在试用期也要提前 3 天（不要求书面形式）通知。诚然，解除是劳动者的单方行为，只要符合法律规定的提前天数和通知形式，无须征得用人单位的同意，用人单位不得限制劳动者的劳动权利。劳动与人身联系，人身自由不能限制，劳动权利当然不能限制。但是，劳动者辞职提前消灭劳动关系属于违约，如果因解除劳动合同给用人单位造成经济损失，应当承担赔偿责任。如劳动者违反服务期约定，应当按照约定向用人单位支付违约金，违约金的数额不得超过用人单位提供的培训费用，用人单位要求劳动者支付的违约金不得超过服务期尚未履行部分所应分摊的培训费用。对违约造成的其他损失（如岗位衔接、未办理工作交接等造成的损失），用人单位虽有权主张，但因劳动合同中对此不能约定违约金或约定无效，用人单位应就损失承担举证责任。

4. 用人单位预告解除的选择

用人单位预告解除有两种方式可供选择，一是提前 30 天通知劳动者，二是支付一个月的代通知金。从成本角度，两者是一样的，都要支付 1 个月工资，但从法律风险而言，前者要远远大于后者，因为在这 1 个月里，可能会发生很多事情，尤其是员工工伤、非因公负伤、生病、怀孕等，这样用人单位将不能解除劳动关系。因此,一般而言,对于用人单位需要解除劳动关系的员工,用人单位可以支付 1 个月的代通知金以将解除劳动合同的风险降到最小。

5. 末位淘汰制操作风险的防范

用人单位为调动职工的积极性、主动性和创造性,往往会制定类似末位淘汰制类型的考核机制。但这些制度必须符合《劳动法》和《劳动合同法》的有关规定。一般而言,可以通过以下方式进行操作:

(1) 如在劳动合同中约定或者在用人单位规章制度或录用条件中规定,试用期绩效考核处于末位的视为不符合录用条件,则用人单位可以经考核后淘汰末位员工。

(2) 在试用期过后,用人单位不能直接淘汰末位员工,因为即使末位员工不胜任工作,也要经过培训或者调整工作岗位后仍不能胜任工作,才能解除劳动合同。否则,用人单位可能面临非法解除的法律风险。

三、风险防范

员工"自动离职"

1. 协商解除劳动合同风险的防范

一般而言,协商解除劳动合同是比较好的结果,双方事后基本不会再有争议,但需要注意以下两点:一是如果是用人单位提出解除劳动合同的,需支付劳动者经济补偿金,如果是劳动者提出解除劳动合同的,法律没有规定用人单位应支付经济补偿金。二是双方签订解除劳动合同协议时,用人单位应当注意在协议中约定工资、加班费、经济补偿金、赔偿金、社会保险等内容,这些事项容易产生争议。

对于职工主动提出解除劳动合同的,一定要保留证据,劳动争议纠纷案件适用举证责任倒置原则,如果企业无法证明是职工主动提出解除的,则要承担举证不能的责任,向职工支付经济补偿金。因此,用人单位与职工在协商解除劳动合同的时候,一定要保留相关证据。企业可以通过如下方式保留证据,如要求职工填写职工离职申请单,一定要写明由于职工个人原因,职工主动提出离职,此时,用人单位不需要支付经济补偿金。

2. 辞退员工应当注意收集和保存相关证据

用人单位应当在规章制度和员工手册中细化关于"严重违反""严重影响"以及"重大损害"的相关标准并收集证据。通常,在这类争议中,以下资料可以作为证据:违纪职工的检讨书、申辩书;有违纪员工本人签字的违纪记录、处罚通知书等;其他员工及知情者的证言;相关事件涉及的物证;相关视听资料;政府相关部门的处理意见、处理记录及证明等。书面证据是最有效的证据,尤其是有违纪员工签字的书面证据,应及时收集和保留。同时应注意建立日常书面行文制度和档案保管制度。对于员工的违纪行为,应注意平时记录在案,一般应有员工本人签名;对于有违法行为的员工,可以要求政府有关部门处理,取得并保留政府有关部门的处理结论或者记录,这些都可能是有力的证据。

3. 尽量用代通知金替代提前30日通知劳动者

需要预告解除劳动关系的,用人单位尽量使用支付1个月的代通知金的方式,立即解除劳动关系,由此降低不能解除劳动关系的风险。

4. 劳动关系终止法律风险的防范

(1) 劳动合同的终止条件不能任意约定,劳动合同只有在法定的情形才可以终止。对此,用人单位应该引起高度重视。如果在劳动合同中任意约定合同终止的其他条件,可能会面临劳动合同无效所带来的法律风险。在某些特殊情形下,劳动合同期满并不能终止,如果非法终止,则会面临非法解除劳动合同的法律风险。

(2) 劳动合同期满,用人单位应及时办理相关的终止手续。如果劳动合同期满后,劳动者仍在原用人单位工作,原用人单位未表示异议,也未办理终止或者续订劳动合同的有关手续的,视为双方同意以原条件继续履行劳动合同。为了防止纠纷,用人单位最好在劳动合同期限届满前1个月书面通知劳动者续签或终止劳动合同。劳动合同终止时,法律没有强制规定用人单位需履行通知义务,为了防止构成事实劳动关系的发生,需要通知劳动者。无论是因为企业的疏忽还是劳动者故意,劳动者在合同到期后继续留在企业工作,导致双方构成事实劳动关系的,一旦超过1个月未签订书面劳动合同,企业就会面临未签订书面劳动合同的风险。同时,劳动合同到期必然存在一个双方是否还要续签的问题,提前通知就可以确认劳动者是否愿意按不低于原劳动条件的条件与企业续签劳动合同,确定企业是否需支付劳动合同到期终止的经济补偿金。

5. 履行劳动合同解除和终止后的合同义务

用人单位解除和终止劳动关系必须出具书面通知且送达员工,否则,解除和终止劳动关系的决定不生效。因此,劳动合同解除和终止的,要及时书面通知劳动者,并且要及时办理社会保险和档案转移手续。

四、典型案例分析

中兴通讯(杭州)有限责任公司诉王某劳动合同纠纷案[①]

2005年7月,被告王某进入原告中兴通讯(杭州)有限责任公司(以下简称中兴通讯)工作,劳动合同约定王某从事销售工作,基本工资每月3840元。该公

① (2011)杭滨民初字第885号,此案为最高人民法院指导案例18号,该案例于2013年11月8日发布。

司的《员工绩效管理办法》规定：员工半年、年度绩效考核分别为S、A、C1、C2四个等级，分别代表优秀、良好、价值观不符、业绩待改进；S、A、C（C1、C2）等级的比例分别为20%、70%、10%；不胜任工作原则上考核为C2。王某原在该公司分销科从事销售工作，2009年1月后因分销科解散等原因，转岗至华东区从事销售工作。2008年下半年、2009年上半年及2010年下半年，王某的考核结果均为C2。中兴通讯认为，王某不能胜任工作，经转岗后，仍不能胜任工作，故在支付了部分经济补偿金的情况下解除了劳动合同。

2011年7月27日，王某提起劳动仲裁。同年10月8日，仲裁委作出裁决：中兴通讯支付王某违法解除劳动合同的赔偿金余额36596.28元。中兴通讯认为其不存在违法解除劳动合同的行为，故于同年11月1日诉至法院，请求判令不予支付解除劳动合同赔偿金额。

浙江省杭州市滨江区人民法院于2011年12月6日作出（2011）杭滨民初字第885号民事判决书，判决：原告中兴通讯（杭州）有限责任公司于本判决生效之日起15日内一次性支付被告王某违法解除劳动合同的赔偿金余额36596.28元。宣判后，双方均未上诉，判决已发生法律效力。

【案例评析】

法院生效裁判认为：为了保护劳动者的合法权益，构建和发展和谐稳定的劳动关系，《劳动法》《劳动合同法》对用人单位单方解除劳动合同的条件进行了明确限定。原告中兴通讯以被告王某不胜任工作，经转岗后仍不胜任工作为由，解除劳动合同，对此应负举证责任。根据《员工绩效管理办法》的规定，“C（C1、C2）考核等级的比例为10%”，虽然王某曾经考核结果为C2，但是C2等级并不完全等同于“不能胜任工作”，中兴通讯仅凭该限定考核等级比例的考核结果，不能证明劳动者不能胜任工作，不符合据此单方解除劳动合同的法定条件。虽然2009年1月王某从分销科转岗，但是转岗前后均从事销售工作，并存在分销科解散导致王某转岗这一根本原因，故不能证明王某系因不能胜任工作而转岗。因此，中兴通讯主张王某不胜任工作，经转岗后仍然不胜任工作的依据不足，存在违法解除劳动合同的情形，应当依法向王某支付经济补偿标准2倍的赔偿金。

企业搞末位淘汰制，本意是想套用《劳动合同法》第40条达到合法辞退员工的目的，但“绩效不达标”不等于“不能胜任工作”。因此，企业以“绩效不达标”为由辞退员工，是不合法的，按照相关规定应承担2倍的赔偿金。

思考题

1. 结合典型案例，谈谈企业应如何选择用工方式。

2. 结合典型案例，谈谈用人单位应当如何利用劳动合同变更制度以适应自身生产经营及发展的需要。

3. 结合《劳动合同法》的有关规定以及典型案例，谈谈企业如何降低用工成本。

4. 有人说，规章制度既要“善用”，又要“慎用”，你怎么认识这个观点？

5. 试述员工“不辞而别”的法律风险及其应对。

6. 试述员工录用时的法律风险及其应对。

7. 试论企业灵活用工的法律风险及其应对。

课后练习

第四章—习题

第四章—答案

第五章　纠纷解决法务

案件管理绝不仅仅是为胜诉而管理。法务要主动将法律纠纷案件管理置于企业发展战略目标之中进行考量，将“在基本合法合规的前提下谋求企业利益最大化”视为案件管理的基本原则。而服从和服务于企业发展的整体战略和当前的中心工作，是法律纠纷案件管理的最终目标，也是案件管理的意义所在。同时，企业纠纷解决绝对不是将诉讼作为唯一的途径，而要根据案件的情况构建多元化纠纷解决机制，为企业寻求最恰当的解决途径。

第一节　非诉讼纠纷解决机制法务

一、法律规则

（一）核心法条

《中华人民共和国民事诉讼法》

第五十三条　双方当事人可以自行和解。

第九十九条　调解达成协议，必须双方自愿，不得强迫。调解协议的内容不得违反法律规定。

第一百二十五条　当事人起诉到人民法院的民事纠纷，适宜调解的，先行调解，但当事人拒绝调解的除外。

《最高人民法院关于适用〈中华人民共和国民事诉讼法〉的解释》

第一百四十八条　当事人自行和解或者调解达成协议后，请求人民法院按照和解协议或者调解协议的内容制作判决书的，人民法院不予准许。

无民事行为能力人的离婚案件，由其法定代理人进行诉讼。法定代理人与对方达成协议要求发给判决书的，可根据协议内容制作判决书。

第一百五十一条　根据民事诉讼法第一百零一条第一款第四项规定，当事人各方同意在调解协议上签名或者盖章后即发生法律效力的，经人民法院审查确认后，应当记入笔录或者将调解协议附卷，并由当事人、审判人员、书记员签名或者盖章后即具有法律效力。

前款规定情形，当事人请求制作调解书的，人民法院审查确认后可以制作调解书送交当事人。当事人拒收调解书的,不影响调解协议的效力。

第三百五十一条 申请司法确认调解协议的,双方当事人应当本人或者由符合民事诉讼法第六十一条规定的代理人依照民事诉讼法第二百零一条[①]的规定提出申请。

第三百五十二条 调解组织自行开展的调解,有两个以上调解组织参与的,符合民事诉讼法第二百零一条规定的各调解组织所在地人民法院均有管辖权。

双方当事人可以共同向符合民事诉讼法第二百零一条规定的其中一个有管辖权的人民法院提出申请;双方当事人共同向两个以上有管辖权的人民法院提出申请的,由最先立案的人民法院管辖。

第三百五十三条 当事人申请司法确认调解协议,可以采用书面形式或者口头形式。当事人口头申请的,人民法院应当记入笔录,并由当事人签名、捺印或者盖章。

《最高人民法院关于人民法院民事调解工作若干问题的规定》

第十条 调解协议具有下列情形之一的,人民法院不予确认:

(一)侵害国家利益、社会公共利益的;

(二)侵害案外人利益的;

(三)违背当事人真实意思的;

(四)违反法律、行政法规禁止性规定的。

《中华人民共和国人民调解法》

第二条 本法所称人民调解,是指人民调解委员会通过说服、疏导等方法,促使当事人在平等协商基础上自愿达成调解协议,解决民间纠纷的活动。

第三条 人民调解委员会调解民间纠纷,应当遵循下列原则:

(一)在当事人自愿、平等的基础上进行调解;

(二)不违背法律、法规和国家政策;

(三)尊重当事人的权利,不得因调解而阻止当事人依法通过仲裁、行政、司法等途径维护自己的权利。

第四条 人民调解委员会调解民间纠纷,不收取任何费用。

第七条 人民调解委员会是依法设立的调解民间纠纷的群众性组织。

《中华人民共和国仲裁法》

第四条 当事人采用仲裁方式解决纠纷,应当双方自愿,达成仲裁协议。没有仲裁协议,一方申请仲裁的,仲裁委员会不予受理。

---

① 该司法解释为《民事诉讼法》2023年修正前制定的,原《民事诉讼法》第201条的内容对应现行《民事诉讼法》第205条的规定,下同。

第五条 当事人达成仲裁协议，一方向人民法院起诉的，人民法院不予受理，但仲裁协议无效的除外。

第十六条 仲裁协议包括合同中订立的仲裁条款和以其他书面方式在纠纷发生前或者纠纷发生后达成的请求仲裁的协议。

仲裁协议应当具有下列内容：

(一) 请求仲裁的意思表示；

(二) 仲裁事项；

(三) 选定的仲裁委员会。

第十七条 有下列情形之一的，仲裁协议无效：

(一) 约定的仲裁事项超出法律规定的仲裁范围的；

(二) 无民事行为能力人或者限制民事行为能力人订立的仲裁协议；

(三) 一方采取胁迫手段，迫使对方订立仲裁协议的。

第十八条 仲裁协议对仲裁事项或者仲裁委员会没有约定或者约定不明确的，当事人可以补充协议；达不成补充协议的，仲裁协议无效。

第四十九条 当事人申请仲裁后，可以自行和解。达成和解协议的，可以请求仲裁庭根据和解协议作出裁决书，也可以撤回仲裁申请。

第五十条 当事人达成和解协议，撤回仲裁申请后反悔的，可以根据仲裁协议申请仲裁。

第五十一条 仲裁庭在作出裁决前，可以先行调解。当事人自愿调解的，仲裁庭应当调解。调解不成的，应当及时作出裁决。

调解达成协议的，仲裁庭应当制作调解书或者根据协议的结果制作裁决书。调解书与裁决书具有同等法律效力。

《最高人民法院关于人民法院进一步深化多元化纠纷解决机制改革的意见》

9. 加强与商事调解组织、行业调解组织的对接。积极推动具备条件的商会、行业协会、调解协会、民办非企业单位、商事仲裁机构等设立商事调解组织、行业调解组织，在投资、金融、证券期货、保险、房地产、工程承包、技术转让、环境保护、电子商务、知识产权、国际贸易等领域提供商事调解服务或者行业调解服务。完善调解规则和对接程序，发挥商事调解组织、行业调解组织专业化、职业化优势。

26. 鼓励当事人先行协商和解。鼓励当事人就纠纷解决先行协商，达成和解协议。当事人双方均有律师代理的，鼓励律师引导当事人先行和解。特邀调解员、相关专家或者其他人员根据当事人的申请或委托参与协商，可以为纠纷解决提供辅助性的协调和帮助。

《关于建立健全诉讼与非诉讼相衔接的矛盾纠纷解决机制的若干意见》

10. 人民法院鼓励和支持行业协会、社会组织、企事业单位等建立健全调解相关纠纷的职能和机制。经商事调解组织、行业调解组织或者其他具有调解职能的组织调解后达成的具有民事权利义务内容的调解协议,经双方当事人签字或者盖章后,具有民事合同性质。

(二) 规则解读

1. 和解

(1) 和解的界定和类型。和解,也称协商,是指纠纷发生后,当事人共同进行商谈并达成协议以解决争议的法律行为。《民事诉讼法》第 53 条还把自行和解作为当事人一项重要的诉讼权利。当事人可以在诉讼的任何阶段进行和解,和解不仅可以发生在诉前,还可以发生在一审程序中,也可以发生在二审程序、再审程序中,但都必须在法院作出裁判之前进行。根据《民事诉讼法》的有关规定,和解可以分为诉讼前的和解、诉讼中的和解以及执行和解。诉讼前的和解指发生诉讼以前,双方当事人互相和解达成协议,解决双方的争执。这是一种民事法律行为,是当事人依法处分自己民事实体权利的表现。和解成立后,当事人所争执的权利即归确定,所抛弃的权利随即消失。诉讼中的和解是当事人在诉讼进行中互相和解,达成协议,解决双方的争执。这种和解不问诉讼程序进行到什么阶段,凡在法院作出判决前,当事人都可进行和解。可以就整个诉讼标的达成协议,也可就诉讼上的个别问题达成协议。诉讼中的和解协议经法院审查批准,当事人签名盖章,即发生效力,结束诉讼程序的全部或一部分。结束全部程序的,即视为当事人撤销诉讼。执行和解是指在执行中,双方当事人自行和解达成协议的,执行员应当将协议内容记入笔录,由双方当事人签名或者盖章。一方当事人不履行和解协议的,人民法院可以根据对方当事人的申请,恢复对原生效法律文书的执行,《民事诉讼法》第 241 条规定:"在执行中,双方当事人自行和解达成协议的,执行员应当将协议内容记入笔录,由双方当事人签名或者盖章。申请执行人因受欺诈、胁迫与被执行人达成和解协议,或者当事人不履行和解协议的,人民法院可以根据当事人的申请,恢复对原生效法律文书的执行。"

(2) 和解的本质。当事人达成和解协议的,必须按照协议履行,否则,另一方可以申请仲裁机构或人民法院进行确认,仲裁机构或人民法院认为该协议不违反法律或社会公共利益的,裁决予以确认。经过确认的和解协议,具有强制执行力,但对其效力应有一定的强制性,以免和解程序被人滥用。和解在本质上是一个重新订立的合同,和解协议应具有合同的效力,可以作为以后仲裁或诉讼的依据。

(3) 和解的优点。和解既是一种纠纷解决方式,也是当事人的一种诉讼权利,与仲裁、诉讼等纠纷解决方式相比,和解具有以下优点:

首先,和解解决争议没有第三方的介入,也不必遵循严格的法律程序。一般来说,法律对和解的程序不作具体规定。在争议发生后,只要一方提出而另一方同意,即可进行和解,不需要办理任何法律手续,也不必遵循任何既定的程序规则。与仲裁、诉讼相比,和解不仅可以节约费用,也可以节约时间,从而减少当事人的费用和损失。所以通过和解处理纠纷的成本往往是最低的。

其次,和解解决争议往往具有比较大的灵活性。争议双方当事人在不违反法律强制性规定,不违背法律基本原则和社会公共利益的前提下,可根据实际情况和需要进行约定,可以不严格按照法律规定达成协议,因而比较容易找到双方均能接受的平衡点。而仲裁、诉讼一般都要求争议当事人到仲裁机构或者法院所在地进行,这对当事人来说无疑将耗费更多的人力、物力和财力。因此理性的当事人首选达成和解协议来解决争议。

再次,和解自始至终是在自愿基础上进行的,谈判达成的和解协议也是争议双方当事人在权衡各种利弊后自愿作出的妥协。因此,自律、自主的和解较之一次性的、断绝关系的仲裁、判决,更适合长远的人际关系的维持和协调。

最后,和解解决争议是在互谅互让基础上进行的,这样不仅可以消除误解与分歧,还能增进彼此的了解,有利于继续保持和发展当事人之间的合作关系。如果当事人选择仲裁或者诉讼,则如何解决争议是由第三方(仲裁庭或合议庭)决定的。所以与仲裁书、判决书相比,谈判达成的和解协议更容易被当事人所接受,从而有利于协议的自觉履行。

(4) 和解的效力。和解旨在通过双方当事人的相互理解和妥协,达成变更实体权利义务的约定,从而使纠纷得以消除。从纠纷解决层面上来说,谈判就是和解的过程。通过谈判,双方达成和解协议最终获得和解。一般来说,和解的结果是撤回起诉或中止诉讼而无须判决。在这种情况下,和解作为当事人之间有约束力的契约,可以防止重新提起诉讼。当事人双方也可以将和解的条款置换成法院的调解书,从而获得强制执行的效力。和解协议经有关机关确认后,就可以终结争议处理程序:第一,终结一审程序。和解达成协议,可以撤回起诉,终结一审程序。第二,终结二审程序。当事人在第二审程序中达成和解协议的,人民法院可以根据当事人的请求,对双方达成的和解协议进行审查并制作调解书送达当事人;因和解而申请撤诉,经审查符合撤诉条件的,人民法院应予准许(《民诉法解释》第337条)。第三,终结再审审查程序。当事人达成和解协议且已履行完毕的,裁定终结审查,但当事人在和解协议中声明不放弃申请再审权利的除外(《民诉法解释》第400条第3项)。第四,申请执行人与被执行人达成和解协议后请求中止执行或者撤回执行申请的,人民法院可以裁定中止执行或者终结执行(《民诉法解释》第464条)。

2. 调解

（1）调解的界定。调解是指经过第三者的排解疏导，说服教育，促使发生纠纷的双方当事人依法自愿达成协议，解决纠纷。调解是一种传统的非诉讼程序，作为一种最常见、最重要的 ADR（非诉讼纠纷解决程序）方式以及其他 ADR 的基础，它在世界各国都得到广泛的应用。

（2）调解的类型。具体而言，在实务操作中，调解按照调解人的身份和性质，可分为法院调解、民间调解、行政机关调解等。这三种调解的法律效力不同，法院调解具有强制执行的效力，而行政调解和民间调解所达成的调解协议只有民事合同的效力。法院调解又称诉讼调解，即双方当事人就争议的实体权利和义务，在人民法院审判组织的主持下，进行和解，达成协议，从而结束诉讼程序，或者没有达成协议，使诉讼进入下一程序的活动。诉讼调解发生的一般情形是：当事人在自主交涉解决纠纷的努力失败时或者预见到这种失败时，将纠纷诉诸法院，要求后者依法解决纠纷。但法院在依法作出判决之前，可以在双方当事人自愿的基础上主持调解，解决纠纷；如果双方或一方不同意调解，或调解不成，法院则依法作出判决。这种在诉讼开始后判决作出前嵌入的由法官主持通过调解解决纠纷的制度安排，其合理性主要在于：一方面，它使当事人在将纠纷起诉到法院之后依然能够获得自主解决纠纷的契机。这种不伤和气、简便易行的纠纷处理的过程和结果由于得到了当事人的同意而具有正当性。另一方面，由于调解依赖于当事人之间的合意，而合意的获得并不总是确定的，这就有必要使用判决这种强制解决的形式。

民间调解是调解的一种类型，是指作为中立第三方的民间机构或个人依据一定的道德或法律规范，于事前、事中或者事后，对发生纠纷的当事人进行劝说，晓之以理、动之以情、明之以法，促使当事人达成协议，从而解决纠纷的一种诉讼外的纠纷解决方式，是社会自治的重要体现。民间调解类型多样，既有免费的公益性调解机制，也有收费的市场化调解机制。除了具有调解的共性之外，民间调解还有自己的特点和个性。民间调解主要包括人民调解，行业性、专业性调解，商会调解，律师调解以及其他社会组织、中介机构、个人主持的调解等。人民调解是我国特有的调解制度，号称“东方经验”，其调解组织形式包括村民委员会、居民委员会设立的人民调解委员会，企事业单位根据需要设立的人民调解委员会，乡镇、街道以及社会团体或者其他组织根据需要参照《人民调解法》有关规定设立的人民调解委员会①，我国已经构建“横向到边、纵向到底”的人民调解组织体系。人民调解是多元化纠纷解决机制的重要组成部分，是民间调解的主体，

① 此处讲的人民调解指的是指狭义的人民调解，广义的人民调解其实是指民间调解，其他民间调解只有借助人民调解委员会才能获得合法性，其达成的调解协议才具有民事合同的法律效力。近年来，越来越多的民间调解应运而生，其组织形式具有多样化的特点，传统人民调解难以容纳，加上其他民间调解组织的合法性得到认可，没有必要再借用人民调解组织的“外壳”，因而应逐步将狭义人民调解与其他民间调解加以区别。

目前很多民间调解组织借用“人民调解组织形式”以获得合法性。行业性、专业性调解是指依法成立的特定调解组织依法调解特定行业、专业领域矛盾纠纷的活动，其中，行业性调解是指在行业主管部门指导下，行业调解组织依托行业组织，在解决本行业的相关纠纷的同时，注重向消费者或公众提供投诉处理、调解等服务；专业性调解是指针对特定类型纠纷设立的专门调解程序，如针对交通事故、医疗纠纷等特定纠纷设立的纠纷解决机制，往往涉及多个行业、主管部门甚至地域。[①] 行业性调解和专业性调解可以作为市场化机制试点，按照市场价收取费用，推进调解的专业化、职业化，符合未来调解的发展方向。商会调解以民营企业的各类民商事纠纷为主，包括商会会员之间的纠纷，会员企业内部的纠纷，会员与生产经营关联方之间的纠纷，会员与其他单位或人员之间的纠纷，以及其他涉及适合商会调解的民商事纠纷。[②] 律师调解是指律师、依法成立的律师调解工作室或者律师调解中心作为中立第三方主持调解，协助纠纷各方当事人通过自愿和解达成协议解决争议的活动。2017 年，最高人民法院、司法部联合印发《关于开展律师调解试点工作的意见》，在北京、上海、广东等 11 个省市开展律师调解工作试点，规定可在法院诉讼服务中心、诉调对接中心设立“律师调解工作室”，并鼓励支持有条件的律所设立“调解工作室”，将接受当事人调解申请作为一项律师业务开展，同时可以承接法院、行政机关移送的调解案件。

行政调解是国家行政机关处理平等主体之间民事争议的一种方法。国家行政机关根据相关法律法规的规定，对属于本机关职权管辖范围内的平等主体之间的民事纠纷，通过耐心的说服教育，使纠纷的双方当事人互相谅解，在平等协商的基础上达成一致协议，从而合理地、彻底地解决纠纷矛盾。

(3) 调解的优点。调解的优点主要体现在以下几个方面：第一，调解具有主动性，有利于纠纷的及时解决。第二，形式灵活、方便。第三，以调解解决纠纷成本较低。在民事诉讼中，提出诉讼的一方当事人必须缴纳一定数额的诉讼费用，诉讼费用的高低取决于诉讼标的数额的大小。与诉讼解决纠纷相比，调解的成本则要低得多。调解组织进行调解一般是不需要缴纳费用的，而且当事人也不用花巨资聘请律师。第四，调解具有自愿性，有利于当事人之间的和睦相处。第五，能够一次性解决与调解有关的多个法律关系从而彻底解决争议。第六，调解中信息具有保密性。保密性是指不公开进行，在调解过程中，双方当事人告知调解员的信息，调解员会严加保密，不会透露给任何人。第七，调解程序的简易性和处理的高效性。

3. 仲裁

仲裁是指民(商)事争议的双方当事人达成协议，自愿将争议提交选定的第

---

① 范愉：《非诉讼程序(ADR)教程》(第四版)，中国人民大学出版社 2020 年版，第 189 页。

② 目前民间商会组织建立的调解组织，部分采用民间人民调解组织的组织形式，部分保持商事调解特色。2019 年，最高人民法院、全国工商联出台《关于发挥商会调解优势 推进民营经济领域纠纷多元化解机制建设的意见》，以规范和促进商会调解的发展，商会调解脱离人民调解组织形式的趋势更加明显。

三者根据一定程序规则和公正原则作出裁决,并有义务履行裁决的一种法律制度。仲裁活动和法院的审判活动一样,关乎当事人的实体权益,是解决民事争议的方式之一,它与和解、调解、诉讼并列为解决民(商)事争议的方式。仲裁通常为行业性的民间活动,是一种私行为,即私人裁判行为,而非国家裁判行为。但仲裁依法受国家监督,国家通过法院对仲裁协议的效力、仲裁程序的制定以及仲裁裁决的执行按照审判地法律所规定的范围进行干预。因此,仲裁活动具有准司法性,是我国司法制度的一个重要组成部分。

仲裁具有以下优点:(1) 意思自治、灵活简便。自治是仲裁的灵魂,当事人可以根据自己的需求,在签订合同的时候选择以诉讼还是仲裁的方式解决纠纷。在选择以仲裁方式解决纠纷的基础上,可自主选择国内任一仲裁机构。发生纠纷后还可以自主选择由哪位仲裁员来审理自己的纠纷,不受任何个人或者组织的干涉。(2) 专家断案、公平公正。专家断案是仲裁的特色,仲裁员队伍由法律、房地产、金融、建设、知识产权等多个领域的专家组成,对所争议问题由学有专长的人士进行仲裁,充分保证了仲裁的准确性和解决纠纷的质量。(3) 一裁终局、经济高效。仲裁实行一裁终局的制度,裁决书自作出之日起即发生法律效力,为当事人节省了时间、又降低了成本,是一种经济高效的纠纷解决机制。(4) 保守秘密、保护商誉。仲裁实行不公开审理制度,有利于保护当事人的商业秘密,保护商誉,不妨碍其正常的商业运作。(5) 广泛的执行力。《仲裁法》规定,仲裁裁决与法院的判决具有同样的执行力。同时,根据《联合国承认和执行外国仲裁裁决的公约》的规定,仲裁裁决书可以在全球 146 个国家和地区得到承认和执行。也就是说,我国仲裁机构所作出的裁决可在大部分国家和地区的法院得到认可、执行,快速、有效地实现当事人的合法权益。

仲裁机构和法院不同。法院行使国家所赋予的审判权,向法院起诉不需要双方当事人在诉讼前达成协议,只要一方当事人向有审判管辖权的法院起诉,经法院受理后,另一方必须应诉。仲裁机构通常具有民间团体的性质,其受理案件的管辖权来自双方协议,没有协议就无权受理。因此,仲裁协议或仲裁条款的达成是仲裁提起的基本前提条件,仲裁协议有两种形式:一种是在争议发生之前订立的,它通常作为合同中的一项仲裁条款出现;另一种是在争议之后订立的,它是把已经发生的争议提交给仲裁机构的协议。这两种形式的仲裁协议,其法律效力是相同的。

仲裁具有适用范围的要求,适用范围是指哪些纠纷可以通过仲裁解决,哪些纠纷不能以仲裁来解决,即"争议的可仲裁性"。根据《仲裁法》的规定,有两类纠纷不能仲裁:第一,婚姻、收养、监护、扶养、继承纠纷不能仲裁,这类纠纷虽然属于民事纠纷,也不同程度涉及财产权益争议,但这类纠纷往往涉及当事人本人不能自由处分的身份关系,需要法院作出判决或由政府机关作出决定,不属于仲裁机构的管辖范围。第二,行政争议不能裁决。行政争议,亦称行政纠纷,是指国家行政机关之间,或者国家行政机关与企事业单位、社会团体以及公民之间,由于行政管理而引起的争议。这类纠纷应当依法通过行政复议或行政诉讼解决。《仲裁法》还规定,劳动争议和农业集体经济组织内部的农业承包合同纠纷的仲裁,由国家另行规定,也就是说解决这类纠纷不适用《仲裁法》。这是因为,劳动争议、农业集体经济组织内部的农业承包合同纠纷虽然可以仲裁,但它不同于一般的民事经济纠纷,因此只能另作规定予以调整。

二、实务操作

(一)和解

和解是一种最常见也最常用的纠纷解决方式,是调解、仲裁等非诉讼方式的基础,贯穿于调解、仲裁和诉讼方式的全过程,并和其他方式随时发生转换和衔接。和解是可以选择的方式,由于其灵活、简便、快捷的特点,决定了其是解决纠纷的好方式,是当事人较好的选择。和解没有任何外来强制,方式的选择自愿,和解的时间、地点、形式、内容没有规范的要求,完全取决于当事人的意志,履行也取决于自觉、自愿,充分尊重了当事人的程序选择权,因而,和解能最大限度地节省时间,方便、快捷、几乎不需费用,还有利于当事人继续合作,不伤和气。从某种意义而言,其优点也是其缺点,完全依靠当事人自主和自律达成并履行的和解,往往由于没有第三方的参与和制约,在运作的不同阶段均可能出现障碍。因此,谈判(协商)经常因具体条件以及纠纷性质、时间、地点和当事人的情况而效果各异。① 正因和解具有自愿性、无强制性,往往不为当事人所重视,即使达成了协议,当事人也时常不履行。谈判的应用及和解达成的比率,很大程度上取决于社会主体的理性程度、诚信程度和社会关系的对抗程度。如果缺乏基本的信任和和解氛围,当事人很难进入和解程序,而和解能达成的效果也十分有限。②

和解在整个调解、诉讼和仲裁过程中都可以进行,且具有终结调解、仲裁、诉讼的效力,或者说和解方式优先于其他方式,因此,要注意和解与诉讼和仲裁的衔接。当事人可以向法院申请对和解进行司法确认,将和解协议置换成法院调解书,或者向仲裁机构申请将和解协议置换成仲裁调解书或制作成仲裁裁决书。当事人在诉讼过程中自行达成和解协议的,人民法院可以根据当事人的申请依法确认和解协议制作调解书,但是不能据此制作判决书;当事人在仲裁中自行达成和解协议的,根据《仲裁法》第49条的规定,仲裁机构既可以根据和解协议制作调解书,也可以制作裁决书。

和解无专门处理机构,处理者是当事人自己,也无法定程序,完全取决于当事人自己,没有一个外来的力量去影响和督促当事人达成协议或者达成协议后

---

① 范愉:《非诉讼程序(ADR)教程》(第二版),中国人民大学出版社2012年版,第105页。

② 沈恒斌主编:《多元化纠纷解决机制原理与实务》,厦门大学出版社2005年版,第103页;范愉:《非诉讼程序(ADR)教程》(第二版),中国人民大学出版社2012年版,第22—23页。

督促其履行。为了防止和解方式的滥用,对违反法律强制性规定和公序良俗的协议,显失公平乘人之危或通过欺诈达成的和解协议,当事人可以向法院起诉,请求确认和解协议无效。

(二) 调解

民事案件中的调解是指调解人员凭借个人的思想认识、综合素质,在查清案件基本事实的基础上,运用一定的语言技巧,针对当事人的心理状态,采取一定的策略,以促成双方当事人达成调解协议的一项综合性工作。因此,当事人在调解的过程中,应当注意以下几个问题:

首先,调解一般基于纠纷双方各自的需要进行谈判,双方在调解中共同追求的是:经济、效益、快速,即以最小的付出获得最大的收益。当事人在调解之前,应当权衡经济效益,更加充分保护自己的合法权益,避免牵涉大量精力。

其次,确立适当的调解目标。调解目标应当是多层次的,既有基本目标——通过对每一纷争的分析所获得的"底线",即最小的获利结果或最大的损失结果,即使调解失败,也没有任何讨价还价的余地,这是调解的最低标准;又有最高目标——调解没有封顶的"上线",即最高的获利结果或最小的损失结果。调解目标应具备多个层次并富有弹性,即把目标分解,在最高目标到基本目标之间,确立若干分支目标,以便在调解中由高到低,进退自如,灵活方便。

再次,调解目标确立之后,接下来便是制定和确立调解策略。调解的策略应当建立在调解目标的基础之上,有什么样的调解目标就有什么样的调解策略。基于此,在制定和确立调解对策之前,应先对调解目标进行全面、深入的分析,并提出具体的调解方案和应对措施。

最后,是调解策略的应用。调解策略贯穿于调解过程的始终,体现在调解的每一个阶段,对调解策略的良好运用是调解的关键所在。当事人在调解的过程中,首先要明确自己的"底线",然后通过双方的交流谈判,找到对方当事人的"底线"。在实践中,对于不同特点的纠纷,可以采用不同的调解技巧。比如,在调解语言方面,调解语言的选择应当根据当事人纠纷的特点,可以是大众化、明朗化、通俗化,也可以根据调解过程的进行采取不同的语言风格,比如用适当的幽默缓解紧张的调解气氛。当然最重要的是,调解过程中的语言表达要有严密的逻辑,这是驳斥谬误和诡辩所必需的。当事人通过层次分明、逻辑严谨的正反论证,据理反驳,直至对方理屈词穷,心服口服。当然,在调解的过程中,也需要运用一些辅助技巧,比如面部表情、身体姿势、动作手势,等等。

(三) 仲裁

仲裁具有诸多的优点,但也有很多的缺点:一是由当事人确定仲裁员的人选,虽然体现了当事人的意愿,但是同时也为仲裁结果的不公埋下了隐患,尤其是在目前相关法律还不是十分健全的情况下,人为支配过于明显。二是仲裁强调一裁终局,相较诉讼来说,体现了其高效、快速的特点,但一旦出现裁决错误则很难得到改正。三是仲裁机构独立于行政机关,同时仲裁机构之间也没有隶属关系,使得仲裁机构在进行仲裁时,尤其仲裁员在仲裁过程中的权力过大、自由度过高,没有有效的约束和限制。四是受理范围相对诉讼来说受到相当的限制,并不是所有的民事纠纷均可以选择仲裁方式予以解决。在选择仲裁时要考虑仲裁的这些优缺点。

仲裁是当今国际上公认并广泛采用的解决争议的重要方式之一。其所作出的裁决与法院判决具有同等的法律效力,获得法院甚至国外法院的承认和执行。但仲裁的范围有限。商事仲裁的适用对象主要是民商事活动、经济纠纷,其与我国《劳动争议调解仲裁法》规定的劳动仲裁制度不同,商事仲裁并不解决劳动争议。具体来说,《仲裁法》规定的仲裁不解决婚姻、收养、监护、扶养、继承纠纷以及法律规定应当由行政机关处理的行政争议,也不解决有关职工与用人单位之间关于劳动合同、工资、报酬、福利等方面的劳动纠纷以及农业集体经济组织内部的农业承包合同纠纷。

商事仲裁是不同于法院诉讼的一种纠纷解决机制,其启动的前提必须是双方达成明确的仲裁协议或者仲裁条款,在订立仲裁协议或仲裁条款时要注意以下事项:(1) 仲裁协议必备内容,即请求仲裁的意思表示、仲裁事项、选定的仲裁机构。此外,当事人还可以在仲裁协议中自由约定以下内容:仲裁地或开庭地、适用的仲裁规则、适用法律、适用简易程序或普通程序、仲裁庭组成方式、仲裁庭组成人员、费用的承担等。(2) 在仲裁协议中的争议解决范围上尽量选择概括性授权、约定,避免出现"合同履行过程中产生的争议"字样,因为合同履行争议只是合同争议中的一部分,还有基于合同成立、效力、变更、转让、解除、违约责任等产生的纠纷。若合同争议涉及第三人,则也应将其纳入仲裁协议,便于高效解决争议。

三、风险防范

(一) 涉诉前要合理选择解决冲突的途径

纠纷解决机制包括和解、调解、仲裁、诉讼等,这几种方法各有利弊。和解与调解成本较低、周期短,程序灵活、保密;仲裁和诉讼则可以获得具有强制执行效力的裁判文书,但成本较高、周期较长,裁判结果具有一定的不可预测性。通常情况下,仲裁和诉讼应该是企业最后采用的救济手段。如果选择诉讼作为救济手段或被迫进行应诉,则应该明确己方的诉讼目标和实现该目标的可行性,并合理估算本方为诉讼而应支出的合理成本和其他成本,尤其是要考虑诉讼可能造成的有利或不利的影响。

(二) 和解风险的防范与控制

(1) 注意和解的适用范围。适用特别程序、督促程序、公示催告程序的案件,婚姻等身份关系确认案件以及其他根据案件性质不能进行调解的案件,不得调解(《民诉法解释》第 143 条),当然也不适用诉讼和解。

(2) 和解协议的履行期应控制在法定申请执行期限之内。《民事诉讼法》第250条第1款规定,申请执行的期间为2年。申请执行时效的中止、中断,适用法律有关诉讼时效中止、中断的规定。这样,如果债务人不按照和解协议履行义务,可以在法定的期限内向法院申请执行,从而有效避免了丧失请求法院强制执行以保护自身合法权益的权利。

(3) 和解协议应采用书面形式订立,以免产生争议,维护自身合法权益。

(4) 为了保障和解协议的法律效力,可以申请法院或仲裁机构根据和解协议的内容制作调解书或裁决书。《民诉法解释》第148条第1款规定:"当事人自行和解或者调解达成协议后,请求人民法院按照和解协议或者调解协议的内容制作判决书的,人民法院不予准许。"《仲裁法》第49条规定,当事人申请仲裁后,可以自行和解。达成和解协议的,可以请求仲裁庭根据和解协议作出裁决书,也可以撤回仲裁申请。因此,为了保障和解协议的效力,可以请求法院根据和解协议制作调解书,也可以要求仲裁机构根据和解协议制作调解书或裁决书。

(三) 调解风险的防范与控制

调解有其优点,但也会存在缺点,其缺点是其风险之所在,主要体现在:

第一,调解的参与者无法获得诉讼式的程序保障。调解没有正规的程序,当事人自由选择自己喜欢的方式进行调解,在一定程度上使当事人丧失程序保障。

第二,一旦存在权力的严重失衡,调解就有被操纵和滥用的可能,有可能显失公平。

第三,调解不成功会产生额外的费用和迟延。在调解中,如果出现无法达成协议或达成协议后反悔的情况,将直接导致调解失败。调解失败后,一般情况下纠纷就会进入诉讼或仲裁程序,而先前因调解导致的费用和时间的支出也就成为额外的负担,尤其是有的当事人可能会利用调解拖延时间。

第四,调解程序不公开,难以防止当事人规避法律。调解的过程不注重对法律规范的适用,在有些情况下,社会规范以及其他民间习惯甚至占据着更为重要的地位,部分规范或者习惯可能违反了法律规定和社会的公序良俗。

比较调解的优点和局限性,可以发现"硬币的两面性"这一有趣的现象,调解的优点恰恰是造成其不足的原因,如调解程序的简易性可能造成程序保障的不足,调解的保密性可能导致当事人规避法律,就像一枚硬币的两面。当事人在选择纠纷解决方法时应当根据自己的实际情况,理性作出决定,清楚认识到在选择调解的优势的同时,可能会隐藏着的风险。

(四) 仲裁风险的防范与控制

1. 仲裁风险的特征

仲裁风险具有以下特征:一是风险发生的时间,是在能够引起仲裁的行为的发生、发展过程中。二是承担仲裁风险的主体,主要是双方当事人。三是从仲裁风险转化为现实仲裁活动具有突发性,发动仲裁的主动权一般掌握在申请人手中,另一方当事人往往难以预料。四是风险对裁决结果有直接的影响,一旦发生往往会给自然人、企业造成难以预料的损失。

2. 仲裁风险的类型

(1) 仲裁申请不符合条件。

当事人申请仲裁不符合法律规定条件的,仲裁委员会不会受理,即使受理仲裁庭也会驳回申请。当事人依据仲裁协议申请仲裁是仲裁程序开始的前提,但是,当事人申请仲裁的行为并不必然引起仲裁程序的发生。这是因为,当事人依据仲裁协议申请仲裁后,仲裁委员会应当对当事人的申请进行审查,对于符合法定条件的仲裁申请,应当依法予以受理;对于不符合法定条件的仲裁申请,则不予受理。为确保仲裁程序能及时、稳妥、准确地进行,《仲裁法》第 21 条为当事人申请仲裁规定了基本的条件:第一,要有仲裁协议,这是仲裁受理的基本前提条件。根据《仲裁法》第 16 条的规定,一份有效的仲裁协议应具备三个基本内容:请求仲裁的意思表示;仲裁事项;选定的仲裁委员会。第二,有具体的仲裁请求和事实、理由。当事人提出的仲裁请求要适当,不要随意扩大仲裁请求范围;无根据的仲裁请求,除得不到仲裁庭支持外,当事人还要负担相应的仲裁费用。第三,属于仲裁委员会的受案范围。《仲裁法》对仲裁委员会能够仲裁的事项进行了明确的规定,当事人申请仲裁解决的争议事项必须属于《仲裁法》第 2 条规定的范围,即当事人申请仲裁的纠纷应当是平等主体的公民、法人和其他组织之间发生的合同纠纷和其他财产权益纠纷。

(2) 超过一定的期限或时效。

① 逾期改变仲裁请求。《仲裁法》第 27 条规定,仲裁委员会受理案件后,申请人可以变更、增加仲裁请求,被申请人有权提出反请求,但当事人增加、变更仲裁请求或者提出反请求,超过仲裁委员会规则规定期限的,可能不被审理。

② 超过诉讼时效。当事人请求仲裁委员会保护民事权利的期间一般为 2 年(特殊的为 1 年)。申请人向仲裁委员会申请仲裁后,被申请人提出申请人的仲裁申请已超过法律保护期间的,如果申请人没有对超过法律保护期间的事实提供证据证明其法定理由,该仲裁请求不会得到仲裁庭的支持。当事人超过诉讼时效期间申请仲裁的,仲裁委员会可以受理,但受理后仲裁庭查明无中止、中断、延长事由的将裁决不支持申请人的仲裁请求。

③ 不按时交纳仲裁费用。当事人进行仲裁,依法律规定应当向仲裁委员会交纳和支付一定的费用,即仲裁费用。仲裁费用先由申请人、反请求人预交,待案件审理完毕时,再由仲裁庭确定由哪一方当事人负担和怎样负担。当事人因经济确有困难,无力负担或者暂时无力交付仲裁费用的,可以向仲裁委员会申请缓交、减交、免交仲裁费用。当事人提出仲裁申请或者反请求,不按时预交仲裁费用,或者提出缓交、减交、免交仲裁费用申请未获批准仍不交纳仲裁费用的,仲裁委员会将会裁定按自动撤回仲裁申请、反请求处理。

④ 不按时出庭或中途退出仲裁庭。申请人经书面通知,无正当理由拒不到庭,或者未经仲裁庭许可中途退出仲裁庭的,仲裁庭将按自动撤回仲裁申请处理;被申请人提出反请求的,仲裁庭将对反请求内容缺席审理。被申请人经书面通知,无正当理由拒不到庭,或者未经仲裁庭许可中途退出仲裁庭的,仲裁庭将缺席裁决。

(3) 举证不力。

① 不提供或者不充分提供证据。《仲裁法》第 43 条第 1 款规定:"当事人应当对自己的主张提供证据。"根据该条规定,我国仲裁实行"谁主张谁证明"的原则,当事人有责任提供证据对自己的事实主张加以证明。申请人向仲裁委员会申请仲裁或者被申请人提出反请求,应当附有符合申请仲裁条件的相应的证据材料。除法律规定和司法解释规定不需要提供证据证明的情况外,当事人提出仲裁请求或者反驳对方的仲裁申请,应提供证据证明。不能提供相应的证据或者提供的证据证明不了有关事实的,可能面临不利的裁决后果。

② 超过举证时限提供证据。为确保仲裁程序能及时进行,我国各仲裁委员会的仲裁规则都对当事人提交证据的期限作了规定,当事人向仲裁委员会提交的证据,应当在仲裁规则规定的期限内提交,逾期提交的,仲裁庭可能视其放弃了举证的权利,但属于法律和司法解释规定的新的证据除外。

③ 不提供原始证据。当事人向仲裁委员会提供证据,应当提供原件或者原物,特殊情况下也可以提供经仲裁委员会核对无异的复制件或者复制品。提供的证据不符合上述条件的,可能影响证据的证明力,甚至可能不被采信。

④ 证人不出庭作证。除属于法律和司法解释规定的证人确有困难不能出庭的特殊情况外,当事人提供证人证言的,证人应当出庭作证并接受质询。如果证人不出庭作证,可能影响该证人证言的证据效力,甚至不被采信。

(4) 授权或申请行为不规范。

① 授权权限不明。在仲裁活动中,有些当事人由于时间、精力不足或者欠缺一定的法律知识、经验等原因,不能或者不便亲自参加仲裁活动,此时,为了更好地维护当事人的合法权益,当事人可以委托代理人代为进行仲裁活动。委托他人代为仲裁,必须向仲裁委员会提交授权委托书,必须记明委托事项和权限。若当事人在委托书中对代理权限没有约定或约定不明的,委托代理权限默认为一般的仲裁权利,如申请仲裁权、答辩权、申请回避权、提供证据权、辩论权,而仲裁代理人代为承认、放弃、变更仲裁请求,进行和解,提起反请求,必须有委托人的特别授权,应在授权委托书中特别注明。没有在委托书中明确、具体记明特别授权事项的,仲裁代理人就这些特别授权事项发表的意见,只能被认定为无权代理,不具有法律效力。若当事人也没有及时就相关事项作出具有法定效力的明确表示(即对无权代理的追认),就可能会因错过时效失去相应的实体权利。

② 申请财产保全不符合规定。为了保证将来裁决有得以实现的物质保障,当事人可以申请财产保全,对一定财产采取特殊保护措施,如对争议标的物或对

方当事人的一定财产实行查封、扣押、冻结。当事人申请财产保全需要向仲裁委员会提出,仲裁委员会将当事人的财产保全申请提交人民法院后,当事人需要依照《民事诉讼法》的有关规定向法院交纳财产保全费,没有交纳的,人民法院不会对申请保全的财产采取保全措施。

财产保全制度有利于维护当事人的合法权益,但因为不能确定最终胜诉方,适用后可能会给被申请人方造成经济和精神损失。为了平等地保护双方当事人的利益及稳妥起见,法律规定凡是申请财产保全的,申请人都要提供担保;在仲裁中提起的财产保全申请,法院视案件的具体情况责令申请人提供担保,提供担保的数额应相当于请求保全的数额。当事人提出财产保全申请,未按人民法院要求提供相应财产担保的,人民法院将依法驳回其申请。申请人申请财产保全有错误的,将要赔偿被申请人因财产保全所受到的损失。

③ 不按规定申请审计、评估、鉴定。当事人申请审计、评估、鉴定,未在仲裁庭指定期限内提出申请或者不预交审计、评估、鉴定费用,或者不提供相关材料,致使争议的事实无法通过审计、评估、鉴定结论予以认定的,可能对申请人产生不利的裁决后果。

(5) 生效裁决执行不能。

① 不准确提供送达地址。仲裁委员会按照当事人自己提供的送达地址向当事人送达仲裁文书,因当事人提供的己方送达地址不准确,或者送达地址变更未及时告知仲裁委员会,致使仲裁委员会无法送达,造成仲裁文书被退回的,仲裁文书也视为送达。

② 超过期限申请强制执行。申请强制执行的期间为 2 年,期间从裁决书规定的履行期间的最后 1 日起计算,当事人超过 2 年期间申请的,人民法院将不予受理。

③ 被执行人无财产或者无足够财产可供执行。被执行人没有财产或者没有足够财产履行裁决书所确定的义务的,人民法院可能对未履行的部分裁定中止执行,申请执行人的财产权益将可能暂时无法实现或者不能完全实现,当事人的仲裁标的就不能完全实现。

(6) 不履行生效法律文书确定的义务。

被执行人未按生效法律文书指定期间履行给付金钱义务的,将要支付迟延履行期间的双倍债务利息。

3. 仲裁风险的防范与控制

仲裁活动虽然复杂,但却有其内在的规律性,只要牢牢把握仲裁活动内在的规律,相当一部分仲裁风险还是可以控制和防范的。除了按照上述规定进行操作以外,本章第二节诉讼机制法务中的风险防范很多也适用于仲裁,此外,还可以采取如下措施:

(1) 当事人要正确看待仲裁风险,树立正确的仲裁观念、强化风险意识。不管是诉讼,还是仲裁,风险都是客观存在的。在倡导用仲裁方式高效解决经济纠纷的同时,也应提示人们正确、理性对待仲裁风险。应该让人们认识到,仲裁是解决纠纷的有效途径,但并不是一条坦途,仲裁有风险,尤其是仲裁实行一裁终局,没有像诉讼那样的二审和再审救济程序,虽然也可以申请撤销仲裁裁决或不予执行仲裁裁决,但其难度相当大,一般而言,法院会尊重仲裁裁决的,撤销或不予执行仲裁裁决的概率是很低的;但同时也应认识到,仲裁虽然有风险,但只要认真对待,采取有效措施,一定能够最大限度地防范和控制仲裁风险,并实现仲裁目的。

(2)当事人和仲裁代理人正确应对仲裁是控制与防范仲裁风险的根本。首先是做足仲裁准备。事实、证据和法律适用是任何一个民事案件的基石,所以仲裁之前一定要将这些基石打牢,仲裁这座大厦才不会轻易倒塌。做足仲裁准备既是防范风险之道,也是制胜之道。其次,要牢记各项仲裁活动的期限。最后,要了解可能导致仲裁风险的各种因素并采取必要的措施。“知己知彼,百战不殆。”只要对仲裁风险的各种表现形式了然于心,并针对各种风险因素采取相应的对策,风险也就不那么“险”了。

四、典型案例分析

天津宏硕机织地毯有限公司诉天津飞马纺织有限公司侵犯专利权纠纷案①

二审上诉人(一审被告):天津宏硕机织地毯有限公司(以下简称宏硕公司)

二审被上诉人(一审原告):天津飞马纺织有限公司(以下简称飞马公司)

2005年8月23日,发明人刘福利向国家知识产权局申请了名称为“一种机织贴背地毯及其制作方法”的发明专利,专利号为ZL200510092867.5,共同专利人为刘福利和飞马公司,授权公告日为2008年1月9日。2008年9月4日,飞马公司从宏硕公司购买了涉诉侵权产品的实物——地毯。飞马公司主张该产品是宏硕公司使用相同的方法生产地毯,侵犯了飞马公司的专利权。一审法院判决宏硕公司停止侵权,并赔偿经济损失5万元。双方当事人均不服一审判决,向天津市高级人民法院提起上诉。

【案例评析】

本案中的专利为方法发明专利,上诉人均为生产地毯的民营企业,且都在相同的区域——天津市武清区,该区经市政府多年产业规划和行业指引,已成为天津市乃至北方生产、出口地毯的中心和集散地。根据上述背景,二审法院认为本

① (2010)津高民三终字第18号,此案为全国法院优秀调解案例之一,参见《最高人民法院关于印发全国法院优秀调解案例的通知》(法〔2012〕101号)。

案应力求调解结案,这样不仅能更好地保护双方当事人的合法权益,同时也维护了本地区经济发展的稳定和繁荣。

关于调解协议的签订。在二审过程中,经合议庭多次主持调解,最终双方当事人自愿达成调解协议,主要内容为:(1) 宏硕公司向飞马公司支付维权费用2万元,并负担全部诉讼费用;(2) 飞马公司许可宏硕公司使用其专利号为ZL200510092867.5的发明专利技术(许可使用权包括产品与制造产品的工艺方法);(3) 上述专利实施许可使用期限暂定1年(自2010年7月1日至2011年6月30日),宏硕公司按照每年5万元向飞马公司支付专利许可使用费,许可使用权仅限于宏硕公司本身;(4) 宏硕公司同意在按照飞马公司的许可使用专利技术时,注意与飞马纺织公司保持同类产品同一价格(个别残次品除外),共同抵制侵权与不正当竞争行为;(5) 专利许可使用期满前1个月,双方视履行情况决定是否续订新的专利实施许可协议。

本案是一起知识产权案件。审理过程中,法官注重遵循有利于自主创新和科技进步,有利于智力成果转化和应用,有利于协调利益关系和促进社会和谐的原则,拓宽了调解的思路,创新了调解方法,不仅依法打击了侵犯专利权的行为,而且促成了当事人双方的合作,也为当地其他企业更好地利用专利技术,提供了符合法律规范的健康的合作模式和契机,促进了当地地毯行业的健康有序发展,取得了良好的法律效果和社会效果。

在调解过程中,调解法官以国家知识产权战略纲要为指引,以激励和促进创新为指导思想,以构建和谐司法为努力目标,竭尽全力做好该案诉讼调解工作,其紧紧抓住庭审环节,庭审焦点突出,举证质证充分,使当事人对结果有一个合理的预期,为调解工作打下了坚实的基础。调解全过程法官皆能设身处地想当事人之所想,最大限度地发挥法律智慧和社会智慧,帮助当事人设计了最佳的调解方案。该案的妥善解决,充分体现了法官工作对科技进步、经济发展大局的保障与推动作用。

第二节 诉讼机制法务

企业诉讼管理概述

抓好诉讼管理工作,防范化解重大法律风险,不让小风险演化为大风险、个别风险演化为综合风险、局部风险演化为区域性或系统性风险。诉讼工作是法务管理的重要组成部分,是法务人员传统工作范畴的核心要件之一。加强案件管理不仅可以防范法律风险,还可以为企业创造价值,对于企业提质增效具有更加重要的现实意义。尤其是通过案件的复盘,对企业管理进行反馈,能够真正找到企业管理存在的问题,从而改进管理,规范经营。

一、法律规则

（一）核心法条

《中华人民共和国民事诉讼法》

第九条　人民法院审理民事案件，应当根据自愿和合法的原则进行调解；调解不成的，应当及时判决。

第五十二条　当事人有权委托代理人，提出回避申请，收集、提供证据，进行辩论，请求调解，提起上诉，申请执行。

当事人可以查阅本案有关材料，并可以复制本案有关材料和法律文书。查阅、复制本案有关材料的范围和办法由最高人民法院规定。

当事人必须依法行使诉讼权利，遵守诉讼秩序，履行发生法律效力的判决书、裁定书和调解书。

第五十四条　原告可以放弃或者变更诉讼请求。被告可以承认或者反驳诉讼请求，有权提起反诉。

第九十六条　人民法院审理民事案件，根据当事人自愿的原则，在事实清楚的基础上，分清是非，进行调解。

第九十九条　调解达成协议，必须双方自愿，不得强迫。调解协议的内容不得违反法律规定。

第一百零一条　下列案件调解达成协议，人民法院可以不制作调解书：

（一）调解和好的离婚案件；

（二）调解维持收养关系的案件；

（三）能够即时履行的案件；

（四）其他不需要制作调解书的案件。

对不需要制作调解书的协议，应当记入笔录，由双方当事人、审判人员、书记员签名或者盖章后，即具有法律效力。

第二百四十一条　在执行中，双方当事人自行和解达成协议的，执行员应当将协议内容记入笔录，由双方当事人签名或者盖章。

申请执行人因受欺诈、胁迫与被执行人达成和解协议，或者当事人不履行和解协议的，人民法院可以根据当事人的申请，恢复对原生效法律文书的执行。

《最高人民法院关于人民法院民事调解工作若干问题的规定》

第二条　当事人在诉讼过程中自行达成和解协议的，人民法院可以根据当事人的申请依法确认和解协议制作调解书。双方当事人申请庭外和解的期间，不计入审限。

当事人在和解过程中申请人民法院对和解活动进行协调的，人民法院可以委派审判辅助人员或者邀请、委托有关单位和个人从事协调活动。

第六条 当事人可以自行提出调解方案，主持调解的人员也可以提出调解方案供当事人协商时参考。

第七条 调解协议内容超出诉讼请求的，人民法院可以准许。

第八条 人民法院对于调解协议约定一方不履行协议应当承担民事责任的，应予准许。

调解协议约定一方不履行协议，另一方可以请求人民法院对案件作出裁判的条款，人民法院不予准许。

第九条 调解协议约定一方提供担保或者案外人同意为当事人提供担保的，人民法院应当准许。

案外人提供担保的，人民法院制作调解书应当列明担保人，并将调解书送交担保人。担保人不签收调解书的，不影响调解书生效。

当事人或者案外人提供的担保符合民法典规定的条件时生效。

第十一条 当事人不能对诉讼费用如何承担达成协议的，不影响调解协议的效力。人民法院可以直接决定当事人承担诉讼费用的比例，并将决定记入调解书。

第十二条 对调解书的内容既不享有权利又不承担义务的当事人不签收调解书的，不影响调解书的效力。

第十四条 当事人就部分诉讼请求达成调解协议的，人民法院可以就此先行确认并制作调解书。

当事人就主要诉讼请求达成调解协议，请求人民法院对未达成协议的诉讼请求提出处理意见并表示接受该处理结果的，人民法院的处理意见是调解协议的一部分内容，制作调解书的记入调解书。

第十五条 调解书确定的担保条款条件或者承担民事责任的条件成就时，当事人申请执行的，人民法院应当依法执行。

不履行调解协议的当事人按照前款规定承担了调解书确定的民事责任后，对方当事人又要求其承担民事诉讼法第二百五十三条①规定的迟延履行责任的，人民法院不予支持。

第十六条 调解书约定给付特定标的物的，调解协议达成前该物上已经存在的第三人的物权和优先权不受影响。第三人在执行过程中对执行标的物提出异议的，应当按照民事诉讼法第二百二十七条②规定处理。

---

① 该司法解释为《民事诉讼法》2023年修正前制定的，原《民事诉讼法》第253条的内容对应现行《民事诉讼法》第264条的规定。

② 该司法解释为《民事诉讼法》2023年修正前制定的，原《民事诉讼法》第227条的内容对应现行《民事诉讼法》第238条的规定。

《最高人民法院关于适用〈中华人民共和国民事诉讼法〉的解释》

第一百四十四条　人民法院审理民事案件，发现当事人之间恶意串通，企图通过和解、调解方式侵害他人合法权益的，应当依照民事诉讼法第一百一十五条的规定处理。

第一百四十六条　人民法院审理民事案件，调解过程不公开，但当事人同意公开的除外。

调解协议内容不公开，但为保护国家利益、社会公共利益、他人合法权益，人民法院认为确有必要公开的除外。

主持调解以及参与调解的人员，对调解过程以及调解过程中获悉的国家秘密、商业秘密、个人隐私和其他不宜公开的信息，应当保守秘密，但为保护国家利益、社会公共利益、他人合法权益的除外。

第一百四十七条　人民法院调解案件时，当事人不能出庭的，经其特别授权，可由其委托代理人参加调解，达成的调解协议，可由委托代理人签名。

离婚案件当事人确因特殊情况无法出庭参加调解的，除本人不能表达意志的以外，应当出具书面意见。

第三百三十七条　当事人在第二审程序中达成和解协议的，人民法院可以根据当事人的请求，对双方达成的和解协议进行审查并制作调解书送达当事人；因和解而申请撤诉，经审查符合撤诉条件的，人民法院应予准许。

第三百五十八条　经审查，调解协议有下列情形之一的，人民法院应当裁定驳回申请：

（一）违反法律强制性规定的；

（二）损害国家利益、社会公共利益、他人合法权益的；

（三）违背公序良俗的；

（四）违反自愿原则的；

（五）内容不明确的；

（六）其他不能进行司法确认的情形。

（二）规则解读

1. 诉讼调解的界定与优点

诉讼调解，亦称法院调解，是指对民事案件在人民法院审判组织主持下，诉讼双方当事人平等协商，达成协议，经人民法院认可，终结诉讼活动的一种结案方式。法院的调解充分表现了公权力和私权利有机的结合，一方面，法官作为中立的第三人介入调解过程，使调解达成的协议具有一定的强制力；另一方面，调解协议的产生又是双方当事人合意的结果，使调解协议有利于当事人的接受。同审判相比较而言,调解具有其独特的司法救济价值。

2. 诉讼的界定和优点

诉讼是指人民法院在当事人和全体诉讼参与人的参加下,依法审理和解决刑事、民事和行政案件的活动,以及由这些活动所发生的诉讼关系。根据诉讼内容和形式的不同,它可以分为刑事诉讼、民事诉讼和行政诉讼(本书主要介绍民事诉讼)。民事诉讼具有以下优点:一是客观性。诉讼是由法院代表国家作为纠纷处理的主体主持民事诉讼活动,保证了解决过程和结果的客观性,处理过程与结果均不受当事人的干扰,相较于其他纠纷处理方式,在其他纠纷处理方式中发挥重要影响作用的一些传统习俗、观念等因素对诉讼过程及结果的干扰是最低的。二是公平性。由于诉讼活动严格依照《民事诉讼法》等相关法律制度规定的程序进行,追求程序公平,保证了纠纷的有序公平解决,而其他方式在这一点上略微有所不足。三是强制性。国家强制力在诉讼过程和结果中得到了充分体现,在诉讼过程中,法院有权对妨碍诉讼秩序的行为人采取强制措施,在当事人不履行判决时甚至可以依法采取强制执行等措施,这也是当事人首选诉讼解决纠纷的主要原因。

3. 诉讼机制的缺点

诉讼机制是解决纠纷的最后手段,但绝不是唯一手段。诉讼虽有强制性、权威性等优点,但也存在很多缺点:一是高成本。从国家层面来说,整个诉讼过程的顺利进行到结果的最终执行,国家要投入大量的人力、财力,从当事人层面来说,不管纠纷处理结果如何,当事人均要耗费大量的精力、财力。二是费时间。程序严格,保证了公正,但同时由于其繁琐和死板,环节过多,甚至由于目前各级法院案件过多造成“积案”等原因,耗费大量时间,导致诉讼效率低下。三是结果合法但不一定合理。法律规定保证了过程和结果的合法性但没有考虑其他主客观因素,这就很容易造成结果合法但是不合理,当事人对诉讼结果从内心很难接受,造成对诉讼的不信任。四是可能受地方保护主义影响。地方法院为维护本地经济利益,往往通过打擦边球的方式,尽量作出有利于本地当事人的判决,无法做到真正的客观公正。

二、实务操作

1. 诉讼调解实务操作

(1) 在充分评估诉讼风险的基础上,充分运用诉讼调解维护己方的合法权益。

(2) 坚持调解内容的开放性,调解协议内容可以超出诉讼请求,为此当事人可以将其他能够一揽子解决的相关问题在调解协议书中予以约定,最大程度利用调解维护自己的权益。

（3）利用担保条款和违约责任条款，防止对方不履行调解协议。当事人可以在调解协议中约定一方不履行协议应当承担民事责任，或者约定一方提供担保或者案外人同意为当事人提供担保。调解书确定的担保条款条件或者承担民事责任的条件成就时，当事人申请执行的，人民法院应当依法执行。

2. 诉讼实务操作

企业诉讼管理的具体流程和主要内容

（1）适时起诉。法律对诉讼时效作出具体严格的规定，一旦超过诉讼时效，就意味着得不到诉讼保护。作为被告，如果可以反诉，尽量提起反诉。被告提起反诉的，最好在举证期限届满前提出；超期提出，人民法院不予受理的，可以另行起诉。

（2）诉讼请求适当。诉讼应当依据事实和证据，原告的诉讼请求必须符合事实和法律规定，不能漫天要价，否则将会增加诉讼费用；被告的反诉请求也应实事求是。

（3）正确举证。诉讼中常出现一些当事人对手中的证据不按照法庭要求及时提供的情况。一般超过法庭指定的举证期再列举的证据，可能不再被法院采纳。因此，当事人必须十分注意人民法院在开庭审理前对举证时限的规定。当事人应当在举证期限内向人民法院提交证据材料，在举证期限内提交证据材料确有困难的，应当在举证期限内向人民法院申请延期举证，经人民法院准许的，可以适当延长举证期限。在延期的举证期限内提交证据材料仍有困难的，可以再次提出延期申请，是否准许由人民法院决定。

（4）积极应诉。应诉活动包括以下几个方面：签收法院送达的各种诉讼文书；委托代理人代为诉讼；提交答辩状；收集、提交证据；按时参加庭审；裁判文书出来以后，如果不服，在指定的期限内上诉或申请再审。要善于提出管辖权异议，尽量维护己方的利益，提出管辖权异议的期限是自收到起诉状副本之日起15日内，未按时提出的，人民法院不予处理。开庭审理是案件审判的中心环节，尤其要积极参加庭审，法律对原、被告缺席都作出了明确的规定，被告没有特殊情况经传唤不到庭的可以缺席判决，原告经传票传唤拒不到庭的，可以按撤诉处理。尤其是被告不到庭的，因不知道被告有何证据和诉讼请求，法官只审查原告一方提供的证据，只采信原告一面之词，往往原告得利，被告承担没有质证带来的风险，甚至造成一些"错案"发生。需要延期审理的，应当向法院提交申请。可以延期审理的情形包括：一是必须到庭的当事人和其他诉讼参与人有正当理由没有到庭的；二是当事人临时提出回避申请的；三是需要通知新的证人出庭，调取新的证据，重新鉴定、勘验或者需要补充调查的；四是其他应当延期的情形。在参加民事诉讼的过程中，如发现司法人员与案件或案件的当事人有某种特殊的关系,应及时申请相关人员回避。提供证人证言的,证人需亲自出庭作证,否则会导致证言效力降低,甚至不被法院采信的后果。为防止当事人转移、隐匿、变卖财产,法院可以依职权或依当事人申请对财产作出保护措施,以保证将来判决生效后能得到顺利执行,要积极运用保全手段。采取诉前财产保全后,要在法定期限内提起诉讼,否则保全将会失效。

(5) 适当适用调解。诉讼调解是人民法院的必经程序更是当事人自身利益的护身符。民事诉讼中一方可能败诉的情况下,主动请求法官居中调解,既不失尊严,还可减少自己的经济损失。

企业诉讼管理的风险控制

三、风险防范

(一) 诉讼调解风险防范

(1) 防范授权风险。如果由代理人参与调解,需要特别授权,当事人在签订委托合同时,需要考虑清楚,是否赋予代理人参与调解的权利。对于法官而言,需要审查代理人是否有特别授权,如果没有就不能参与调解。

(2) 设置兜底条款。为了防止一方当事人滥用权利,利用调解拖延诉讼,或者缺乏诚信不履行调解协议。在诉讼调解协议上,可以设置担保条款,或者违约责任条款,让反悔一方成本高,不敢反悔。

(3) 诉讼调解应当注意防止泄露有关商业秘密。

(二) 诉讼风险管控

企业诉讼管理的制度和流程建设

诉讼活动虽然复杂,但却有其内在的规律性,只要牢牢把握诉讼活动的内在规律,相当一部分民事诉讼风险还是可以控制和防范的,要合理地评估和预测诉讼中的各种风险。

1. 加强法治宣传和教育,以树立正确的诉讼观念、强化风险意识

在倡导"对簿公堂"式现代诉讼的同时,也应提示人们正确、理性、认真地对待诉讼风险。应该让相关人员认识到,诉讼是解决纠纷的有效途径,但并不是一条坦途,诉讼有风险;但同时也应该认识到,诉讼虽然有风险,但只要认真对待,采取有效措施,一定能够最大限度地防范和控制诉讼风险,并实现诉讼目的。

2. 正确应对诉讼是控制和防范诉讼风险的根本

(1) 做足诉讼准备。事实、证据和法律适用是任何一个案件的基石,所以诉讼之前一定要将这些基石打牢,诉讼这座大厦才不会轻易倒塌。做足诉讼准备既是防范风险之道,也是制胜之道。在很多情况下,就是事实、证据和法律适用

方面一个小小的漏洞导致了诉讼的最大失利。相反,在很多情况下,也正是由于这些小小的漏洞被及早填补,而使企业立于不败之地。

(2) 要记牢各种诉讼活动的期限,否则,过了诉讼时效或期限,就会处于被动的状态。

(3) 要了解可能导致诉讼风险的各种因素并采取必要的措施。基于诉讼的复杂性和专业性,适用普通程序审理的民事诉讼案件最好由律师代理,以增强诉讼风险的可控性。

(4) 要注意各个诉讼阶段的风险。诉讼中的风险主要体现在如下方面:① 起诉阶段的风险。如申请法院调查收集证据的风险,申请财产、证据保全的风险等。② 案件审理阶段的风险。如诉讼请求不当的风险,对方当事人反诉或第三人起诉的风险,不据实提出诉讼请求的风险,不能充分提供证据的风险,不能提供原始证据的风险,提供证据超过举证时限的风险,对方当事人下落不明的风险,当事人申请评估、鉴定的风险,申请法院调查收集证据的风险,申请财产、证据保全的风险等。③ 二审阶段的风险。如不在法定期限内提起上诉的风险,不在法定期限内提交上诉材料的风险,不按时缴纳上诉费用的风险等。④ 执行阶段的风险。如超期申请执行的风险,被执行人无财产可供执行或者财产不足以执行判决或调解书确定的数额的风险,案外人对执行标的异议的风险,被执行人申请再审引起执行中止或终结的风险,败诉方还面临财产被查封、冻结无法进行正常生产经营的风险。⑤ 败诉后谨慎选择申诉。再审立案的标准较高、立案率低、再审周期长、诉讼成本更高,可能存在各种风险,要作出评估和预测。

3. 要有市场风险意识,进行最有效的诉讼投入

在实践中,并不是所有的裁判文书都能得到执行,司法文书只是对双方的权利义务作出的判断和确定,能否实现还取决于很多因素。不要因为担心诉讼风险在缴纳诉讼费后就不愿再增加诉讼投入,从而根本不考虑财产保全。虽然进行财产保全投入大,大多数情况下法院会要求申请人提供担保,但权利人应该注意到如果采取了财产保全的话,将有效防止对方转移、隐匿、毁灭财产,申请人就可以"高枕无忧"地进行诉讼,若案子胜诉了,即使对方拒不履行判决确定的义务,也有已被保全的财产可供执行。而且,因为财产保全限制了对方对财产的处分,极大影响着被申请人的生活、生产经营,故在权衡利弊后,很多情况下,为了满足双方的利益,大多数会和解,这样既节省了时间,也顺利解决了纠纷。

4. 建立专门法务机构,配备专职企业法律顾问是必由之路

市场经济是法治经济,人们一般常从宏观予以理解,但就微观而言,企业的依法经营对企业的发展也具有根本意义。目前,企业与政府、企业与企业、企业内部、企业与消费者之间的关系,主要通过相应的法律法规来调整和规范。政府对企业的指导和管理,已经从过去的行政政策手段过渡到以经济和法律手段为

主；企业与企业作为平等市场主体，它们之间的关系只能靠民商法等法律进行调整和规范；企业内部各种关系，包括劳动关系、财务管理、质量管理、安全生产管理等，都要依据《劳动法》《会计法》《产品质量法》《安全生产法》等法律来调整和规范。企业面临的法律风险主要有诉讼风险和非诉讼风险。诉讼风险，也就是败诉和无意义胜诉。败诉的原因主要是缺乏证据，因而保留和收集证据材料应贯穿于企业经营管理的全过程，但如何使证据材料成为有利证据，是十分专业和经验性很强的工作，因此保留、收集和提交证据材料必须要有专业人员指导。无意义胜诉是指败诉方无财产可供执行或者根本找不到被执行人，对于企业而言，胜诉并无实际意义。非诉讼风险，一般是指潜在的、间接的"机会损失"，企业有时可能都没有意识到，但确实可能隐藏着更大的风险或损失，所以，企业应当建立专门的法务机构，配备专业的法律顾问，从而在最大程度上规避风险。

5. 创新企业法律顾问机制的实务操作

企业法律顾问的管理

企业应当准确定位法务部门在企业管理中的作用。法务部是企业内部处理法律工作事务的职能部门。其应当依法维护本企业的合法权益、为本企业服务。认真参与企业规章制度的起草，规避潜在的法律风险。同时企业应当健全法律纠纷防范和应变制度，主要包括法律论证制度，合同管理制度，企业商标、专利和商业秘密管理制度等，而且在企业经营过程中应当逐步提高企业决策和管理骨干的法律意识和经营管理水平。企业应当注重法务专业人才的培养和选拔，目前，企业法务人才培养的需求极为紧迫，最好的途径是对一些企业经营管理人员进行系统的法律专业培训。企业还应注重经营管理人员的法律素养培养，企业的法律选择空间相当大，风险也相应地增多，所以企业应提高经营管理人员的法律素质，积极鼓励和培养他们学法、懂法、用法，把法律作为一种资源充分运用到企业经营管理的全过程。

四、典型案例分析

瑞安市伟浩电镀有限公司与青田胜波涂装设备有限公司、余胜波买卖合同纠纷案[①]

原告瑞安市伟浩电镀有限公司（以下简称伟浩公司）因生产经营之需于2016年向被告青田胜波涂装设备有限公司（以下简称胜波公司）订购全自动垂直生产线设备（电镀设备）一套，经协商，双方于2016年10月23日签订《设备加工买卖合同书》，约定：产品规格、型号为800mm * 800mm * 1000mm，100臂，

① （2019）浙1121民初2948号，案例来源于中国裁判文书网。

合同价款98.8万元(含税价),具体配制及材料以被告胜波公司提供和双方盖章后的报价单为准。其中,原告自备整流器、连接铜排、过滤机、管道、超声波振子、发生器、钛蓝、废气槽、风机等设备,生产线地台基础由原告按照被告提供的设计图纸负责建造。付款方式为原告先付定金10万元,产品发货到付50万元,产品调试到正常运转之日起支付30万元,余款在该合同签订后12个月内付清。任何一期款项逾期付款的,被告胜波公司将按照2%的月利率收取利息,同时对于未付清款的产品和设备胜波公司保留所有权,同时有权拆回设备,由此产生的损失由原告承担,此外原告还应支付被告胜波公司合同总价款30%的金额作为违约金。交货时间为被告胜波公司收到定金后50天内,且被告要保证设备正常运转。合同签订后,原告于2016年10月24日向被告胜波公司支付定金10万元,后被告胜波公司陆续发货至原告处,并组织现场安装。2016年12月5日,原告向被告胜波公司支付20万元货款,又于2016年12月29日支付20万元货款。设备安装完成后,原告组织人员进行生产调试,由于产品合格率低,经被告余胜波介绍,原告聘请案外人游国良担任电镀技术员负责案涉设备电镀生产。2017年7月6日,原告伟浩公司与被告胜波公司组织人员进行设备验收,并签署设备验收备案纪要,纪要中共列明案涉设备中有17项与合同约定不符,双方在纪要尾部写明:“以上缺失项经验收人员确认无误!(双方验收人员)产生的金额由财务核算为准!”同年7月22日,原告与被告胜波公司签署设备验收记录,写明“因验收结果设备与合同清单部分不符,设备厂家答应3天之内给出处理措施”。同时,被告余胜波、原告负责人涂国珍在2017年7月6日形成的设备验收备案纪要上签字确认。后被告胜波公司向原告伟浩公司出具书面意见及对账单,书面意见就案涉设备与合同不符项进行说明并提出相应折价处理意见,对账单对合同总价款、原告已支付货款、不符项折算金额进行了列明。后双方因案涉设备质量问题发生纠纷,经协商无果致成纠纷。

本案争议的最主要的焦点在于:被告胜波公司是否构成根本违约。对此法院认为:

纵观整个审理过程,原告诉请解除合同所依据的请求权基础有三项,第一项是《中华人民共和国合同法》第165条,“标的物为数物,其中一物不符合约定的,买受人可以就该物解除,但该物与他物分离使标的物的价值显受损害的,当事人可以就数物解除合同”。其主张的理由是被告胜波公司交付的设备中存在与合同约定不符的情形。第二项是《中华人民共和国合同法》第148条,“因标的物质量不符合质量要求,致使不能实现合同目的的,买受人可以拒绝接受标的物或者解除合同”。其主张的理由是被告交付的设备一直未通过调试验收,无法正常生产,存在质量问题。第三项是《中华人民共和国合同法》第94条第3款、第4款,“当事人一方迟延履行主要债务,经催告后在合理期限内仍未履行;

当事人一方迟延履行债务或者有其他违约行为致使不能实现合同目的”。其主张的理由是被告胜波公司于2017年7月22日验收后承诺3天内给出处理意见,但至今未予解决,给原告造成巨大经济损失,与原告订立合同的根本目的相悖。

从举证责任角度分析,原告需要证明存在上述三项请求权基础设定的要件事实,才能获得法定解除权,进而有权解除合同。针对第一项请求权基础,《中华人民共和国合同法》第165条规定的是合同标的物为数物情形下部分瑕疵履行的合同解除权,要求数物之间无主从关系。本案涉及的标的物是一整套电镀设备生产线,从订立合同目的分析,属于整体一物,即使认定属于数物,由于在成套设备中必然存在核心设备与辅助设备,即数物之间存在主从关系,因此案涉部分设备与合同不符情况并不适用该条的规定,原告基于该条主张解除整个合同不能成立。需要说明的是,即使从主从物角度分析,由于鉴定结论否定了不符部分对整套设备造成根本性影响,进而不能认定与合同不符部分属于主物,原告基于被告提供的部分设备与合同不符的违约事实主张解除整个合同,同样不能得到支持。

针对第二项请求权基础,《中华人民共和国合同法》第148条规定的是瑕疵履行导致合同解除的问题,具体讲,合同一方瑕疵履行需达到相对方不能实现合同目的的程度,也就是根本性违约,相对方才有权解除合同。被告胜波公司交付的设备存在与合同约定部分不符的情形,对此双方均无异议,且经双方达成的设备验收备案纪要、质量鉴定报告等加以证明,应当认定被告胜波公司存在瑕疵履行。进一步判断该瑕疵履行行为是否构成根本违约,主要应考虑瑕疵履行行为是否会对案涉设备正常运转以及产品合格率等产生重大影响。根据原告的当庭陈述,2017年3月至2017年7月,原告安排生产技术人员对案涉设备进行了调试生产,其中5月至7月由案外人游国良担任技术人员期间,案涉设备生产的产品合格率在50%左右,说明案涉设备可以开机生产。此后双方在2017年7月对案涉设备进行了验收,验收记录中仅写明了设备不符项与缺失项,就设备是否能正常运转并未提及。同时在2017年7月6日验收纪要(原告提供的复印件)中,纪要尾部写有“以上缺失项经验收人员确认无误!(双方验收人员)产生的金额由财务核算为准”,对此表述原告并未给出明确且符合常理的解释,而被告辩称当时双方有意就与合同不符项进行折价处理更符合字面意思与一般常理。庭后本院电话联系案外人游国良,其本人表示他在原告伟浩公司工作期间案涉设备可以正常运转,法院综合以上几方面认定案涉设备经被告胜波公司安装调试后可以正常运转。同时结合鉴定报告的结论,应当认定被告胜波公司的瑕疵履行行为并未达到根本违约的程度,原告不能据此提出解除合同。

针对第三项请求权基础,《中华人民共和国合同法》第94条第3款是关于迟延履行导致解除合同的规定，要求违约方迟延履行主要义务，相对方才享有合同解除权。案涉合同被定性为包括安装在内的买卖合同纠纷，被告胜波公司作为卖方已经交付一整套设备，虽有瑕疵，但可以正常运转，且对产品质量不会产生根本性影响，应当认定被告胜波公司已经履行了主要义务，原告依据该条款主张解除合同，法院不予支持。该条第4款是关于根本性违约导致合同解除的规定，双方经验收后被告胜波公司承诺3天内给出处理措施，但逾期未解决已构成迟延履行，属于违约行为。基于该违约行为主张解除合同仍需证明被告胜波公司构成根本性违约，因前述瑕疵履行部分已经论证被告胜波公司不构成根本性违约，原告依据该款规定主张解除合同，依然不能成立。

据此，法院认为原告的诉讼请求缺乏事实和法律依据，应依法予以驳回。

【案例评析】

本案关键在于原告的诉讼请求不当。民事诉讼实行“不告不理”原则，并实行处分原则，法院根据当事人的诉讼请求来审理案件，如果诉讼请求不完全，可能导致未请求部分得不到审理的法律后果；如果诉讼请求不适当，其不适当部分将不能得到支持，且须自行负担不当请求部分的诉讼费。当事人提出的诉讼请求应明确、具体、完整，简明扼要。《民事诉讼法》第13条规定，民事诉讼应当遵循诚信原则。当事人有权在法律规定的范围内处分自己的民事权利和诉讼权利。第54条规定，原告可以放弃或者变更诉讼请求。被告可以承认或者反驳诉讼请求，有权提起反诉。不仅一审如此，二审也围绕当事人的诉讼请求展开，如果当事人诉讼请求不当，其二审不适当部分也将不能得到支持。《民诉法解释》第226条规定：“人民法院应当根据当事人的诉讼请求、答辩意见以及证据交换的情况，归纳争议焦点，并就归纳的争议焦点征求当事人的意见。”第321条第1款规定：“第二审人民法院应当围绕当事人的上诉请求进行审理。”

本案中，被告胜波公司违约是毫无疑问的。但是，违约不一定就构成解除合同的理由，《民法典》第562条规定，当事人协商一致，可以解除合同。当事人可以约定一方解除合同的事由。解除合同的事由发生时，解除权人可以解除合同。该法第563条第1款规定，有下列情形之一的，当事人可以解除合同：(1) 因不可抗力致使不能实现合同目的；(2) 在履行期限届满前，当事人一方明确表示或者以自己的行为表明不履行主要债务；(3) 当事人一方迟延履行主要债务，经催告后在合理期限内仍未履行；(4) 当事人一方迟延履行债务或者有其他违约行为致使不能实现合同目的；(5) 法律规定的其他情形。可见，只有在当事人约定的情形发生，或者发生法定的事由导致合同的目的不能实现时，才可以解除合同。上述案件法院也是据此驳回原告诉讼请求的。假如原告不提出解除合同，而是提出要求被告承担违约责任,毫无疑问,此时原告的诉讼请求将会得到法院的支持。可见,诉讼请求不当可能导致诉讼请求被驳回,当事人提出的诉讼请求一定要适当,要有法律和事实依据。

思考题》

1. 谈谈涉企纠纷的特点和应对。
2. 结合自身实际,谈谈企业应当如何选择纠纷解决方式,以实现自身利益最大化、风险最小化。
3. 试论民事诉讼的风险及其应对。
4. 试论仲裁的风险及其应对。
5. 试述企业应当如何构建诉讼法律风险防范体系。
6. 企业应当如何加强诉讼管理?
7. 企业应当如何加强外聘律师的管理?

课后练习》

第五章—习题

第五章—答案

第六章　公司解散和破产法务

公司作为人们进行商业运作的载体，产生于设立行为，消亡于解散。它也有一个生命周期，但它的“生命结束”不仅关系到其自身，而且关系到其债权人、债务人、职工等利益主体的切身利益，关系到社会经济的健康有序运行，甚至关系到社会的稳定。可见，破产清算的意义重大，公司的破产清算制度是公司走向消亡十分重要的一环。破产清算制度的重要性在于不仅保护了股东的权益，而且保护了广大债权人的权益，维护了市场经济的稳定发展。

第一节　公司解散法务

一、法律规则

（一）核心法条

《中华人民共和国公司法》

第二百二十九条　公司因下列原因解散：

（一）公司章程规定的营业期限届满或者公司章程规定的其他解散事由出现；

（二）股东会决议解散；

（三）因公司合并或者分立需要解散；

（四）依法被吊销营业执照、责令关闭或者被撤销；

（五）人民法院依照本法第二百三十一条的规定予以解散。

公司出现前款规定的解散事由，应当在十日内将解散事由通过国家企业信用信息公示系统予以公示。

第二百三十条　公司有前条第一款第一项、第二项情形，且尚未向股东分配财产的，可以通过修改公司章程或者经股东会决议而存续。

依照前款规定修改公司章程或者经股东会决议，有限责任公司须经持有三分之二以上表决权的股东通过，股份有限公司须经出席股东会会议的股东所持表决权的三分之二以上通过。

第二百三十一条　公司经营管理发生严重困难，继续存续会使股东利益受到重大损失，通过其他途径不能解决的，持有公司百分之十以上表决权的股东，可以请求人民法院解散公司。

第二百三十二条 公司因本法第二百二十九条第一款第一项、第二项、第四项、第五项规定而解散的,应当清算。董事为公司清算义务人,应当在解散事由出现之日起十五日内组成清算组进行清算。

清算组由董事组成,但是公司章程另有规定或者股东会决议另选他人的除外。

清算义务人未及时履行清算义务,给公司或者债权人造成损失的,应当承担赔偿责任。

第二百三十三条 公司依照前条第一款的规定应当清算,逾期不成立清算组进行清算或者成立清算组后不清算的,利害关系人可以申请人民法院指定有关人员组成清算组进行清算。人民法院应当受理该申请,并及时组织清算组进行清算。

公司因本法第二百二十九条第一款第四项的规定而解散的,作出吊销营业执照、责令关闭或者撤销决定的部门或者公司登记机关,可以申请人民法院指定有关人员组成清算组进行清算。

第二百三十四条 清算组在清算期间行使下列职权:

(一)清理公司财产,分别编制资产负债表和财产清单;

(二)通知、公告债权人;

(三)处理与清算有关的公司未了结的业务;

(四)清缴所欠税款以及清算过程中产生的税款;

(五)清理债权、债务;

(六)分配公司清偿债务后的剩余财产;

(七)代表公司参与民事诉讼活动。

第二百三十五条 清算组应当自成立之日起十日内通知债权人,并于六十日内在报纸上或者国家企业信用信息公示系统公告。债权人应当自接到通知之日起三十日内,未接到通知的自公告之日起四十五日内,向清算组申报其债权。

债权人申报债权,应当说明债权的有关事项,并提供证明材料。清算组应当对债权进行登记。

在申报债权期间,清算组不得对债权人进行清偿。

第二百三十六条 清算组在清理公司财产、编制资产负债表和财产清单后,应当制订清算方案,并报股东会或者人民法院确认。

公司财产在分别支付清算费用、职工的工资、社会保险费用和法定补偿金,缴纳所欠税款,清偿公司债务后的剩余财产,有限责任公司按照股东的出资比例分配,股份有限公司按照股东持有的股份比例分配。

清算期间,公司存续,但不得开展与清算无关的经营活动。公司财产在未依照前款规定清偿前,不得分配给股东。

第二百三十七条 清算组在清理公司财产、编制资产负债表和财产清单后,发现公司财产不足清偿债务的,应当依法向人民法院申请破产清算。

人民法院受理破产申请后,清算组应当将清算事务移交给人民法院指定的破产管理人。

第二百三十八条　清算组成员履行清算职责,负有忠实义务和勤勉义务。

清算组成员怠于履行清算职责,给公司造成损失的,应当承担赔偿责任;因故意或者重大过失给债权人造成损失的,应当承担赔偿责任。

第二百三十九条　公司清算结束后,清算组应当制作清算报告,报股东会或者人民法院确认,并报送公司登记机关,申请注销公司登记。

第二百四十条　公司在存续期间未产生债务,或者已清偿全部债务的,经全体股东承诺,可以按照规定通过简易程序注销公司登记。

通过简易程序注销公司登记,应当通过国家企业信用信息公示系统予以公告,公告期限不少于二十日。公告期限届满后,未有异议的,公司可以在二十日内向公司登记机关申请注销公司登记。

公司通过简易程序注销公司登记,股东对本条第一款规定的内容承诺不实的,应当对注销登记前的债务承担连带责任。

第二百四十一条　公司被吊销营业执照、责令关闭或者被撤销,满三年未向公司登记机关申请注销公司登记的,公司登记机关可以通过国家企业信用信息公示系统予以公告,公告期限不少于六十日。公告期限届满后,未有异议的,公司登记机关可以注销公司登记。

依照前款规定注销公司登记的,原公司股东、清算义务人的责任不受影响。

第二百四十二条　公司被依法宣告破产的,依照有关企业破产的法律实施破产清算。

《最高人民法院关于适用〈中华人民共和国公司法〉若干问题的规定(二)》

第一条　单独或者合计持有公司全部股东表决权百分之十以上的股东,以下列事由之一提起解散公司诉讼,并符合公司法第一百八十二条规定的,人民法院应予受理:

(一) 公司持续两年以上无法召开股东会或者股东大会,公司经营管理发生严重困难的;

(二) 股东表决时无法达到法定或者公司章程规定的比例,持续两年以上不能做出有效的股东会或者股东大会决议,公司经营管理发生严重困难的;

(三) 公司董事长期冲突,且无法通过股东会或者股东大会解决,公司经营管理发生严重困难的;

(四) 经营管理发生其他严重困难,公司继续存续会使股东利益受到重大损失的情形。

股东以知情权、利润分配请求权等权益受到损害,或者公司亏损、财产不足以偿还全部债务,以及公司被吊销企业法人营业执照未进行清算等为由,提起解散公司诉讼的,人民法院不予受理。

第二条 股东提起解散公司诉讼,同时又申请人民法院对公司进行清算的,人民法院对其提出的清算申请不予受理。人民法院可以告知原告,在人民法院判决解散公司后,依据民法典第七十条、公司法第一百八十三条和本规定第七条的规定,自行组织清算或者另行申请人民法院对公司进行清算。

第十五条 公司自行清算的,清算方案应当报股东会或者股东大会决议确认;人民法院组织清算的,清算方案应当报人民法院确认。未经确认的清算方案,清算组不得执行。

执行未经确认的清算方案给公司或者债权人造成损失,公司、股东、董事、公司其他利害关系人或者债权人主张清算组成员承担赔偿责任的,人民法院应依法予以支持。

第二十条 公司解散应当在依法清算完毕后,申请办理注销登记。公司未经清算即办理注销登记,导致公司无法进行清算,债权人主张有限责任公司的股东、股份有限公司的董事和控股股东,以及公司的实际控制人对公司债务承担清偿责任的,人民法院应依法予以支持。

公司未经依法清算即办理注销登记,股东或者第三人在公司登记机关办理注销登记时承诺对公司债务承担责任,债权人主张其对公司债务承担相应民事责任的,人民法院应依法予以支持。

(二)规则解读

1. 公司解散制度的种类及规定

公司的权利能力和行为能力由法律赋予,公司主体资格是否应该消灭,以及何时消灭需要经过法定程序予以确认,故公司解散制度的立法目的在于建立一种界定公司法人人格应否终止的法律程序,应包括对公司解散的确认和判断,依法停止公司经营活动,处理公司善后事务等一系列的行为。因此公司解散是指公司因发生章程规定或法律规定的解散事由而终止业务活动,最终失去法律人格的法律行为。根据公司是否自愿解散,可以将公司解散分为自行解散和强制解散两种情形。自行解散,也称自愿解散,是指依公司章程或股东决议而解散,这种解散取决于股东的意志,股东可以选择解散或不解散。强制解散是指因政府有关机关的决定或法院判决而发生的解散。

《公司法》第229条规定了公司解散的五种情形。第一种是公司章程规定的营业期限届满或者公司章程规定的其他解散事由出现。经营期限是我国公司章程任意规定的事项,如果公司章程中规定了经营期限,在此期限届满前,股东会可以形成延长经营期限的决议,如果没有形成该决议,公司即进入解散程序。第二种是股东会决议解散。股东会是公司的权力机构,有权对公司的解散事项作出决议。有限责任公司经持有 2/3 以上表决权的股东通过,股份有限公司经出席股东会会议的股东所持表决权的 2/3 以上通过,股东会可以作出解散公司的决议。第三种是因公司合并或分立需要解散。当公司吸收合并时,吸收方存续,被吸收方解散;当公司新设合并时,合并各方均解散。公司分立是指一个公司依照有关法律法规的规定,分立为两个或两个以上的公司的法律行为。公司的分立不是公司的完全解散,无论是新设分立还是派生分立,均无须经过清算程序而实现在原公司的基础上成立两个或两个以上的公司。在这个意义上,公司分立是法律设计的一种简化程序,使公司在无须消灭的情况下实现“一分为二”或“一分为多”,因此,公司分立是公司组织法定变更的特殊形式。第四种是依法被吊销营业执照、责令关闭或者被撤销。公司违反法律、行政法规被吊销营业执照、责令关闭或被撤销的,应当解散。这种解散属于行政性强制解散,即公司在经营活动中严重违反了工商、税收、劳动等方面对公司行为进行规制的法律法规和规章,为了维护社会经济秩序,有关违法事项的主管机关可以作出决定以终止该公司的主体资格,使其永久不能进入市场进行经营。《公司法》规定的公司因行政命令而解散的情形包括:公司因违法活动而被责令解散,以及公司成立后无正当理由超过 6 个月未开业或开业后连续停业 6 个月以上而被公司登记机关撤销公司登记或吊销营业执照等情形。第五种是人民法院依照《公司法》第 231 条的规定予以解散。当公司出现《公司法》第 231 条规定的情况,即公司发生经营管理严重困难,继续存续会使股东利益受到重大损失,通过其他途径不能解决的,人民法院可以根据持有公司 10%以上表决权的股东的请求解散公司。

需要注意的是,公司一经解散即应停止对外的积极活动,不能再对外进行正常的经营活动,一般情况下公司的解散意味着法人资格即将消灭,它与清算的完结一同构成公司法人资格的消灭。

公司的正常运行是通过股东行使权利和公司管理机构行使职权实现的。股东间或公司管理人员间的利益冲突,经常会使公司的运行陷入僵局,当公司陷入僵局时,股东会或董事会会因对方的不配合而无法有效召集,故对公司重大事项无法通过股东会或董事会作出决议,因此公司陷入僵局对公司的经营管理非常不利,在多数情况下,最终将损害股东们的利益。如何救济陷入僵局的公司,一般有下面几种途径:一是通过章程予以规范,即事前救济。在公司成立、订立章程时,就公司的控制权、经营管理等涉及公司生存的重大事项加以明确规定,就将来可能出现的公司僵局及其解决方法在公司章程中予以规定。二是无条件收购。当公司陷入僵局时,股东有权要求公司或其他股东以约定的价格,在达不成协议时以法院确定的价格购买股份。三是法院根据持有一定比例股份的股东的请求强制解散公司。一般来说,法院应严格限制适用司法的方式解散公司,同时,为了避免股东滥用诉权,即使在公司出现僵局确需解散公司时,也须按照规定的程序要求严格限制条件。在公司经营管理发生严重困难,如果不及时处理会使股东利益遭受重大损失,而公司内部无法有效处理上述僵局状态时,《公司法》第231条规定人民法院强制解散,也称为司法强制解散公司。这是一种以公权力为主导的司法干预制度,其目的是通过司法权的介入,强制解散公司,以保护在公司中受压制的小股东和公司债权人的合法利益。故当公司出现股东无力解决的事由,公司董事的行为危及公司存亡,或公司业务发生严重危机,公司的财产遭受重大损失时,法院依据持有一定比例的出资额或股份的股东等利害关系人的请求,可以作出解散公司的裁决。

2. 司法强制解散

为了正确适用《公司法》关于司法强制解散的相关规定,最高人民法院结合审判实践,就人民法院审理公司解散和清算案件适用法律问题出台了司法解释,就司法强制解散公司的受理、审理、裁决等相关事项作出了规定,以便于司法实践中正确把握,促进建立一个健康、有序的法人退出机制,保护公司债权人的合法权益。

股东请求解散公司诉讼案件作为特殊类型的公司诉讼案件,《公司法》第231条对案件的提出作出了特别的规定,即当公司经营管理发生严重困难,继续存续会使股东利益受到重大损失,通过其他途径不能解决时,持有公司10%以上表决权的股东,可以请求人民法院解散公司。该条规定包含三个层次:

一是公司在什么情况下股东有权提起解散公司诉讼。股东提起解散公司诉讼,除必须满足《民事诉讼法》第122条规定的起诉条件外,还要求其据以起诉的理由必须是"公司经营管理发生严重困难,继续存续会使股东利益受到重大损失",对此《公司法解释(二)》第1条列举了四种情形:(1) 公司持续2年以上无法召开股东会,公司经营管理发生严重困难的;(2) 股东表决时无法达到法定或者公司章程规定的比例,持续2年以上不能做出有效的股东会决议,公司经营管理发生严重困难的;(3) 公司董事长期冲突,且无法通过股东会解决,公司经营管理发生严重困难的;(4) 经营管理发生其他严重困难,公司继续存续会使股东利益受到重大损失的。这四种情形主要体现的是股东僵局和董事僵局所造成的公司经营管理上的严重困难,即公司事实上处于瘫痪状态,公司自治的治理结构完全失灵,不能正常进行经营活动,如果任其继续存续下去,将会造成公司实质利益者即股东利益的损失。在这种情形下,应当赋予股东提起解散公司诉讼的权利。应当明确的是,《公司法解释(二)》第1条所列举的四项理由,是解散公司诉讼案件受理时形式审理的法律依据,也是判决是否解散公司时实体审理的法律依据。

二是具备什么资格的股东有权提起此类诉讼。即此类诉讼原告资格的问题。《公司法》第231条之所以规定"持有公司百分之十以上表决权的股东"有权提起解散公司诉讼,系出于防止个别股东恶意诉讼损害其他股东和公司利益的目的,以期通过对股份比例的限制,在起诉股东与其他股东之间寻求一种利益上的平衡。需要注意的是,上述规定的持有应当包括"单独持有"和"合并持有"两种情形。

三是提起此类诉讼需要什么样的前置条件。《公司法》第231条规定"通过其他途径不能解决"作为此类诉讼的前置条件,基于对公司永久性存续性的考虑,即当公司经营管理发生严重困难,继续存续会使股东利益受到重大损害时,还是寄希望于公司能够通过自治等方式解决股东之间或董事之间的僵局,从而改变公司瘫痪的状态,而不轻易赋予股东通过司法程序强制解散公司的权利。因此,人民法院在受理此类诉讼时,需要审理这个条件是否成就。

3. 公司简易注销

为降低企业退出成本,2023年修订的《公司法》增设了简易注销制度。适用简易注销需要满足的条件为:公司当前没有任何债权债务关系,且全体股东就此作出承诺。若股东承诺不实,股东应对注销前存在的公司债务承担连带责任。公司启动简易注销的,无须启动清算程序,应在国家企业信用信息公示系统公告20日以上,公告期限届满后,未有异议的,公司可以在20日内向公司登记机关申请注销公司登记。

4. 公司强制注销

2023年修订的《公司法》规定了强制注销制度。根据2018年《公司法》的规定,公司登记机关只能根据公司的申请依法注销公司登记。为解决长期以来备受困扰的僵尸企业等痛点问题,2023年修订的《公司法》确立了强制注销制度,即公司被吊销营业执照、责令关闭或被撤销,满3年未向公司登记机关申请注销公司登记的,公司登记机关可以通过国家企业信用信息公示系统予以公告,公告期限不少于60日。公告期限届满后,未有异议的,公司登记机关可以注销公司登记。原公司股东、清算义务人的责任不受影响。

二、实务操作

(一)公司自行解散的操作程序

(1)公司清算。公司清算是指公司被依法宣布解散后,依照一定程序了结公司事务,收回债权、清偿债务并分配财产,使公司归于消灭的一系列法律行为和制度的总称。《公司法》第229条规定了公司解散的五种情形,公司出现解散事由后,应当在10日内将解散事由通过国家企业信用信息公示系统予以公示。除因公司合并或分立而需要解散的情形,其他四种情形应当在出现解散事由时成立清算组开始清算,由债权人申报债权,清算组制作清算方案并处置公司财产。不经清算,公司不得注销设立登记。因此,清算是公司解散到公司终止前的一道必经程序。根据是否在破产情况下进行,公司清算可分为破产清算和非破产清算;根据清算是依公司自行确定还是依照法定程序进行,可分为任意清算和法定清算。法定清算根据是否受到法院或行政机关的干预又可分为普通清算和特别清算。

(2) 普通清算。普通清算是指由公司自行依法组织的清算组按照法定程序进行的清算。公司因出现《公司法》第 229 条第 1 项、第 2 项、第 4 项及第 5 项规定情形而解散的,应当自公司章程规定的事实上的解散事由出现之日起 15 日内成立清算组进行清算。清算组是指在公司清算期间负责执行清算事务的法定机构,公司一旦进入清算程序,董事会即应退位而由清算组行使管理公司业务和财产的职权,对内执行清算业务,对外代表公司。董事为公司清算义务人,应当在解散事由出现之日起 15 日内组成清算组进行清算。清算组由董事组成,但是公司章程另有规定或者股东会决议另选他人的除外。

(3) 特别清算。特别清算是指当解散的公司实行普通清算有明显障碍时,由法院或行政机关命令组织清算组进行清算的方式。根据《公司法》第 233 条的规定,只有当公司逾期不成立清算组进行清算或者成立清算组后不清算时,利害关系人才可以申请人民法院指定有关人员组成清算组进行清算。该公司所在地人民法院应当受理清算申请,并及时组织清算组进行清算。同时,公司因依法被吊销营业执照、责令关闭或者被撤销而解散的,作出吊销营业执照、责令关闭或者撤销决定的部门或者公司登记机关,可以申请人民法院指定有关人员组成清算组进行清算。

(4) 清算组的职权。在清算期间,清算组是公司业务的执行机构,全面负责公司相关业务的处理,因此清算组享有为实现清算目的而需要的各项权利,一般可分为两类:一类为一般性权利,即为确保清算组职责的充分实现而被赋予的权利,如出卖公司的财物、回收公司债权,以及从事为公司解散和财产分配所必需的其他行为。另一类为受限制的权利,是指在公司强制性解散中,公司行使某些权利应当得到法院或行政机关的同意,一般包括以公司名义提起诉讼或以公司名义应诉,以公司名义与债权人和解等。根据《公司法》第 234 条的规定,清算组有以下七项职权:

第一,清理公司财产,分别编制资产负债表和财产清单。公司解散时,清算组要全面清理公司的全部财产,包括固定资产、流动资产、有形或无形资产并列出财产清单,同时编制公司的资产负债表,明确公司的负债情况。结合上述情况制作清算方案,并报股东会或人民法院确认,才能产生法律效力。

第二,通知、公告债权人。清算组接管公司财产后,应立即在法定期限内(成立后 10 日内通知,并于 60 日内在媒体上公告)通知已知债权人和通过报纸等媒体通知或公告未知债权人,以便债权人在法定期限内向清算组申报债权。

第三,处理与清算有关的公司未了结的业务。对于公司尚在履行的合同,清算组有权根据清算工作的需要,作出继续或终止履行的决定,但清算组无权进行与清算无关的新的业务活动。

第四,清缴所欠税款及清算过程中产生税款。在公司解散时,清算组应当对公司的纳税事宜进行清查,发现之前有欠缴的,或在清算期间有新产生的税款的,有责任向国家有关税务机关查实,并从清算财产中予以缴纳。

第五,清理债权、债务。清算组接管公司后应立即清理公司依法享有的债权和承担的债务,包括依合同的约定所产生的债权债务和依法律规定产生的债权债务。

第六,处理公司清偿债务后的剩余财产。剩余财产是指公司的财产在支付清算费用、职工工资、劳动保险费用等必要费用,缴清税款,清偿所有债务后剩余的部分。该部分剩余财产属于股东权益,应按规定分配给股东。如果发现公司财产不足以清偿债务,清算组应停止清算工作,立即向法院申请宣告公司破产。根据我国法律规定,有权宣告公司破产的机关为人民法院,债权人和债务人均可以向人民法院申请宣告债务人破产。

第七,代表公司参与诉讼活动。在清算期间,清算组有权代表公司就公司所涉及的民事权利义务参与诉讼。

(5)制作清算报告并注销公司登记。公司经过清算,其未了结的业务已了结,应收回的债权已收回,该偿还的债务已偿还,有剩余财产的,已按照规定分配给股东,公司清算即结束。清算组应制作清算报告,附上清算期间收支报表和各种财务账册,向股东会或人民法院报送,股东会或人民法院经审查未发现问题的,应当予以确认。之后清算组应当在公司清算结束之日起30日内向原公司登记机关申请注销公司登记,并公告公司终止。

(二)司法强制解散的疑难问题

关于股东申请解散公司的诉讼,《公司法解释(二)》对该类案件审理中的一些争议问题作出了明确的规定。以下根据司法实践和有关法理,结合《公司法》《公司法解释(二)》的规定,对股东申请解散公司之诉的实务操作进行梳理。①

第一,关于股东请求解散公司诉讼与公司清算案件的分离问题。《公司法解释(二)》对两个诉进行分离,原因在于:一是两个诉的种类不同。股东请求解散公司系变更之诉,而公司清算案件是非诉案件,审判程序不同,无法合并审理。二是股东提起解散之诉时,公司解散的事实并未客观发生,公司是否解散仍需法院进行审理才能明确,且即使法院判决解散,根据《公司法》第232条的规定,原则上仍由公司在解散事由出现之日起15日内成立清算组自行清算,只有在公司逾期不成立清算组进行清算或者成立清算组后不清算时,利害关系人方可向人民法院申请强制清算。故股东向人民法院提起解散之诉时,同时又提出

① 截至本书出版之日,最高人民法院还没有对出台的《公司法》系列司法解释进行修订,故以下内容系根据现有的司法解释进行阐述。

清算申请的,人民法院对其提出的清算申请不应受理,而应告知提起诉讼的股东,在人民法院判决解散公司后,可依据《公司法》第 233 条第 1 款或《公司法解释(二)》的规定,自行清算或另行申请人民法院对公司进行清算。

第二,关于解散公司诉讼案件的当事人问题。股东请求解散公司诉讼的被告应为公司,而不应将其他股东作为被告,考虑到解散公司诉讼案件一是可能影响到公司其他股东的利益,二是《公司法解释(二)》规定有关调解工作尚需其他股东参与配合,故股东提起解散公司之诉时,应告知其他股东,或由人民法院通知其参加诉讼。

第三,关于人民法院就是否解散公司作出的判决的约束力问题。人民法院就是否解散公司作出的生效判决对参加诉讼的股东和未参加诉讼的其他股东具有当然的约束力,因此一旦决定解散公司或不解散公司,对该公司全体股东均会产生影响,判决解散公司的,因公司解散事由的出现,公司将进入清算期间,最终因清算而终结,该判决对全体股东、董事、监事、高级管理人员和公司职工均有效力;而判决驳回股东的诉讼请求的,提起该诉讼的股东及其他股东不能再以相同的事实与理由向人民法院提起诉讼申请解散公司。

(三) 公司清算案件的审理

根据《公司法》第 233 条的规定,当公司解散时,公司原则上应当自行组织清算,公司未能自行清算的,基于保护相关权利人利益及维护市场经济秩序的考虑,应赋予相关权利人向人民法院提起强制清算申请的司法救济权利。《公司法解释(二)》对于公司清算案件提起的事由规定为以下三项:(1) 公司解散逾期不成立清算组进行清算的;(2) 虽然成立清算组但故意拖延清算的;(3) 违法清算可能严重损害债权人或者股东利益的。其中后两项事由实际上是从自行清算向强制清算的转化。对于公司强制清算的申请主体,2023 年修订之前的《公司法》仅规定债权人可以申请,而未规定公司的股东亦可以提出申请。考虑到在实践中,当股东之间出现僵局而导致公司解散时,公司解散不清算,可能会严重损害其他股东的利益,故《公司法解释(二)》将强制清算申请主体扩大至公司的股东,但在债权人或公司股东向法院申请强制清算时,如果公司已经出现明显的破产原因,则不宜按公司清算案件受理,而应当告知其根据《企业破产法》的规定直接向人民法院申请破产清算。2023 年修订的《公司法》则将申请人的范围扩大至利害关系人,并且根据《公司法》第 233 条第 2 款的规定,公司因依法被吊销营业执照、责令关闭或者被撤销而解散的,作出吊销营业执照、责令关闭或者撤销决定的部门或者公司登记机关,也可以申请人民法院指定有关人员组成清算组进行清算。在司法实践中,人民法院在审理公司清算案件时主要从以下几方面介入并监督清算的进程:第一,指定清算组成员。人民法院受理公司清算案件,应当及时指定有关人员组成清算组。考虑到强制清算中公司的财产尚足以偿还全部债务，故其清算组成员不以与公司或公司债权人没有利害关系为必要条件，此与破产清算的管理人有所不同。因公司的股东、董事、监事、高级管理人员对公司的财产、负债更为清楚，其作为清算组成员有利于清算的顺利开展，故原则上优先从公司的股东、董事、监事、高级管理人员中指定清算组成员。第二，更换清算组成员。当人民法院指定的清算组成员存在法律或法规规定的情形，丧失执业能力或民事行为能力，或有严重损害公司或债权人利益的行为时，应当及时予以更换。第三，确认清算方案。清算方案是否合法是清算能否依法完成的前提，清算组制作的清算方案应当报人民法院确认后方可执行，只有确认过的清算方案才能发生法律效力，若清算组直接执行未确认的清算方案，因此给债权人或股东造成损害的，由清算组成员承担相应的责任。第四，决定是否延长清算期限。《公司法解释(二)》规定，人民法院指定的清算组应当在成立之日起6个月内完成清算，因特殊原因无法在法定时间完成应向人民法院申请延长，人民法院可以根据实际情况决定适当延长期限。第五，确认清算报告。根据《公司法》第239条的规定，公司清算结束后，清算组制作的清算报告需向人民法院确认。第六，裁定终结清算程序。人民法院确认清算报告后尚需裁定终结清算程序，只有裁定终结清算程序，案件才算审结。

（四）公司解散和公司终止的关系

公司解散是公司因本身不能存续的事由导致的解散，是公司终止程序的一个环节。公司作为一个法人，公司解散并不当然导致公司人格的消灭，而是应当停止积极经营活动，进入到清算程序了结公司既有的法律关系。公司在清算目的的范围内视为依然存续，清算中的公司与解散事由出现前的公司在法律人格上系同一民事主体。对此《公司法》已作明确规定，在此基础上，《公司法解释(二)》明确规定公司出现解散事由、依法清算完毕前，有关公司的民事诉讼仍以公司的名义进行，公司解散后依法成立的清算组代替原公司执行机关，行使清算中公司的职能，故清算组负责人代表公司参加诉讼活动，没有成立清算组的，由原法定代表人代表公司参加诉讼。

三、风险防范

在公司解散事由出现后，公司应依法进行清算，在清算期间清算主体是否依据法律规定履行相应的义务，对于公司能否及时规范按程序开展清算，清偿公司债务，保障债权人合法权益及正常退出法人机制均有很大的影响。清算组成员履行清算职责，负有忠实义务和勤勉义务。清算组成员怠于履行清算职责，给公司造成损失的，应当承担赔偿责任；因故意或者重大过失给债权人造成损失的，应当承担赔偿责任。《公司法解释(二)》根据清算期间清算主体履行职责的不同情形对清算义务人、清算人的义务及民事责任进一步予以明确，以避免清算制度本身存在法律风险，引导清算主体按法定程序及时有效进行清算，建立健康、合法的法人退出机制。

(一) 清算义务人的义务及法律责任

根据《公司法》第232条的规定，公司的董事为清算义务人，应当在解散事由出现之日起15日内组成清算组进行清算。清算组由董事组成，但是公司章程另有规定或者股东会决议另选他人的除外。清算义务人未及时履行清算义务，给公司或者债权人造成损失的，应当承担赔偿责任。清算义务人与清算人系属于不同概念，清算义务人是指依据法律规定负有启动清算程序义务的主体，其义务在于根据法律规定及时启动相应清算程序以终止法人。清算人是指具体负责清算事务的主体，其义务在于依照法定程序进行清算。目前司法实践中，大量公司解散后应当清算却不清算，为规范公司的退出机制，保护债权人的合法权益不受侵害，《公司法解释(二)》对清算义务人及其应清算而不清算的民事责任进行了界定，旨在强化清算义务人依法清算的法律责任。具体如下：第一，清算义务人未在法定期限内成立清算组开始清算，导致公司财产贬值、流失、毁损或者灭失的，应当在造成损失的范围内对公司债务承担赔偿责任。该责任是从法人财产制度和侵权责任角度作出的规定，判断清算义务人的上述行为应适用因果关系推定及举证责任倒置规则，即公司经强制执行不能清偿债务即可推定清算义务人未及时清算造成债权人的损失，原则上清算义务人应在此损失范围内承担赔偿责任，但如果清算义务人能够举证证明该损失不是因其未及时清算所造成的，可以免责。第二，因清算义务人怠于履行义务，未及时启动清算程序，导致公司主要财产、账册、重要文件等灭失，无法进行清算的，清算义务人应承担连带清偿责任。第三，在公司解散后恶意处置公司财产给债权人造成损失的，清算义务人应承担相应的民事赔偿责任。第四，公司未经清算即办理注销登记手续，导致公司无法进行清算的，清算义务人应直接对公司债务承担清偿责任。上述情形如果系实际控制人原因造成，则由实际控制人对公司债务承担相应的民事责任。

对清算义务人的行为设定相应的民事责任，根本目的在于督促清算义务人依法组织清算，规范法人退出机制，保护债权人的应有利益，以解决我国目前实践中该清算不清算的突出问题。

(二) 清算组的义务及法律责任

清算组作为清算期间负责执行清算事务的主体，其是否依法定程序开展活动直接影响着公司能否依法清算，清算组成员履行清算职责，负有忠实义务和勤勉义务。清算组成员怠于履行清算职责，给公司造成损失的，应当承担赔偿责任；因故意或者重大过失给债权人造成损失的，应当承担赔偿责任。公司解散事由出现后，依法成立的清算组代替原公司执行机关行使清算中公司的各项职能，在清算目的的范围内，与原公司执行机关具有同等的法律地位。在公司清算过程中，当清算组成员在从事公司清算事务时违反法律、法规或公司章程的规定，给公司或债权人造成损失的，应当对公司或债权人承担赔偿责任。如清算组未依法将公司解散事宜通知或公告债权人，导致债权人未及时申报债权而未受清偿受有损失的，清算组执行未经确认的清算方案给公司或债权人造成损失的，以及清算组未在法定期限内清算完毕给公司或债权人造成损失的，清算组成员均应承担相应的赔偿责任。当公司怠于向清算组成员主张权利时，股东有权参照《公司法》第189条关于股东代表诉讼的规定，为了公司的利益，实际上是股东自己的利益，以自己的名义提起诉讼。

四、典型案例分析

清算案件案例(一)[①]

温州市艾普锁业有限公司(以下简称锁业公司)于2006年7月27日成立，法定代表人虞定光，公司类型为私营有限责任公司，注册资本50万元。股东虞定光出资25万元，股权比例为50%；股东吴剑锋出资25万元，股权比例为50%。公司一般经营项目：制造、销售各种锁具。2014年1月15日，温州市工商行政管理局瓯海分局作出温瓯工商处(2014)1-315号行政处罚决定书，决定依法吊销该企业的营业执照。其间，锁业公司因侵害广东雅洁五金有限公司(以下简称五金公司)外观设计专利权被提起诉讼，法院于2011年7月19日、2012年2月7日作出两份判决书，分别判决锁业公司赔偿五金公司6万元和5万元，后五金公司申请法院强制执行，法院以锁业公司无财产可供执行为由，裁定终结本次执行程序。2014年7月25日，五金公司向法院提出要求指定清算组对锁业公司进行强制清算的申请。

【案例评析】

(1)何种情况下公司需要进行清算。根据《公司法》第232条的规定，公司应当在解散事由出现之日起15日内成立清算组，开始清算。而解散事由有：公司章程规定的营业期限届满或者公司章程规定的其他解散事由出现；股东会决议解散；依法被吊销营业执照、责令关闭或者被撤销；法院判决解散公司。而本案锁业公司因未参加年审被吊销营业执照，根据法律规定，此时公司解散事由已出现，公司应在事由出现之日起15日内成立清算组开始清算，但锁业公司却没

---

① 广东雅洁五金有限公司与温州市艾普锁业有限公司合同、无因管理、不当得利纠纷破产案，(2014)温瓯商清字第1号，案例来源于中国裁判文书网。

有成立清算组进行清算。

(2) 申请清算的义务主体。根据案件发生时《公司法》的规定,有限责任公司的清算组由股东组成。逾期不成立清算组进行清算的,债权人可以申请人民法院指定有关人员组成清算组进行清算。[①] 本案锁业公司属于有限责任公司,应由股东组成清算组进行清算,即自行清算。现股东没有在解散事由出现之日起15日内成立清算组进行清算,债权人可以申请法院指定有关人员组成清算组进行清算。本案锁业公司应赔偿五金公司11万元,五金公司即为锁业公司的债权人,有权申请法院对锁业公司进行强制清算,现五金公司向法院申请指定清算组对锁业公司进行强制清算符合法律规定,法院应予以受理。

清算案件案例(二)[②]

温州市兆丰行地产营销有限公司于2007年4月17日成立,注册资金10万元。公司股东陈诗招出资4万元,占40%;徐文秀出资3万元,占30%;蔡大提出资3万元,占30%,法定代表人为蔡大提。2008年2月26日,股东陈诗招要求公司会计将公司财务账本交由温州东成会计师事务所进行审计,审计结果为公司资金收入为407624元,公司支出为188124.35元。截止到2008年1月31日,公司账面货币资金为219499.65元。2009年12月31日,股东陈诗招向公司法定代表人蔡大提及股东徐文秀发律师函,称公司自2007年9月开始就进入停业状态,公司不前往工商行政管理机关参加年检,也不进行注销,要求公司进行清算也置之不理,根据审计结果,公司截止到2008年1月31日,账面货币资金为219499.65元(其中银行存款176374.95元,现金43124.7元)。陈诗招要求将公司财产按各股东的投资比例进行分配,未得到回复,望在收到本函之日起7日内与陈诗招或其律师磋商清算事宜,否则将通过法律途径解决。2012年3月26日,工商行政管理部门以温州市兆丰行地产营销有限公司未参加2010年企业年度检验为由,决定吊销公司营业执照,公司股东未组织清算。2012年5月7日,股东陈诗招向法院提出对温州市兆丰行地产营销有限公司进行强制清算的申请。2012年8月3日,法院裁定受理股东陈诗招的强制清算申请,经征询各股东意见后,法院参照《最高人民法院关于审理企业破产案件指定管理人的规定》,经采用电脑摇号的公开方式,指定天原会计师事务所担任温州市兆丰行地

---

① 根据2023年修订的《公司法》第232条的规定,公司因法律规定的事由而解散的,应当清算。董事为公司清算义务人,应当在解散事由出现之日起15日内组成清算组进行清算。清算组由董事组成,但是公司章程另有规定或者股东会决议另选他人的除外。清算义务人未及时履行清算义务,给公司或者债权人造成损失的,应当承担赔偿责任。同时,公司逾期不成立清算组进行清算或者成立清算组后不清算的,利害关系人可以申请人民法院指定有关人员组成清算组进行清算。

② 案例来源于温州市瓯海区人民法院。

产营销有限公司清算人。清算组在清算温州市兆丰行地产营销有限公司期间，登报公告了债权人申报债权时间及召开债权人会议时间等内容，公告后没有债权人向清算组申报债权。因公司仅提供2008年1月31日前的财务账册，故清算组对温州市兆丰行地产营销有限公司进行审计，结果为截止至2008年1月31日，公司账面资产总额为221187.65元，账面负债总额为106201.7元，账面所有者权益(股东权益)为114985.95元。2013年6月13日，温州市兆丰行地产营销有限公司股东蔡大提、徐文秀、陈诗招在法院及清算组的引导下，自行达成和解协议，协议约定股东蔡大提、徐文秀支付股东陈诗招50000元；清算费用10525元，由股东蔡大提、徐文秀负担5000元，股东陈诗招负担5525元。协议执行完毕后，法院根据清算组的清算，裁定终结温州市兆丰行地产营销有限公司。但裁定书在说理部分明确了公司未能全面完整提供公司财务账册，存在滥用公司法人独立地位和股东有限责任损害债权人利益的行为，根据《公司法》的规定，债权人有权主张公司股东对温州市兆丰行地产营销有限公司债务承担连带清偿责任。

【案例评析】

（1）《公司法》规定，公司应在解散事由出现之日起15日内成立清算组，开始自行清算。相关司法解释又规定，公司解散逾期不成立清算组进行清算的，或虽然成立清算组但故意拖延清算的，或违法清算可能严重损害债权人或者股东利益的，债权人可以申请人民法院指定清算组进行清算。债权人未提起清算申请的，公司股东可以申请人民法院指定清算组对公司进行清算。本案公司被工商行政管理部门吊销营业执照后，股东未成立清算组进行自行清算，在股东陈诗招要求其他股东组织清算无果的情况下，申请法院对公司进行清算，符合法律规定，法院应予以受理。

（2）清算组的指定问题。《公司法》规定，清算组成员可以从公司股东、董事、监事、高级管理人员，依法设立的律师事务所、会计师事务所、破产清算事务所等社会中介机构及机构中具备相关专业知识并取得执业资格的人员中产生。法院在征询公司股东意见时，各股东均不同意作为清算组成员参加，故法院参照《最高人民法院关于审理企业破产案件指定管理人的规定》，在破产管理人名册中产生清算人，并予以指定。

（3）在清算期间，清算组是公司业务的执行机构，全面负责公司相关业务的处理，清算组的职责为通知公告债权人，清理公司财产，处理债权、债务，处理与清算有关的公司未了结的业务等。由于本案中公司股东仅提供截止到2008年1月31日的不完整的账册，无其他财产，故清算组对现有账册进行审查清理审计。无法提供账册并不影响清算组对公司的清算,而导致不能全面清算的法律后果应由股东承担。根据《公司法》及相关规定,有限责任公司的股东、股份有限公司的董事和控股股东因怠于履行义务,导致公司主要财产、账册、重要文件等灭失,无法进行清算的,债权人可以主张其对公司债务承担连带清偿责任。

(4) 清算中的和解问题。根据《公司法》的规定,和解主要是指公司与债权人进行和解,本案经登报通知公告没有债权人申报债权,而公司股东提供的账册不完整,亦无公司债权人,经清算组调查无欠税款,且根据现有账册审计,公司所有者权益(股东权益)为114985.95元,按照《公司法》的规定,该所有者权益理应由三股东根据投资比例予以分配,但由于股东蔡大提、徐文秀、陈诗招对该股东权益均不同意,且该金额亦下落不明,为此,经过多次协商,三位股东达成和解协议,约定股东蔡大提、徐文秀支付股东陈诗招50000元;清算费用10525元,由股东蔡大提、徐文秀负担5000元,股东陈诗招负担5525元。由于该协议系三股东的真实意思表示,依法应予以保护。

第二节 公司破产法务

一、法律规则

(一) 核心法条

《中华人民共和国企业破产法》

第二条 企业法人不能清偿到期债务,并且资产不足以清偿全部债务或者明显缺乏清偿能力的,依照本法规定清理债务。

企业法人有前款规定情形,或者有明显丧失清偿能力可能的,可以依照本法规定进行重整。

第七条 债务人有本法第二条规定的情形,可以向人民法院提出重整、和解或者破产清算申请。

债务人不能清偿到期债务,债权人可以向人民法院提出对债务人进行重整或者破产清算的申请。

企业法人已解散但未清算或者未清算完毕,资产不足以清偿债务的,依法负有清算责任的人应当向人民法院申请破产清算。

第十三条 人民法院裁定受理破产申请的,应当同时指定管理人。

第七十九条 债务人或者管理人应当自人民法院裁定债务人重整之日起六个月内,同时向人民法院和债权人会议提交重整计划草案。

前款规定的期限届满,经债务人或者管理人请求,有正当理由的,人民法院可以裁定延期三个月。

债务人或者管理人未按期提出重整计划草案的,人民法院应当裁定终止重整程序,并宣告债务人破产。

第八十八条　重整计划草案未获得通过且未依照本法第八十七条的规定获得批准,或者已通过的重整计划未获得批准的,人民法院应当裁定终止重整程序,并宣告债务人破产。

第一百零七条　人民法院依照本法规定宣告债务人破产的,应当自裁定作出之日起五日内送达债务人和管理人,自裁定作出之日起十日内通知已知债权人,并予以公告。

债务人被宣告破产后,债务人称为破产人,债务人财产称为破产财产,人民法院受理破产申请时对债务人享有的债权称为破产债权。

第一百二十一条　管理人应当自破产程序终结之日起十日内,持人民法院终结破产程序的裁定,向破产人的原登记机关办理注销登记。

《最高人民法院关于适用〈中华人民共和国企业破产法〉若干问题的规定(一)》

第一条　债务人不能清偿到期债务并且具有下列情形之一的,人民法院应当认定其具备破产原因:

(一)资产不足以清偿全部债务;

(二)明显缺乏清偿能力。

相关当事人以对债务人的债务负有连带责任的人未丧失清偿能力为由,主张债务人不具备破产原因的,人民法院应不予支持。

第二条　下列情形同时存在的,人民法院应当认定债务人不能清偿到期债务:

(一)债权债务关系依法成立;

(二)债务履行期限已经届满;

(三)债务人未完全清偿债务。

第三条　债务人的资产负债表,或者审计报告、资产评估报告等显示其全部资产不足以偿付全部负债的,人民法院应当认定债务人资产不足以清偿全部债务,但有相反证据足以证明债务人资产能够偿付全部负债的除外。

第四条　债务人账面资产虽大于负债,但存在下列情形之一的,人民法院应当认定其明显缺乏清偿能力:

(一)因资金严重不足或者财产不能变现等原因,无法清偿债务;

(二)法定代表人下落不明且无其他人员负责管理财产,无法清偿债务;

(三)经人民法院强制执行,无法清偿债务;

（四）长期亏损且经营扭亏困难，无法清偿债务；

（五）导致债务人丧失清偿能力的其他情形。

《最高人民法院关于适用〈中华人民共和国企业破产法〉若干问题的规定（二）》

第一条 除债务人所有的货币、实物外，债务人依法享有的可以用货币估价并可以依法转让的债权、股权、知识产权、用益物权等财产和财产权益，人民法院均应认定为债务人财产。

第二条 下列财产不应认定为债务人财产：

（一）债务人基于仓储、保管、承揽、代销、借用、寄存、租赁等合同或者其他法律关系占有、使用的他人财产；

（二）债务人在所有权保留买卖中尚未取得所有权的财产；

（三）所有权专属于国家且不得转让的财产；

（四）其他依照法律、行政法规不属于债务人的财产。

（二）规则解读

《企业破产法》自2007年6月1日起实施，在完善优胜劣汰竞争机制、优化社会资源配置、调整社会产业结构、拯救危困企业、保障债权公平有序受偿等方面发挥了重要作用。作为衡量一个国家是不是市场经济国家的重要标准之一的《企业破产法》，其作用的发挥必须通过人民法院受理和审理的破产案件来实现，但在司法实践中，全国法院每年受理的破产案件数量，相比于工商部门吊销、注销的企业数量相差很远，一些企业未经法定程序退市，严重扰乱了市场秩序。为了推进具备破产原因的企业通过《企业破产法》规定的程序进行破产，2011年9月9日，最高人民法院颁布《破产法解释（一）》，该司法解释主要解决破产案件申请和受理难等问题，但并不完全对应《企业破产法》中的破产申请与受理的内容。破产程序的关键是确定、集中、保持和处分属于债务人的资产，《企业破产法》用专章规定了"债务人财产"制度，如破产撤销权、抵销权、取回权等基本制度规则，但上述规定过于原则，且与相关法律规定缺乏衔接，因此针对《企业破产法》的立法与司法实践现状，最高人民法院制定《破产法解释（二）》，旨在解决"人民法院审理企业破产案件中认定债务人财产相关的法律适用问题"，该司法解释系统地梳理了《企业破产法》《物权法》《合同法》等相关法律法规之间的关系，促进了法律制度的衔接，解决了法律规则之间的冲突问题，特别强调从社会利益公平维护的角度来平衡协调债权人与债务人之间、债权人与债权人之间、管理人与债权人之间的利益冲突问题。2019年2月25日，最高人民法院审判委员会通过了《破产法解释（三）》，重点关注破产程序中债权人权利行使及其合法权益保护的相关法律适用问题，进一步细化和完善了《企业破产法》的相关规定，同时也对理论和实践中普遍存在的一些问题，如破产受理后的融资、破产程序中的保证、债权确认诉讼和债权人委员会等问题进行了明确规定，以推动解决人民法院破产审判工作实践中的疑难问题，为债权人行使权利提供充分依据，切实维护债权人的合法权益。① 下面对企业破产的上述法律规定进行解读。

1. 破产申请与受理

对债务人宣告破产需要依据特定的法律事实，这一特定的法律事实在学理上被称为破产界限，或称为破产原因要件或实质要件。采用破产界限的概念用意在于突出债务人经济状况恶化的临界点，而采用破产原因要件或实质要件的概念，其用意在于突出构成宣告债务人破产的原因或实质条件。《企业破产法》第 2 条规定“企业法人不能清偿到期债务，并且资产不足以清偿全部债务或者明显缺乏清偿能力的，依照本法规定清理债务”。即企业法人存在以下两情形之一时，才能被宣告破产：第一，不能清偿到期债务，并且资产不足以清偿全部债务；第二，不能清偿到期债务，并且明显缺乏清偿能力。《企业破产法》在破产原因上采取的是概括主义的立法方式，但由于法律条文的表述和立法所采取标准的特殊性，实践中对于破产原因难以准确把握和认定。因此《破产法解释(一)》第 1 条、第 2 条、第 3 条、第 4 条对破产原因进一步明确。首先，该司法解释将破产原因划分为两种具体情况，明确了《企业破产法》第 2 条中“企业法人不能清偿到期债务”与“资产不足以清偿全部债务”“明显缺乏清偿能力”三者之间，“并且”和“或者”的适用关系，避免了对法律规定文字理解上的歧义。其次，《破产法解释(一)》强调了破产原因认定的主体资格标准，指出对债务人破产原因的认定，依据的是债务人的独立人格和财产，对债务人的债务负有连带责任的人是否丧失清偿能力与债务人本身破产原因的认定无关。

在认定债务人是否具备破产原因时，一定要注意区别破产原因与申请人提出债务人破产申请的条件这两个不同的概念。破产原因是人民法院在判断破产申请是否应予以受理时审查的内容，而提出债务人破产申请的条件是申请人向人民法院提出债务人破产申请时应具备的要件。对于债务人自行提出破产申请的，债务人的破产原因与其提出破产申请的条件是一致的，但对债权人而言，则差别很大。《企业破产法》第 7 条第 2 款规定：“债务人不能清偿到期债务，债权人可以向人民法院提出对债务人进行重整或者破产清算的申请。”故债权人向人民法院提出申请时，只要证明债务人不能清偿到期债务即可，至于债务人是否出现“不能清偿到期债务且资产不足以清偿全部债务”或“不能清偿到期债务且

① 刘贵祥等：《〈关于适用《中华人民共和国企业破产法》若干问题的规定(三)〉的理解与适用》，载《人民司法》2019 年第 31 期。

明显缺乏清偿能力”的破产原因,无须债权人在提出债务人破产申请时举证证明。在债务人未能依据《企业破产法》第10条第1款的规定,及时举证证明其既非资产不足以清偿全部债务,也没有明显缺乏清偿能力的,人民法院可推定债务人出现了上述两项破产原因之一。

此外,《破产法解释(一)》强调对债务人清偿能力的独立界定标准。不同民事主体之间不存在清偿能力或破产原因上的连带关系,债务连带责任人的存在不是债务人本身清偿能力的延伸。其他负有清偿义务者能否代债务人清偿,是他们自己的清偿能力的问题,对债务人清偿能力的认定,不应以其他对该债务负有清偿义务的人如连带责任人、保证人也不能代为清偿为条件。

根据《企业破产法》第2条、第7条、第8条的规定,人民法院对于破产申请应从实质要件和形式要件两个方面进行审理,实质要件的审查是对申请是否符合破产程序开始条件的判断,主要包括申请人主体资格、债务人资格,及债务人是否具备破产原因等内容;形式要件是对法院管辖、申请人所提交的书面材料是否完备进行的审查,最终作出是否受理的裁定。在司法实践中,有些法院拒不依法接受当事人提出的破产申请,或不出具书面凭证,或在法定期限内不作出是否受理的裁定等。《破产法解释(一)》为确保人民法院依法对破产申请进行审查,方便申请人督促人民法院依法接收申请材料并在法定期限内作出是否受理的裁定,在第7条明确规定法院收到破产申请后出具书面凭证的责任,并对及时审理破产申请和告知申请人补充、补正相关材料等问题作出了具体解释。

2. 管理人

《企业破产法》规定了管理人制度,取代之前具有行政色彩的清算组,适应了市场经济的要求,但如何让管理人更好地发挥作用却是一个难题,这也关系到《企业破产法》能否真正发挥市场资源配置的作用。《企业破产法》关于管理人的规定,大多为管理人的职权,对于管理人的义务及责任少有论及。《企业破产法》第27条规定“管理人应当勤勉尽责,忠实执行职务”,该规定不够具体,实践中掌握标准不一,需要予以细化规范。

(1) 勤勉义务的内容与判断标准。破产管理人的勤勉义务是指管理人在管理破产财产时应依法运用自己的才能、技能、知识、经验并达到某种标准的义务。一般表现为:第一,谨慎接管债务人移交的全部财产和与财产有关的一切文件;第二,对破产财产的管理处分;第三,对破产债权的调查和审查;第四,依法变价和分配破产财产;第五,尽心处理各种诉讼或仲裁活动;第六,与破产程序相关的其他注意义务。对破产管理人有无尽到上述勤勉义务的判断,一般应以普通谨慎董事在同类公司、同类职务及相似情况下所应有的注意程度、知识和经验作为衡量标准。

(2) 忠实义务的内容与判断标准。忠实义务是指处于受托地位的人,包括破产管理人,须忠实于受益人的最大利益,并且不能将自己置于与受益人利益相冲突的地位。破产管理人忠实义务强调其实施的与债权人和其他利益关系人利益相关的行为必须有公正性。具体如下:第一,不得收受贿赂和其他好处;第二,不得损害破产人的利益;第三,不得侵吞破产财产;第四,不得自己买卖破产财产等。

3. 重整

重整是指对陷入困境但有希望复苏的企业,经利害关系人申请取得破产保护,通过保护企业继续经营,实现债务调整和企业整理,使企业摆脱困境,走向复兴的一种破产预防制度。重整是我国《企业破产法》的一大制度创新,该法第2条及第7条规定,债务人不能清偿到期债务,债权人可以向法院提出对债务人进行重整或破产清算的申请。第70条第1款规定,债务人或债权人可以依照《企业破产法》规定,直接向人民法院申请对债务人进行重整。对于那些有挽救价值与希望,当事人尤其是债务人具有挽救意愿的企业,人民法院应当积极引导并支持企业通过重整程序解决债务危机以获得重生。重整制度包括以下事项:债务人可自行管理事务、管理人可聘任债务人的经营人员负责经营,可按约定取回债务人合法占有的财产,但在重整期间,债务人的投资人不得请求投资收益分配;债务人可制作重整计划草案,由债权人会议对重整计划草案进行分组表决,各表决组均通过重整计划草案时重整计划即为通过,之后由债务人执行重整计划,由管理人负责监督;部分表决组未通过重整计划草案,且拒绝再次表决或再次表决仍未通过时可申请人民法院批准重整计划草案;在重整计划草案未获通过且未依照规定获得批准,或已通过的重整计划未获得批准的,人民法院应当裁定终止重整程序并宣告债务人破产。

4. 和解

破产法上的和解制度,也是一项债务清理制度。债务人不能清偿债务时,为避免破产清算,可经与债权人会议磋商谈判,达成相互间的谅解,解决债务危机,以争取复苏。从广义上讲,和解包括两种:一为破产法外的和解(私人间的和解),一为破产法上的和解。和解程序与破产清算程序相比,制度成本低,能够给债务人带来再生的希望。如果经营状况改善,债权人也会得到更多的清偿,同时也避免了众多员工失业,有利于社会经济秩序的稳定。但也应当看到,和解程序对于债务人的挽救是有限度的,其直接目的并不是为了债务人的再生,这与重整制度有很大差异。

(1) 破产法外的和解(庭外和解)。由债务人和部分债权人或者全部债权人达成有关清偿债务的协议,以避免债权人对债务人催讨债务或者向法院申请债务人破产,影响债务人的正常经营活动。如果这种和解是由债务人与部分债权人达成的,仍然无法避免其他债权人对债务人催债或者申请破产。为此,债务人必须力求与全体债权人达成和解。《企业破产法》第 105 条规定:“人民法院受理破产申请后,债务人与全体债权人就债权债务的处理自行达成协议的,可以请求人民法院裁定认可,并终结破产程序。”

(2) 破产法上的和解(庭内和解)。因债权人众多,难免会有一些债权人反对和解,所以私人间的和解往往不易达成,况且私人间的和解也难以防止债务人对某些债权人进行额外清偿。为了防止出现这些问题,法院就需要介入。只要有一定比例的债权人同意就可以达成和解的协议,并且赋予和解协议以拘束所有债权人的效力,防止债务人破产清算,这就是破产法上的和解。对于和解协议的决议或者成立,《企业破产法》第 97 条规定:“债权人会议通过和解协议的决议,由出席会议的有表决权的债权人过半数同意,并且其所代表的债权额占无财产担保债权总额的三分之二以上。”

对于和解协议未成立与未生效,《企业破产法》第 99 条规定:“和解协议草案经债权人会议表决未获得通过,或者已经债权人会议通过的和解协议未获得人民法院认可的,人民法院应当裁定终止和解程序,并宣告债务人破产。”至于和解协议的效力,该法第 100 条规定:“经人民法院裁定认可的和解协议,对债务人和全体和解债权人均有约束力。和解债权人是指人民法院受理破产申请时对债务人享有无财产担保债权的人。和解债权人未依照本法规定申报债权的,在和解协议执行期间不得行使权利;在和解协议执行完毕后,可以按照和解协议规定的清偿条件行使权利。”和解协议对债务人的效力体现在:一是债务人应当无条件地执行和解协议;二是债务人不得违反和解协议规定的条件给予个别和解债权人以额外的利益而损害其他债权人的利益;三是债务人依和解协议相对免责。和解协议只约束和解债权人,对和解债权人以外的债权人行使权利不发生影响。对于有财产担保的债权人来讲,其行使权利不受和解协议的约束,除非该债权人放弃优先受偿的权利。《企业破产法》第 96 条第 2 款明确,对债务人的特定财产享有担保权的权利人,自法院裁定和解之日起可以行使权利。

5. 破产清算

破产清算是指对丧失清偿能力的债务人经法院审理与监督,强制清算其全部财产,公平清偿全体债权人的法律制度。破产清算基于债务人或债权人的申请而开始,案件经人民法院审查、受理,并裁定宣告债务人破产,破产清算程序才能真正开始。破产清算系在债务人丧失清偿能力时对其财产清算分配的一种特别程序,其中,关键是厘清债务人在破产案件受理后至破产宣告之前的财产状况,该财产在债务人被宣告破产后即转变为破产财产,之后才能进行变价和分配,用于清偿其债务。《企业破产法》第 30 条、第 107 条规定,债务人被宣告破产的,债务人称为破产人,债务人财产称为破产财产,人民法院受理破产申请时对债务人享有的债权称为破产债权,破产债权根据债权的性质又可分为优先受偿的债权和普通债权。《企业破产法》仅规定了债务人财产的范围,而对债务人财产的具体表现形态并未作出规定。在实务中出现了一些对债务人财产形态的理解偏差,造成债务人财产中无形财产或债务人的债权等原本能够变现的财产流失,侵害了债权人的合法权益。《破产法解释(二)》借鉴《公司法》第 27 条的规定,将债务人所有的可以货币估价并可依法转让的财产通过列举加概括的方式明确规定为债务人财产。《破产法解释(二)》第 1 条规定"除债务人所有的货币、实物外,债务人依法享有的可以用货币估价并可以依法转让的债权、股权、知识产权、用益物权等财产和财产权益,人民法院均应认定为债务人财产"。债务人财产在破产程序中起着中心作用,无论在变卖、分配等程序性法律关系方面,还是在与第三人之间产生的实体性法律关系中,都具有非常重要的意义。破产程序中的各项实体权利,包括抵销权、撤销权、取回权、债权人的受偿权等都与债务人财产相关,债务人财产在形态上涵盖了所有的财产种类,既包括属于债务人的厂房、机器、设备等有形财产,也包括债务人享有的债权、股权、知识产权、用益物权等无形财产权利。因此破产法上的债务人财产范围除债务人所有的货币、实物外,还应包括债务人依法享有的可以用货币估价并可以依法转让的债权、股权、知识产权、用益物权等财产和财产权益。《破产法解释(二)》第 2 条对非债务人财产范围进行设定,明确"债务人基于仓储、保管、承揽、代销、借用、寄存、租赁等合同或者其他法律关系占有、使用的他人财产;债务人在所有权保留买卖中尚未取得所有权的财产;所有权专属于国家且不得转让的财产及其他依照法律、行政法规不属于债务人的财产"不应认定为债务人财产,对权利人利益保护具有重要意义。

二、实务操作

1. 破产原因的认定

(1) 不能清偿到期债务并且资不抵债的认定。首先,关于不能清偿,是指债务人对请求偿还的到期债务,因丧失清偿能力而无法偿还的客观经济状态,亦称不能支付。根据《企业破产法》《破产法解释(一)》的规定,不能清偿到期债务是两个破产原因的共同前提,不能清偿在法律上的着眼点是债务关系能否正常维系,其构成要件如下:第一,债权债务关系依法成立。如债务关系已经生效法律文书确定,或者债务人不否认或无正当理由否认债权债务关系。若债务人有异议,经人民法院形式审查后发现没有任何证据支持或明显与事实不符,则不应对人民法院受理破产案件构成影响。第二,债务人不能清偿的是已到偿还期限的债务。破产程序本质上属于概括执行程序,债务尚未到期的,债务人不负有立即履行的义务,故不应受执行程序的约束。第三,债务人未清偿债务的状态客观存在。其次,关于资不抵债。通常用于判断债务人资不抵债的标准为资产负债表,其反映了企业资产、负债、所有者权益的总体结构,以此判断债务人资产状况具有客观性。但考虑到企业自行制作的情况下资产负债表可能存在严重的虚假情况,因此,《破产法解释(一)》第3条明确规定,审计报告或资产评估报告等也可作为判断债务人资产总额是否资不抵债的依据。资产不足以清偿全部债务是对债务人客观偿还能力的判断,故应当以债务人真实财产为基础,如果债权人认为债务人的负债表、审计报告或资产评估报告等记载的内容与事实不符,只要有足够证据予以证明,就可以推翻负债表、审计报告或评估报告的结论。

(2) 不能清偿到期债务并且明显缺乏清偿能力的认定。当债务人不能清偿到期债务并且明显缺乏清偿能力时,债权人可以向法院提出申请债务人破产。明显缺乏清偿能力是指债务人因丧失清偿能力而无法偿还到期债务的客观财产状况,即不能以财产、信用或能力等方式清偿债务。明显缺乏清偿能力的着眼点是债务关系能否正常了结,与资不抵债的区别在于资债比例关系不同。《破产法解释(一)》第4条列举了明显缺乏清偿能力的四种情形,包括:因资金严重不足或财产不能变现等原因,无法清偿债务;法定代表人下落不明且无其他人员负责管理财产,无法清偿债务;经人民法院强制执行,无法清偿债务;长期亏损且经营扭亏困难,无法清偿债务等情形。在上述各种情形下,多数只是推定债务人发生破产原因,以使债权人可顺利提出破产申请,但如果有相反证据证明债务人未发生破产原因,人民法院当然不应受理破产申请。

2. 管理人

破产管理人的工作能力及敬业精神直接决定着企业破产案件能否依法有效进行,以及破产法律制度能否充分发挥其应有作用。故在实务操作过程中,人民法院应做好以下工作:(1) 完善管理人指定机制。破产案件审判部门应当肩负审查职责,要根据案件的具体情况,确定适用管理人的类型或管理人的产生方式,在坚持既有法律规定的前提下,采取灵活方式指定破产管理人:第一,对法律关系简单、社会影响不大的一般企业破产案件,可采用随机方式指定管理人;第二,对涉及较多国有资产的破产案件,上市公司案件,职工人数多、可能影响社会稳定的破产案件,人民法院可适当采取指定清算组为管理人或以竞争方式指定管理人的办法;第三,对于重大疑难或专业性强的金融机构破产案件,人民法院还可以根据具体情况采用指定的方式确定管理人。(2) 注重破产管理人的激励机制。《企业破产法》确立的中介机构管理人模式尊重了市场规律,考虑了破产管理人工作的专业性和社会性特点,从长远看,应作为破产管理人的主要模式。鉴于管理人队伍还处于培育阶段,为建立一支成熟的管理人队伍,应当积极探索有效的管理人激励机制,设立严格的管理人资格准入、考评和淘汰体系,逐步实现对管理人的动态管理。(3) 建立破产管理人的分类制度。从司法实践出发,有必要探索对管理人的分类管理制度。在随机指定的前提下,可以根据专业能力、职业操守、勤勉程度等评定管理人的等级，按等级对应于重大复杂、普通、简易破产案件。管理人的分类管理有利于促进管理人队伍的专业化，有利于改进和完善管理人队伍的管理和监督机制，有利于推进破产法律制度立法目的的实现。

3. 重整

重整是运行成本较高，程序较为复杂的制度，故在司法实务操作中，人民法院应注意如下事项：一是依照法定标准受理企业重整案件，防止重整程序被滥用。为实现重整利益，重整中的债务人企业的经营可以持续，但债权人享有的担保物权要暂停行使。实践中，债务人企业有可能会利用重整程序阻碍债权人行使担保物权，从而实现逃避执行等不正当目的。另外，也有一些恶意的债权人对债务人企业提出重整申请，在重整不成功时使本不应该破产清算的企业被破产清算。二是准确把握企业重整制度的精神。

（1）具备重整原因的企业往往也符合清算或和解的条件，如果债务人企业明显不具备重整条件，或明显不能重整成功，法院应当不予同意重整申请。法院不同意重整申请的，应当向当事人释明让其选择破产清算或清偿债务。

（2）重整计划可行性的判断。判断重整计划可行性时，应当考虑以下事项：① 经营方案是否具有确定性。若重整方案仅有重整意向，但缺乏明确的阐述，可能会导致后来重整计划无法执行，应避免重整计划批准后再选择重组方的情形，因为这不仅会拖延重整计划的执行期限，还会导致经营方案执行的不可控性。② 经营方案是否具有可操作性。

（3）法院应慎重适用强制批准裁量权。第一，对于各表决组均按照法定标准通过了重整计划草案，人民法院裁定批准的，应当从两个方面进行审查：一是针对投反对票的债权人的异议理由，着重于对异议债权人利益的合法保护进行形式上的审查；二是注意审查破产重整计划草案中债务人经营方案的内容是否违反法律、行政法规强制性规定，是否涉及国家行政许可事项。第二，对于部分表决组未通过重整计划草案，人民法院强制批准的，因此时涉及不同表决组债权人利益的冲突，人民法院应严格按照《企业破产法》第 87 条规定的条件进行审查，坚持债权人利益最大化、公平对待和绝对优先三个基本原则。要保证反对破产重整计划草案的债权人或出资人在破产重整程序中至少可以获得他在破产清算程序中可获得的清偿，即要保护对破产重整计划持反对意见的少数人的既得利益。在实际操作中要注重对债权人利益最大化的保护。

4. 和解

如果债务人没有按照和解协议履行相关义务，和解协议便应终止执行，进入破产清算程序，对债务人财产进行管理、清算和公平分配，由此才能保障债务人的财产不流失，使债权人的受偿损失降到最低。此时，从《企业破产法》立法体例来看,因为第104条和解协议终止执行位于第105条进入破产程序之后的和解之前,应当适用进入破产程序之前的和解的规定,故在具体操作方面还是应该区分进入破产程序之前的和解和进入破产程序之后的和解两种情形处理。对于前者,《企业破产法》第104条规定:“债务人不能执行或者不执行和解协议的,人民法院经和解债权人请求,应当裁定终止和解协议的执行,并宣告债务人破产。人民法院裁定终止和解协议执行的,和解债权人在和解协议中作出的债权调整的承诺失去效力。和解债权人因执行和解协议所受的清偿仍然有效,和解债权未受清偿的部分作为破产债权。前款规定的债权人,只有在其他债权人同自己所受的清偿达到同一比例时,才能继续接受分配。有本条第一款规定情形的,为和解协议的执行提供的担保继续有效。”对于后者,《企业破产法》虽然没有作出相应规定,但结合民事诉讼原理来看,应当另行审查立案。经审查债务人未履行和解协议的,应当及时立案进入破产清算程序。

5. 破产清算

债务人的财产状况是破产清算的核心,对于债务人财产的一般状态如货币、实物财产大家已熟悉,在实务中主要是非实物形态的财产难以判断。

(1) 债务人的债权。破产程序中债务人的债权实现,有利于保护全体债权人的整体利益。《企业破产法》第31条规定,在法院受理破产申请前1年内,债务人放弃债权的,管理人有权请求法院予以撤销。破产程序中债务人享有的债权包括其基于担保追偿权、表见代理追偿权等所享有的债权。担保追偿权是指破产程序中的债务人对他人债务依法提供担保的,已履行相关义务后所享有的追偿权。担保人行使追偿权,应具备以下条件:一是担保人已经承担了担保责任;二是担保人行使追偿权不能超过诉讼时效期间;三是担保人承担担保责任须主观上无过错。表见代理追偿权是指代理人的表见代理行为给被代理人造成损失的,被代理人在向第三人承担民事责任后,享有就该损失向代理人行使的一种追偿权。当破产债务人作为被代理人履行了合同义务,因此受有损失的,债务人有权向表见代理人进行追偿。在破产程序启动后,由管理人行使表见代理追偿权,追偿所得的财产归入债务人财产。

(2) 债务人的股权。破产程序中,债务人持有的其他企业的股权是债务人财产的重要组成部分。股权从内容上来看,包括自益权和共益权,前者包括股利分配请求权、剩余财产分配请求权等,具有财产权的属性;后者包括表决权、建议权、质询权等,不具有明显的财产性质。股权由所有权演变而来,是所有权由静态占有向动态利用的转化,权利的性质不会因转化而发生根本的变化。股东的自益权显然是财产权,即使是重大决策的表决权等共益权也体现了财产价值,其作为实现财产利益的手段,通过对公司经营活动的控制和影响,间接体现了财产价值,因此股权本质上是财产权。当债务人进入破产程序,债务人持有的股权应通过竞价的方式进行转让或拍卖,所得归入债务人财产。

(3) 债务人的知识产权。债务人在破产申请受理时享有的知识产权、在破产申请受理至破产程序终结前取得的知识产权以及应由债务人行使的其他知识产权,均属于债务人财产,还应列入的知识产权包括已申请专利之外的企业受让所得的技术成果权,以及研发中取得阶段性成果的技术等。《企业破产法》第 69 条、第 112 条规定,企业变价出售破产财产时,可以将其中的无形资产和其他财产单独变价出售,管理人对债务人的知识产权等财产权进行转让时,应当及时报告债权人委员会,确保转让的公开、公平。因此,对破产企业拥有的科技成果和专有技术,应充分考虑其技术成果的价值,尽量进行转让。

(4) 债务人的用益物权。破产债务人的用益物权,是指债务人依法对他人之物在一定范围内占有、使用、收益的定限物权。破产债务人享有的用益物权更多表现为建设用地使用权,即土地使用权,是指债务人依法享有的在国有土地及上下建造建筑物、构筑物及其附属设施的用益物权。债务人以划拨方式取得的土地使用权原则上不属于债务人财产,在企业破产后,政府可以收回并依法处置,但在实际处置时还须考虑到一些特殊情况:一是企业设立时政府无偿划拨土地使用权,并经有关部门批准已被作为企业的注册资本予以登记,即作为股东投资的,应当属于债务人的财产范围,政府不应再予以收回。二是以划拨土地使用权为标的物设定抵押时对抵押权的认定与处理。我国立法从实用的角度确立土地使用权与其上建筑物一并处理的原则,因此,在对建筑物设定抵押权时相应的土地也要一并抵押。《城市房地产管理法》第 51 条规定“设定房地产抵押权的土地使用权是以划拨方式取得的,依法拍卖该房地产后,应当从拍卖所得的价款中缴纳相当于应缴纳的土地使用权出让金的款额后,抵押权人方可优先受偿”,故划拨土地使用权处置所得中的其余部分(尤其在设置抵押的情况下)属于债务人的财产。

总之,对于破产财产处置以及应收账款、股权投资等是否以诉讼方式追收等事务,管理人是审查认定破产财产的责任主体。对于破产财产如何审查认定以及是否以诉讼方式追收债权,系管理人独立判断的事项,无须提交债权人会议表决,但管理人依法应当尽到忠实、勤勉义务,比如审查是否有结算单、入库单、出库单等相应的凭证,是否超过诉讼时效等,法院可以进行监督指导。对此,管理人根据认定结果区分处理:管理人认定属于破产财产的,应当依法处置,但债权人一致同意不予处置的除外;管理人认定不属于破产财产的,不得处置,无须提交债权人会议表决,但债权人享有知情权、异议权。如账面上存在没有相应凭证的应收账款,管理人需向债权人作出说明,并明确债权人的异议期。债权人在异议期内没有提出异议的,视为同意。如果个别债权人要求提起诉讼,由其自行承担败诉风险和相关费用,胜诉法律文书确定的金额应当归入破产财产,相关费用不属于破产费用。

三、风险防范

(一) 破产程序和清算制度的衔接问题

公司的破产与清算是两种性质、适用条件有所不同但又密切相关的程序。通常,在公司能够清偿全部债务的情况下,解散之后由其自行清算,或在其不自行清算时由法院组织强制清算。如果公司发生破产原因,不能清偿到期债务,或在清算过程中发现资不抵债,则应进入破产程序,故存在清算程序与破产程序如何顺利衔接转换的问题。

一般情况下,在企业被依法吊销营业执照、责令关闭或被撤销的情况下,尤其是在企业多年来不进行年检、以被吊销营业执照的方式退出市场时,由于这种不规范行为本身就具有违法性,同时企业还可能存在其他违法动机,如逃避债务或其他法定义务,所以在实践中当公司解散事由出现后,清算义务人不组织清算组进行清算的情况非常普遍。而且在实践中,解散的企业特别是在被吊销营业执照的企业中,有相当一部分企业存在破产原因。在上述情形下,根据《公司法解释(二)》的规定,可以按照司法强制清算程序予以解决。但这类企业即使进行司法强制清算,大多数最终还要转入破产程序。为了防止负有清算义务的主体不及时履行相应的义务,不进行清算或申请破产,进而损害债权人的利益,《公司法解释(二)》规定了公司清算义务人的义务和责任,促使过去以被吊销营业执照方式非法退出市场的公司承担清算责任。为避免承担这种民事责任,公司不得不转入规范的清算程序。为更灵活有效地解决清算与破产程序的衔接问题,《公司法解释(二)》第 17 条第 3 款规定债权人对债务清偿方案不予确认或人民法院不予认可的,清算组应当依法向人民法院申请宣告破产。《破产法解释(一)》第 5 条也规定,企业法人已解散但未清算或者未在合理期限内清算完毕,债权人申请债务人破产清算的,除债务人在法定异议期限内举证证明其未出现破产原因外,人民法院应当受理。为简化程序、提高效率,节省司法资源和诉讼时间,人民法院在受理破产申请时一方面要注意清算程序与破产程序之间的区别和联系;另一方面应严格把握破产受理标准,对符合破产原因、达到破产条件的企业及时适用破产程序,对不符合破产条件、假借破产逃避债务的破产申请或者为了达到不正当目的、恶意对他人提出的破产申请,要及时予以驳回并制止该违法行为,以充分维护相关当事人的合法权益。

(二) 管理人违反管理义务的主要情形及责任承担

根据《企业破产法》的规定,管理人负有勤勉和忠实义务,管理人应审慎履行破产管理过程中负有的职责,避免因违反管理义务而承担相应的民事责任。具体如下:

(1) 接管破产财产方面的事项。接管破产企业财产是破产管理人的主要职责之一。破产管理人对破产财产的接管贵在及时与迅速。在破产人拒绝交付相关资料与破产财产时,管理人不及时请求法院强制执行而导致破产财产遭受损害的,亦可视为管理人对该义务的违反。

(2) 破产财产的管理事项。第一,管理人应当认真清理破产财产。管理人因自身故意或过失未将某项财产列入清单而致破产财产总量减少的,应对债权人负赔偿责任。第二,管理人应当本着维护破产财产的目的审慎决定破产企业相关合同的解除或履行。对于一份无明显利益或会使破产财产面临重大风险的合同,管理人应予解除,管理人若轻率地决定履行,导致债权人的团体利益受损的,应令其承担相应的赔偿责任。第三,管理人应严格审查法定期间内破产人所为的财产处分行为。对撤销权、别除权、取回权及抵销权相关事项也应依法及时处理,否则构成对法定职责的违反。第四,管理人对破产财产的评估应持中立的态度。若管理人对评估人施加不当影响而致评估结果严重偏离实际价值,并利用职权将该项财产分配给某个债权人,必会影响其他债权人的受偿。

(3) 破产财产的变价、分配事项。对债务人财产的变价及分配是管理人极为重要的权利,管理人应谨慎行使。

(4) 管理人不得利用职务之便为自己牟取私利、进行自己交易或关联交易。法律不允许管理人以公开方式即以自我交易方式占有破产财产,也不允许其利用职权之便使第三人获取不当利益。在管理破产财产期间,管理人不能收取交易相对方的佣金等费用,上述行为均违反了管理人对破产管理事项的忠实义务。

在实践中,管理人的管理行为是一种综合性的商业行为,由于管理行为和商业行为的复杂性,探讨其侵权的因果关系相当复杂,可能给破产管理人带来无限的执业风险,因此应区别商业风险和管理人的执业过失风险。管理人应结合《企业破产法》及其司法解释规定的内容和程序依法进行各项管理工作,在行使职责时尽到勤勉和忠实义务,避免因违反职责而导致承担相应的民事责任。法院在界定管理人责任时,应当考虑管理人的民事法律责任本质上属于一个风险的公平与合理分配的问题,在追究管理人民事责任时,需要注意管理人职务行为的责任界限。根据法律规定,管理人在执行职务时致人损害所产生的债务属于共益债务,若管理人忠实而勤勉地执行了职务,则所造成的损害也应由债务人财产承担,而不必追究管理人的责任。

(三) 依法审慎适用终止重整程序

破产重整是优化社会资源配置、挽救危困企业的一项重要法律制度。重整制度系在债务人、债权人、管理人等主体的共同努力下,协同拯救仍具有重生希望的企业,从而使企业避免破产清算。在重整期间,主要由债务人负责计划的实施,债务人是否具有重整企业的主观意愿及涉困企业的现实状况对重整能否顺利进行具有重大影响,因此债务人的行为存在重大法律风险,可能会严重损害债权人的合法权益。《企业破产法》第 78 条规定,在重整期间,债务人的经营状况和财产状况继续恶化,缺乏挽救的可能性,或者债务人有欺诈、恶意减少债务人财产或其他显著不利于债权人的行为的,经管理人或利害关系人请求,人民法院应当裁定终止重整程序,并宣告债务人破产。但在实践中,上述规定缺乏明确的标准。因此,对于该条规定,人民法院应予以审慎适用,结合重整企业实际状况、债务人行为等因素综合判断,具体如下:

(1) 关于债务人经营状况和财产状况继续恶化,缺乏挽救可能性的判断。应重点把握三点:一是债务人经营状况和财产状况必须同时恶化。二是债务人经营状况和财产状况必须是继续恶化。这需要通过重整期间和重整期间之前及重整的前期和后期进行比对来判断有无继续恶化。三是在债务人经营状况和财产状况继续恶化的前提下债务人有无挽救的可能,只有在债务人缺乏挽救可能性的情况下才需终止重整程序。目前法律规定已采用重整程序,债务人经营状况和财产状况仍然继续恶化,事实证明债务人无挽救希望的,方可终止重整程序,而非在重整之前由人民法院主观判断债务人是否缺乏挽救可能性。

(2) 债务人有欺诈、恶意减少企业财产、无理拖延或其他显著不利于债权人行为的判断。这种情形与债务人的主观因素有很大关系,实际上是债务人滥用破产程序以获得喘息机会,进而达到侵占、转移、隐匿、私分财产的非法目的。债务人上述行为已背离了重整程序的宗旨,人民法院必须终止重整程序,以防止债务人借用重整程序实施上述非法行为。

(3) 由于债务人的行为致使管理人无法执行职务的判断。该种情形主要是指管理人作为重整人,负责管理财产和营业事务。在重整期间,管理人在管理事务时,存在需要债务人配合的问题,若债务人不予配合,拒绝提供相关资料,会致使管理人无法执行职务。另外,债务人的这种行为需发生在重整期间,且在程度上需达到“致使管理人无法执行职务”的程度,大致如下:第一,管理人负责管理财产和营业事务,债务人加以阻挠或破坏,致使管理人无法执行职务的;第二,为继续营业,管理人决定通过设立担保获得贷款,债务人加以阻止,致使借款不成的;第三,管理人因营业需要,聘请债务人的经营管理人员负责营业事务,债务人拒绝聘请,致使管理人无法从事营业事务的;第四,管理人负有制定重整计划并实施的义务,但债务人不予提供企业的生产经营资料和财产数据,致使管理人无法制定计划的等。终止重整程序是一件非常重大的法律事件,它意味着进入到重整程序的债务人退出重整,永远丧失重整的机会,这对债务人、债权人和所有利害关系人具有重大影响。而重整期间,债权人、债务人、管理人均存在破坏重整的顺利进行的可能性,因此人民法院在把握终止重整程序的法定情形时一定要审慎,要掌握充分的证据,不该终止的一旦裁定终止,将是对重整制度的变相否定。

四、典型案例分析

庄吉集团有限公司、温州庄吉服装有限公司等四家企业重整案[①]

庄吉集团有限公司(以下简称庄吉集团)设立于1996年5月17日,注册资本10100万元,登记机关温州市工商行政管理局经济技术开发区分局,截至2014年3月31日,庄吉集团的资产负债表显示负债合计28129.671278万元(未包括对外担保负债),资产合计24017.232887万元,未分配利润14662.075596万元;温州庄吉集团工业园区有限公司(以下简称园区公司)设立于1997年4月4日,注册资本10000万元,登记机关为平阳县工商行政管理局,截至2014年4月30日,园区公司的资产负债表显示负债合计35237.629314万元(尚未包括已知64799万元的对外担保负债),资产合计48853.208141万元,未分配利润2532.394251万元,且园区公司内部代表90.324%股份的股东已明确表示同意重整;温州庄吉服装销售有限公司(以下简称销售公司)于2006年3月29日由园区公司独资设立,注册资本1000万元,登记机关为温州市工商行政管理局龙湾分局,截至2014年3月,销售公司的资产负债表显示,负债合计6069.195445万元,资产合计11860.969228万元,未分配利润4659.942514万元,且销售公司内部代表100%股份的股东已明确表示同意重整;温州庄吉服装有限公司(以下简称服装公司)设立于1993年2月13日,注册资本312.56万元,登记机关温州市龙湾区工商行政管理局,截至2016年1月27日,服装公司的资产负债表显示负债合计4480万元(未包括对外担保负债),资产合计2427.9万元,未分配利润2052.1万元。2014年10月9日,庄吉集团、园区公司、销售公司三企业均以企业不能清偿到期债务并且资产不足以清偿全部债务为由向温州市中级人民法院申请重整。

【案例评析】

该案有四个亮点:

(1)预先为四企业指定同一管理人,为裁定四企业合并重整铺平道路。在

---

① 庄吉集团有限公司管理人、温州庄吉集团工业园区有限公司管理人破产案,(2015)浙温破字第16-4号、17-4号、18-6号、(2016)浙03民破12-4号,案例来源于中国裁判文书网。

破产案件受理时，便通过与债务人法定代表人及高管谈话的方式对本案所涉四企业及温州远东船舶有限公司、浙江庄吉船业有限公司进行初步的全面评估，发现庄吉集团名下的主营业务主要分为服装业务和造船业务，而该两大主营业务关联度极低，对该两大主营业务所涉公司可以考虑分别实施重整，而就两大主营业务分别所涉的企业，则可以考虑根据关联性予以合并重整。根据案涉企业工商登记信息显示，法定代表人均为郑元忠，庄吉集团分别持有园区公司及服装公司64.22%和75%的股权，园区公司持有销售公司100%的股权，而在四企业实际经营过程中，四企业的印章均由庄吉集团保管使用，一直均由郑元忠控制的管理团队统一行使，故而庄吉集团很可能享有园区公司、销售公司、服装公司的实际控制权；四企业的经营场所、组织机构、工作人员高度混同，资金往来极其频繁、资金归属难以区分，厂房、土地、设备、金融贷款资金甚至是财务室亦是混同使用，故而在人格上高度混同；庄吉集团、园区公司、销售公司的经营范围均为服装的生产和销售，庄吉集团主要负责服装业务商标的统一管理和维护，园区公司主要负责生产任务及对外承接品牌定做业务，销售公司主要负责承接庄吉品牌服装业务，而服装公司原为服装业务中外合资企业，自组建成为庄吉集团下属企业后，不再继续开展生产经营，也无对外负债，故而四企业生产经营混同严重。鉴于此，涉案四企业符合合并重整的基础条件，且若分别重整可能还会对四企业破产程序的推进产生严重阻碍，故而在程序上采取了指定同一合议庭、指定同一管理人，统一债权申报期限及债权人会议时间的方式推进破产程序，为最终的合并重整铺平了道路，避免了不同管理人间重复工作、互相推诿、协商困难等可能的情形，并在四企业债权人会议表决通过后，裁定四企业合并重整。

（2）推动债权人广泛参与重整程序，显著减少重整程序的推进阻力。四企业进入重整程序前，曾与第三方合资设立品牌经营公司，相对独立运营，这一运营模式客观上有利于庄吉品牌价值与核心业务的维持。债权人曾对该公司的设立和运营是否存在低价处置资产事项等存在疑问，如简单采取诉讼方式解决，可能不利于该品牌经营公司的有效运营。对此，法院指导管理人就此问题展开利弊分析，经由债权人委员会扩大会议讨论的方式形成了业务经营继续维持并与合作方谈判的定位，使得该品牌经营公司在重整期间未曾中断，并取得了较好的盈利。在投资者引进过程中，法院明确要求管理人要注重信息的公开并随时保持与债权人的沟通，无论是意向重整方的征集、重整方招募方案的确定，还是重整方谈判进程的推进、重整方的选定和报价方案的确定，都做到了债权人的全程参与和全面介入，特别是重整方的报价方案，管理人先行征求主要债权人意见，邀请债权人代表参与谈判，并借助债权人引荐的重整方提供的报价方案，促成与现有重整方最终重整报价方案的确定。正是相关金融机构债权人在重整程序中的全面参与，使得重整程序启动前曾竭力反对四企业重整的金融机构债权人，转而积极认可并支持提交债权人会议讨论的重整计划草案，显著减少了重整计划草案在债权人会议上通过的阻力。

（3）根据四企业的资产负债情况，将四企业的出资人权益调整为零。本案所涉重整方案在债权人会议表决的过程中获得了绝大部分债权人的认可，仅出资人组因大部分小额出资人曾在四企业工作，对四企业之前的错误决策意见颇多，从感情上难以接受四企业破产的事实，所以虽经管理人及法院反复沟通说明，仍拒绝表决通过出资人权益调整方案。温州市中级人民法院经审慎考虑后认为，现行实践中的重整，多是通过所有者权益调整、引进重整方并进行股权变动及设定偿债方案的方式使企业获得新生，实质上更接近于按照破产清算的财会方式进行处置，尤其是在资不抵债的情境下，所有者权益被归零时的处置方式实际上和破产清算程序并无本质区别。本案中，四企业已严重资不抵债且不能清偿到期债务，重整计划对出资人权益调整为零并不违反公平公正原则，故而根据《企业破产法》第 87 条的规定批准重整计划草案，成功维持了企业营运价值，保全了民族品牌，对拯救因错误决策导致经营失败的民营企业具有极为重要的意义。

（4）创新重整方式，减轻重整方的投资顾虑并最终推动重整成功。《企业破产法》第 92 条第 2 款的规定更加全面地保障了未按期申报债权的债权人的利益。但从理论上讲，重整企业未按期申报的债权的金额具有较大的不确定性，该法条的适用将增加重整方承担超预期债务的可能性及投资的不可控风险，明显削减了重整方的重整意愿和信心。考虑到庄吉集团、园区公司、服装公司三企业有较高的重整挽救的价值，而销售公司则不具备明显的挽救必要，本案所涉四企业的重整计划直接规定将四企业名下享有的相应有益资产归入庄吉集团、园区公司、服装公司三企业并全部移交重整方接收并控制，而销售公司承接原四企业名下的全部剩余资产、债权债务及重整方支付的总计 1.75 亿元的对价，再通过对销售公司进行破产清算以公平清偿债务，同时在重整计划中明确重整后的庄吉集团、园区公司、服装公司三企业不再承担原四企业名下的任何债权债务。该种重整方式在法律上割裂了重整后的三企业与之前债权债务的联系，同时亦未与现行法律规定冲突，保障了重整方的利益，增强了其投资信心，促使重整成功。

温州市艾普锁业有限公司破产清算案①

温州市艾普锁业有限公司(以下简称艾普公司)于2006年7月27日经温州市工商行政管理局瓯海分局注册成立,注册资金为50万元,法定代表人为虞定光,股东为虞定光(出资额25万元,占50%)、吴剑峰(出资额25万元,占50%),企业类别为私营有限责任公司。2014年1月15日,温州市工商行政管理局瓯海分局作出温瓯工商处(2014)1-315号行政处罚决定书,决定依法吊销该企业的营业执照。

艾普公司在经营期间,因侵害广东雅洁五金有限公司外观设计专利权,分别经上海市第一中级人民法院、长沙市中级人民法院审理,均认定艾普公司的行为构成侵权,分别判决艾普公司立即停止侵权,并赔偿广东雅洁五金有限公司经济损失6万元、5万元。但艾普公司并未全部履行其赔偿责任。

2014年11月10日,申请人广东雅洁五金有限公司向温州市瓯海区人民法院(以下简称瓯海法院)申请对艾普公司强制清算。在清算期间,被申请人无法向清算组提交账务账册、债权债务清册等重要资料,以致清算组无法进行清算,经清算组核查被申请人艾普公司没有任何财产,无法清偿到期债务,瓯海法院于2015年6月18日作出(2014)温瓯商清字第1号民事裁定书,裁定强制清算程序终结。2015年9月8日,瓯海法院依法裁定受理申请人广东雅洁五金有限公司申请艾普公司破产清算一案。2015年12月15日,瓯海法院经审理,认为艾普公司无财产可供分配,也无财产清偿破产费用,现艾普公司管理人请求终结破产清算程序,符合法律规定,予以准许,依法裁定宣告艾普公司破产、终结艾普公司破产程序。

【案例评析】

艾普公司经人民法院判决以后,应当主动履行偿付义务,向广东雅洁五金有限公司支付赔偿款项。即使艾普公司无力负担,也应通过清算程序,清理债权债务完毕后,依法退出市场。但艾普公司既不履行偿付义务,也未在被吊销营业执照以后依法组织清算。广东雅洁五金有限公司申请法院对艾普公司进行强制执行,但最终因艾普公司无可供执行的财产,导致其债权无法得到实现。对于债权人而言,其仅知晓艾普公司停止经营,无财产清偿债务,但对该公司系因正常经

① 广东雅洁五金有限公司与温州市艾普锁业有限公司合同、无因管理、不当得利纠纷破产案,(2014)温瓯商清字第1号,案例来源于中国裁判文书网。

营失败,还是系因公司股东或者法定代表人恶意逃债而停止经营的情况并不知晓。

有限责任公司是市场经济的重要组成部分,若有限责任公司未主动依法依规合理地退出市场,债权人的合法权益将无法得到保障,债权人在市场经营过程中缺乏安全感和信任感,长此以往将对市场经济秩序的稳定性造成巨大破坏。为此,我国在2006年通过的《企业破产法》中规定,针对企业法人不能清偿到期债务,并且资产不足以清偿全部债务或者明显缺乏清偿能力的,债务人和债权人均可以向法院申请破产清算,通过破产清算程序查明债务人真实的经营状况。

本案中,债权人因债务人不能清偿到期债务,并且资产不足以清偿全部债务或者明显缺乏清偿能力向法院申请对艾普公司进行破产清算。瓯海法院通过指定管理人,由管理人对债务人的公司经营状况、财务状况进行审查,按照法律规定,债务人应当及时向管理人移交公司财产、财务账册等重要资料,但因债务人的法定代表人及其股东均下落不明,管理人无法接管上述材料,也无财产可供支付破产费用。破产人无财产可供分配的,管理人应当请求人民法院裁定终结破产程序。

破产程序中或破产程序终结后,根据《最高人民法院关于债权人对人员下落不明或者财产状况不清的债务人申请破产清算案件如何处理的批复》"债务人的有关人员不履行法定义务,人民法院可依据有关法律规定追究其相应法律责任;其行为导致无法清算或者造成损失,有关权利人起诉请求其承担相应民事责任的,人民法院应依法予以支持"之规定,结合《全国法院民商事审判工作会议纪要》第118条等相关规定,破产债权人可以就未清偿的债权向债务人企业的有关人员主张承担相应的民事责任。

思考题》

1. 比较破产清算、重整、和解三种程序,谈谈债权人应如何选择破产程序。

2. 在企业破产重整中,债权人应如何维护自身的利益?

3. 在破产和解中,债权人应如何维护自身的利益?

4. 怎样理解破产申请的条件?债权人申请破产和债务人申请破产的条件有何区别?

5. 一公司收购了一个债权,为了更好地实现债权和挽救债务人,该公司决定给债务人注入业务,让其用运营所得收入分期还债,但如何避免这个过程中债务人的其他债权人突然申请债务人破产呢?

6. 试述应如何引导企业主树立正确的企业破产观念。

7. 谈谈对当前个人破产的看法。

课后练习》

第六章—习题

第六章—答案

延伸学习》

企业投融资法务、企业法律风险管理等,请扫码学习在线课程有关内容。

(一) 企业投融资法务

企业投融资法务概述
(企业投融资方式、企业投融资法务岗位的职责)

企业投资法务
(股东投资法务、债券投资法务、借贷投资法务)

企业融资法务
(股权融资法务、借贷融资法务、债券融资法务、融资租赁法务)

(二) 企业法律风险管理

企业法律风险的概念、成因和渊源

企业法律风险管理的概念、原则和趋势

企业法律风险管理的体系

企业法律风险的防范
(企业法律风险环境分析、企业法律风险评估、企业法律风险应对)

后　记

与法科生主干课程和其他选修课相比,《企业法务教程》更注重实务性和综合性。法学专业主干课和其他课程往往注重学习基础理论,虽然也强调学生实务能力的培养,但更多的还是注重该学科基础知识的掌握和运用,而本教程更注重的是学生实务能力,即综合运用所学的法律知识解决实际问题的能力的培养,因而教学过程中注重的是如何用这些知识来解决企业实践中存在的问题。本教程从法律规则、实务操作、风险防范以及典型案例分析等方面进行讲解,是一个个实际问题的处理,是抽象的法条和理论在实践中的具体运用。由此学生就能很快适应实务工作,帮助企业解决实际问题。因此,动手能力的培训是本课程最大的特点和特色。同时,本教程强调法学学科综合能力的培养,强调培养学生法学素养和法学思维,因而本教程不是单一学科的应用,而是综合法学的主要课程,包括民法、商法、民事诉讼法、经济法、刑法等课程,但不是这些课程知识的简单重复,而是综合运用。

一般的教材重点强调的是理论的培养和学术前沿的把握,本教程从实务出发的讲解,更符合企业的实际,能够解决企业的实际问题,从而更有利于学生实务能力的培养。

如何避免在写作和教学过程中重复已学内容是编写的难点。本教程从内容到写作都要体现对学生综合素质和法律思维的培养,注重学生解决实际问题能力的培养,为法律学生提供分析和解决法律实务问题的各种技术性训练,其宗旨是训练他们"像法律人士那样进行思考"。为了突破这些难点和重点,本教程从写作内容到写作体例都试图体现应用型人才培养的方针。

鉴于本书的实践性和应用性特征,本书既可以作为法学、经济管理等专业本科生和研究生的教材,也可以作为从事企业法务实践的法官、检察官、律师的参考书,亦可以作为企业管理人士的参考书。

本书绪论、第一章、第二章、第三章、第五章、第六章作者为周湖勇,第四章第一节、第二节作者为谭浩,第四章第三节、第四节、第五节作者为周秉策。

特别感谢北京大学出版社向秋枫等老师的辛勤付出,本书的出版凝聚了她(他)们的心血,她(他)们精益求精的精神以及对新形态教材的探索感动着我们。

周湖勇谨识

2023 年 10 月 17 日